网络支持

中国当代律师网
http://www.yearbooklawyer.com

法和家网
http://www.fahejia.com

协办单位

北京法图国际信息咨询有限公司

北京法和家网络科技有限公司

微信公众号

法和家

我们法律人

中国当代律师

ZHONGGUO   DANGDAI LVSHI

赵　伟　廖卫华　主编

中国政法大学出版社

2022·北京

序

在有关律师的问题上，我发表过的文章不少，尤其是中国律师制度初创时期，在涉及律师制度的几乎方方面面，我都作过专题报告。

西方国家对律师是非常重视的，他们对人权的重视、对法治的重视，在很大程度上都表现在对律师作用的重视上。当个人被捕的时候，警察马上要说，你有请律师为自己辩护的权利。辩护的权利可以自己行使，也可以请别人行使。律师的权限也很大，无论是审判还是侦查期间，律师都可以参与其中。而且，律师在社会上也得到了很高的尊重。

西方国家法律制度中，律师的地位和作用在审判中表现得尤为明显。律师和检察方是平等的，控辩双方是站在同样的位置上，而法官则代表法院，高高在上并且绝对中立。在审理过程中，控方从法律的角度提出了控诉被告人的理由，然后律师则要通过自己的工作，向法官和陪审团证明，控方的控诉是站不住脚的，使法官相信被告人的无辜或者轻罪。从法律地位上来说，控辩双方的地位是完全一样的。

中国的律师制度恢复已经有40多年了，40多年来律师经历的甜酸苦辣，大家心里都有一本账。在中国的司法改革进程中，律师的作用是不能埋没的，他们为中国法治进程、人权保护的艰苦奋斗应该留在史册中！

我尤为欣喜地看到"中国当代律师"系列丛书收录了各领域的优秀律师、专业律师的事迹和经典案件，透过一个个标志性的案件让我也看到了中国律师的希望！

耄耋之年，赤子之心，欣然提笔，是为序！

编者说明

《中国当代律师》旨在真实记录当代中国律师的足迹、心声和执业成果，弘扬法治精神，助力法治建设……

为此，本书汇集了国内近百位在各个业务领域富有建树、专业优秀的品牌律所以及对行业建设、经济社会的发展做出突出贡献的人和事，从律师的视角忠实记录中国法治社会构建的一个个标志性案件，展示律师成功背后的智慧和才华，使案例社会化，并通过展示律师的法律观点，对当前及未来的法律服务做出理论的指导和探索。

2021年，中国共产党迎来了建党100周年；2021年也成为《中华人民共和国民法典》实施的元年；同时，2021年还是中国恢复联合国席位50周年，《中华人民共和国律师法》实施25周年和中国加入世贸组织20周年……2021年，注定会是不平凡的一年；2021年，让我们法律人在新的起点上接续奋斗、再创辉煌。

赵 伟

2021年10月1日

目 录
CONTENTS

三、律师事迹篇

四、经典案例篇

五、优秀论文篇

PART 1

一、品牌律所专访篇

顺势而为方能行稳致远

——北京周泰律师事务所主任王兆峰律师采访侧记

▲王兆峰律师

编者按

中国自1979年恢复律师制度以来，伴随改革开放和社会经济的蓬勃发展，律师事务所的组织形式也不断丰富，包括"国办所""合作所""合伙所""个人所"，"公司化"或"一体化"律所发生了巨大变化与变革。

纵观中国律师行业的现状，就目前来看，"合伙制"律所仍是律师执业机构的主体，随着科技的发展与进步，尤其在"互联网+"的大背景下，面对世界政治经济格局的风云变幻与开放创新，传统的"合伙制"律所在一定程度上已赶不上时代前进的步伐，而在众多的管理模式中，"一体化"（"公司化"或"公司制"）模式成为中国律师行业普遍认可的发展趋势。

笔者以为，"一体化"律所虽然还存在某些不足，但不可否认，相比传统"合伙制"律所，从市场的竞争和发展来看，律师要想为客户提供更优质的服务和体验，律所要想走向专业化、品牌化、规模化、国际化的发展道路，"一体化"应是当前最好的选择。当然，真正意义上的"一体化"律所在发展过程中仍存在许多挑战、阻力或风险，律所"一体化"管理之路，道阻且长，但大势不可逆。

2020年7月1日，一家由王兆峰律师领衔的律师机构——北京周泰律师事务所（以下简称"周泰律所"或"周泰"）获批成立。提起王兆峰律师，虽不能说无人不知无人不晓，但王兆峰律师在业界的影响我们还是有目共睹的，他有着"北京前检察官""德恒刑委会主任""西城区律协会长"等身份。而对于王兆峰律师离开"服役"近十五载的千人大所德恒以及创立周泰律所的事迹，笔者甚感兴趣，在笔者看来，王兆峰律师早已是功成名就

的大牌律师，且可以退居幕后了，但他为何还要如此"折腾"自己，"另起炉灶"从头做起呢？周泰是一家怎样的律所？周泰的未来又是如何规划的呢？带着这些疑问，我们预约采访了王兆峰律师，并在与王兆峰律师的对话中找到了答案。

北二环，德胜门，护城河畔，登上周泰律所天台眺望，后海、鼓楼、白塔、景山尽收眼底，和煦的阳光照射进来，显得格外温暖，二环路车水马龙、川流不息，护城河碧波荡漾、鸟语花香……

顺势而为，方能致远

王兆峰：我们为什么要创立周泰律所？

首先，从整个律师行业发展大势来看，法律服务业正经历一场变革或变局，受法律、科技以及国内外政治、经济环境影响，包括法律服务业内部业态的变化、内部与外部业态的交互影响，律师事务所再以过去那种经营理念、经营方式、组织方式、作业方式等运营，恐怕很难适应当下社会对法律服务的需求。

其次，我们一直在讲供给侧改革，当前，民众的需求在不断提升，那么，供给侧也需要从服务的目标、方法、观念等方面做相应的调整。就法律服务业而言，过去大部分一直是以结果为导向，而现在不仅要看结果，更要重视过程，重视客户体验度。专业是立身之本，但仅靠专业是不行的，在专业之外还需要一系列技能的提升，如此才能满足客户对服务质量全方位的要求。

再次，一个律师要想把工作做好，靠单打独斗是不行的，他所在的平台必须能给他提供足够的支持和支撑，否则律师就会觉得力不从心。周泰律所就是要给律师赋能，使律师将更多的时间、精力放在专业和对客户的服务上，这就要求律所的创立者、管理者在观念上要敢于革命。

从次，我们现在一直强调专业化，我认为专业化应包含两层意思，一层是"专人化"，然后在"专人化"基础上再进一步实现"专业化"。过去我们的管理者一方面是律师，但同时担负管理工作，时间、精力往往不够用。而一个优秀的律师未必是一个很好的人事组织者

▲北京周泰律师事务所所训

或一个品牌的塑造者。因此，我们现在一方面正在加强中后台的专业化建设，借助一些先进的、便捷的科技工具不断提升工作效率；另一方面也正在加强与其他行业的融通，以实现跨行业、跨领域之间的相互协作，达到共同发展的目标。

最后，"酒香也怕巷子深"。一个律师事务所的管理者一定要有危机意识，我觉得目前法律服务市场的变革所带来的竞争压力的现实性、紧迫性、严重性被低估了。人们常说，顺势而为方能行稳致远，一个人可以走得很快，但一群人却可以走得更远，正是基于这样的考虑，我们决定创立周泰律所。今日之周泰也将凝聚四海律师精英，立足中国，对标世界，为优化中国法治之生态，推进法治文明之进步而努力。

周而不比，泰而不骄

王兆峰：我们是怎样的一群人？

正如周泰的所训"周而不比，泰而不骄"一样，我们是扁平化管理，大家一视同仁、相互平等；凝心聚力、和谐共进；周泰人拥有相同的价值观、人生观、世界观，彼此认同、目标一致、周全和谐，即"周而不比"。

无论从国家层面，还是行业层面抑或个人层面，周泰人都有信心勇立潮头，并伴随国家发展的脚步走向全国、走向世界，以及走向世界法律服务的前列。当然，山外有山，天外有天，故周泰人不能骄，不能傲，我们要保持一种谦虚、低调的姿态，彼此学习，向外人、高人学习，不断充实提高自己，即"泰而不骄"。

使命、卓越、人本、开放

王兆峰：我们是怎样的一家律所？

我想通过周泰律所的核心价值理念（使命、卓越、人本、开放）来进一步解说周泰人的所思所想、所感所悟，

权当抛砖引玉，不足之处还请广大读者及法律同仁不吝赐教。

第一，使命。当前，我们整个法律行业还比较稚嫩，制度也好人员也罢，在很多方面还有很大的提升空间，特别是与国际同行相比，在国际舞台上竞技时，我们技不如人的情况时有发生。也正因为如此，我们中国的法律人更要有强烈的使命感，这种使命感首先要立足于我们的国家战略，我们已经在社会主义初级阶段摆脱了贫穷，现正在全力以赴打造小康社会，21世纪中叶将建成社会主义现代化强国，在此基础上实现中华民族的伟大复兴，民族复兴即全面复兴，而法治正是民族复兴的必由之路。因为，只有法治昌明，才能国泰民安，中国律师在此过程中将发挥不可替代的重要作用。

中国正在走向世界，走向世界的中心，中国的法律服务业也必将随着政治经济社会综合实力以及影响力的扩大，走出中国乃至走向世界的中心，中国的法律服务业与中国的法律人应该有这样的信心和雄心。将来，我们有信心、有能力与国际上的律师大国、大律师们进行对垒，唯有如此，我们才能在一些重大的国际经济、事务、事件中发挥中国律师的作用。而目前的现实是，在一些重大国际争端中、在一些国际知名案件中，少有中国律师的身影。我希望将来有一天，在重大国际经济、事务或事件中，能有更多的中国律师参与其中。所以，我觉得中国律师应该有这样的使命感，我们国家在崛起，中国的法律服务业也必须崛起，否则，我们将有愧于这个时代。中国的法律人一定要跟上时代发展的步伐，为国家的全面法治、为中国法律服务业走向世界做出积极的贡献。

第二，卓越。与其坐而论道，不如起而行之，即所有的想法必须落地实施。作为一家新时代的现代化律所，一定要有卓著的人才、卓著的管理平台、卓著的业绩，如此才能为客户提供卓越的法律服务。必须通过人才培养即管理机制的优化，以及法律服务品质的不断提升，才能实现我们卓越的目标。只有自身卓越，才能将"使命"落到实处，否则，其他皆为空谈。周泰自成立以来一直坚持客户第一，并以专业化分工为依托，追求卓越的服务品质。目前，周泰法律服务已覆盖所有常见法律领域，并以刑事合规、全球能源矿冶法律服务、企业危机管控与处理、不良资产处置综合法律服务为特色形成了自己的专业优势。

第三，人本。就是以人为本，法律不像自然科学，法律所关注、调整和处理的是人与人之间的事，所以，人与人之间必须有人文关怀，要永远把"人"放在第一位。首先，对外来讲，就是以客户为本。要时刻关注、关心和重视客户的需求，使客户真正感受到被重视和尊重，而不是利用律师专业上的优势，在服务过程中漠视客户的需求。要时时处处让客户感受到我们的关注和努力，同时在这个过程中通过对客户的重视与尊重，让客户感受到温暖，即让法律服务变得有温度。其次，对内来讲，从管理者到我们的员工，大家相互之间也要以人为本，做到彼此尊重，在工作中、生活中关心大家的成长，关心大家日常生活中的幸福指数，而不只是发完工资了事，我们要用环境留人，用事业留人，用感情留人，用温暖留人。

现周泰律所内律师均拥有硕士以上学位，90%以上律师毕业于国内外知名法学院校，部分律师还拥有多学科背景、高级技术职称等，有的还具备司法机关、科研院所、企业事业单位从业经历。周泰倡导终身学习、全员研究，逐步建立和完善内部培训与研究体系，致力于帮助每一位律师获得从专业能力到执业素养的全面提升。周泰勇于承担社会责任，关爱员工，关心社会弱势群体，关注生态环境保护和可持续发展。

第四，开放。"开放"这两个字既可以说是世界观，也可以说是方法论。在这样一个高度一体化的世界社会中，若不开放创新，一味闭关自守，抱残守缺，是不可能有所发展的。首先，对内部来讲，我们每一个律师，都要敞开胸怀，在工作中懂得分享和接纳，如此，我们才能真正形成一个一体化的团队。其次，对外更应该开放，我们的律师对其他同行包括其他律所、其他律师都要开放，还要毫不吝啬地与他人分享。现在周泰的公开课程，无论是线下还是线上，不仅周泰律所的律师可以学习，我们还通过直播的方式，让全国的律师同行也能看到、听到和学到。同时在律所管理、业务技能、业务技巧方面，我们也在向他人学习。一方面要"走出去"，另一方面也要"请进来"，我们不仅要在国内学习，还要组织律师到国外学习，周泰不断邀请海内外法律界及其他各行各业享有盛誉的专家学者加入周泰智库，国外的专家为我们传经送宝的同时，还能与周泰律师共同为客户提供高品质、综合性的解决方案。

所以，要真正做到从思想到行动上开放，并在开放中获得，在开放中进步，才能在这个时代有所作为。

周泰环境

采访结束，王兆峰律师引领笔者参观了周泰律所一层、二层2000平方米的办公环境，亦如开篇所言，在周泰律所见到的每一个周泰人都以微笑待人，所里每一处都充满了温馨。可容纳近百人的会议室配备有现代化的LED显示屏、直播设备等，让每一次会议都成为一场头脑风暴；洽谈室配备有电子白板显示屏、自动雾化玻璃，以保障洽谈空间的私密性；"泰享空间"还为外地来京的律师同仁提供了扫描打印、复印的服务，以及免费的茶饮、咖啡等，以便休息、放松。周泰人告诉你，无论你来自何方，这里都欢迎你来小坐、临时办公、沟通交流，无论是工作、读书、小憩，周泰都能给你一个最舒适的体验。

特别值得一提的是二层阳面的办公空间，负责装修的设计师最初的设计方案是将其作为主任办公室，但王兆峰律师知晓后拒绝了设计师的好意，修正了设计方案，将此处办公空间留给周泰的客户和员工。

"细微之处见风范，毫厘之优定乾坤。"可以说，从每一个角落或细节，笔者都感受到了周泰的周到与周全，以及周泰人的关怀与温暖。

周泰愿景

据王兆峰律师介绍，周泰律所尤为注重法律与科技的融合，借助大数据分析、人工智能、云服务等科技手段，

▲北京周泰律师事务所办公室

▲北京周泰律师事务所休息区

▲北京周泰律师事务所"泰享空间"

▲北京周泰律师事务所多功能厅

为律所管理和法律服务赋能，以实现过程管理、透明服务。周泰通过先进的科技手段，内与天下法律同仁共通共融、广结联盟，外与市场无缝对接，全天候适时发掘并满足客户需求，努力为全球客户提供卓越的法律服务。

"周泰人将努力打造一家现代化、有责任、有担当、有情怀、有温度的一体化综合性旗舰律所，并在培养来之能战、战之能胜的律师团队过程中，助力每一位律师从专业能力到执业素养的全面提升。未来，周泰人要站在世界的舞台上发声，做不负韶华、不负祖国、不负人民、不负时代的法律人。"王兆峰律师铿锵有力的言语中充满了对未来的展望和期许。

王兆峰律师小传

作为周泰律所的掌舵人，王兆峰律师是中国最优秀的辩护律师之一，中国人民大学法学硕士、法学博士，长江商学院工商管理硕士。

王兆峰律师还曾担任北京市人民检察院研究室副主任、德恒律所争议解决专业委员会总干事、德恒刑事业务发展研究中心主任、北京市西城区律师协会会长等，现兼任全国律师协会刑事专业委员会委员及发展战略研究委员会委员、中国人民大学律师业务研究所副所长、北京大学硕士研究生导师、中国人民大学兼职教授等。

王兆峰律师尤为擅长重大复杂经济纠纷诉讼及仲裁、刑事疑难案件的办理。曾或正在为金融时报社、中国金融出版社、中国证券登记结算有限公司上海分公司、中信银行、兴业银行上海分行、华融国际信托有限公司、中国银河投资管理有限公司、中国再生资源开发有限公司、中国移动通信集团有限公司、中国烟草总公司、中国重型汽车集团有限公司、中国工程院等多家重要金融媒体、金融机构及大型企事业单位提供常年或专项法律顾问服务，并曾为多家著名金融机构、大型国企、跨国公司、政府部门经济纠纷案件提供诉讼法律服务。

近年来，王兆峰律师主办了国内多起有重大影响力的刑事案件及刑民交叉案件，具有处理重大刑事案件、解决民商事纠纷、刑事危机应对等方面的丰富经验，在社会上享有广泛盛誉。2014年，王兆峰律师担任黑社会性质组织案刘某的姐姐刘某某的辩护律师，还担任原铁道部部长刘某某相关案、"央视大火"系列案、长生疫苗案等重大案件的辩护律师，在其代理的一系列重大案件中，客户的人身权益和经济利益都得到了令人满意的维护。

王兆峰律师曾荣获2010年北京市百名优秀刑辩律师，2013年"检察日报社方圆杂志社"刑辩精英律师，ALB2015年中国十五佳诉讼律师，西城突出贡献人才，2019年全国律师行业优秀党员律师等称号。

多年来，在办案之余，王兆峰律师一直竭力为青年学子传道授业解惑，为律师行业的进步与发展，为国家的法治建设贡献着一个法律人的绵薄之力。

后 记

君子坦荡荡，小人长戚戚。君子周而不比，小人比而不周。君子喻于义，小人喻于利。君子成人之美，不成人之恶。君子和而不同，小人同而不和。君子泰而不骄，小人骄而不泰。君子上达，小人下达。君子怀德，小人怀土；君子怀刑，小人怀惠。君子求诸己，小人求诸人。君子固穷，小人穷斯滥矣。

宋朝开国丞相赵普半部《论语》治天下，周泰人秉承君子之道服务时代。亦如王兆峰律师在开业典礼上的发言："珍惜缘分，心存感激，感谢这个时代，这是我们最好的时代；心有梦想，有志者事竟成，我们从零到开业，一步步实现梦想。周泰是一株小苗，经过培植，一定会成为参天大树。员工之间要周而不比，同时保持谦虚，泰而不骄，海纳百川，勇立潮头，走向世界！"

今日之周泰已经扬帆起航，每一个周泰人都铆足了干劲，为梦想奋力前行着，在此，让我们祝愿周泰律师同仁有一个更加光辉灿烂、璀璨夺目的未来！

以党建促所建，打造华南律界"航母"

——广东广信君达律师事务所侧记

▲前台

▲贵宾室

编者按

法治兴则国兴，法治强则国强。法治是国家治理体系和治理能力的重要依托，党的十八大以来，在党中央的统一领导下，我国开启了全面依法治国的新时代，并在各个领域取得了辉煌的成就和业绩。2021年是中国共产党建党100周年，那些在"法治中国"建设中做出突出贡献的组织或个人成为我们首先关注的重点。

2016年11月，广东省首个（全国第八个）律师事务所党委——广东广信君达律师事务所（以下简称"广信君达"）党委宣告成立。2017年8月，广信君达党委被广东省司法厅党委确定为"广东省律师行业党的建设工作省级示范点"；2018年7月，广信君达党委再被全国律师行业党委授予"全国律师行业先进党组织"……

那么，广信君达是怎样的一家律所？广信君达有着怎样的发展历程？广信君达在党建工作中又有哪些举措和做法，使其发展成为一家千人大所和华南地区的律界"航母"呢？带着这些问题，我们采访了广信君达合伙人会议主席王晓华律师和广信君达党委书记章勋律师，在两位领头人的讲述中，我们有幸进一步深入了解和认识了这家全国优秀律师事务所。

走进广信君达

1993年1月29日，作为广东省律师制度改革第一批的5家合作制试点律师事务所之一，广东广信律师事务

所在广州成立。千禧年后，中国加入世贸组织，改革开放的步伐进一步加快，各种类型的律师事务所如雨后春笋般出现，形成激烈的市场竞争格局，广信所抓住机遇，合并改制为广东广信君达律师事务所，成为广东省首家特殊的普通合伙律师事务所。

广信君达在整合中磨合，在磨合中探索，在探索中前行，目前已在我国北京、上海等城市和美国、日本等国家设立22家分支机构，成为华南最大的律师事务所之一，连续5年入选ALB"亚洲最大50家律所"榜单30强。

政治引领 党建先行

广信君达坚持政治引领，党建先行，以"保方向、促所建、构和谐"为工作思路，多措并举将党建工作与律所发展规划、运营管理、业务发展、群团统战、履行社会责任等方面深度融合，以高质量党建统领律所高质量发展。

广信君达党支部始建于1997年6月。2016年10月底，党的十八届六中全会刚刚闭幕，广信君达例行组织全体党员学习会议精神。与此同时，全体党员召开预备会议，酝酿筹备党委成立事宜。同年11月4日，经中共广州市委组织部、市司法局党委及市律协党委批准，中国共产党广东广信君达律师事务所委员会成立大会顺利召开，标志着广东省首家律师事务所党委宣告成立，并立即制定了党委工作条例、党员学习制度等党建规章制度，特

▲模拟法庭

▲全国法律服务行业文明服务窗口

别是与合伙人会议联合制定出台了《联席工作制度》，以"党建入章程""党建入律所规划"确保党组织的政治地位。目前有中共党员253名，设有党委、多个基层党支部及团支部。

长期以来，广信君达党建工作坚持理念创新、机制创新、手段创新，开展鲜活的党建活动以焕发生机活力，凝聚起全所律师工作向心力，为律所健康发展奠定强有力的根基。针对律师执业的分散性、流动性特点，广信君达党委夯实组织基础，在总部陆续成立8个党支部，并指导分支机构成立党支部，实现了将支部建在法律服务上。鉴于法律服务的政治属性和业务属性，广信君达以党务带业务，开设"四大讲堂"（即"理论讲堂、专业讲堂、履职讲堂、大家讲堂"，曾参与市委组织部"一十百千万"行动计划，获选广州市基层党组织主题党日活动优秀案例100例之一），特邀专家学者解读党的路线方针政策，引导律师关注行业发展；与客户单位党组织结对共建，促进党务、业务双丰收；与社区党组织携手共建，参与基层社会治理。

为实现党建全统领，广信君达党委将党建全统领列入事务所战略发展规划，同步实施党建品牌项目，把党建常规工作品牌化、品牌工作亮点化。其中"党建＋重大法律服务项目"创新性地在重大法律服务组设立临时党支部，探索和推进党建工作与律师业务深度融合；"党建＋治理"率先落实"双向进入、交叉任职"，政治面貌为中共党员的管理合伙人占比超过二分之一，在事务所治理和日常管理运营中严格把关，起到"保方向"的实质性作用。广信君达35岁以下青年占比超过员工总数二分之一，通过实施"党建＋群团工作"帮扶青年律师

业务发展，各支部及律师团队内部形成"传帮带"的工作氛围；组建了篮球队、合唱团、演讲与辩论等十余个文体俱乐部，丰富员工业余生活。

2020年8月，司法部部长唐一军亲临调研，对党建工作及律师队伍提出了期望和要求。在全国律师行业党组织书记培训示范班暨全国律师行业党校第一期培训班上，广信君达党委做了大会发言，为全国律师行业党建工作介绍探索经验。凭借扎实、务实的基层党建工作，广信君达党委获全国律师行业先进基层党组织、广东省律师行业党的建设工作省级示范点、广东省"两新"组织党建工作示范点、广州市"两新"组织党建工作示范点等荣誉，团支部获广东省五四红旗团支部等荣誉。

栉风沐雨廿八载　行稳致远独匠心

专业化是律师事务所发展的核心竞争力。广信君达组建多个专业部门，包括民商事争议解决专业部，行政法与政府法律顾问专业部，粤港澳大湾区法律事务专业部，"一带一路"法律事务专业部，房地产与基础建设法律专业部，建设工程法律专业部，公司法律专业部，刑事诉讼与辩护专业部，财富管理传承法律专业部，海事海商法律专业部，金融与保险、税务专业部，投融资法律专业部；还设立了资本市场法律研究中心、债市后端与破产清算法律研究中心、跨境金融与投资法律研究中心、大海法研究中心、涉外刑事辩护研究中心等，为客户提供一体化法律服务解决方案。

广信君达作为"一带一路"十佳律师事务所，有十余支涉外法律服务团队。广信君达律师代理了国内首宗涉"一带一路"建设案件——广州白云国际机场股份有

▲全国优秀律师事务所

▲全国律师行业先进党组织

限公司诉泰国暹罗航空有限公司航空服务合同纠纷案，受到广泛关注；代理中资企业在国内仲裁的裁决获得越南司法体系的认定，在法治层面增强了我国企业"走出去"的信心；代理的印度仲裁裁决在我国被承认和执行，对我国"引进来"对外开放政策的进一步推进具有重要意义。广信君达还参与了《"一带一路"沿线国家法律环境国别报告》的调研与编写，撰写《"一带一路"国别法律风险评估报告》，为高水平对外开放提供法治护航。

广信君达充分发挥粤港澳大湾区的地缘优势，积极在湾区深耕细作，目前已在深圳、东莞、佛山、中山、珠海等地布局分所，其中在广州采用了"1+3"模式，即总部天河加南沙、黄埔和花都3家分所。撰写的《区域经济一体化中的法律问题研究——以粤港澳大湾区为例》成功出版，代理的"圳通公司诉协成公司加工合同纠纷案——确认港籍调解员异地调解商事纠纷效力""永绅公司诉粤飞公司等船舶碰撞损害责任纠纷案——确定内地船舶在澳门水域碰撞责任认定"等入选广东省高院首次发布的粤港澳大湾区跨境纠纷典型案例。

成立以来，广信君达获得上百项荣誉资质，除了上述介绍的党建荣誉，还包括全国法律服务行业文明服务窗口、部级文明律师事务所、全国优秀律师事务所、广州市优秀律师事务所、中国南部最佳律师事务所、卓越综合实力律所（大湾区）、广东广州值得推荐律所Tier 1等，且广信君达还是第十六届广州亚运会组委会唯一常年法律顾问。

担社会责任 建美丽中国

广信君达始终不忘回馈社会，2013年发起"责任社会 美丽中国"律师社会公益计划，以"人民律师为人民"宗旨开展公益法律服务，律师以专业优势和实践优势担任村（社区）及公益机构法律顾问，为群众提供法律帮助、法律援助和调解；心系教育与医疗卫生，注重扶贫同扶智、扶志相结合，向少数民族小学、红军小学捐赠善款以助力校园文化建设，长期与贵州都匀、广东兴宁等地学生建立结对助学关系。在新冠肺炎疫情暴发之际，事务所及律师第一时间通过政协提案推动解决重要防（抗）疫物资供需矛盾，发起两轮捐款捐物以驰援战"疫"，总额达31万元，正在为2400多名广东援鄂医护人员及其近亲属提供两年免费法律服务。广信君达战"疫"工作被《民主与法制》周刊报道，并亮相"学习强国"。

多名律师担任广州市人大代表、广东省政协常委及广州市各区政协委员，发挥专业特长和职业优势，聚焦社会热点难点，为法治建设出谋划策，为社会民生奔走呼吁，为行业发展发声发力，被评为"履职积极代表""履职优秀委员"等；多项提案被评为"优秀代表建议""优秀提案"等，尽显新时代法律人新担当。

2020年，广信君达作为唯一律所代表，入选中央新影发现之旅频道《匠心智造》栏目的选题，拍摄《律信风华》纪录片。该纪录片以广信君达为缩影，记录和展示律师行业坚持政治引领、服务党和国家中心大局，促进经济发展，投身公益事业，维护社会稳定，践行社会责任，助力乡村全面振兴等方面的使命担当。

后　记

　　乘势而上开新局，奋楫扬帆再启航。二十多年来，广信君达律师同仁不断强练内功、砥砺前行，以党建促所建，以匠心铸品牌，以创新求发展，以担当建大业，打造着华南地区的律界"航母"。我们有理由相信，在未来的岁月里，广信君达律师同仁仍将一如既往地秉承"效率、信任、责任"的核心价值理念，为广大客户提供优质、高效的法律服务，以法治智慧、法治力量助推"十四五"开好局，为实现"两个一百年"奋斗目标贡献法治力量。

用实际行动践行责任、使命与担当

——黑龙江远东律师集团事务所主任暨刘文义主任采访侧记

▲刘文义律师

▲远东律师楼

编者按

律师——众所周知的高知人群，受人尊敬又带有几分神秘的职业。

党的十八大以来，随着法治化进程的不断推进，我国法治化水平逐步提高，全面依法治国取得长足进步。律师地位也逐渐提高，且在人们的认知中愈发具有正义的色彩。律师业务不断丰富，从传统诉讼到非诉，从国内业务到国际业务，从代理、辩护到参与立法。伴随社会的进步与发展，律师行业也步入繁荣发展的新时代，在新中国成立72周年暨建党百年之际，让我们共同领略法律人的精神与风采！

走进远东，走近刘文义主任

早秋已至，草木初黄，北国风光，独树一帜，秀美的龙江大地，有这样一家成立近30年的律师事务所，它的名字叫远东——黑龙江远东律师集团事务所（以下简称"远东"或"远东所"）。远东是全省第一家合伙制律师事务所，拥有近50名律师的团队、千余平方米的办公环境。在这片辽阔的黑土地上，远东的品牌独树一帜，远东的精神星火燎原。远东所主任刘文义律师自1988年开始执业，至今已从业三十三载。刘文义主任完全打破了笔者之前的刻板预想，着装整洁、干练、神情温和、笃定虔诚，有一种公允且令人信赖的气场。

回首过往，皆为序章

笔者：刘主任您好！非常荣幸今天能与您一同交流。

远东的满墙荣誉，让人倍感震撼和赞叹。据了解，您带领远东走过三十个春秋，回首过往，是什么让您能坚持到今天，且获得了如此多的辉煌业绩？

刘文义主任：您好！感谢你们不远千里来到冰城。远东成立于1992年，建所之初，远东在业务领域方面就坚持民刑共抓、商企共进。专业能力是律师的立所之本，多年来，远东也一直致力于加强专业法律人才的培养。远东是两代人同行，我们注重律师业务的发展，更注重律师思维的传承，注重以老带新、取长补短。

"勤勉、敬业、形象、良知"是远东人的执业理念，远东律师要求自己不仅要做好业务，更要有仁德素养。良知良心是每个善良的人都应具备的素养，作为法律人，心存良知、善念尤为重要。只有心存良知，才不会在为正义而前进的道路上偏离轨迹。我经常跟我们的律师说，当事人来找我们的时候一定是最困难、最艰辛的时刻，我们的作用就是要为当事人解决实际问题。律师就像医生，可以救死扶伤，若律师仅仅是法律程序上的代言人，对案件不进行认真剖析和考量，没有自己的观点，就没有在此行业内继续生存的必要和空间。或许，就是因对法律的信仰和执着精神，让我和远东律师们一直在勇往直前吧！

党建所建，融合发展

笔者：我们看到远东所被授予优秀党支部、党建示范点等荣誉，包括您在内的很多律师也都被授予优秀共产党员称号，从中我们可以感受到您对党有着深厚的感

▲全国优秀律师事务所

▲黑龙江省律师事务所信用星级单位

情。其实早期党组织的活动在律师事务所的开展并不是必要的，而您却坚持远东所的党建工作始终如一、从未间断，是什么促使您这样做的呢？

刘文义主任：远东所早在1996年就设立了党支部，是黑龙江省内合伙制律师事务所中第一家设立独立党组织的律所。

业务为重、党建先行，远东始终坚持以党建促所建。远东党支部自成立以来，持续发挥先锋引领模范带头作用，率先完成了党建工作的全覆盖、全统领、全规范。早年间，少部分律师会认为自己是独立自由的职业人，偏重业务，对坚持党的领导认识不深刻。但因我个人已有45年党龄，对党的发展历程认识深刻，有很坚定的共产主义信念，多年来我一直秉持这种情怀和信仰引领远东前行，目前远东律师党员占比67.44%，在远东已经建立了党对律师队伍的全面领导。党的十八大以来，党中央明确提出全面依法治国。党的十八届四中全会专门进行研究，通过了《中共中央关于全面推进依法治国若干重大问题的决定》。党的十九大召开后，党中央组建中央全面依法治国委员会，从全局和战略高度对全面依法治国又作出一系列重大决策部署。由此可见，律师是依法治国中不可或缺的职业群体。这是律师之幸事，更是党员律师之荣光。

执着公益，默默奉献

笔者：我们知道，多年来，远东律师一直热衷于公益事业，关爱弱势群体；远东律师为希望小学捐赠款物，为黑龙江特困大学生捐资助学，持续20余年从未间断；远东律师还举行"真情献爱心、普法下乡村"扶贫活动；疫情防控期间，远东律师助力抗疫，筹善款、捐口罩、

供物资等，可以说，远东律师在为社会贡献的道路上从未停歇。您和远东律师同仁为何能一直坚守、默默奉献呢？

刘文义主任：这些都是过去式了。我们认为，做公益、做善事能净化人的心灵。过去做、现在做，将来我们还会做。远东律师一直会着眼于现实，用专业知识化解矛盾，用正能量践行公益，用温情传递爱心，用行动彰显远东的情怀！

身体力行，始终如一

笔者：很多人都认为，律师的收入非常可观，办个案件轻轻松松就能赚到几十万乃至上百万元。请问刘主任，事实确实是这样吗？

刘文义主任：律师本质上是为人民服务的，但应考虑律师作为社会人的属性，生活来源是其生存的一部分，事实上畸高收入的仅仅是一小部分律师，大部分律师的收入基本刚好维持家庭生活，社会普通收入才是律师的常态。律师与金钱的关系本不矛盾，律师无须为了附庸风雅而谈"钱"色变，因其职业性质就要求律师体力、脑力双负荷，当事人找你的时候也不会分凌晨还是午夜。近年来，出现了律师劳累过度而猝死的状况，律师劳动获得更高收入也无可厚非，但要注重服务的方法和态度，以达到最终的质量和效果。同时，无论是律师事务所还是律师个人，依法缴税纳税的基本义务都绝不能忽视、必须履行。依法纳税对远东所的长治久安及可持续发展有着深刻的意义，我们会一以贯之，且始终如一。

谆谆教诲，寄语青年

笔者：当代社会的年轻一代，都流行一句话："躺平的人生"，您怎么看？根据目前律师行业的现状，您

▲刘文义主任在黑龙江大学法学院院庆发言

▲全国优秀法律顾问

对青年律师有什么建议或指引吗?

刘文义主任:"躺平"!今天我还是第一次听到,不难理解,大概是想用这种放弃的方式反抗压力吧!我每年都会给实习律师培训讲课,但我不讲法条、不讲法理,我会跟他们聊社会、聊金钱、聊职业操守。他们刚刚通过司法考试可能会有佼佼者的心态,但是这个行业理论学习和执业实践差距很大,会有不断更新的法律专业知识要学习并需要深度理解运用,要与形形色色的人接触交流,要在各类案件中抽丝剥茧、去伪存真。很多法学院的学生都幻想自己当律师后,穿着高档西服走进法庭,用自己的巧言妙语赢得美丽的掌声,获得高收入和社会地位,但事实上,刚进入行业的律师能解决温饱问题就不错了。一般情况下,很多律师熬不过三五年就会换工作,能坚持并能熟练运用法律知识和技能则要经历8年到10年的打磨。其实无论哪个行业的年轻人,生活在这个时代都要面临挑战,同时他们也有无限的机遇,年轻有年轻的优势:思想多样化、有创意、精力充沛。年轻人要设定正确目标,不能产生偏差认知,要积累实践经验,不要幻想一夜成名或一夜暴富。我一直坚信:勤奋和努力在任何时代都不会过时,"不积跬步无以至千里,不积小流无以成江海"!

拥抱时代,成就未来

笔者:现在是互联网、科技高速发展的时代,您是否考虑过,有一天律师职业或将被机器代替?律师行业要如何继续下去,律师行业未来的发展方向又如何呢?

刘文义主任:我是20世纪50年代出生的人,是亲身经历了社会变迁、时代发展的一代人,吃过20世纪的苦,也享受了新时代的福。虽然年纪略长,但我的思想是很进步的。互联网的发展、科技的快速更替以及大数据时代的到来,让非法律人在网络中能迅速找到法条,学习法律知识,帮助自己解决法律问题。有人质疑人工智能是不是会代替律师了,电脑上什么都有,还用律师干什么?我想,实则不然,机器毕竟是机器,与人不同,法律不仅仅是搬出法条或单纯地判断是与非,法律更趋向于讲理、讲逻辑、讲情感,而沟通和情感是机器无法取代的。尤其是一个复杂的案件,要有政治评价、法律评价、社会评价,这些都是机器所不能替代的。并且,大数据为律师工作效率的提高、案件精准的分析、法条的穷尽查找、案例检索、裁判指向的分析都带来无限的便利,而这恰恰提高了律师的专业水准和工作效率。我现在写材料还是采用最原始的方法,用纸笔书写,网上买车票、机票都是他人帮我购买,但我不排斥互联网时代带来的新事物、新变化,我愿意与年轻人交流,我也在积极学习新事物。我要感谢这个时代的福利,我们的律师行业也在挑战中不断创新，在创新中实现了跨越式的发展！

笔者：最后，想请您从一名法律人专业的角度，与读者朋友聊聊，律师的社会角色是什么？应当在社会中起到什么样的作用？

刘文义主任：在古代的中国有"师爷"这样的称呼，在周星驰的电影里我也看到过，"师爷"巧舌如簧，更多的是为有钱人服务，所以"师爷"为贬义之称。自1979年中国律师制度恢复重建后，随着法制建设的不断发展和完善，律师队伍也逐渐走向规范化、专业化、精英化，律师在依法治国和社会公平有序发展的道路中起到了至关重要的作用。

而今，律师在社会中的作用更加重要，在刑事审判中，律师让被告人可以得到公正程序的审判，接受罪刑相适应的结果；在商事活动中，律师事前的风险防范、事后的有效止损可以使当事人得到高效法律救济；在家事纠纷中，律师更注重调解，以和为贵、息诉止纷。同时，很多律师担任政府的法律顾问，他们积极主张良法善治；在经济建设中，律师为企业出谋划策、排忧解难，引导企业走出法律困境；此外，中国律师这一群体还十分关注社会急难问题，争做化解社会矛盾的带头人和"急先锋"。

后 记

有人说，律师是智者。他们通晓法律、明辨事理；思维敏捷、眼光锐利；洞察细微、条分缕析。

有人说，律师是仁者。有广泛的爱心，能排难解纷，扶弱济困，更关怀弱势群体。

有人说，律师是勇者。一身正气，仗义执言，不屈从于权势，不迷恋于金钱，忠于自己的承诺，践行自己的誓言，维护法律的尊严，追求社会的公正。

而我们说，远东律师不仅能做到"智仁勇"，而且已成为当事人走出法律困境的向导、化解矛盾纠纷的使者。远东已取得了令人欣喜的业绩，但成绩属于过去，远东人永远站在新的起点上看未来，站在新的高度上看世界。远东人正是用理性演绎着律师职业的正义与温情，用辛劳诠释着法律工作的神圣与庄严。坚冰已破，航路已通！执着坚韧的远东人有能力承受惊涛拍岸般的震撼，更有自信迎接暴风骤雨后的绚丽彩虹，它将一如既往，不负韶华，不仅为了律师肩负的使命担当，更为了社会的需要和责任。遥远的东方有一群人，他们都是远东人。

PART 2

二、律师专访篇

肩负责任，心怀使命
——访北京金盈律师事务所主任、首席合伙人白砚军律师

▲白砚军律师

编者按

再审，是一扇很难开启的门。这一认识，是世界上许多国家的共识……所谓"再审"就是为纠正已经发生法律效力的判决、裁定，依照审判监督程序，对案件重新进行的审理。从事民商事诉讼代理的律师都知道，案件经过一审、二审的审理，基本便已"尘埃落定"。而再审程序的启动，意味着有可能会推翻已经生效的一审、二审判决，这对于司法的公信力及法律权威都是极大的挑战。故业界也就有了"再审难，难于上青天"的说法。

再审案件之于当事人，更是历尽煎熬、耗尽精力、失去信心、失去希望，甚至最终选择放弃。当然，并不是所有人都会选择放弃，在首都律师界就有这样一位律师，他迎难而上、知难而进，并专注重大民商诉讼及再审、抗诉案件多年。从业20年间，他所承办的再审案件，胜诉率达90%以上。他在每一起案件中以维护当事人的合法权益为己任，既保障了法律的正确实施，又维护了社会的公平与正义……他，就是北京金盈律师事务所主任、首席合伙人白砚军律师。据悉，白砚军律师还担任着第十一届北京市律师协会律师代表、第十一届北京市律师协会合同法专业委员会副主任、第三届北京市东城区律师协会监事、北京市律师行业新的社会阶层人士联谊会委员、北京市东城区律师行业新的社会阶层人士联谊会副秘书长等职，并连续两年获北京市律师行业"党建之友"（2019—2021年度）之殊荣。在这些成就、荣誉的背后，白砚军律师有着怎样的人生心路、执业历程与律师故事呢？且让我们为读者诸君一一道来。

肩负责任，心怀使命

白砚军祖籍是陕西榆林神木，父亲是军人出身，后转业到内蒙古包头市，并在包头扎根。白砚军姐弟三人，他排行老三，上面有两个姐姐。父亲对孩子们的要求非常严格，要求他们要坐有坐相、站有站相，待人接物要真诚、谦和，要信守承诺，要有家国情怀，对国家、社会要有责任感和使命感……这样的言传身教和家庭氛围使得每一家庭成员都养成了严于律己、宽以待人，坚毅果敢、执着坚守的处世作风。白砚军高中毕业时，姐姐已经从兰州大学法律系毕业，并回到包头任职法官。在姐姐的影响下，白砚军大学填报的第一志愿就是"中国政法大学"，这一年他顺利走进"中国法学的最高学府"——中国政法大学。求学期间，白砚军顺利通过了律师资格考试。大学毕业后，白砚军有两个选择：第一，回到地方，通过公务员招录考试进入国家公职机关，成为公务员队伍的一分子；第二，留在北京自谋职业。经过一番思索后，他最终选择了后者，并进入一家律师事务所实习。实习期间，律所与法制日报社有一个短期合作项目，律所遂将白砚军派至法制日报社常驻。在报社常驻期间，白砚军积极认真地对待每一份工作，加之其待人真诚谦和，文笔流畅，项目结束后，报社领导希望

这个年轻人能留下来继续在报社工作。就这样，白砚军开始了他在中共中央政法委员会机关报六年的职业生涯。在报社工作期间，他工作的主要内容是利用自身专业优势，从媒体监督的角度为读者以及企业提供法律服务和解答各类疑难问题，有时还需要与地方政府、司法机关进行沟通和协调，以切实解决读者或企业遇到的困难和问题。但随着工作阅历的增长和所涉工作领域的不断拓展，白砚军发现，很多问题虽然从媒体的角度做了监督和协调，但仍有诸多法律层面问题并没有得到真正有效、彻底地解决，与他当初选择学习法律，追求社会公平正义的初衷存在距离，法律人的作用没有完全发挥出来，此时，他有了离职的想法。2006年，在报社领导的举荐下，白砚军跳槽至一家外企公司，先后担任了公司的法务总监及主管法务的副总裁。媒体六年，企业两年，丰富的工作经历为白砚军后期专注解决重大疑难诉讼案件奠定了坚实的基础。

"一定要从为委托人解决实际问题的角度去开展我们律所的工作。"自2014年创立北京金盈律师事务所（以下简称"金盈律所"）以来，白砚军律师一直这样要求自己和金盈律所的同仁们。多年来，金盈律所在白砚军的带领下，一直秉承"诺千金，盈四海"的办所理念，以"诚信、专业、精进、共赢"的核心价值观引领金盈律所的管理和决策，在重大民商事争端解决、公司治理、企事业单位法律顾问、房地产与建筑工程、投资与融资、资本市场与证券、知识产权等领域获得了委托人的充分肯定和高度赞誉。尤其在民商事再审、抗诉等方面，白砚军和金盈律师已成为业界的一张"靓丽名片"。

十年坚守，只为正义

"律师不是商人，不能唯利是图。律师是通过专业的法律知识和业务能力帮助当事人化解矛盾、解决问题，从而实现'三个维护'的终极目标和追求。这样，律师作为法律人的社会价值才能得到完美的体现。"白砚军律师如是说。

接着，白砚军律师与笔者分享了一个他为之坚守10年的再审案件，10余年间，公司的两个股东都已各奔东西，但作为该公司的法律顾问和案件的代理人，白砚军却一直坚持到了最高人民法院主审法官敲响正义法槌的那一刻。此案的原委还要从10多年前说起，那时，白砚军担任了北京一家成立不久的影视公司（以下简称"北京影

视公司"）的法律顾问，北京影视公司与某省A影视公司联合筹拍一部大型电视连续剧（某省A影视公司已与编剧签订各项授权协议，因没有资金，故与北京影视公司联合拍摄）。拍摄期间该剧还得到了央视的大力支持，央视派出专人跟踪和指导拍摄工作，北京影视公司领导层对该剧也寄予了厚望，希望能在业界一鸣惊人。然而，天有不测风云，正当北京影视公司投入巨资，该剧拍摄得如火如荼时，却收到了某省另外一家影视公司（以下简称"某省影视公司"）要求停拍的通知。之后白砚军才了解到，该剧编剧未能抵御金钱的诱惑，一个剧本卖了两次，最终导致一剧两拍和引发一事两案（各自在法院立案），乃至一事多案，最终双方对簿最高法院的审判席。在案件再审期间，白砚军律师始终秉承以事实为依据、以法律为准绳的执业理念，认为其委托人与编剧签订授权协议在先，且协议已进入履行阶段，终止或解除协议会给委托人造成巨大经济损失。就这样，北京影视公司继续拍摄，并于2009年底将电视剧全部制作完毕。那边某省影视公司也同样投入巨资筹拍，只修改了电视剧名、主人公名等，但故事情节、剧情内容等与前述基本一致，且编剧也是同一人。之后，双方开始进行谈判，但不久后，北京影视公司负责人就接到了某省某市中级人民法院法官的电话，被告知"某省影视公司已于当年6月在本市中级人民法院向你们提起了'确认不侵权之诉'……"为了维护委托人的合法权益，以及应对对方提起的诉讼，白砚军律师代理的北京某影视公司在北京法院对某省影视公司提起"侵权之诉"并获立案。白砚军律师拟写的起诉状中反映："由于对方的侵权行为，直接导致全国各电视台对该电视剧产生了不应有的质疑，致使发行困难，北京影视公司两千多万元的投资面临难以收回的局面……"自此，一场10年的版权之争拉开帷幕。

帷幕刚刚拉开，就发生了一件令所有人都意想不到的事，某省影视公司竟然串通编剧与某省B影视公司又签订了一份虚假的委托创作协议，并在北京某区法院提起诉讼，以确认该剧本的权属并非编剧个人，而属于某省B影视公司。法院支持了某省B影视公司的诉请，判决该剧本著作权归某省B影视公司所有。此后，北京影视公司在某省一审（某市中级人民法院，以下简称"某市中院"），二审（某省高级人民法院，以下简称"某省高院"）均以败诉收场。

在四个法院均败诉，委托人早已失去了信心和耐心。

此时时间已经过去了5年之久。信守承诺、坚守选择的白砚军律师在与律所同仁在耐心细致地分析案情的基础上，根据经验判断这是一场精心设计的虚假诉讼，目的很明确，编剧若不是该剧本的权利所有人，那么，他所签署的所有授权即无效。白砚军遂找到该编剧，对其剧本"一本两卖"的后果进行了法律层面的解释，这时编剧才终于承认，他与某省B影视公司签订的授权协议都是虚假的。之后，白砚军就剧本著作权归属问题向北京市高级人民法院（以下简称"北京高院"）申请再审，编剧因惧怕承担刑事责任，遂向某省某市中级人民法院提起诉讼，确认与某省B影视公司签订的委托创作及授权协议无效。又历经几场艰难诉讼，法院判决该剧本著作权归编剧个人所有。基于以上判决，白砚军立即向最高院申请对某省高院判决的"确认不侵权之诉"申请再审，而这时该案因经历了诸多司法程序，其已过去七八年的时间。

最高院立案后指令某省高院再审，某省高院又发回某市中院重审此案，此次诉讼，某市中院再次判决北京影视公司败诉。不服输、不气馁的白砚军律师遂再次向最高院申请再审，最高院再审立案后，直接提审并开庭审理了此案。庭审结束后，最高院的主审法官语重心长地说："这个案子案卷之厚重，耗时之长久是不言而喻的，通过一审、二审、再审程序之后，当看到案件真相的时候，我觉得打再审诉讼的这个律师实在是不容易，他能走到今天难能可贵。"听完最高院主审法官的一番话，白砚军觉得自己这10年所有的坚持和付出都是值得的。笔者之后获悉，办理此案的10年间，白砚军律师未收取当事人代理费用，所有办案经费都是先行垫付。"为了这个案子，每次去某省开庭的路上，我的心情都非常沉重，甚至也想过放弃，因为诉讼的过程中遇到的难题实在太多、太复杂！可是我转念又想，我们学习法律的初心是什么？不就是要追求公平正义吗？越是困难的时候，越需要我们的坚守和坚持！因为法律人的初心和信仰就是要维护每一个社会个体的合法权益。所以当最高院主审法官说出那一番话的时候，我的内心虽然五味杂陈，但是'守得云开见月明'，10年的坚持没有白费。"白砚军律师坦陈道。

白砚军律师用他10余年的坚持和坚守告诉我们："正义也许会迟到，但绝不会缺席。"希望那些还在维权路上的人们，不要失去信心，也不要放弃希望，只要坚持

不懈，终会有更好的结果出现。

热心公益，回报社会

办案之余，白砚军律师和金盈律所同仁还将法律送进社区，为社区百姓提供无偿的法律咨询服务。近年来，他参加了北京市司法局组织的"以案释法"宣讲团，深入社区为广大居民宣讲解答法律知识，为群众释法析理、排忧解难。他还接受北京市司法局组织的"法治宣传教育示范基地"考察活动之邀，担任专家评审团成员，对北京市人民检察院、北京市互联网法院等13家单位进行了座谈考核。并曾多次接受法制日报社采访，就虚假诉讼等热点问题提出观点及建议。同时，白砚军律师还积极参加北京市东城区律师协会组织的为贫困家庭捐款等活动，并通过红十字会、媒体记者、其他平台为重大疾病或过世的律师同仁捐款等，截至目前，仅白砚军律师个人捐款累计就已达3余万元。特别是2020年疫情防控期间，白砚军律师除积极捐款捐物外，他还担任了东城区法律服务志愿者第二区建国门街道组组长，帮助社区普法宣传，编撰法律培训PPT，协助街道指导居民进行正确的防疫防控，疏导社区居民恐惧心理，向街区中小企业和居民提供法律援助，为群众及街区中小企业送去了法律人的关怀和温暖。

"赠人玫瑰，手留余香，作为一个法律人，就应该承担起一定的社会责任，其实在帮助他人的同时，自己的内心也会更加充盈，虽然没有得到物质上的回报，但你会觉得更有价值感和成就感。"白砚军律师道。

以党建促所建，以所建促发展

"莫问收获，但问耕耘。"多年来，白砚军律师一直坚守"法律服务百姓、回报社会"的信念，热心法律公益活动。在白砚军律师的带领下，2018年2月，经北京市东城区律师协会党委审批，中共北京市北京金盈律师事务所党支部宣告成立。以党建带动所建，积极参加党组织活动，把"不忘初心、牢记使命"深入贯彻落实到学习中。

"以党建促所建，以所建促发展"，发挥党组织在律师事务所发展过程中的引领作用，积极参加上级支部的学习实践活动，自我提高、自我完善，不断增强党性，认真贯彻党的各项方针政策，进一步加强员工的思想政治工作，已成为金盈律所建设的重中之重。

后 记

"诺千金，盈四海"，"受人之托，忠人之事"，这些话说起来易，但要做起来，还真的需要一种永不言败的精神、一种不懈奋斗的魄力、一种对理想信念的坚守、一种对公平正义永不止步的追求。笔者以为，也正是有了如白砚军律师一样的法律人的坚持和坚守，才有了当今社会的和谐、稳定与发展，才有了"正义不仅要实现而且要以看得见、摸得着的方式实现"的终极目标。我们相信，在未来的岁月里，白砚军律师与金盈律所同仁仍会坚守法律、坚定信仰，肩负责任、心怀使命，在全面推进依法治国的进程中发挥应有的作用，开创更大的辉煌！

做最诚信、最敬业的中国律师

——德恒律所北京办公室合伙人、争议解决委员会执委毕宝胜律师侧记

▲毕宝胜律师

编者按

"人无信不立，业无信不兴，国无信则衰。"由此可见，诚信对于一个人的成长以及一个国家的发展多么重要。

林肯说："你可以在所有的时间欺骗一部分人，也可以在一段时间欺骗所有的人，但你不可能在所有的时间欺骗所有的人。"

本文主人公——德恒律所北京办公室合伙人、争议解决委员会执委、必赢股权创始人毕宝胜律师说："我的执业理念是做最诚信和最敬业的中国律师。"

时间如白驹过隙，为了这样的理念和执守，毕宝胜已进入法律界近二十度春秋，并成为中国规模最大的综合性律师事务所之一——北京德恒律所的一位合伙人。

理论与实务并重

执业多年来，毕宝胜律师坚持理论与实务并重，在股权转让、公司治理、金融纠纷等领域形成了自己的专业特色，且建树颇丰。因其具有多年实务经验，谙熟案件审判流程及应对策略，他养成了超强的庭审应变和驾驭能力。

毕宝胜律师曾或正在为中央和国家机关涉密载体销毁中心、中国邮政储蓄银行、中国民生银行、中国食品报网、中煤地质集团有限公司、北京城建远东建设投资集团有限公司、平谷物流基地等多家单位提供常年或专项法律服务；为"北京未来科技城"的前期规划建设、拆迁项目提供专项法律服务；为北京博雅英杰科技股份公司新三板挂牌等项目提供专项法律服务。

而正是他坚持理论与实务并重和提供优质、高效、专业的法律服务，获得了广大客户及项目单位一致好评和高度肯定。

敬业、勤业、精业

做最诚信、最敬业的中国律师，毕宝胜律师20年如一日坚守至今，并结出了累累硕果。我们从以下业绩中即可见一斑。担任中央和国家机关涉密载体销毁中心常年法律顾问；为"北京未来科技城"的前期规划建设、拆迁等部分工作提供法律服务；担任北京博雅英杰科技股份公司新三板上市、平谷物流基地常年法律顾问；担任中国食品报网法律顾问；处置中煤地质集团有限公司与浙江横店集团纠纷案件；办理上海市嘉定区人民法院公司解散刑民交叉第一案；办理新疆新丰化工股份有限公司破产重整案；办理北京首例大股东利用优势地位侵犯小股东利益、小股东起诉、法院判决"解散公司"纠纷案；办理广东省高院何某某股权转让、公司决议无效等系列纠纷案（此案诉讼历经十余年，辗转四级法院，判决、裁定百余份，现诉讼仍在进行）；办理北京城建远东建设投资集团有限公司与中国人民解放军某部队建设工程案；办理新疆永鑫煤化公司与中冶天工集团公司过亿建设工程案；办理河南省第二涉黑大案（抓获魏某某等48人涉黑犯罪集团），其担任首犯魏某某的辩护人；办理山西临汾"9·8"溃坝特别重大责任事故案；代理的新塔矿业公司原董事长张某亮犯非法买卖爆炸物罪、重大劳动安全事故罪、非法采矿罪、逃税罪、行贿罪死刑一案申诉至最高院（该案造成277人死亡、4人失踪、涉

▲毕宝胜律师参加中美律师论坛

及 58 名被告人，此案被认定为特别重大责任事故，经党中央、国务院批准，同意接受孟学农同志引咎辞去山西省省长职务的请求）；办理公安部（2015）一号专案（担任特大盗掘古文化遗址、古墓葬，倒卖文物，抢劫案主犯姚某某的一审、二审、申诉的辩护律师，此案是新中国成立以来公安部破获的最大盗墓案，抓获人数 225 名，追回涉案文物 2063 件，此案得到习近平总书记高度重视，为此对文物工作提出"保护为主、抢救第一、合理利用、加强管理"的 16 字方针）等。这些在业界产生巨大影响的大案、要案背后都有毕宝胜律师敬业、勤业、精业的身影。

坚守法治信仰，书写责任担当

据了解，办案之余，毕宝胜律师还担任了仲裁员、调解员、法治频道特邀评论员等诸多社会职务，以及获得广发银行慈善形象律师（第一人），中国改革开放 40 周年 2018 年度优秀专业律师等称号，担任北京电视台《家有好律师》《律师门诊室》特邀嘉宾，还多次接受 CCTV-12《道德观察》、《法治中国》、北京电视台《法治进行时》、《检察日报》、人民网、澎湃新闻、《刑辩大律师》栏目专访。

他还出版了专著《对赌：典型案例复盘与实务指引》（法律出版社，2020 年出版，独著），《股权转让的 100 个风险点》（法律出版社，2020 年出版，独著）；发表了《资本维持原则下的"履行可能性"对赌裁判规则》（《现代商业》2021 年第 1 期），《公司治理结构下中小股东的利益保护研究》（《中国商论》2021 年第 1 期）等多篇文章。

值得一提的是，多年来，在工作之余，毕宝胜律师一直坚持参加公益普法活动，将法律的温暖送进千家万户。"实际生活中，人们会碰到各种各样的问题，而其中有很多问题通过法律途径都可以解决，若律师的几句话、一个举手之劳就可以帮助别人少走一些弯路，减少他们的损失，这也体现出了律师的职业价值和社会担当。如果每个人的法律意识都得到增强，社会就会不断进步，我们的生活也会更加美好。但是由于人们法律意识淡薄，当自身权益受到侵害时，不懂得如何运用法律的武器来保护自己，作为一名律师，应当积极承担起一定的社会责任，了解广大民众法律诉求，坚持法治信仰和理念，扶弱济困，彰显正义，这种追求就是一个律师的责任和使命。"毕宝胜律师如是说。

走进德恒律师事务所

德恒律师事务所是中国规模最大的综合性律师事务所之一，1993 年 1 月经中华人民共和国司法部批准创建于北京，原名"中国律师事务中心"，1995 年更名为"德恒律师事务所"。2021 年 6 月，中共中央发布了关于表彰全国优秀共产党员、全国优秀党务工作者和全国先进基层党组织的决定，授予北京德恒律师事务所党委"全国先进基层党组织"荣誉称号。

德恒信守"德行天下，恒信自然"的理念，遵从"勤勉尽责、竭诚服务、追求公正"的宗旨，致力于为中外客户提供优质高效的法律服务，形成了诚信稳健、高效务实的工作作风，得到国内外客户及社会各界的肯定和认同。德恒多次获得中共中央组织部、北京市司法局、北京市律师协会等颁发的"优秀律师事务所"称号，并在诸多业务领域内获得 Chambers & Partners，International Financial Law Review，Asian Legal Business，The Legal 500 等权威法律媒体与评级机构推荐。

走进德恒争议解决委员会

争议解决是德恒的核心和优势业务领域之一。从 1993 年至今，德恒代理了众多在国内外具有重大影响力的诉讼和仲裁案件，在各级法院、仲裁机构和行政机构均有大量的成功案例，为当事人避免或挽回了巨额损失，很好地维护了当事人的合法权益，在业内与社会上享有广泛盛誉。争议解决委员会律师具有丰富的办案经验，能为客户提供最佳争议解决方案，最大限度地降低客户的争议解决成本，实现客户利益最大化，致力于为客户提供全方位一站式综合法律服务。

争议解决委员会曾经或正在为财政部、国家卫生健康委、市场监管总局、全国工商联、全国社保基金理事会、国家开发投资公司、中国移动通信集团有限公司、中国联合网络通信集团有限公司、中国兵工物资集团有限公司、中国南方电网有限责任公司、中国重汽集团有限公司、国家开发银行吉林省分行等提供法律服务。

2021 年 6 月 1 日，争议解决委员会负责人凭借其扎实的专业功底、丰富的经验以及卓越的客户口碑荣登知名法律评级机构 LEGALBAND "2021 年度 LEGALBAND 风云榜诉讼律师 15 强"。

后 记

"德行天下，恒信自然"，"做最诚信、最敬业的中国律师"，毕宝胜律师坚守的执业理念与德恒律所的所训可谓是不谋而合。如今，德恒律所品牌在法律界早已有口皆碑，而毕宝胜在公司法领域，尤其在争议解决方面也已成为业界公认的资深律师和法律谈判专家。

信者无敌，信者同行。我们相信，在未来的岁月里，毕宝胜以及德恒律师同仁一定会为国家的发展、社会的进步，以及为推进中国的法治进程做出更多更大的贡献。

善良的心是最好的法律

——访北京市优秀律师、北京市振邦律师事务所主任初学平律师

▲初学平律师

编者按

英国法学家麦克莱说："善良的心是最好的法律。"

原最高人民法院审判委员会副部级专职委员、二级大法官胡云腾也曾对媒体表达过自己对法律的理解，艰涩的术语汇聚到最后，只留下一句非常简单的话："善良的心就是最好的法律。"

今天，本文的主人公——北京市振邦律师事务所主任初学平，从人民教师到执业律师，从山东滨州到首都北京，从专职律师到合伙人、律所主任，始终坚守"良知第一、善良至上"的人生理念。任教期间，他对待工作认真负责、勤勤恳恳；对待学生更是爱生如子、视如己出；从事律师工作后，只要接受委托，他必全力以赴、竭尽所能维护委托人的合法权益。

据了解，除拥有教师资格和律师资格外，初学平还考取了专利代理师资格、国际仲裁员资格以及全国企业法律顾问等专业资格，可谓是律师界不可多得的复合型法律人才。

特别值得一提的是，青年时代的初学平还曾有智斗歹徒、勇护少女、关心少年，以及将"刺头班"变成"优秀班"的传奇经历。若不是这次的专访，这些感人的故事或许仍会一直尘封。所以，笔者要感谢初学平律师今天无私的分享。

从教育界走向法律界，从三尺讲台到方寸法庭，初学平有着怎样的人生经历？怎样的律师故事呢？且让我们为读者诸君一一道来。

从教师到律师的完美转身

"师者，所以传道、授业、解惑者也。"初学平是山东滨州人，开篇语中我们提到，在从事律师工作前，他是一位教育工作者，且已在教育战线奋战 10 余年。任教期间，初学平还走进了北京师范大学学习哲学，毕业后继续回到三尺讲台，把所有的精力和爱都倾注到教育事业上，倾注到孩子们身上。

20 世纪 90 年代末期，已经从教 10 年的初学平在滨州市图书馆某刊物上看到一篇报道，说的是中国律师帮助中国受骗企业在美国打官司，且为中国企业赢得数千万美元赔偿的案件。"在座的美国人民都是非常诚实的，讲信用的，但他（对方当事人）却玷污了美国人民的良知和善良……"中国律师在美国法庭上的慷慨陈词以及为中国企业力挽狂澜的场景引起了初学平的思考："原来律师的作用这么大！"

从此初学平就认定，律师应是最适合他的职业，从那时起备战律考也就成了他的头等大事。从老师到律师，其实跨度还是非常大的，但对于已经笃定要做一名律师的初学平来说，这些都不是问题。炎炎夏日，他走进了中国政法大学，聆听法学名家的谆谆教诲，并于 2000 年顺利通过当年的律师资格考试。此后，初学平还通过了全国专利代理师资格考试、全国企业法律顾问执业资格考试，获得了国际仲裁员资格等。办案之余，初学平一直学习和探索法律业务的新领域、律所管理的新模式。"只有不断学习，才能提高自身的能力和价值，才能跟上社

▲初学平律师与江平教授合影

会向前发展的步伐，才能走在时代的前沿，奋楫扬帆、勇立潮头。"初学平律师如是说。

2002年，初学平经过深思熟虑后，选择了辞职并满怀激情地"北上"，走进了当时刚改制不久的北京市东元律师事务所，开始了他无悔的律师生涯。

正式执业一年左右，初学平就提出要让法律服务走进社区的概念，并亲自践行和带领律师团队为社区提供普法讲座，为人民群众答疑解惑、解决纠纷。尤其在东单公园，初学平带领几位律师，每周六日上午9点至11点半，为群众提供免费法律咨询，并坚持常驻了一年，这一活动获得广大人民群众的一致好评。

2005年初，北京市律师协会发布公告称，将评选"北京市优秀律师事务所""北京市优秀律师"，各律师事务所可推荐本所律师踊跃报名，当时北京在册律师近两万人，报名申报参评者达3000余人。所主任鼓励初学平申报，初学平律师抱着试试看的心理，根据要求把几年来将法律服务送进社区的工作做了总结汇报。

之后，经过初审、业内征询意见、实地评查以及公示监督等严格程序和步骤，2005年1月20日，北京市律师协会正式授予50家律师事务所"北京市优秀律师事务

所"荣誉称号，授予100名律师"北京市优秀律师"荣誉称号。初学平所在的北京市东元律师事务所获得"北京市优秀律师事务所"荣誉称号，初学平本人与同所吴建平律师被授予"北京市优秀律师"荣誉称号。

自此，初学平的名字在首都律师界声名鹊起。

法律严明，也有温情

法庭作为一个庄严神圣的审判场所，在人们心中是主持公平正义的地方。在初学平的律师生涯中，其在法庭上的陈述几乎很少被主审法官打断，法庭上，他总能将法律严明的一面与温情的一面共同呈现在人们面前，从而影响法官在法律框架内做出最有利于当事人的判决。

据悉，执业近20年来，初学平律师办理的刑事案件，有的是厅局级领导犯罪案件，有的是企事业单位领导犯罪案件；他办理的建筑施工与销售合同类案件，有的在最高人民法院审理，有的在省高级人民院审理，有的在市中级人民法院审理，其足迹已经走遍了全国31个省市自治区。2021年，因案件需要，他克服身体上的种种不适，走进了西藏那曲市中级人民法院；他办理的知识产权以及其他重大民事案件更是不胜枚举，聘任其担任常年法律顾问的企事业单位有的已达15年之久。

累累硕果的背后是初学平呕心沥血、业精于勤的坚持，更有委托人对初学平视为挚友的高度信赖。

在安泰科技股份有限公司及中国钢铁研究总院原领导贪污300多万元的案件中，初学平律师担任了徐某某的辩护人。法庭上，初学平律师再次慷慨激昂地发表辩护意见："……可以说没有徐某某，就没有现在的安泰科技，就没有……我们起诉认定的是300万元人民币无法追查，而徐某某之前却是每年为国家节省6000万美元，且经过查证，徐某某现两套住房皆为单位住房……"一番陈述后，旁听席位、审判席、公诉人席位，有的人潸然泪下，有的人默默地陷入了沉思。"请问公诉人还有什么要补充的吗？"初学平律师发言完毕，主审法官询问公诉人，"没有了。"此时，庄严的法庭显得更加安静肃穆。最终，法院作出判决，判处徐某某有期徒刑4年。

以善至上，从善而行

1990年，22岁的初学平已经当了两年的中学老师，彼时刚过春节，这一天是正月十四，下午初学平给学生补完课，天色渐晚，他骑着自行车往家赶，途中突然有

2010年第1期　定价：16元

CHINA INVENTION & PATENT

中国发明与专利

ISSN 1672-6081

初学平
律师界的一颗新星
做最好的创新
专利经营的成本控制
日本专利代理人考试制度一瞥

▲初学平律师荣登《中国发明与专利》封面人物

人拦住了他的去路，"不会是要抢劫吧"，初学平心想。"你要干什么？"对方没有说话，初学平靠近些定睛一看才发现，这个"拦路人"原来只是个十五六岁的小姑娘。于是，他放下警惕问小姑娘，"你拦我的路是有什么事吗？"小姑娘这才道出原委，原来她是从舅舅家到城里买东西，回来的路上，公交车就把她放到了这个地方，下车后她才发现自己还没有到站，这个地方她根本就不认识。这么晚了，她自己也不知道该问谁，正好遇到初学平骑着自行车路过，就只能问他了。经过耐心询问，初学平获知，小姑娘只知道舅舅是采油三队的，其他信息一概不知。初学平估算到石油职工宿舍要20多里路，她自己若是独自步行，要到晚上10点多才能赶回，更何况天色已晚，她还只是个孩子，于是初学平对小姑娘说："我是老师，你要是相信我的话，我骑车把你送过去吧。"就这样，初学平骑车托着小姑娘，借着月光一路颠簸，用了一个多小时，终于摸索到了小姑娘舅舅家住的石油职工宿舍区，又经过耐心询问邻里，最终，打听到一户人家说：

"他们家正在到处寻找这个外甥女呢，一定是他们家。"帮小姑娘找到了舅舅家，初学平也终于舒了口气。小姑娘的亲属自是对善良的初老师千恩万谢，并热情地请初老师用过晚饭后，又安排车队的人将初老师送回了家。

还有一事，发生在初学平的高中阶段。在城关练完太极拳的初学平晚上10点多骑车回家，途中突然听到路旁有女子喊救命，他立刻下车查看情况，发现路旁停着一辆大货车，旁边沟里有一男子正在对一名女子实施不轨行为，十几岁的初学平可谓艺高人胆大，他未加思索便大喊一声："干什么呢？"此时，做贼心虚的货车司机见有人来，吓得赶紧上车跑路。这时，惊魂未定的女子已是衣衫不整。初学平见状，赶紧让女子穿好衣服，并表示可以骑车送她回家。女子这才说："我也不知道这是哪里，是那个司机在我们村边打听路，我出于好心给他指路，结果他就把我拽到了车上，我也不敢跳车，这么晚了，喊人也没人来追赶，这到底是哪里啊？"初学平问了女子家的具体位置，想想大概有二三十里路，虽然没有去过，但大概方向是知道的。初学平说可以送女子回家，女子马上表示："太好了，到家后我一定让我丈夫、家人好好感谢你。"这时初学平说："我就把你送到村边上，你也不用感谢我，你的这个事也不要向任何人提起。"经过一番颠簸把女子送到村边，初学平再赶回家已是深夜两点。母亲因牵挂儿子，一直在等他，回家后初学平将当天救人的经历一一告知母亲。"你真够胆大的，那种开大货车的司机都是带着凶器的。"母亲担心地说。

20世纪90年代末期，初学平担任高二任课老师期间，文理科分班后，其中有一个文科班集中了年级所有的后

▲初学平律师

▲初学平律师接受《今日说法》采访

进学生，因这个班的学生大多家庭条件优渥，又爱调皮捣蛋，这个班也被学校老师们称之为"刺头班"。一天，校长找来初学平说："初老师啊，有个事和你商量一下，我们想这个班由你来当他们的班主任。"初学平面露难色，校长叹声道："这帮孩子太难管了，在我们的教师队伍里就数你最年轻，其他老师都年龄大了，管不来，你只要不出事就行。"既然校长都这么说了，初学平就只好硬着头皮接下了这个"烫手的山芋"，初学平心想："既然接了，就要想办法并用心把这个班管好。"初学平觉得爱玩是孩子的天性，每个人都应获得认可和尊重。于是，他采取民主式管理，并宣布会根据大家的表现，全班民主选举出班长、团支部书记、学习委员、体育委员等。这时有一个瘦瘦的学生张钰，毛遂自荐要当体育委员，初学平说："这两个月你先当着，两个月后我们会进行民主选择，到时就看你的表现了。"果不其然，两个月后全班民主选举，张钰被同学们选举担任班级体育委员。

每天晚自习下课后，值日生一般都是用笤帚打扫卫生，整得满教室都飘满灰尘，影响同学正常学习。为了解决这个问题，初学平用班费购买了拖把，并向学生宣布，晚自习下课后不再用笤帚扫地，而要用拖把拖地，拖地后走读生可按时回家，但住宿生可以增加半个小时的课，加课的时候，当天的值日生也是该怎么值日就怎么值日。

在此，需要特别强调的是，接管这个班以来，每天早晨初学平都是第一个到教室的，晚上又是最后一个离开，直到送走最后一个学生。随着时间的推移，初学平发现下课后很多走读生也不着急回家了，而是坚持在教室学习，且走读生第二天到校的时间也都提前了。

一学期的时间，初学平利用业余时间对全班30多名学生进行了家访，了解学生的家境，争取家长的配合，帮助学生解决困难，激发了学生学习的动力。这样的付出也终于得到了丰厚的回报，期末考试时全年级文科前10名的学生中，初学平带的学生占了8席（第2名至第9名），高考时，初学平带的这个班级的升学率排至第一。

教师是人类灵魂的工程师。用笔耕耘，用语言播种，用汗水浇灌，用心血滋润，笔者以为，初学平做到了无愧于"人民教师"这一荣誉称号。

在这里笔者还想穿插一个小故事：刚参加工作不久，初学平还在担任初中老师期间，他发现一个学生在班级里一直不爱说话，且总是心事重重，本来学习就是中上等，如果再加以努力，将来肯定能考上大学。初学平虽然不是这个班的班主任，但作为教师，关心孩子的成长，对于初学平来说就是分内之事。于是，有一天初学平对这个孩子做了一次家访，然后他才发现，原来孩子的父母都是残疾人，进屋后那种家徒四壁的场景让初学平的心久久不能平静。"作为老师，我一定要帮他。"于是，初学平跑到书店，给孩子买了一整套复习资料，并叮嘱孩子，一定要好好学习，将来考上大学……初学平的关怀和温暖走进了孩子的内心深处。从此，这个孩子的学习成绩一路高歌猛进，并考上了当地的师范院校，毕业后也成了一名人民教师。我想，原来的那个孩子，现在的人民教师，一定也是一位优秀的、善良的园丁，在关心着一代又一代孩子的健康成长，继续传承着老师的职责——传道、授业、解惑。

心系教育，情系普法

初学平从事律师工作已近20年，但他仍非常关心和关注中国的教育事业。近些年来，他开始一对一资助贵州贫困山区的孩子完成学业，每个学期通过班主任老师将资助款汇给孩子。

同时，初学平律师还积极参加国家立法、普法工作，2003年参加了《中华人民共和国知识产权海关保护条例》的修订工作，2004年参加了《中华人民共和国公司法》的修订工作，期间还曾接受中央电视台、北京电视台的邀请进行普法讲座。近年还曾在滨州学院讲授《国际贸易》《国际经济法》《合同法》等课程，以及受中国农业大学聘请到山东烟台讲授《法律实务》《公司法》《知识产权》等课程。当他走上三尺讲台的那一刻，那个善良的初老师又回到了久违的课堂！

后 记

从以上经历或案件中，我们可以看到初学平律师对学习的执着，对理想的笃定，对案件的负责，对正义的追求以及对善良的坚守。送法进社区，帮助离退休老人维权，协助老年人追回债权，一对一爱心助学，等等，这样的经历，这样的故事，一直伴随着初学平的律师执业生涯。

读者可能会问，今天采访的是初学平律师，你怎么讲了那么多"非律师"的话题和故事呢？笔者以为，见微知著，律师也是有血有肉的活生生的人，对律师的本职工作来说，业精于勤，只要功夫深，铁杵磨成针。或许，正是初学平的坚持原则、勇于担当、敢于吃亏、乐于奉献的精神，以及他的正直和善良让与之有过交往的人都对他赞誉有加、信赖有加、尊敬有加，客户成了好友，好友再带来新的客户，如此周而复始、循环往复，初学平的朋友越来越多，事业也越做越大。

二十年如一日，初学平获得了委托人的肯定，更获得了律所同仁的信赖。2017 年，律所同仁一致推选他担任振邦律所领头人。"任务重了，感觉责任更大了！其实，人与人之间最好的交往方式就是真诚待人，不虚夸，不张扬。我想，只要我们做到秉持良知、谦虚谨慎、脚踏实地、求真务实，很多案件、很多纠纷、很多矛盾都可以得到妥善地解决，因为'善良的心就是最好的法律'"，采访结束时，初学平律师语重心长地说道。

维护委托人最大合法权益是律师的天职

——访北京福和律师事务所主任陈楠律师

▲ 陈楠律师

编者按

法律界有人曾这样说："律师的人品和能力是靠案例累积起来的，律师最美丽的语言是案例，案例就像是作家的作品、诗人的诗篇、记者的新闻。它也是经济学家的数据、哲学家的思辨、政治家的政绩、企业家的产品。"

今天我们采访的主人公——北京福和律师事务所主任陈楠就是一个用案例说话的法律人，一个将委托人最大合法权益视为天职的中国律师。

当陈楠律师打开书柜的那一刻，笔者看到是一份份凝结着他心血和汗水的成果，撤销案件决定书、取保候审决定书、不起诉决定书乃至无罪的判决书等卷宗已经装满整个书柜。很难想象，这仅仅是他从2017年1月至今在北京福和律所的"战绩"。

力求完美、热爱生活的陈楠律师在工作中也能做到全力以赴。强烈的法律信念使他在对待每一个案子时都严格要求自己。陈楠律师表示从事了这个职业之后虽然大部分的时间是看着当事人在表达着义愤、焦灼，但正因为看到了委托人面对的难处，所以在接受委托时，他会全身心投入到案件的研究中，并竭尽所能帮助委托人解决问题，维护委托人最大合法权益。兢兢业业的他留下了良好的口碑，每一个案件都没有辜负委托人的信任和重托。执业近20年来，陈楠用实际行动将"受人之托、忠人之事"做了最好的诠释，几乎每办完一个案件就结交了一群朋友。所以，多年来他总有忙不完的事务和案件。

他的理念是"对待每一个案件，都要像对待自己的家事一样，竭尽所能，全心全意去处理"。因为太忙，以至于我们的这次采访预约了近一年才获成行。

走近律师陈楠

冬去春来，日月如梭，时光在不停地流逝，陈楠律师的脸越发显得清瘦且轮廓分明，他的眼神中带着岁月沉淀下来的刚毅与果敢，可以看出他昔日经历的苦辣酸甜、各种滋味，还有那道不完的艰辛！少年时代的陈楠深受武侠小说影响，一直以来都有一颗扶弱济困、匡扶正义的侠义之心。"通过自己的努力，用法律的武器帮助更多的人，这就是我最大的愿望和梦想。"陈楠律师由衷地说道。尽管经常面对复杂的案情、不公正的裁决等形形色色的阻力，但他都会全身心地保护当事人的权益。当他的委托人获得胜诉并获执行的那一刻；当他的当事人（因涉嫌犯罪而受到刑事追诉的人称为犯罪嫌疑人、被告人）获得取保候审、撤销案件、不批捕、不起诉、撤回起诉、无罪等处理决定的那一刻，他比当事人还要激动。

福和律师事务所坐落于北京丰台科技园区的一座办公楼中，走进陈楠律师的办公室，古色古香的装修风格透露着主人沉稳的性格，空气中弥漫的淡淡茶香阐述着主人的修养与学识。或许，这样的氛围正适合静下来思考。律师是理性的思考者，是法律的忠实信徒和膜拜者，从事着律师职业的陈楠似乎时刻都处于思考的状态，思考每一个委托人的权益该如何维护，思考手上棘手的案件该如何突破，思考该如何让每一个身陷囹圄的犯罪嫌疑人、被告人重获自由。

曾有律师这样说："我从业十几年，从未有一起案件是拿到法院正式的'无罪判决书'"。此言可谓一语道出了在当前司法环境下，无罪辩护该有多难的心声！执业近20年来，陈楠律师的时间和精力几乎都扑在了案件上，因研究案件过于深入，他甚至忘记了时间，忘记了吃饭，忘记了休息，可谓不舍昼夜、殚精竭虑。因为他深知，每一个案件都牵涉到一个家庭甚至一个家族的兴衰荣辱，一个案件结束了，还有另一个案件的委托人在用期盼的眼神看着他。因长期熬夜和深入思索，他患上了失眠症。"办公室、行李箱、家里都是调理睡眠的药"，陈律师无奈地说道。

笔者翻阅陈楠律师向我们展示的刑事案件材料，在检察院审查起诉阶段当事人被取保候审及解除取保候审、撤销起诉、不起诉的案件就有数十起；在民事案件中，无论是担任原告代理人，或是担任被告代理人，陈楠律师都会竭尽所能，在维护委托人合法利益的同时，力求将问题化于无形，做到案结事了。

随意取出一份判决，陈楠律师都能如数家珍般地将案件的过往以及案件的每一个细节讲述得犹如昨日之事。可以说，每一个案件都是一个经典的法律故事。

因篇幅所限以及为保护当事人隐私，我们只能遴选陈律师办案过程中的部分精彩案例集结于此，以飨广大读者。

刑事篇

案例一　无罪辩护难，难于上青天

在张某等非法收购、运输、出售珍贵、濒危野生动物及珍贵、濒危野生动物制品一案中，陈楠律师担任其中一被告人的辩护人，并坚持无罪辩护。某一审法院判处各个被告人5年、7年等不同刑罚，而陈楠律师担任辩护人的被告人张某直接被宣判无罪，但某市检察院却又提起抗诉，后某市检察院又撤回起诉，最终，张某终获无罪判决。

陈楠律师：无罪辩护做成功太难了，简直是难于上青天，但不能因为难，律师就不做无罪辩护，在这个时候坚持做无罪辩护也正是考验一个刑辩律师是否有勇气。我不敢说为民请命，只敢说我是一名律师，只求无愧于心！

案例二　"实报实销"的判决有违法治

在李某涉嫌抢劫案中，作为李某的辩护人，陈楠律师深知一旦罪名成立，李某将被处10年以上有期徒刑。他在审查起诉阶段提出李某不构成抢劫罪而应无罪的意见，但此时李某已被羁押近10个月。经过研究，检察机关遂变更以李某涉嫌寻衅滋事起诉至法院。最终，法院以李某犯有寻衅滋事罪判处有期徒刑10个月，10日后，上诉期届满，李某未提出上诉。2017年10月3日，李某走出了看守所。

陈楠律师：这种关多久判多久"实报实销"的判决，有违罪刑相适应原则，有悖保障被告人权利的司法精神，

▲陈楠律师接受中央电视台采访

对法治是莫大的伤害。但对当事人而言，他们最大的希望是能早点出来就行，律师具有独立辩护的权利，但也要尊重当事人的意愿。

案例三　如何把握好案件定性至关重要

在王某、任某等非法集资和诈骗的案件中，主犯王某以诈骗罪被判处有期徒刑15年。陈楠律师作为任某的辩护人，任某作为从犯被定性犯有非法吸收公众存款罪。陈楠律师向检察机关提出羁押必要性审查的申请，经过与检察机关办案人员耐心沟通该案的定性，任某获得取保候审的批复。最终任某以犯有非法吸收公众存款罪被判处缓刑。

陈楠律师：在刑事案件中，如何把握好案件定性至关重要，因为案件定性将决定犯罪嫌疑人、被告人的刑期，更关系到一个家庭的命运。仗义执言，扶弱扬善，开拓进取，阔步向前，这就是律师的天职。

案例四　细节真的能决定成败

在林某非法倒卖柴油（两个批次柴油合计达1500余吨）的案件中，陈楠律师提出"柴油不在国家危化品名录中，所以林某的行为属于行政处罚的范畴，而不能以刑事犯罪论处"的辩护意见。后经过协商，林某表示认罪认罚，法院对林某作出缓刑（判三缓五）并处罚金的判决。

陈楠律师：对于犯罪嫌疑人认罪认罚的案件，司法机关应考虑其悔罪表现，辩护律师应关注辩护的细节，并能明确区分刑事与行政处罚的界限。此案虽未作出无罪判决，但林某本人对被判处缓刑的结果非常满意。

▲陈楠律师在办公

案例五　被告人要尽量做到相信辩护律师

在刘某涉嫌诈骗案中，陈楠律师接受委托时，刘某已被批准逮捕。陈楠律师建议刘某退钱和解，并耐心地与检察机关沟通交流，后检察机关向法院出具变更强制措施的司法建议（这种情况极为少见）。若按此程序走下去，刘某极有可能按缓刑处罚，但开庭期时，刘某却自辩并未实施诈骗行为。最终，法院作出判决，判处刘某有期徒刑 3 年。

陈楠律师：在刑事案件中，律师的辩护策略非常重要。虽然被告人有独立辩护的权利，但还是建议委托人能最大限度地相信辩护律师的辩护意见或策略，否则，辩护效果就会大打折扣。

案例六　律师要竭尽所能还原案件事实和真相

2018 年 6 月 3 日，一篇《男子闯入北京市民家中杀人后自杀身亡》的报道登上了首都各大媒体的头条。官方报道的案情是：沈某因个人矛盾纠集崔某等 4 人，闯入贾某（男，56 岁，北京市人）家中，持刀将贾某杀死，并将贾某母亲于某（82 岁，北京市人）扎伤。沈某作案后在现场附近自杀身亡，某区公安分局先后将崔某等 4 人抓获并依法刑事拘留进行调查。崔某的家属找到陈楠律师，陈楠律师接受委托后，立即会见了崔某。经过会见陈楠律师获悉，沈某对贾某及其家人要实施杀人的报复行为，崔某和其他一同去的人并不知情，他们只是帮助要债，并非要伤害欠债人，且在沈某对贾某实施侵害行为时，崔某还积极往门外拉沈某，以制止沈某实施侵害行为……在了解完整案情后，陈楠立即向公安部门提交对崔某采取取保候审的意见，并于 2018 年 7 月 7 日获批。

陈楠律师：此案中，一般都会认为其他三人肯定是从犯，但经过律师认真调查、会见和分析，这是一场沈某打着要债的幌子的个人报复行为，其他人并非帮凶。律师需要竭尽所能协助司法机关查明案件真相，还原案件本来面貌，并维护当事人合法权益，为法律的正确实施和社会的公平正义出一份力。

案例七　律师的良知和道德应排在首位

在陈楠律师向笔者展示的众多判决书中，有一份判决引起了笔者的注意。即判处被告人犯有寻衅滋事罪，判处有期徒刑 6 个月，判处被告人犯有故意损害财物罪，判处有期徒刑 6 个月，两罪合并执行 6 个月有期徒刑。从以上判决中我们不难看出，对于被告人而言，陈楠律师的辩护已经将被告人的刑罚减轻到最低限。当然，也只有辩护律师自己知道，为了维护被告人合法权益，与司法办案人员进行过多少次的耐心沟通、交流，多少次出入公检法各个部门提交辩护意见。除积极为被告人辩护外，陈楠律师还会建议被告人家属积极对被害人进行赔偿，以获得谅解。这就是为何在陈楠律师办理的刑事案件中，有那么多犯罪嫌疑人被批准逮捕后又被取保候审，并最终获得撤诉或不起诉的原因。

陈楠律师：我在接受案件委托前会做法律评估，有辩护空间我才会接受委托，若没有辩护空间，我也不想让当事人家属浪费钱财。律师不是所有的钱都要挣，良知和道德应排在第一位。

民商篇

案例一　律师要忠于职守，无惧诱惑乃至威胁

外省某企业（原告）与北京某国企发生借贷纠纷，据说，北京国企负责人从未将任何官司放在眼里，似乎在他这里一切皆能靠关系"摆平"。外省某企业负责人在京询问了很多朋友，希望大家推荐可以帮助到他的律师，结果兜转几圈后，圈内朋友皆推荐了陈楠律师。

签署委托代理协议后，该外省某企业负责人还是有些忐忑，但既然朋友那么信任陈楠律师，那也只能走一步算一步了。之后的一天，陈楠律师正在办公室研究案卷，突然接到一个不明电话，对方还以熟人的方式嘘寒问暖。对方说出自己的姓名后，陈楠律师知道来电话的是那个传说中的人物，意思是邀请他参加一个饭局，饭局中也有他认识的很多朋友。作为原告方的代理律师却接到被告方的电话和邀约，经验丰富的陈楠立刻意识到，这是要拉拢自己，对方在搞"离间计"！在电话中陈楠严厉拒绝了这次不同寻常的邀请，"我明确告诉你，别说你有钱、有关系，交朋友你还不够格，你的人品有问题……"在后续的办案中陈楠律师更加积极努力地推进案件。该案历经一审、二审和再审，最终，外省某企业获得全面胜诉，在陈楠的主张下还将执行金额精确到了"分"。自此，外省某企业负责人也与陈楠成了好友。"说实话，当时委托后我心里也没底，心里也在打鼓，不过事实证明，您真的经受住了对方的诱惑和威胁！"事后该企业负责人道。

陈楠律师：选择了律师，便选择了矛盾。远离私心，远离一切损害委托人的利益诱惑乃至威胁，做到无愧于委托人，唯如此，律师之路才能走得更远更长久。

案例二　蚂蚁同样可以撬动大象，只要你坚信自己足够勇敢

北京某区某大型国企建筑集团公司，下属企业合计十几万名员工。因其拥有国家房屋建筑工程施工总承包、建筑装修装饰工程专业承包、市政公用工程施工总承包等一级资质。故很多没有资质的建筑公司都希望挂靠在该集团下以便开展工作。其实，《建筑法》明确禁止挂靠行为，该法第26条明确规定了禁止建筑施工企业超越本企业资质等级许可的业务范围或者以任何形式用其他建筑施工企业的名义承揽工程。禁止建筑施工企业以任何形式允许其他单位或者个人使用本企业的资质证书、营业执照，以本企业的名义承揽工程。但在现实工作中，这种名为公司员工、实为挂靠的情况已司空见惯，成为建筑行业内公开的秘密。

这次陈楠律师代理的仍是弱势的一方，即挂靠在该集团下的一家民营建筑施工企业。有朋友劝陈楠律师不要"啃"这样的"硬骨头"案，"但既然接受了委托，就要全力以赴维护委托人的最大合法权益，这是律师的天职和责任"，陈楠自忖道。两次以不当得利和合同纠纷起诉均被驳回后，陈楠仍不放弃，向法院申请调取被告会计凭证。一步一步倒查，终于将差额款项查明，法院最终也判决该集团全额支付挂靠企业应得款项和保证金。

陈楠律师：在很多案件中，对方看起来似乎很强大，但再强大的对手也有其弱点。俗话说，在一定条件下，蚂蚁同样可以撬动大象，只要蚂蚁有足够智慧、勇气和信心。

行政篇

正义也许会迟到，但绝不会缺席

五年前，"2019年世界园艺博览会"落户延庆，地方政府为赶建设进度对周边土地实施征迁。其中一家种植苗圃的专业合作社在未获得合理赔偿的情况下被冠以"抢栽抢种"的名头，所有苗圃被强行推倒，土地做了平整。苗圃合作社负责人四处找律师，几多周转，案件转到陈楠律师手里，陈楠律师在分析了案件情况后，认为镇政府的拆迁行为属于没有任何手续的违法拆迁，于是代理苗圃合作社负责人将镇政府告上了法庭。该案中一边是北京世园会工程需要快速推进，一边只是一个体户，且因该苗圃几年来基本没有任何账目，相关证据又很难有说服力，但陈楠仍将极少的证据进行了整合。第一步，要先确认镇政府的拆迁行为属于违法行为，只有第一步获得法院支持后，才能主张第二步的赔偿。

陈楠律师：此案历时三年和多轮诉争，法院最终确认了镇政府的拆迁行为违法。2017年，苗圃负责人也终于获得了130余万元的经济损失赔偿。用法律的武器维护当事人的合法权益，给陷入绝望的家庭带去希望，让人们相信，正义也许会迟到，但绝不会缺席，这就是律师的责任。

法律顾问篇

与顾问单位共谋发展、共同进步

此外，陈楠律师还担任着20多家国有、民营企事业单位的常年法律顾问，在为顾问单位提供常年法律顾问服务的同时解决各类纠纷和诉争，或提供刑事风险合规服务。

陈楠律师：很多顾问单位的负责人多年来与我一起经历无数风雨，俨然成了共同发展的"命运共同体"，他们已成为我一生的挚友。

后　记

采访结束后，笔者的思绪仍停留在陈楠律师办理的一个个案件中。无论是笔者还是业内同仁，看到如此多的不批捕、不起诉、撤回起诉的案件皆出自陈楠律师一人之手，都会感到震撼。众所周知，检察机关一旦作出批准逮捕的决定，若想对犯罪嫌疑人提起羁押必要性审查和取保候审变更强制措施，可以说是困难重重。有刑辩律师甚至感叹：取保之难，难于上青天！

如前文所言，陈楠律师用一个个近乎完美的判决结果为他的委托人维护了合法权益，争取了人身的自由，维护了法律的正确实施，维护了社会的公平正义，用法律的武器帮助了更多的人，用他的侠义之心实现了人生理想和梦想。

采访结束，陈楠律师说："财散人聚，人聚财到。只有用心对待和帮助朋友，才能同样获得朋友信任和赢得朋友的尊重。"

是啊！用心交友，用心办案。陈楠用一颗侠义之心，一步一个脚印践行着他的法律信仰——维护委托人最大合法权益！

践行律师使命 彰显责任担当

——访北京市盈科律师事务所高级合伙人高同武律师

▲高同武律师

编者按

保护未成年人是全社会的共同责任，保护好未成年人就是在保护每一个家庭，保护好未成年人就是在保护国家的未来、民族的希望……

新修订的《中华人民共和国未成年人保护法》自2021年6月1日起开始实施，再次加大了对未成年人保护的力度、广度和深度，同时也开启了未成年人保护的新篇章。

笔者关注到，在2021年全国"两会"期间，最高人民法院院长周强向大会作最高人民法院工作报告时，针对未成年人司法保护问题重点提到了两个案例，一是"百香果女童被害案"（指令再审，对强奸杀害女童的杨光毅依法改判并执行死刑）；二是"未成年人直播打赏无效案"（审理裁定直播平台全额返还158万元）。其中，第二个案子入选最高人民法院未成年人司法保护典型案例，还一度登上热搜榜首，并引发广大民众对未成年人保护的大讨论。

同时笔者还注意到，"未成年人直播打赏无效案"的二审代理律师正是笔者多年前曾采访的一位刑辩大律师——北京市盈科律师事务所高级合伙人、刑事法律事务部主任高同武律师。

一个专注刑辩多年的大律师为何如此热衷未成年人保护问题？近年来，他又有着怎样的传奇经历以及所思、所想、所感、所悟呢？带着这些疑问，我们再次预约采访了高律师。

因为坚守，所以精彩

"一滴水，能折射太阳的光辉；一桩案，能彰显法治的力量；而这样一个案件的公正审判也确定了一个规则，解决了一类问题。我们就是要通过具体案例发挥示范引领作用，增强人们的宪法意识和法治观念，并从源头上筑起保护未成年人的堤坝，用法治呵护祖国的未来、民族的希望！"

关于"未成年人直播打赏无效案"的来龙去脉，各大媒体已做大量报道，在此我们无需赘言。令笔者最为关注的是，对于此类"未成年人打赏"案件，各级法院在此前的判决中从未出现过全额返还的情形。该案的一审法院作出判决，由直播平台返还当事人40万元，当事人家属自觉不公，遂到北京再请高人，并辗转找到了高同武律师。高同武律师在详细了解案情后，决定代理此案的二审，并决心一定要为当事人及其家属维权到底。从二审程序开始，高同武律师就全程把控案件方向，从证据收集整理、庭审材料准备到调解进程的推进，高同武律师无一不亲力亲为、尽职尽责。

特别值得一提的是，在代理过程中，高同武律师还创新工作方法，亲自注册账号，亲身经历和感受主播如何诱导未成年人打赏，并研究平台管理存在哪些漏洞，深刻发掘未成年人巨额打赏的背后原因。

之后，在高同武律师的努力下，庭审也越来越朝着对当事人有利的方向进展。直播平台先后提出在一审判决返还40万元的基础上协商，并逐步增加返还数额，但就是不同意全额返还的调解方案。而这些皆被高同武律师一一拒绝。高同武律师坚守法律，坚持证据裁判，坚持未成年人的利益一分都不能少，并坚持要求全额返还未成年人打赏款158万元。

2020年5月19日，最高法印发《关于依法妥善审理涉新冠肺炎疫情民事案件若干问题的指导意见（二）》，并明确了未成年人"打赏"的返还标准。该《意见》发布后三天，案件再度开庭。最终，二审法院做出调解方案，依法认定未成年人打赏无效，支持全额返还158万元。

2021年3月，该案入选最高人民法院发布的未成年人司法保护典型案例，被写入2021年"两会"最高人民法院工作报告，被中央电视台《焦点访谈》《东方时空》等栏目，以及共青团中央网、最高人民法院网等多家主流媒体的关注和报道，还多次登上热搜榜第一名，引发

▲法院认定未成年人直播打赏无效

社会强烈反响。

回首过往，从法治中国的生动画卷到法治中国的宏伟蓝图，律师在法治中国建设的伟大实践中起着重要作用。律师工作天然与法治、与公平正义具有最为密切的关系。笔者以为，正是高同武律师的坚持与坚守，人民法院的公正裁判，使"未成年人直播打赏无效案"成为推进我国未成年人司法保护的标杆性案件，在未成年人司法保护的历史画卷中留下了浓墨重彩的一笔，为中国法治进程中未成年人司法保护做出了积极的贡献，刻下了光辉的印记！

刑事辩护，道阻且长

2018年1月，中共中央、国务院发出《关于开展扫黑除恶专项斗争的通知》。该《通知》指出，为深入贯彻落实党的十九大部署和习近平总书记重要指示精神，保障人民安居乐业、社会安定有序、国家长治久安，进一步巩固党的执政基础，党中央、国务院决定，在全国开展扫黑除恶专项斗争。据悉，自党中央开展扫黑除恶专项斗争以来，高同武律师积极开展"扫黑除恶"案件代理的培训讲座，并带领团队参与了多起重大涉黑涉恶案件的辩护工作。在每一起案件中，高同武律师都要求自己和团队成员既要做到全力维护当事人的合法权益；又要做到准确把握中央开展扫黑除恶专项斗争的精神，提高政治站位，自觉服务大局，做到政治效果、社会效果、法律效果相统一，做到有效辩护，实现公平正义。

在经济犯罪辩护领域，高同武是一位建树颇丰的刑辩大律师，他曾担任过北京市盈科律师事务所北京经济犯罪业务部主任。北京某基金公司100多亿元非法吸收公众存款、集资诈骗案，北京丰台区某投资公司33亿元非法吸收公众存款案，北京海淀区某公司23亿元非法吸收公众存款案，"京东商城"刷单被骗800万第一案等，都成为高同武律师栉风沐雨、砥砺前行的足迹。

在职务犯罪辩护领域，高同武更是成就卓著。轰动全国的河北"亿元水官"案，公安部某下属国有企业董事长贪污、受贿案等，也已成为高同武律师披星戴月、夜以继日的见证。

作为"亿元水官"案马某某的第一辩护人，高同武律师圆满完成了此案辩护工作。在审查起诉及法院审理阶段，公诉机关及法院充分保障了辩护人的合法权益，严格执行了相关法律规定。庭审中，高同武律师表示："防范冤假错案，律师是司法机关最值得信赖的同盟军，辩护是侦、诉、审法律快车安全行驶的刹车器。为维护法律尊严、共同建设法治文明、传播公平正义，敬请法院切实把好案件事实关、证据关、程序关和法律适用关。坚持证据裁判原则，坚持疑罪从无原则，使每一起司法案件的当事人都能感受到公平正义，经得起法律、人民和历史的检验。"

因为责任，所以坚守。可以说，在高同武律师的刑辩历程中，每个经典案例都是他坚持与坚守的成果。

在南京某企业诈骗案中，被告人单位涉案总金额达730多万元，按照《刑法》的相关规定，被告人诈骗金额50万以上，就有可能被判处10年以上有期徒刑。面对公诉机关的起诉书和10年至11年之间的量刑建议，高同武律师坚持为被告人做无罪辩护。高同武律师认为，此案的30多名被告人多为90后、00后，在该企业上班也是他们刚进入社会的第一份工作，遇到所涉案件纠纷，当事人报过案，但派出所不予立案，认为是经济纠纷。这些刚刚步入社会、没有社会经验的大学生，并不能准确判断自己的行为是否构成违法犯罪，主观上没有诈骗的故意，客观上是完成单位领导决策、安排、布置的工作，单从其个人工作内容来看，其没有实施违法犯罪。在案件定性辩护方面，高同武律师提出如果构成诈骗罪也应当是合同诈骗，是单位犯罪……最终，法院作出判决，采纳了律师的辩护意见，诈骗罪改为合同诈骗罪，判处被告人有期徒刑3年零5个月。被告人及家属对高同武律师的辩护工作非常满意并表示感谢。高同武律师表示："单位犯罪"以及依据最高人民法院《关于审理单位犯罪案件具体应用法律有关问题的解释》第2条规定的"不以单位犯罪论处"情形，应当严格限定抓捕的范围。中央全面依法治国委员会把"坚持少捕慎诉慎押刑事司法政策，依法推进非羁押强制措施适用"列入2021年工作要点，作为本年度需研究推进的重大改革举措。因此，

▲当事人给高同武律师送锦旗

对可捕可不捕的挂名"小组长"等有职无权的员工应尽量不捕，如果对员工尤其是对刚步入社会的大学毕业生惩罚不当，还可能形成新的社会问题，这是一个值得让我们深思的问题。

在某公司涉嫌诈骗1200余万元的案件中，涉案人员9人，高同武律师担任第一被告人的辩护人。他带领团队仔细研究卷宗证据材料，终于查明事实真相。该公司作为几家杂志社的代理机构，帮助有需求的人发表文章并收取费用，后被"打非办"查处而案发。高同武律师在检察院审查起诉阶段及时提交辩护意见并被采纳，之后检察机关以非法经营罪提起公诉。最终，第一被告人和其他被告人被判处2年零2个月至4年不等的有期徒刑。此案可谓是一起由诈骗罪改变定性辩护为非法经营罪的成功案例。

在办理一起因婚恋而引起的涉嫌敲诈勒索8000万元的案件中，高同武律师也曾遭遇过公安机关欲强行扣押当事人父亲手机的情形。面对强硬的执法机关，他坚持让对方出示调取证据的合法手续。最后，在高同武律师的坚持下，办案人员只得连夜补办手续，并在高同武及同行律师的监督下制作、填写《扣押物品清单》，然后共同签名。扣押一部手机，看似是小事，但正是辩护律师对待工作的严谨和细致，严格遵循法律程序，才更好地维护了当事人的合法权益，维护了法律的正确实施，维护了社会的公平正义，让有罪者罪当其罚，让无罪者无罪。

人生总有太多的无奈和遗憾，因为这就是现实。回首过往的刑辩之路，高同武律师有无奈，有释然，有欣喜，也有遗憾，但更多的是坚持与坚守。因为受人之托，就要忠人之事，因为肩负责任，所以努力坚守！

刑事辩护，道阻且长，但行则将至！

刑民并行，相辅相成

2016年6月，高同武律师团队代理北京某财富投资管理有限公司在河南洛阳办案，期间遭遇了对方当事人的威胁恐吓乃至围追堵截。之后他们才了解到，他们已是此案的第四批代理律师，前面的三批律师都被对方当事人吓跑了。面对困难和险境，是选择放弃还是坚持？在两难间，高同武与团队律师毅然选择了后者，代理案件继续前行。随后，高同武率领10名盈科精英律师组成律师团，开会研究案件的性质、风险及难度，共同讨论案件的定性是属于刑事案件、刑民交叉还是民商案件，是非法集资还是合法的民间借贷，管辖，回避，公司法定代表人的诉讼主体资格，追加被告及第三人等问题。为顺利开展工作和保障律师人身安全，他们还雇了"保镖"为自己保驾护航，最多的一次竟雇了32名"保镖"护送他们到法院开庭。

经过不懈努力，历经重重艰险，庭审如期举行，高同武律师带领团队圆满地完成了委托代理的全部工作，受到当事人高度的评价。

据了解，多年来，高同武律师除担任各类刑事案件的代理辩护工作外，还将精力投入到公司企业刑事合规审查、反垄断诉讼、限定交易纠纷、公司并购、建筑工程、房地产开发、房地产并购、土地房产项目转让、房地产项目融资、法律顾问等民商事诉讼和非诉案件的代理领域。

在民商事诉讼领域，较典型的当属刘某诉某科技公司"未成年人直播打赏无效案"，李某峰诉贾某、北京微梦创科网络技术有限公司网络侵权责任纠纷再审案，严某诉小咖秀（北京）科技有限公司、嘉骏丽和文化传媒（北京）有限公司、上海宏川文化传媒有限公司网络服务合同纠纷案等新型互联网纠纷，还有山东某房地产公司诉某水务集团公司垄断纠纷、限定交易纠纷案，某飞机维修公司诉某机场集团有限公司垄断纠纷案等。

在当今社会日趋复杂的时代背景下，新类型案件层出不穷，这就要求律师不仅要在本专业领域内认真钻研和积累，还要对其他领域、行业有所知晓和涉猎，并能将各种知识融会贯通及灵活运用。在司法实践中，很多民商事纠纷与刑事犯罪相互交织，使案件复杂化，是"先刑后民"，还是"先民后刑"，抑或是"民刑交叉""刑民并用"，该如何界定和适用法律？这就要求律师不仅要精通刑事，更要具有民商事诉讼经验。根据高同武律师过往的案例，我们不难看出，其在刑事领域已是一位知名的刑辩律师，在民商事领域更是成就斐然、硕果累累，做到了刑民并行、相辅相成。

热心公益事业，担当社会之责

英国法学家麦克莱说："善良的心是最好的法律。"善良的心可以打动人、感化人、温暖人、教育人。诚然，善良的律师会更好地维护当事人的合法权益，会用心传递社会正能量，传递法治的温度和力量。执业多年来，高同武律师一直要求自己和团队成员要做一个正直善良的律师，要行公益之善、担社会之责。近年来，他受邀担任中央电视台社会与法频道（CCTV-12）《律师来了》嘉宾律师，北京电视台《法治进行时》《律师门诊室》《律师帮帮忙》等栏目特邀嘉宾，最高人民检察院《检察日报》及正义网特邀律师等，进行公益普法宣传。

高同武律师自2015年至2021年连续获评北京市盈科律师事务所优秀律师、盈科全国优秀律师、盈科全国刑事诉讼法律专业领域优秀律师、中国刑辩大律师、全国优秀刑事辩护律师等荣誉称号。2021年4月，还荣获中央电视台CCTV-12颁发的优秀公益律师奖杯；2021年6月，获国际知名法律评级机构LEGALBAND风云榜创新律师15强提名。

高同武律师在《我与盈科——那些勇往直前，追逐法治梦想的日子》这一文章中提到："凡是过往，皆为序章。"他以如此简短的语言为自己的律师执业生涯做了最好的诠释和憧憬。

关注社会热点，做好普法宣讲

高同武律师还十分关注社会热点问题，并接受《检察日报》《北京青年报》《法制晚报》《北京商报》等媒体采访，发表专业法律意见。近年来，备受关注的"货拉拉女孩跳窗身亡事件""信息化时代个人信息保护立法""电信网络诈骗为何屡禁不止""雇刷手、寄空包事件""中国刷脸第一案""滥用人脸识别属侵权""滴滴司机撞死人事件""吴某凡涉嫌强奸被拘留事件""宠物狗因托运死亡事件""短视频侵权盗版问题""'炒鞋'违法、上税问题""'微信遗嘱'问题""冒名顶替上大学""虚开增值税电子专票""高空抛物""暴力催收高利贷""代孕纠纷""假结婚过户京牌""校园贷""校园欺凌事件""正当防卫标准""防疫物资价格暴涨、哄抬物价""隐瞒疫情出境如何处罚""医疗器械、机票旅游投诉维权""共享单车问题""城镇户籍也可继承农村宅基地使用权""《刑法修正案（十一）》""《民法典》解读""最高法再发十大案例数字经济反垄断频繁被点名"等话题，他都从法律层面进行深度剖析、精准解读，获得公众一致肯定。既消除了公众困惑，又做好了普法宣讲，更让人们知法、懂法、守法和学会了如何用法。

后 记

案例是律师最美丽的语言。执业十多年，高同武律师用数百个成功案例书写着一个法律人的情怀、责任、使命和担当，始终以自己的行动时刻践行着对公平正义的追求和向往！

知往昔，见未来。无论是刑事辩护，抑或是民商诉讼，高同武律师都始终践行着"努力让人民群众在每一个司法案件中感受到公平正义"！面对未来，高同武律师坚定地说："继续做一名坚守法治初心、牢记职责使命、勇于奉献担当的中国律师，做一个不负时代、不负重托的法律人。"

做一个有情怀、专业精、负责任、肯担当的法律人

——访前北京优秀检察官、北京德恒律师事务所合伙人、法学博士、刑委会执行委员关振海律师

▲关振海律师

编者按

虽然从事刑事辩护工作，但对于曾经的同僚，关振海总是恳切而真诚地提出自己的意见和建议。例如他撰写的《责任担当是一种职业道德觉悟》被最高人民检察院机关报《检察日报》刊载（2020年3月19日）；他撰写的《对检察机关落实认罪认罚从宽制度的四个建议》被中央政法委机关报《法制日报》全文刊载（2019年8月2日），其中所提的大部分建议被"两高三部"《关于适用认罪认罚从宽制度的指导意见》采纳。之后他还作为律师代表之一，应邀参加了最高人民检察院检察长张军、最高人民法院副院长姜伟、中华全国律师协会刑事专业委员会主任田文昌律师的"认罪认罚从宽制度检法同堂培训——控辩审三人谈"（2019年11月18日），并现场阐述自己的观点。

法律的启蒙

说起关振海的法律启蒙，还需要追溯到他小学时期跟随父亲的一次讨债经历。当时，父亲生意上的一笔欠款无法追回，父亲找的律师说："打官司前要先固定证据。"因双方只有口头约定，欠款人又玩失踪，证据自然无法固定，最后欠款未能追回，此事也就不了了之。而"打官司前要先固定证据"这句话却深深地刻在了关振海的心底，从而生根发芽开花结果。高考第一志愿——法律，中国政法大学刑法学硕士、中国人民大学刑法学博士，后关振海以人才引进的方式进入北京市石景山区人民检察院。自此，在历经十年法学理论知识学习后，关振海又开启了他的司法实践之路。期间他被中国人民大学纠纷解决研究中心聘为研究员，被北京师范大学聘为法律硕士生导师以及被中国人民大学、中国传媒大学等高校聘为"刑事辩护实务"授课教师等。

从法律的启蒙到学法、研法以及司法实践，关振海始终铭记着年少时不懂法的无力感。他决定要用法律的武器主持公平、匡扶正义，为法治进步尽绵薄之力，做一个有情怀、专业精、负责任、肯担当的法律人。

做一个有责任、有担当的检察官

进入石景山区检察院后，关振海被安排到侦查监督处工作。侦查监督处是刑事案件进入检察机关的第一道"关口"，肩负着防止冤假错案的重大责任。为此，关振海在审查批捕时特别谨慎，对于证据不足或者不具有逮捕必要性的案件，他的不批捕提议基本都获得了部门领导、主管领导的支持。

在侦查监督处工作两年的时间里，关振海有一多半的时间都是在加班。而正是这种高强度的工作，使他积累了丰富的司法办案经验。办案之余关振海还会对案件中遇到的疑难问题进行研究，这种习惯使得他虽办理一个案件，但吃透了一类案件。他先后参与办理了"方舟子遇袭案""723甬台温线特别重大铁路交通事故案""公安部'亮剑'行动第一案"等具有较大社会影响力的疑难案件。在"方舟子遇袭案"中，媒体的不实报道给办

▲ 2012 年 12 月，关振海律师在
第七届中国法学青年论坛做主题发言

案人员产生了一些压力，但关振海与检察院的同事们一起顶住了压力，坚持严格审查、实事求是，最后案件取得了良好法律效果和社会效果。关振海根据该案的办理经验撰写的《规范与政策：寻衅滋事与故意伤害的二重区分》一文发表于《国家检察官学院学报》2012 年第 1 期，在当时实务界产生了较大影响。

"723 甬台温线特别重大铁路交通事故案"发生后，关振海被抽调至北京市人民检察院专案组，承担分析论证工作。历时半年的封闭办案经历，使得他结识了全市检察系统的业务精英。多年后，关振海感慨地说："正是这个案件中北京市检察机关的高格局、重担当、强能力，使得当时我国蒸蒸日上的高铁事业没有因此受到影响，这恰好是司法服务于经济发展的一个真实写照。"

后来关振海被调入法律政策研究室先后担任副主任、部门负责人之职，同时负责各个部门上报的疑难案件的研究、分析并提出法律意见。期间，关振海与同事齐心协力，在处室考评中位列全市第一名，被评为"北京市检察机关先进集体"，他个人被评为"北京市检察机关十佳调研能手"，先后荣立个人三等功一次、嘉奖一次。2012 年关振海根据新修订的《刑事诉讼法》撰写的《刑事和解法律文本中"民间纠纷"的规范分析》，获得第七届中国法学青年论坛主题征文比赛一等奖，并应邀作为全国检察机关代表做了主题发言。

检察系统一颗"新星"正在冉冉升起。但 2014 年，关振海却做出了一个令所有人都惊讶的决定——辞职做律师。"刚入职石景山检察院时我还做了一个 10 年的职业规划，但没想到，这个规划进行到一半，我就已决意离开。确有诸多不舍，这个决定跟我个人的实际状况有关。"关振海律师道。

做一个有情怀、负责任的刑事律师

转型做律师后，关振海可谓如鱼得水，六年来主办或参与办理了国家发改委价格司原司长受贿系列案，某大学副校长受贿、行贿案，某银行常务副行长违法发放贷款案，某省公安厅原副厅长受贿、行贿案，长春长生疫苗案，广东某公司法人制造毒品案，某外国人走私武器弹药案等一系列具有重大社会影响力的经济犯罪、职务犯罪、涉黑涉恶案件和刑民交叉案件。其中多个案件的当事人获得无罪、定罪免刑、减轻处罚等。

本次采访令笔者倍感兴趣的是，关振海倡导和实践的"四全辩护"方式与"精细化辩护"理念。

第一，全过程辩护。刑事辩护就像打狙击战，要步步为营。律师从接手案子开始就要进入辩护状态，并在审查证据时形成大致的辩护方向和策略，并与犯罪嫌疑人、被告人达成一致意见。这样的辩护思路可以贯穿于侦查、审查起诉、审判阶段，并可以根据实际情况适时调整。

第二，全方位辩护。刑事辩护不是扁平化辩护，而是立体式辩护，既包括实体问题的辩护，也包括程序问题的辩护，还包括证据问题的辩护；既包括有罪辩护，也包括无罪辩护；在有罪辩护里面，既包括轻罪辩护，也包括量刑辩护；等等。

第三，全方式辩护。律师辩护可以在法庭上积极阐明辩护观点，也可以在庭下与办案人员积极沟通；可以当面陈述辩护观点，也可以通过电话、微信等方式阐明意见；可以给办案机关或者上级机关递交辩护意见，还可以向有关部门发送情况说明、情况反映等。

第四，全动员辩护。律师不能单枪匹马，要充分调动犯罪嫌疑人、被告人及其家属的积极性，寻找对其有利的各种证据材料，还原客观事实。还包括与同案犯律师在辩护方向上达成一致意见，团结一切可以团结的力量。

第五，精细化辩护。刑事律师一定要吃透全部案卷材料，把案件存在的各种问题梳理清楚并予以类型化，不遗漏每一个疑点，提出的每一点意见都要有证据支撑，有法律依据或者案例支持。

案例（一）某省知名房地产公司实际控制人虚开发票案（免于刑事处罚）

关振海表示，此案在他们介入前，当事人家属聘请了北京某知名辩护律师，后对该律师不甚满意，又辗转找到德恒律所。

"此案的涉案金额高达两亿多元，若据此定案，那么，当事人要面临的刑罚是可想而知的。"关振海律师说。在审查案卷时他敏感地发现，虽然公司虚开发票数量很多，但该实际控制人知道的却很少。该公司是房地产开发企业，与材料供应商往来账目众多，检方提供的证据中，真实的发票与虚开的发票是混在一起作为起诉证据的。但关振海认为，真实的发票金额不能作为虚开的数额。为了减掉"虚开"的部分金额，关振海带领团队律师拿着一大堆发票一张一张地比对分析，并与办案机关耐心地沟通交流，还向相关领域的专家请教。最后将当事人参与的涉案金额减到了1000多万元。另外，该公司在海外有众多投资项目，若有刑罚记录在案，其在海外的投资项目会受到很大影响，还会影响国家形象。他们也将这一情况反映给了法院和相关部门。最终，法院对该公司的实际控制人免于刑事处罚。笔者以为，此案堪称"全方式辩护"与"全方位辩护"相结合的典型案例。

案例（二） 全国劳模、某市人大代表聚众斗殴、故意毁坏会计凭证、会计账簿案（聚众斗殴罪无罪）

一审期间，该案的当事人甲聘请了北京的某知名律师拿掉了一个罪名（职务侵占罪），但一审法院仍认定其构成聚众斗殴罪（有期徒刑4年）和隐匿、故意销毁会计凭证、会计账簿、财务会计报告罪（有期徒刑2年6个月）。

二审期间，关振海带领团队律师根据甲提供的线索搜集了部分书证和证人证言，动摇了一审判决书认定的部分事实。结合甲有疾病、不能生活自理的特殊情况递交取保候审申请书，二审法院以事实不清、证据不足为由将案件发回重审（其他同案犯均维持原判），同时批准了对甲取保候审的申请。案件初战告捷。

发回重审后，关振海又多次调查取证，前后共调取了70余份证据，以致一审庭前会议时，检察官惊呼："关律师，我看了你们提交的这些材料，怎么觉得这完全是两个不同的案子啊！"一审法院认定甲不构成聚众斗殴罪，但构成隐匿、故意销毁会计凭证、会计账簿、财务会计报告罪，判处有期徒刑1年零11个月。因为甲之前已经被羁押1年零10个月有余，故这样的判决结果基本上等于宣告甲无罪。此案可谓"全过程辩护""全动员辩护""精细化辩护"的杰作。

▲ 2019年4月"CIDOEC剑桥反经济犯罪国际论坛首届北京研讨会"召开，关振海律师受邀代表中方对会议做总结发言

案例（三） 某省民营企业家合同诈骗案（3100余万元）［不起诉（无罪）］

甲公司（某省民营企业）与乙公司（国企）、丙公司（国企）之间开展煤炭买卖业务。乙公司作为出资方借贷给甲公司，由甲公司购买煤炭后出卖给丙公司。这种交易模式属于托盘买卖贸易形式，其中乙公司属于托盘方。

贸易进行过程中，甲公司在银行的3000余万元贷款到期。公司法定代表人陈某某私刻了乙公司、丙公司公章若干枚，通过欺骗手段套取乙公司3100余万元货款偿还银行。后陈某某被以合同诈骗罪刑事拘留并被批准逮捕。按照法律规定，陈某某可能会被判处10年以上有期徒刑或无期徒刑。

接受委托后，关振海与团队律师立即会见陈某某，了解到甲公司在归还建行贷款前，银行行长曾承诺继续放贷，但后来食言。陈某某实施欺骗行为时，甲公司对外有足够的债权，且事发后主动与乙公司沟通，还偿还了部分欠款。关振海认为，假如陈某某所言为真，其就不构成合同诈骗罪。为此，关振海带领团队律师开始了艰辛的调查取证工作。在这个过程中，陈某某的大姐和妻子都被充分动员起来，经过近半年的努力，先后调取了23份新证据。后关振海与办案人员多次沟通，从六个方面详细阐述了陈某某不具有非法占有目的。最终检察机关采纳了关振海提出的辩护意见，对陈某某涉嫌合同诈骗罪一案作出不起诉决定。笔者以为，此案为"全动员辩护""精细化辩护"的典型案例。

涉黑辩护，张弛有度

2018年1月，中共中央、国务院发出《关于开展扫黑除恶专项斗争的通知》。自此，面向全国的扫黑除恶专项斗争拉开了帷幕。近两年来，关振海带领团队办理了三起"涉黑"犯罪的辩护工作，令人欣慰的是，这三起案件的"黑社会"帽子最终全部被摘掉。

涉黑案例（一） 贵州某公司董事长组织、领导黑社会性质组织及以寻衅滋事、非法侵入住宅、敲诈勒索、非法吸收公众存款、妨害信用卡管理、高利转贷等案［检察机关撤回对组织、领导黑社会性质组织罪的起诉（涉黑部分无罪）］

关振海担任第一犯罪嫌疑人的辩护人。承接该起案件时，起诉意见书认定为"涉恶"案件，合计共9个罪名。但在第二次退回补充侦查后，侦查机关却将其变更为"涉黑"案件，增加了组织、领导黑社会性质组织罪和诈骗罪两项罪名。关振海及时调整辩护思路，整理了近百万字的案件材料，先后撰写三份不构成涉黑的辩护意见，及时与检察机关沟通。检察机关对关振海提出的意见很重视，采纳了部分意见（拿掉了两项罪名和部分罪名的犯罪事实），但仍保留了"组织、领导黑社会性质组织罪"。

案件移送法院后，关振海决定提前与法官沟通，带着几万字的书面辩护意见，详细阐述涉案人员不构成涉黑的要点，得到了主审法官认可。接着，关振海又在庭前会议上提出了涉案证据不合法的几个要点，获得了公诉方认可。没过多久，检察机关便撤回了对被告人"组织、领导黑社会性质组织罪"的指控。

涉黑案例（二） 河北杨某某积极参加黑社会性质组织、寻衅滋事案（12.7专案，最高人民检察院督办案件）［参加黑社会性质组织罪无罪（涉黑部分无罪）］

2018年1月27日，河北省某民营医院院长坠楼自杀身亡事件被广大媒体报道后，公安机关对该医院股东之一杨某某是否存在涉黑涉恶问题展开了调查。此后，杨某某等人被以涉黑等罪名提起公诉，关振海担任了第一被告人杨某某的儿子杨小某某的辩护人。检察机关指控杨小某某涉嫌两个罪名：参加黑社会性质组织罪和寻衅滋事罪。关振海根据整理的几十万字的案件材料，精准地抓住了案件证据存在的诸多问题，在法庭上详细陈述了杨小某某不构成犯罪的理由。最终，法院将杨小某某的涉黑罪名拿掉，但却认定杨小某某构成寻衅滋事罪，判处有期徒刑8个月（宣判时其已被关押7个月）。笔

者以为，这样的判决结果基本上等于宣告杨小某某无罪了。

涉黑案例（三） 山东某公司实际控制人组织、领导黑社会性质组织以及故意伤害、非法拘禁、聚众扰乱社会秩序案［组织、领导黑社会性质组织罪不起诉（涉黑部分无罪）］

该案最初由关振海与同所另一位律师共同代理。代理期间，当事人家属一直指导律师办案，还要求律师直接与案件的鉴定机构当面沟通。面对家属的违法要求，关振海断然拒绝。但是关振海还是本着"受人之托、忠人之事"的职业精神，根据整理的几十万字材料，认真地梳理出案件证据存在的各种问题，并撰写了数万字的辩护意见提交检察机关。后来因为实在不能忍受家属的无理要求，关振海决定退出这个案件的辩护工作。但后来律所同仁告诉关振海：他之前提交的辩护意见论述非常充分，检察机关看了后也认为这个案件不符合黑社会性质组织的四个特征，故没有按照涉黑案件起诉。

"值得高兴的是，我代理的这几个案件最终都没有被认定为涉黑案件或者其本人没有被认定为涉黑成员。每一个涉黑案件改变定性后，当事人都会对律师千恩万谢。但我总是说，是司法人员改变了他们的命运。"关振海律师深有感触地道。

此外，关振海律师还帮助企业客户做了很多刑事法律风险防控方面的工作，将刑事法律风险消灭在萌芽状态。例如其代理的某美国纳斯达克上市公司的北京分公司，曾向不特定多数人借款并支付固定利息，后资金链出现问题。接受委托后，关振海律师立即与众投资人进行沟通，做了大量的说服和安抚工作。最终，投资人与公司达成了和解，有力地化解了刑事风险。

刑事案件中，专业律师介入越早越好。关振海在侦查阶段接受委托，办理了多个使当事人在侦查阶段不被批捕进而无罪的案件，如北京某知名企业集团高管非国家工作人员受贿案，北京某电商平台公司法人生产、销售伪劣产品案，北京某985高校博士研究生强奸案，等等。

后　记

十多年的一线司法实践使关振海接触到基层老百姓的司法诉求，也直观地了解了全国各地司法的原生态。不同的职业经历，使他对习近平总书记那句"让人民群众在每一个司法案件中感受到公平正义"有了更深刻的

领悟。

采访将结束时，当笔者问及关振海对于刑辩律师同仁有哪些建议时，他说："辩护律师说服的对象是司法人员。一方面，要精准地发现案件中存在的真问题，通过影响办案人员的司法责任来影响其决策；另一方面，要注意方式方法，不能太激进，不能做'揽功给自己，诿过给司法机关'的事情。对于负责任、肯担当的司法机关和人员，要多给予肯定和鼓励。"

是啊！做一个有情怀、专业精、负责任、肯担当的法律人，不正是我们每一个法律人的初心、理想和一生的追求吗！

牢记初心使命，助推法治建设

——访北京市东元律师事务所高级合伙人、副主任韩琦燕律师

▲ 韩琦燕律师

编者按

新中国成立后，尤其是自 1979 年中国律师制度恢复重建后，中国律师业无论在规模方面，还是在业务领域方面都发生了翻天覆地的变化。

40 多年来，中国律师业的规模从律师制度恢复前的"0"人发展到当前的近 60 万之众〔司法部在《全面深化司法行政改革纲要（2018—2022 年）》中提到，2022 年全国律师总数将达到 62 万人〕，可谓是实现了飞跃式发展。

40 多年来，中国律师在各个行业、各个领域都发挥了重要的作用，一些律师还在世界法治的舞台上展现了中国律师的风采。40 多年来，在法治国家、法治政府、法治社会一体化建设的伟大事业中，律师们在推进依法行政、司法公正、创新社会治理、化解矛盾纠纷以及参与社会公益与法律援助等多方面主动参与、勇于担当、积极作为，充分展示了新时代中国律师牢记法治初心使命、奉献担当作为的精神风貌。

党的十八大以来，党中央进一步肯定了律师队伍的地位和作用。习近平总书记指出："律师队伍是依法治国的一支重要力量，要切实加强律师工作和律师队伍建设……"近年来，中国律师队伍不断发展壮大，同时也涌现出了一大批优秀律师，他们站在时代发展潮流之巅，通过服务人民和经济社会发展，有力促进了全民法治观念、法律意识的提升，在法治国家、法治政府、法治社会的建设中发挥了积极的作用，做出了突出的贡献。

本文主人公——北京市东元律师事务所高级合伙人、副主任韩琦燕律师就是其中的一位杰出代表。对于韩琦燕律师，笔者曾以"心怀良知保持本色，做公平正义的坚守者"记述她的执业经历和办案心得，在新中国 70 华诞暨中国律师制度恢复重建 40 周年之际，《中国法律年鉴》年鉴人物专栏也曾以"永葆法治初心，尽展魅力芳华"记录她的突出贡献和优秀事迹。今仅以其近年参与的部分社会活动和办理的部分案件来呈现一代中国女律师的情怀和使命、责任与担当。

建设法治中国，律师大有可为

"信访难，难于上青天。"信访工作曾被称为"天下第一难事"。对于如何加强和改进信访工作，习近平总书记曾作出重要指示："坚持把信访工作作为了解民情、集中民智、维护民利、凝聚民心的一项重要工作，千方百计为群众排忧解难。"

笔者以为，信访既关乎百姓利益的维护与实现，又关乎国家社会的稳定与和谐，可以说，做好信访工作是推动法治建设、构建和谐社会的重要一环。

2016 年 8 月 29 日，国家信访局启动了引进律师参与来访接待工作，北京市东元律师事务所成为首批入驻的 6 家律所之一，韩琦燕也成为国家信访局来访接待司的一名值班律师，并担任该律所的协调负责人。

近年来，随着经济社会发展快速推进，我国城市化进程的步伐明显加快，因征地拆迁等引发的种种问题和纠纷不断见诸媒体，一些地方群体性事件频发，严重影响了当地社会的和谐与稳定，成为阻碍地方经济社会发展的一个比较突出的问题。

2018 年的一天，韩琦燕值班时接待了一位来自天津的信访人老先生。老先生告诉韩律师，他自己也曾在基层（街道办）负责信访接待工作，这次之所以来到国家信访局，是因为自己承包的果园遭到了地方政府的强拆，但当地政府却只按照一般农田的赔偿标准给予赔偿。为此，他要将地方政府诉至法院，为自己讨个公道。但是，地方法院却一直不给立案，因此他多次到各级政府部门

上访。

韩琦燕耐心地听完老先生的陈述后，对他说："当地法院不立案是不符合最高法院的有关规定的。您这个案子要想彻底解决，还得走诉讼的法律途径。"

"我可以和地方法官说接待我这次信访的律师的意见吗？"老先生征求道。

"当然可以，您就说有案必立是中央确定的司法改革政策，也是最高法院的明确规定。"韩琦燕回答说。

送走老先生，韩琦燕将这个案件的信访接待情况以及律师的意见录入了系统。之后，国家信访局工作人员在信访案件中看到韩琦燕律师的意见后，认为此案应当予以督办，遂将此案转至当地信访部门进行督办。

此事过去了大约一年后，那位老先生突然给韩琦燕律师打来电话，说要给她送锦旗，以表达自己的感激之情。这时，韩琦燕在老先生的陈述中才了解到，他回到天津后，按照韩琦燕律师的指导意见起诉了地方政府，最终得以立案并获胜诉，也得到了应有的赔偿款。今天刚刚收到赔偿款，他就马上给韩律师打来电话"报喜"。

2019年10月，老先生将制作好的两面锦旗送到了国家信访局和北京市东元律师事务所，以表达感激之情。

"通过这样一起案件，我们看到了国家司法的进步和律师在信访工作中的作用。哪怕只是帮老百姓解决了一个问题，也体现出了律师参与信访工作的积极作用。"韩琦燕律师说道。

作为最高人民检察院的民事行政案件咨询专家，两年多来，韩琦燕一直在最高检第十检察厅（控告申诉检察厅）协助接访和检察监督工作。

在最高检"律师接待"窗口，作为有着丰富接访经验的律师，韩琦燕在接受中央电视台社会与法频道《法治深壹度》栏目记者采访时表示："接待信访当事人时，我们首先要做一个倾听者，就是要听取信访者对案件的一些看法和意见，充分了解他们的诉求。然后，我们再从法律上为他们进行解答，比如这个案子是否由检察院管辖，由哪一级检察院管辖，是否应该向检察院进行申诉，或者程序上是到最高人民检察院申诉，还是应该到合适一级的检察院申诉。在实体权利上，我们也会给信访人分析指出，涉信访案件的判决中是否存在错误，如果存在错误，应该如何主张他的实体权利；如果没有错误，他应该怎么做。无论在程序上，还是在实体上，我们都要耐心、细致、全面地回答信访人咨询的问题，解开他

▲韩琦燕律师代表北京市东元律师事务所参加活动

们的心结，维护他们的合法权益。"

据了解，每天最高检第十检察厅其他接访的窗口都已正常按点下班，而"律师接待"窗口却仍排着长队，这充分体现了人民群众对律师的高信赖度。每次值班，韩琦燕也总是接待完最后一个信访者才肯下班回家，而这时外面早已灯火通明。当她走出检察厅，行走在首都街头时，内心充满了无限的自豪和满足感，因为今天她又帮助很多人解开了心结，打消了顾虑，使更多的人息诉罢访，让更多的人相信政府和法律会为他们带来公平与正义。

"推进法治中国建设，需要从我们每一个人做起，特别是要从我们从事法律工作的人做起。通过法律职业共同体的专业工作、示范作用，可以很好地带动、促进全社会对法律的信仰，增强对法治建设的信心，自觉学法、守法、遵法、重法，从而在构建和谐社会、促进经济社会发展中发挥更大的作用！"韩琦燕律师深有感触地道。

化解矛盾纠纷，律师责无旁贷

多年来，作为北京市律师协会行政诉讼法委员会的副主任，韩琦燕认为，在经济社会快速发展的当下，一些矛盾纠纷的发生在所难免，这就需要律师从法律专业的角度以及维护社会稳定、促进发展的高度，维护当事人合法权益，促进政府有关部门依法行政，引导当事人依法依规维护合法权益，构建和谐共荣的官民关系。

在某省发生的一起区政府拆迁案中，当事人希望政府部门过了清明节再实施拆迁，而区政府个别领导认为当事人是在故意拖延时间，影响了某工程的进度，遂指挥拆迁人员在清明节前对当事人的祖宅实施了拆除，后来又找借口说在拆除旁边的房子时"不小心"把当事人的这处祖宅

给拆了。被拆迁家族的主事人洪某听闻此事后，表示要运用法律的手段解决此事。

韩琦燕律师在接受洪某的委托后，经过详细走访调查和了解情况后认为，首先要先确认区政府的强拆行为违法，至于赔偿多少那都是后话。于是洪某一纸诉状将该区政府起诉到了法院。经过认真审理，法院作出判决认为：区政府的拆迁行为违法，应对被拆迁人进行赔偿。收到法院的判决书后，区政府有关领导召集相关人员进行了研究，对于上诉获胜的可能性进行分析后，发现可能性非常之小，遂希望撤诉调解，双方坐下来谈赔偿问题。

因当事人洪某要求区政府除赔偿损失外，必须赔礼道歉。作为此案的代理律师，这时韩琦燕开始对"区政府如何道歉"的问题进行反复研究。就在此时，区政府负责人给洪某打了电话，并真诚道歉。洪某表示接受道歉，可以调解，最终被拆迁家族在赔偿金额上也做出了让步，双方握手言和。

"其实在很多因拆迁引起的纠纷中，老百姓要的只是一个认真负责的态度和相对公平的结果。在百姓和政府发生矛盾纠纷的时候，律师要更好地发挥作为政府和百姓之间沟通桥梁的作用，拉近双方的距离，减少对立而不是激化矛盾。要从讲政治、讲发展的高度，既促进政府依法行政，又促使百姓依法理性维权，这样才能获得共赢，才能更好地促进经济社会发展。或许，这应该就是做行政法律师的一个最高境界吧。"韩琦燕律师说。

息诉罢访促和谐，案结事了暖人心

涉法涉诉信访案件是当事人对有关部门在案件或问题处理上不满，认为受到了不法侵害或不公平的待遇，从而引发上访告状的案件。妥善有效处理涉法涉诉信访问题，已经引起党中央的高度重视，并被纳入深化司法体制和社会体制改革的重要内容。

2016年11月，按照中央涉法涉诉信访改革及推进律师参与涉法涉诉信访工作等相关文件精神要求，结合北京市实际，在市委政法委、市委社工委的指导帮助下，北京市公益法律服务促进会（以下简称"促进会"）宣告成立。

据悉，在韩琦燕的协调下，"促进会"在北京市东元律师事务所设立了二级组织——社会矛盾化解第三工作委员会，以便更好地化解社会矛盾，构建和谐稳定、安定团结的社会关系。"促进会"每年都会将部分长年无法解决的涉法涉诉信访案件转至第三工作委员会，并

由律师、法学专家、学者等进行评议。对于每一个交办的案件，韩琦燕都会与专家、学者们严格按照中央政法委《涉法涉诉信访案件终结办法》和《人民法院涉诉信访依法终结工作办法》的规定进行评议，并给出中肯的专家意见。对于必须终结的案件，他们总是耐心地将"情理法"融于一体，分析原因，采取措施，并为当事人做好法律的解释和思想教育乃至心理疏导工作，劝其息诉罢访。这样既节约了司法资源，又解决了群众的实际问题，有力地促进了社会的和谐与稳定。

很多案件都是长年积案，有的甚至是20世纪80年代、90年代久拖未决的案件，但无论案件多么疑难、棘手、复杂，韩琦燕和专家学者们都会认真地进行全面复核与核实。

有的案件，为了能让当事人息诉罢访，他们还会专门召开听证会，并按工作程序作出终结结论。来自东北的一位老大爷是个"上访老户"，为了解决他的问题，律师、专家、学者齐聚一堂进行评议，最终给出"终结案件"的意见。老大爷在听完专家、学者们中肯的意见后感动地表示："你们这么多专家为了我这样的一个案子专程前来，我已经很感动了，我也听懂了，我再也不上访了。"

"每一个终结结论都要经得起历史的检验，每一个涉法涉诉信访案件都要让当事人心服口服，这就是我们努力的目标。"韩琦燕律师道。

历经十年终胜诉，推动法治躬身行

韩琦燕与笔者分享了一件她办了10年的涉外案件。此案历经一审、二审、再审，之后再发回一审法院重审，发回二审重审，二审重审再发回一审法院重审后，最终获得胜诉，而这时离韩琦燕律师接手此案已过去了10年有余。此案因涉及境外股票上市等诸多问题，其复杂程度不言而喻，10年间，即使遭遇一些不公正对待，但当事人从未想过更换律师，而是一如既往地将所有事项委托韩琦燕负责。

"这个案件最终能够改判，一方面体现了审理此案的法官的专业水平非常之高，另一方面也见证了中国法治建设事业的长足发展。从个人的体会来看，10年前的主审法官在英语方面相对有些欠缺，专业性方面也不能和今天的情况相比。随着中国对外开放水平的不断提高、力度的不断加大，我国的涉外司法工作水平也获得了长

足的发展，审理涉外案件法官的英语水平和专业水平都非常高，这是我国司法事业的一大进步，也是中国法治事业的进步，更彰显了我国在国际上大担当、能担当、勇担当的大国形象。当前，在法治中国的建设中，或多或少会存在这样那样的问题，但我们不要因此而抱怨，而是要立足建设、促进的角度，有一分力出一分力，有一分光发一分光，有一分热发一分热，这样才能凝聚法治建设事业的磅礴力量，为法治中国建设的宏伟事业添砖加瓦。作为法律人，我们唯一能做的就是通过每一个案件，通过每一天的工作，通过自身的努力和坚守，一点一滴地去推进案件的进展，影响更多的人学法、知法、遵法、守法和用法。"

后 记

"不积跬步，无以至千里；不积小流，无以成江海。"韩琦燕就是在每一桩案件中，在每一天的工作中践行着她的理想，并以"润物细无声"的精神向周围的每一个人传递着法治精神，传递着社会的正能量。

亦如她多年来一直坚守的誓言："我们不怕目标定得高远，只怕没有追寻的勇气、热情和执着。只要心头时时燃烧着坚定的信念，一往无前地行进下去，就会惊讶地发现，很多所谓的远方其实并不遥远。"

人物介绍

韩琦燕律师，北京市东元律师事务所高级合伙人、副主任。1997年毕业于中国政法大学，取得法学学士学位；2003年毕业于中国人民大学，取得法学硕士学位；2001年成为一名执业律师。自执业以来，韩琦燕律师接办各类案件数百起，凭借出色的业务能力及高度负责的

职业精神，赢得了当事人的赞誉。在长期的实践中，她积累了丰富的从业经验，取得了显著的业绩。韩琦燕律师尤其擅长方案设计和商务谈判，并一直积极参与公益法律事业，努力推动中国的法治化进程。

韩琦燕律师历任往届及现届律师协会职务如下：现任全国律协法律顾问委员会委员；现任（第十一届）北京市律师协会行政法与行政诉讼法专业委员会副主任；曾任第九届北京市律师协会政府法律顾问专业委员会副主任；曾任第八届北京市律师协会政府法律顾问专业委员会秘书长；曾任第七届北京市律师协会规章制度工作委员会委员、政府法律顾问专业委员会委员。

韩琦燕律师担任其他社会职务如下：北京市人民政府特约监督员；北京市法学会行政法学研究会理事；中国民主同盟北京市委员会委员、法制委员会副主任；北京市西城区新的社会阶层人士联谊会常务理事。

韩琦燕律师获得的荣誉如下：北京市朝阳区2013年度优秀女律师；北京市朝阳区2013年标兵青年律师；2013年民盟北京市委优秀盟员；2016年北京市民盟组织成立70周年活动中，被授予参政议政先进个人。

韩琦燕律师还曾担任中央电视台CCTV-12《法律讲堂》主讲人、中央电视台CCTV-12《热线12》特约评论嘉宾、北京交通广播电台《警法时空》特约评论嘉宾。同时，她还在第二届全国律师电视辩论大赛北京赛区比赛中获得北京市最佳辩手称号。在繁忙的工作之余，韩琦燕律师还在业务上精益求精，发表了《民事诉讼调解制度的改革与完善》等多篇论文。并应由中共中央组织部主管主办的党建读物出版社之邀，编撰了《党员干部法律实务问答》一书。

▲韩琦燕律师被北京市律师协会选任为民营企业法治体检律师专家组组员

▲韩琦燕律师被北京市城市管理综合行政执法局聘任为第四届特邀监督员

▲韩琦燕律师被宁波仲裁委员会聘任为第六届宁波仲裁委员会仲裁员

勇于创新，敢为人先

——北京市中伦律师事务所一级合伙人郝瀚律师侧记

▲郝瀚律师

编者按

成功者之所以成功，是因为他们相信自己，是因为他们勇于创新，他们敢为人先……在中国经济全面深化改革、世界经济格局不断变化的浪潮中，他们总能嗅到商机和方向，将危机转化为机遇，让自己登得更高、望得更远。

本文主人公——北京市中伦律师事务所一级合伙人郝瀚律师，就是那个在"浪潮"中时刻保持清醒的头脑，又总能嗅到商机和方向，不断顺应市场变化和时局变革，不断完成自身的蜕变与转化，并引领行业发展的法律人。

我们先来看一下他的履历。

郝瀚律师

执业领域

房地产、资产证券化与金融产品、诉讼与仲裁。

所获荣誉

2018年度《亚洲法律杂志》（ALB）"客户首选律师20强"。

《国际金融法律评论IFLR1000中国》2020年度"领先律师"。

个人履历

1994年，郝瀚律师从南开大学法学系（2004年5月成立南开大学法学院）毕业，就职于当时国内贸易部下属的某央企，在综合部担任法务（唯一的一位法务）。在职期间，他就开始接触房地产方面的业务。1996年，在有8000多人参加，通过率不到3%的竞争环境中，他顺利通过了当年的司法考试。1998年，在原单位进行市场化改革之际，郝瀚律师婉拒了所在单位领导的挽留，加入了一家律所开始了他的律师执业生涯。

勇于创新，敢为人先

1998年开始的房改，开启了中国房地产市场的商品化浪潮。借着改革的时机，郝瀚律师以敏锐的触角，在所在律所率先推出了替客户买房把关的专业法律服务，一度跑遍了北京在售的几十个大大小小的楼盘。从市中心的高端楼盘，到远在郊区县的郊区住宅，都留下了郝瀚律师陪同客户看房、谈判及验房收房的身影。今日回望，这一举措恰恰契合了时代发展的脉搏，也是律师专业化的初步尝试。大量的实践经验和对行业的理解及把握，为郝瀚律师积累了深厚的专业功底，更为以后的发展打下了坚实的基础。

2001年，郝瀚律师加入了以房地产专业法律服务著称的北京市中伦律师事务所，与之前从业经验不同的是，服务对象从购房业主转为主流开发商。凭借对房地产行业的深刻理解，郝瀚律师很快便完成了角色的转换，在更广阔的赛道上继续前行。入所伊始，郝瀚律师便参与了大名鼎鼎的潘石屹先生所属公司开发建设的现代城、博鳌蓝色海岸、建外SOHO等项目，期间更是作为驻场律师，在各个售楼现场从事了近四年的专业法律服务工作。深入一线提供法律服务的经历，使得郝瀚律师得以全面了解和系统掌握房地产开发各个流程及重要节点中面临的专业法律问题，更能从开发商及购房人角度全面观察和体验房地产法律服务的要点，真正成为一名房地产专业律师。

"在中国房地产市场野蛮生长的高速发展时期，律师业务同样也需适应市场的需求，与时俱进。中国律师业的房地产专业法律服务最初是从为开发商提供售房法律服务开始。而从中伦引入海外经验携手银行开启第一单住房按揭开始，对购房人的按揭申请进行审查并出具法律意见书，可以说是房地产律师为银行提供的又一项专业法律服务。随着建设工程业务的日趋复杂和专业化，为客户提供专业的建设工程法律服务，又成为房地产专业律师'货架'上的一项可售法律服务。但随着越来越多的律师介入这一领域，以及业务流程的日益标准及规范，原来的专业法律服务变成了普通的法律服务，众多开发商也开始建立内部的法务部门，并聘请有经验的专业律师加入，律师事务所之前所提供的专业法律服务的优势也渐渐消失，僧多粥少带来的直接后果就是价格标准日趋下滑，客户付费意愿不高。因此，唯有不断开辟新的专业法律服务，向客户提供有竞争力的差异化产品，才是律师服务在市场上拥有长久生命力的秘诀。"郝瀚律师总结道。

▲郝瀚律师为"特色小镇"项目演讲

与时俱进，顺势而为

自 2004 年开始，随着《关于继续开展经营性土地使用权招标拍卖挂牌出让情况执法监察工作的通知》的发布，开发商获取土地的方式从"协议出让"年代正式向"招拍挂"的公开出让年代过渡，房地产行业的准入门槛大幅提高，房地产市场也开始了一轮整合。有实力的开发商开始跑马圈地，并积极通过并购提升实力，而认识到中国房地产市场机会的外资也虎视眈眈，开始"跑步"进入中国。自 2004 年开始，中伦发挥行业领头羊的优势，在主动放弃如银行按揭、售房支持等一些传统的房地产专业法律服务的同时，及时根据市场的变化，顺应时势，积极在房地产项目并购领域开拓新的战线，向开发商和境内外投资人提供更高专业度的法律服务产品。在此期间，郝瀚律师主办了大量有影响力的并购案例，更为多个知名国际和国内投资机构如：德意志银行、雷曼基金、鼎晖基金、中信信托提供法律服务，在引领行业发展的同时，在尽调和交易时形成的一些工作流程、标准文本在此后更是逐步发展成为行业的标准。

化危为机，深耕细作

2008 年席卷全球的金融危机，在重创全球经济的同时，也为房地产行业带来了新的发展机遇。"量化宽松"政策下推出的积极刺激财政政策，以及对自 2005 年开始

为抑制房地产行业过热而出台的调控政策的松绑、对自 2006 年开始出台的"限外令"的适度放松，都促使房地产市场在 2009 年获得爆发式增长，对房地产行业的投资行为也日趋活跃，市场资源加速向头部企业集中。尤其是大量信托金融和私募投资机构的加入，为房地产行业注入了源源不断的资金血液，随之衍生了大量的专业法律需求，市场急需既精通房地产又谙熟金融业务的专业律师。自 2005 年开始，郝瀚律师即适应市场变化，深耕"房地产＋金融"的复合型业务，经办了大量的头部信托机构（如中信信托）和私募基金（如鼎晖及 IDG）投资房地产行业案例，为资本和房地产行业的融合建设法律连接的桥梁。自 2009 年开始，郝瀚律师团队每年经办的并购案例平均达到数十起，客户包括了房地产行业的头部开发商如 SOHO 中国、华润地产、中粮地产、华远地产、龙湖地产、信达地产、万科、恒大、首创地产、远洋地产、旭辉、瑞安、华夏幸福等，以及众多金融投资行业的头部机构如鼎晖基金、IDG 资本、高和资本、中信产业基金、中信信托、华融信托、信达投资、中银投资、长城资本等。经办的很多案例在业内产生了极大的影响力，如著名的 SOHO 中国收购上海地王项目、华贸中心写字楼出售项目、北京三里屯 SOHO 和银河 SOHO 项目、平安信托收购北京平安金融中心项目等，所涉金额年均高达数百亿元甚至上千亿元人民币。

随着房地产行业的进一步发展，行业竞争日益加剧，为满足市场对产品的细分和差异需求，全行业进入"产业化"发展阶段，相关的投融资及并购交易也愈发复杂，这对律师又提出了更高的要求。郝瀚律师积极围绕行业发展方向，加强行业综合知识的学习研究，在细分的养老地产、工业地产、文旅地产、特色小镇等专业方向均

有所建树，作为国内最大的产业园开发商华夏幸福的法律顾问，经办了大量的产业园拿地及开发建设销售业务等。

厚积薄发，博观约取

2014年，随着企业资产证券化的发展，大量存量不动产项目获得了通过资产证券化通道进行流通和退出的机会，房地产行业的"金融化"特征得到进一步加强。借助2012年为以华贸中心写字楼为底层资产而在香港地区上市的"春泉产业信托"提供法律服务的经验，郝瀚律师与中伦金融部门合作，积极开展相关不动产资产证券化业务，承办了50亿元规模的"华贸中心商业物业CMBS"项目和"高和-红星美凯龙类REITS"等代表性项目，进一步拓宽了房地产专业法律服务的内容，获得了行业客户的高度认可。

目前，郝瀚律师的业务围绕两条轴线展开，一条横轴是围绕传统的房地产开发流程展开，包括土地整理、拿地、工程建设、商品房销售与租赁、物业管理与经营；一条是围绕房地产公司的相关业务展开，包括项目公司的设立与治理、法律文本的标准化建设、项目并购、投资和融资、不动产资产证券化、不良资产的收购与处置、诉讼与仲裁等，可以为客户提供全方位的专业法律服务。

得益于高度的专业化和丰富的行业经验，郝瀚律师获得了客户的高度评价，不但获得知名国际法律媒体钱伯斯的推荐，还凭借高效、专业的法律服务及能为客户提供战略远见的能力，获得了ALB颁发的"中国客户首选20强律师"。2020年，郝瀚律师再次荣获国际金融法律评论颁发的"领先律师"奖项。

后 记

20多年的专业律师生涯，使得郝瀚律师深刻认识到"专业化"的法律服务是客户最为需要的，但专业律师的服务能力，则来自对市场深耕、观察以及持续不断的学习和创新。"要想成为专业且优秀的律师就需要具有'勇于创新、敢为人先'的精神。"郝瀚律师如是说。

据悉，以郝瀚律师于2014年经办的北京"紫旸山庄"项目为例，受限于农村集体土地开发的局限性，市场上传统的开发运营模式都多多少少存在违规的嫌疑。郝瀚律师则创造性以引入金融产品的概念，设计了"伞状投资"架构，创造性解决了社会资本在农村集体土地上开发建设、运营文旅地产项目的流通难题，成为该领域的创新标杆性项目，对行业发展起到了很大的引领作用。而"敢为人先"，则是要加强自身的能力建设，与时俱进，不断学习，才能厚积薄发，在面对新的业务机会时，才能牢牢地把握机遇，为客户提供高质量的创造性的法律服务。

面对未来，郝瀚律师充分认识到种种不确定性和各种挑战，但他依然充满自信。这份自信既来自他"勇于创新"的精神和"敢为人先"的底气，又来自他"路漫漫其修远兮"的追求、随时将既往成绩归零和面对挑战从头来过的谦逊。而唯有如此，方能厚积薄发、行稳致远。

正义永远不会缺席

——金杰律师兼议：纠正错案，刑辩律师有何作为

▲金杰律师

引 言

刑事冤错案件给当事人造成的伤害有时难以估量，有的服刑10年甚至20年，青春逝去不复返。待到宣告无罪时，虽然激动得流泪，但也已然物是人非；有的妻离子散，有的父母相继去世，待到回家时只能在墓地告慰老人。

如陈满杀人案羁押23年，此案成为纠正冤错案中，失去人身自由时间最长的案例。几十年来，一遇到疑难案件就做"疑罪从有"的处理，这种司法理念已经不符合当今的司法改革要求了。近十年来，我分析近些年纠正的刑事冤错案件时发现，大多数情况下，当事人的不断申诉，特别是律师在刑事辩护中发挥的专业作用以及刑事辩护律师代理申诉，对于防范和纠正冤错案件能起到非常重要的作用，这种重要作用在刑事诉讼中不可替代。

无罪辩护对司法的影响力

在刑事辩护中有这么一种说法，辩护律师一看到证据不足，就做无罪辩护，法庭比较反感，最终可能会影响对被告人的从轻判决，这话不是没有道理。

在刑事辩护中，确实存在许多案件定罪证据不充分，但法院又不好作无罪判决。律师如果做无罪辩护，法院难以采纳，所以出于被告人利益最大化的角度，许多律师只好采取罪轻辩护的策略，以争取法院对被告人的从轻处罚。

在刑事辩护中，作为负责任的辩护律师，发现据以定罪的证据不确实、不充分的，应当怎么办呢？做罪轻辩护，违背自己的职业内心；做无罪辩护，法院无罪判决很难。对此，辩护律师当然很清楚。

笔者以为，尽管如此，在涉及人命关天的案件中，作为辩护律师还是要坚持选择做无罪辩护。这是辩护律师的职责所在，作为辩护律师，不能违心地辩护。

从党的十八大以来已经纠正的近40起冤错案件来看，恰恰是辩护律师当初坚持做无罪辩护，才促使法院作出了留有余地的判决。

比如，湖北京山县佘祥林杀妻案。辩护律师提出此案有四大疑点，为佘祥林做了无罪辩护。遗憾的是律师的辩护意见没有被一审法院采纳，该案上诉后，律师坚持辩护意见。二审法院审理认为，该案事实不清，证据不足，裁定将此案发回重审。最后，法院以故意杀人罪判处佘祥林有期徒刑15年，佘祥林也因此保住了一条性命，为以后申诉打下了基础。

再如，杜培武故意杀人案。杜培武本人否认实施犯罪，辩护律师在法庭上针对被告人没有作案时间、没有到过案发现场、鉴定结论难以成立等，在事实和证据上提出了无罪的辩护意见。此外还有杭州张高平叔侄奸杀案、赵作海故意杀人案等，都是辩护律师在事实和证据上提出异议，坚持做无罪辩护。最终法院虽然没有采纳律师的无罪辩护意见，但对被告人都作出了留有余地的判决。

相反，有的冤错案件，辩护律师在原审时没有做无罪辩护。如，聂树斌故意杀人案、呼格吉勒图案，辩护律师在原审程序中并没有做无罪辩护，而是提出有罪辩护。不能不说，在某种程度上也减轻了法院对无罪的顾虑，两起案件的当事人均被法院判处死刑并执行。

由此可见，辩护律师的无罪辩护，在冤错案件中有着举足轻重的作用。作为辩护律师，在刑事诉讼中，对于事实不清、证据不足的案件，尤其是涉及重大、复杂、疑难，涉及被告人生命的案件，只要达不到事实清楚、

▲当事人送来的牌匾

证据确实充分的定罪标准，就要理直气壮地做无罪辩护，提出专业的辩护意见。虽然可能不被法院采纳，但是却可以由此提示法庭，慎重定性，慎重量刑，至少可以影响法院作出留有余地的判决，为以后的申诉奠定基础。

司法重视对冤错的防范力

习近平总书记在中央政法工作会议上指出："要坚守职业良知、执法为民，教育引导广大干警自觉用职业道德约束自己，做到对群众深恶痛绝的事零容忍、对群众急需急盼的事零懈怠，树立惩恶扬善、执法如山的浩然正气。"

这里的关键是"要坚守职业良知"，职业良知是确保司法为民的基础，也是尽心履职的基本底线。有良知就会有敬畏之心，就能让浩然正气始终存于心中而底气十足，就能守住良心的底线。

刑事司法机关掌握着生杀予夺之权，不仅事关公民的名誉、财产，也关乎公民的自由和生命，更事关国家安全和社会稳定。能否坚守防范刑事冤错案的底线，不仅是刑事审判部门的责任，更是法官的良心所在。

笔者以为，必须重视辩护律师的无罪辩护意见。不可否认，在多数的法庭上，法官都不太认同辩护律师的无罪辩护意见，这种思维定式在法官群体中并不鲜见。

再加之案件重大、上级重视，律师的无罪辩护意见不被重视。但法官、检察官受到司法体制和机制制约的局限性，出于惩罚和打击犯罪的职业需要，常常会影响对案件的客观和理性的审查判断。辩护律师则游离于体

制之外，相对局限性较小，由于受被告人委托，从辩护的角度提出辩护意见，对案件的认识，是从控方对立的角度看案件，因此具有独特的抗辩视角，在分析案件事实和证据上更具有专业的深度，这就给法庭提供了一个兼听则明的研究和探讨空间。

律师辩护对于先入为主、事先定调、法外干扰、人为拔高以及将错就错等现象，都起到了一个重要提示和提醒作用。如佘祥林案、杜培武案、张高平叔侄案，都是法院重视了辩护律师的无罪意见，才作出留有余地的判决，否则一旦人头落地，再申诉就更艰难了。如果当初法院能够采纳辩护律师在原审程序中的无罪意见，这些冤错案就会得到有效避免。

而且，我们要将辩护律师作为法庭的信赖和依靠力量。我们常说律师与检察官、法官同属于"法律职业共同体"，但不能仅仅说在嘴上、写在纸上，要在理念上、行动上，真正把辩护律师当作刑事诉讼中的依靠力量，当作"自己人"。

涉及重大、复杂和疑难案件，要注意倾听辩护律师的意见，不能简单地开完庭就关门研究案件。有的法院已经试行重大、复杂和疑难案件，聘请资深律师列席审判委员会，进一步走向审判公开。

笔者前几年代理一个重大诈骗案件，从侦查到审查起诉阶段，作为辩护律师始终坚持无罪辩护。尤其是到了审查起诉阶段，经过仔细阅卷，反复与承办检察官和院领导交流案件情况。从辩护角度提出本案是一起典型的委托代理民事纠纷，不涉及刑事诈骗，经双方协商一致，已经签署了书面协议，并对涉及款项做了妥善处理。

侦查机关介入民事纠纷的目的就是帮助一方追款，属于利用刑事手段介入经济纠纷。检察官很注重听取辩护律师的意见，多次与辩护人交换意见，愿意接受辩护律师提交的律师意见等材料，最终采纳了辩护律师的意见，作出了不起诉决定。

此外，我们还要充分发挥辩护律师在防范冤错案上的重要作用。辩护律师的基本职责就是根据事实和法律，提出犯罪嫌疑人、被告人无罪、罪轻或者减轻、免除其刑事责任的材料和意见，维护犯罪嫌疑人、被告人的诉讼权利和其他合法权益。

但实践中，辩护律师在法庭上的正常发言有时受到限制和制止，例如，网络上曾爆出在一些庭审中辩护律师的发言被突然打断，导致辩审冲突，影响了辩护律师

▲金杰律师发言

在法庭上发挥作用。最高人民法院一再要求积极推进实现庭审实质化，就是要保障诉讼参与人的诉讼权利，防止庭审走过场。而打断辩护律师发言的做法，显然与法庭实质化的要求不符。

律师坚持对纠错的促进力

申诉难、再审难，是目前存在的实际情况。有一些冤错案件，一方面有辩护律师坚持代理申诉，另一方面也因为真凶再现、亡者归来，法院采纳辩护律师的意见。

比如，杜培武案是因为意外发现真凶后提起再审；佘祥林案和赵作海案，则是在原审判决认定的"死者"归来的情况下提起再审的。

还有相当一些冤错案件没有那么幸运，不具备真凶再现、亡者归来的条件，作为辩护律师坚持代理申诉，就显得极其艰难和不容易。

多年前笔者代理的一起胡某强奸案，胡某被判刑11年。服刑11年间他一直申诉，坚称没有作案。法医鉴定结论也无法认定其作案，没有任何客观证据证明胡某作案，胡某的有罪供述存在非法取证情形，胡某为此申诉30年。其间，申诉多次被驳回。

我们辩护律师介入后，申请阅卷却受到阻力，代理胡某向法院提交申诉材料，多年没有得到答复。但我们仍然坚持代理申诉，最终引起上级司法机关重视，经上级司法机关依法调取卷宗，律师才得以阅卷。经仔细阅卷和调查复核证据，辩护律师提出了比较详细的辩护意见，上级司法机关先后两次到现场复查案件，调查了解。此案仍在复查中，我们期待着能够再次启动再审。

有些冤错案件，申诉艰难，耗时多年，但由于律师

的坚持以及社会和媒体的关注支持，致使司法机关最终启动再审，纠正了错判，比如聂树斌杀人案。1995年聂树斌就被执行死刑了，直到2005年才出现"真凶"王书金。聂树斌亲属立即委托律师提起申诉，但是申诉的过程却并不顺利，申诉历时11年之久，直至2016年最高人民法院才决定再审，最终宣判无罪。

再如陈满杀人案，陈满案发生时间是1992年，1994年原审判决生效。陈满不服生效判决，与其亲属常年坚持申诉，这期间申诉多次被有关司法机关驳回。2015年在律师帮助下向最高人民检察院申诉才受到重视，最高人民检察院向最高人民法院提出抗诉，经再审后纠正了错判。

类似经律师坚持不断的申诉，最终引起再审的案例还有很多。由于专业律师的介入和坚持，辩护律师能够根据卷宗证据和搜集到的证据，提出具有充分的事实和法律依据的申诉意见，增强了当事人申诉的专业性。辩护律师的不离不弃、不屈不挠，也增强了纠正冤错案件的主动性。

每当我们看到在法院申诉复查窗口排队提交申诉材料的申诉人，都能够由衷感受到法院审监部门工作量的繁重。

跋 语

司法改革要从制度上确保人民法院独立审判，推进庭审实质化，从制度上制约刑讯逼供。真正实现刑事案件律师辩护全覆盖，确保犯罪嫌疑人、被告人在每一个案件中，都能获得辩护律师更专业的辩护。辩护律师的辩护意见尤其是无罪意见，能够受到公安、检察和法院的高度重视。希望在未来，我们能进一步充分发挥辩护律师在防范和纠正冤错案件中不可替代的重要作用，最大限度地防止冤错案的发生，让人民群众在每一个司法案件中感受到公平正义！

人物介绍

金杰律师，京都律师事务所高级合伙人，京都著作权保护与研究中心主任。

金杰律师曾任高级法官、高级检察官，从事过多年的刑事检察、反侵权渎职检察、反贪污贿赂侦查工作和中级人民法院的审判工作和审判研究工作，积累了较丰富的司法实践经验，具有较深厚的法学理论和司法实务

功底，尤其熟悉了解检察心理和审判心理，熟悉掌握检察工作和审判工作的内部程序、工作流程和业务规律。

金杰律师师从著名"学者律师"、中华全国律师协会刑事专业委员会主任田文昌。探索"控辩审"三种思维相结合的刑事辩护策略，运用审判思维和代理思维相结合的律师实务方法，承办过多起重大、复杂、疑难和有影响的刑事及民商事案件，具有高度的责任感和很强的敬业精神。

金杰律师擅长刑事辩护和民商事诉讼代理，熟悉各类合同仲裁与诉讼、侵权诉讼、婚姻家庭诉讼、公司诉讼、房地产诉讼、铁路公路建设诉讼等各类诉讼，尤其对金融犯罪和著作权诉讼有更深的研究和探讨。被《方圆律政》评价为控、辩、审"三栖法律人"，是"京都刑辩八杰"之一。

金杰律师熟悉企业和公司业务、资产转让等其他非诉讼业务。担任企业的常年法律顾问，在为企业提供法律服务保障方面，善于对公司和企业经营风险防范以及企业高管人员任职风险防范提供独到的帮助。

金杰律师的事迹和案例，先后被中央电视台、北京电视台、《民主与法制》及各种媒体报道，并被收录在《中国法律年鉴》《中国律师年鉴》《大国律师》《中国优秀刑辩律师实录》等著作中。获得无罪当事人的金匾"德法双馨大律师"！

注：原文曾刊发于《民主与法制》2021年第5期，原标题为《制度之问：纠正错案，刑辩律师有何作为？》，本文略做改编。

执法律利剑，除人间不公

——访北京李三勇律师事务所创办人、主任李三勇律师

▲李三勇律师

编者按

行政诉讼在大多数人的心目中，由于双方地位的不对等，老百姓相对处于弱势地位。并且，在实务中因律师受当地司法部门管理，地方律师也往往不愿接行政诉讼案件。

在首都律师界有这样一位律师，他专注研究和办理行政诉讼案件已有十多个年头。十多年来，他走过了祖国的大江南北，每年飞行七八万公里，有时甚至一周就要跑四五个城市。为了委托人的利益，他不辞辛劳、日夜兼程；面对诱惑乃至威胁，他无动于衷、心如磐石。"受人之托、忠人之事"是其执业座右铭。他，就是北京李三勇律师事务所创办人、主任李三勇。当事人给他送来牌匾，称其为"悍将律师李三勇"，关于"悍将律师李三勇"的由来，在后续的采访中，我们也将为读者一一分解。

印象

健壮魁梧、睿智稳健、一脸正气，声音低沉却铿锵有力，言语中尽显豪爽之气，

典型的北方爷们，这是李三勇律师给笔者的第一印象。在深入采访后我们发现，在李三勇律师身上，除了与生俱来的侠气、正气外，胸怀天下、心系百姓的悲悯之心。作为一名执业十多年的老律师，李三勇律师早已把律师作为一生的事业，而不仅仅是谋生的职业。或许，一名仗义执言、为民请命的律师，就应该如李三勇这样，无惧艰难、能打硬仗；威武不屈、初心不改。

勇闯紫禁城

对于 70、80 后来说，或许每个男人心中都有一个武侠梦，很早就着迷金庸小说的李三勇更是将自己的人生理想定位为做一个替天行道、仗剑天涯的"大侠"。高考填报志愿时，他毫不犹豫地选择了攻读法学，并决心用法律的武器作为他"行走江湖"的"利剑"。经过四年的法律学习，他毕业后顺利通过了司法考试。自此，唐代诗人贾岛的《剑客》也就成了李三勇的 QQ 签名，"十年磨一剑，霜刃未曾试。今日把示君，谁有不平事？"以此勉励自己——执法律利剑，除人间不公。

李三勇的第一选择就是要做一名北京律师，他要勇闯"紫禁城"，亦如《上海滩》的许文强。李三勇给自己买了件黑色风衣，意气风发，风风火火，四处应聘律所，开启了他的律师生涯。采访到这里，李三勇律师很是感慨，

▲李三勇律师接受山西卫视的采访

▲当事人给李三勇律师赠送牌匾"悍将律师李三勇"

往事历历在目，酸甜苦辣，都付笑谈中。下面，我们就沿着李三勇律师的执业道路，一起探寻他的办案故事和侠义情节吧。

博观而约取，厚积而薄发

最初，在人才济济的大北京，李三勇是个"三无"人员，无背景、无人脉、无资源，但这些对于他来说似乎都不是什么困难，因为他有法律这个强大的武器和踌躇满志的豪情。执业之初，李三勇和所有刚入行的律师一样，什么案子都接，什么案件都做。但他很快发现，这样既耗费精力，又不能在某一领域进行深入研究。于是，在经办了各类诉讼案件、获得了丰富的诉讼经验后，他开始调整思路，并根据当时社会经济发展现状以及国家政策导向，结合自己的特点，开始专注研究和代理行政诉讼案件，尤其是征地拆迁案件。他进行了系统地、深入地研究，并十多年如一日坚守至今，可谓身经百战。需要一提的是，在创办律所前，李三勇一直担任国内最大律所行政诉讼部的主任，并曾任中国政法大学研究生院模拟法庭指导老师，山西卫视《顶级咨询》、央视CCTV-12《我是大律师》、北京电视台《律师门诊室》等节目嘉宾律师。

"代理行政诉讼案件，具有很大的挑战性，也很有成就感，可能是因为帮助弱势的一方和强势的一方掰手腕。同时，我认为行政诉讼能更为直接地推动法治政府建设，从而推动整个中国的法治进程。其实，行政诉讼并不是与政府作对，不能这样简单理解，律师很多时候是沟通的桥梁，我们的工作很多时候会受到对方的欢迎和好评。在法律框架内，最大限度维护委托人的合法权益，

妥善化解纠纷，这才是我们每一个法律人应该追求的目标。"李三勇律师如是说。

办案足迹，用脚步丈量公平正义

在开篇语中我们提到，李三勇律师的办案足迹已经走遍了祖国的大江南北，每年行程8万多公里。笔者在他的微信朋友圈找到了"证据"。2021年一年，李三勇律师飞行里程78856公里，飞行时长143小时30分钟，飞行次数60次，足迹走过36个城市。如此"空中飞人"般的工作强度估计能胜任的人还真不多。见微而知著，一叶而知秋，今特列举李三勇律师部分办案足迹，以飨读者。

维权足迹（一）：避暑胜地，贵州六盘水市所属某全国百强县

当地政府欲将某村整体征收和开发，但提出的条件让村民们无法接受，李三勇律师带领团队介入后，很快查到政府部门征地手续欠缺，遂向上一级国土部门申请对地方政府非法征占土地的行为进行查处。不足一个月的时间，上级国土部门经过调查后发现，地方政府确实存在违法征占土地行为。之后，地方政府部门面对上级压力，终于与律师、村民代表开始谈判和协商，并最终达成了一致意见，由村民成立开发公司，自筹自建楼盘，周边公园、公共道路、设施等不用地方政府花一分钱。此方案获得地方政府认可，双方皆大欢喜，各得所需。此案在征地拆迁类案件中可谓"四两拨千斤"的经典之作，结局也着实出人意料。

维权足迹（二）：山东龙口某县

李三勇律师接受4户人家的委托与地方政府及开发商进行谈判，起初4户人家获得赔偿额平均每户不足30万元。李三勇律师介入后，启动法律程序，据理力争，最终为每户人家争取到90多万的赔偿。之后，委托人专程来京给李三勇律师团队送锦旗："受人之托，忠人之事。"

在此还需一提的是，因在这个案件代理期间，地方征迁部门迫于李三勇律师启动法律程序的压力，曾两次派员到律所谈判，但李三勇律师多次表明自己的立场，此举获得委托人由衷赞赏。

维权足迹（三）：云南某县

当李三勇律师走进被拆迁户家门时，发现来接待他的并非一家之主，而是老少妇孺，且正屋大厅还摆放着

▲李三勇律师发言

灵堂。经询问方才得知，原来这个家庭的一家之主已经在几年前的征地拆迁事件中去世（相关责任人已被追究刑事责任）。李三勇听后义愤填膺，当即表示律师费免除，只收取了差旅费后，便开始了他在滇南地区的维权之路。

维权足迹（四）：海南海口某区

因地方政府征迁补偿不合理，致使村民进退两难，80多户人家委托李三勇律师团队。李三勇与团队律师介入后，依法两次打掉了地方政府的《征收补偿决定》。第二次开庭审理时，主审法官对负责征地拆迁的工作人员说："你们也别再修改方案了，还是坐下来和老百姓谈谈吧。"最终，律师团队代表村民经过一系列艰难谈判，双方达成和解。经此一战，李三勇律师团队在当地一下子树立起了口碑，后续又有一些拆迁户慕名来找李三勇律师团队打官司。

维权足迹（五）：河南安阳某县

地方政府要在某村开挖人工湖，但给村民的补偿却非常低，关键是，地方政府没有任何审批手续就要动工。该村50多户人家上京委托李三勇律师团队，希望能够提高补偿。接受委托后，李三勇与团队律师首先启动的程序是，向上一级国土部门发律师函、申请政府信息公开。之后，上级国土部门发现地方政府确实没有办理审批手续，遂将此项目叫停。项目被叫停后，对方派出由副县长带队的谈判组来到北京与李三勇律师团队进行协商，希望可以和谈，经过前后三次艰难的谈判，终于将补偿标准提高，达到让老百姓满意的程度，案件最终得以和解。

"我们的宗旨是：谈打结合，以打促谈，而最终的目的还是为了'和'，因为'和'才能实现双赢"，李三勇律师说。

足迹（六）：辽宁抚顺

抚顺某工业园区早年引进了19家企业入驻，但是，当地政府部门却以该19家企业的项目不符合园区规划为由，要求企业搬迁，且没有合理补偿，这让投资数百万乃至上千万元建厂房的企业叫苦不迭，其中两家企业上京聘请并委托了李三勇律师团队。一审期间，白纸黑字，证据确凿，但法院判决不予赔偿。一向勇于挑战的李三勇律师可谓愈战愈勇，当即表示一定上诉。之后，辽宁省高级人民法院裁定：撤销原判，发回重审。案件发回重审后，相关部门自觉理亏，表示希望和谈，现双方已就赔偿问题基本达成了一致。

足迹（七）：江西九江

某企业建设开发的一栋楼，因在城市核心位置，其价值初步估算约数亿元，企业老总是一位古稀之年的老人，因征迁纠纷导致身体一直很虚弱。而令案件变得更为复杂、蹊跷的是，地方政府将此楼低价转让给了第三方，导致后期各项工作开展起来非常困难。期间老人多次想过放弃，但李三勇律师却越挫愈勇，并鼓励老人一定要打起精神，战斗到底。最终，在李三勇律师的努力和坚持下，委托人与第三方达成和解，问题得到妥善解决。之后，老人特意给李三勇律师制作了东阳木雕，上书"悍将律师李三勇"。

其实在每一个接受委托的案件中，李三勇律师都表现出了"悍"的一面。笔者以为，正是因为李三勇律师在每一个案件中不畏艰难、勇往直前，才使得无论是当事人抑或是司法办案人员、征地拆迁人员对其更加钦佩和尊重。李三勇律师为当事人与政府之间架起了畅通交流的桥梁，既维护了当事人的合法权益，又维护了法律的正确实施，进而还维护了社会的公平与正义。笔者以为，"悍将律师李三勇"之名当之无愧，更是实至名归！

当前，李三勇律师创办的北京李三勇律师事务所，其规模已达50余人。俗话说，"团结就是力量""众人拾柴火焰高""人心齐，泰山移"，采访间隙，李三勇律师仍频频接到团队律师打来的捷报电话或征询意见，可谓是日理万机。同样，也是经过数次邀约，才有了这次采访。

后 记

党的十八大以来，随着全面依法治国的深入推进以及公民权利意识的不断觉醒，"有事找律师"开始成为更多国人的口头禅。笔者以为，法治社会离不开公民的担当。每一个公民不仅要知法懂法、信法守法，也要敢于用法，拿起法律的武器维护自身合法权益。

前文我们提到，李三勇的理想就是要做一个仗义执言、为民请命的"大侠律师"，多年来，他一直践行和坚守这样的信念，在每一个案件中，用法律的智慧和勇气，既维护了被拆迁人（当事人）的合法权益，又维护了法律的正确实施，进而维护了社会的公平与正义，并通过每一个案件的妥善解决，在促进地方政府依法征迁工作的同时也为中国法治建设贡献了自己的一分力量。

采访结束时，李三勇律师说，他愿做中国法治道路上的铺路石，他要继续执法律之剑，除人间不公，全力以赴架起那座"官民和谐"的桥梁。

做公平正义的坚定维护者和践行者

——访中业江川律师事务所主任、高级合伙人、联合党支部书记李鑫石律师

▲李鑫石律师

编者按

现行《律师法》规定，律师应当维护当事人的合法权益，维护法律的正确实施，维护社会的公平和正义，此"三个维护"将律师的职能和定位做了最好的阐释，也正因有律师这一职业的存在，我们的社会才能更加文明和进步。

那么，律师应该怎样做好"三个维护"呢？笔者以为，律师应坚持社会主义法治理念；应以"三个维护"为己任；应以维护社会公平正义为使命，并通过一个个具体个案，实现"努力让人民群众在每一个司法案件中都感受到公平正义"的理想目标。

"法者，所以兴功惧暴也；律者，所以定分止争也；令者，所以令人知事也。"

本文主人公——李鑫石律师正是"三个维护"以及"定分止争"的坚定维护者和践行者。

李鑫石，北京中业江川律师事务所（以下简称"中江所"）高级合伙人、合委会委员、主任、联合党支部书记。毕业于中国政法大学，获法学学士学位，现为中国版权保护中心认证的版权代理人／经纪人、北京市律师协会著作权法专业委员会委员、中国电视剧制作产业协会法务委员会法务委员、北京市朝阳区律师协会党建工作委员会委员，并曾获得北京市首届律师辩论大赛"十佳辩手奖"。主要执业领域为知识产权、建设工程、综合法律顾问及商事诉讼等。

据了解，李鑫石律师还是一位有着24年党龄的老党员，他于1997年加入中国共产党，成为一名光荣的中国共产党党员。多年来，李鑫石律师也一直严格要求自己，并获得律师行业党委多次表彰。2019年、2020年、2021年，李鑫石律师连续三年被朝阳区律师行业党委、北京市律师行业党委评为优秀共产党员。

短短数语不足以完全表达，也无法诠释李鑫石律师十数年如一日对公平正义的不懈追求和对法治精神的努力坚守，故成就了这次的采访和对话。

军旅，国企，律师

采访地点为中江所新办公地：北京市朝阳区东三环北路丙2号天元港中心B座25层。

人们常说："相由心生，三十岁之前是父母给的，三十岁之后是靠自己修的。"此言正反映在李鑫石律师身上。李鑫石给笔者的第一印象就是非常正派，眼前这位器宇不凡的律师是否从过军呢？问起李鑫石的早年经历，果然印证了笔者的判断，他在从事律师工作前曾参军，退伍后还曾在国企工作数年，在吉林省行政干部管理学院学习时得到法大刑法老师的谆谆教诲，老师说："你非常适合做律师。"这一句话从此改变了李鑫石的人生，于是他走进法大、备战司考。2008年，李鑫石在北京通过司法考试后，毅然决然地走上了律师之路。

业精于勤，术业专攻

近些年来，随着互联网技术的不断发展，网络文学开始兴起并迅速发展，其产业链也更加完善和健全。2009年，知名网络作家"南派三叔"将自己的作品《盗墓笔记》系列著作授权给上海简读文化传播有限公司（以下简称"上海简读公司"）使用，并签订了《盗墓笔记WebGame授权协议》，该协议约定《盗墓笔记》作者授权上海简读公司独占的、排他的、可再许可的和可转让的通过《盗墓笔记》作者所授权的故事文字改编成Webgame的游戏内容背景及围绕游戏所开发的所有衍生产品的权利；协议有效期为3年，自2009年10月13日至2012年10月13日。

后《盗墓笔记》作者与上海简读公司就上述《盗墓笔记WebGame授权协议》还签订了《补充协议》，该补充协议约定："南派三叔"作为《盗墓笔记》一书的著作权人，明确同意上海简读公司将《盗墓笔记》一书与

改编网页游戏相关的复制权、改编权、信息网络传播权及与该次合作内容相关的权利授权于第三方，第三方有权将《盗墓笔记》一书改编为网页游戏及与该游戏有关的衍生产品，原协议中双方合作时间延长至2015年5月7日。

2013年，《盗墓笔记》作者发现在平板电脑中可以找到名为"盗墓笔记HD"的应用程序，且这些移动端游戏的登录页面名称均与该公司的PC端游戏相同，而且含有"人人游戏"字样，角色创建、游戏加载页面及游戏初始内容均与PC端游戏一致，登录这些移动端游戏均使用千橡网景公司的人人游戏账号，游戏充值也进入了该公司经营的人人网。

《盗墓笔记》作者找到律师事务所寻求帮助，希望通过诉讼的方式拿回之前的授权。"已经签了授权协议，要想再拿回，几无可能。"大部分人都持这样的观点，但在知识产权领域尤其在著作权方面钻研颇深的李鑫石律师觉得这个案件应该有希望。随后几个月，李鑫石律师在没有先例（或判例）可循的情况下，开始研究和寻找对己方有利的证据。

当时对于网页游戏（PC端游戏）与移动端游戏，业界只知有所区别，但却没有一个权威的论断，法院也未作出过明确的判决。李鑫石律师认为，网页游戏不能涵盖移动客户端，《盗墓笔记》作者授权上海简读公司时还未形成稳定的移动端游戏市场，即授权在先，稳定的移动端游戏市场形成在后，被授权者使用超过了授权范围。为了对自己的判断加以佐证，李鑫石律师找到了工信部2012年、2013年连续两年对移动网络、互联网市

▲李鑫石律师发言

场发布的调研报告，尤其2013年中国移动互联网白皮书显示："从整个产业来讲，移动互联网的大幕才刚刚拉开……"李鑫石律师将此证据提交法庭，最终获得主审法官支持。

2014年9月30日，法院作出判决：一、被告北京千橡网景科技发展有限公司于本判决生效之日起立即停止提供涉案移动端游戏的行为；二、被告北京千橡网景科技发展有限公司于本判决生效之日起十日内赔偿原告徐某经济损失十万元；三、被告北京千橡网景科技发展有限公司于本判决生效之日起十日内赔偿原告徐某为制止侵权支付的合理费用共计二万四千零六十二元。

一审宣判后双方均未上诉。

之后，李鑫石律师又代表《鬼吹灯》作品的被授权方参与了《鬼吹灯》系列案件的诉讼，其中"摸金符"案对方最终选择撤诉。"只是有点遗憾，这个案子法院没有形成判决。"李鑫石律师道。

以攻为守，以守为攻

近年来，在影视圈要说引起巨大争议以及引发舆论界广泛关注的莫过于《芈月传》著作权之争以及后期引发的一系列诉讼和纠纷了。作为此案委托人蒋老师一方的诉讼代理人，李鑫石律师在此系列案历经的12个法律程序中，参与了其中7个法律程序的诉讼和代理，为推进案件的进展以及案件得到公正的审判付出了极大的心血，并在每一法律程序中尽职尽责、殚精竭虑，得到了委托人蒋老师的高度评价和肯定。

尤其在王某某起诉蒋老师名誉侵权后，蒋老师本欲直接应诉，这时李鑫石律师提出，这个案子我们不能单纯地去应诉，而一定要向对方提起诉讼，这样我们才能做到以攻为守、以守为攻，才能掌握主动权。

随后，李鑫石律师整理出数千页证据予以公证，最终得到法官的肯定和认可。因诉讼双方皆为知名人士，法官对于此案也非常慎重，曾两次通知李鑫石律师等待宣判，但两次都未果，又经过近一年的耐心等待，法院才终于下达判决：双方诉请，全部驳回。"这是我们已经预判到的结果"，李鑫石律师道。

之后双方均提起上诉，二审法院很快开庭，并维持了一审判决。

此后，李鑫石律师还代理了某影视公司起诉蒋老师、浙江文艺出版社、中关村图书大厦侵犯《芈月传》剧本

▲李鑫石律师做党支部工作总结暨年报总结发言

著作权纠纷二审案等（李鑫石律师代理浙江文艺出版社参与二审审判程序）。一审蒋老师胜诉，对方上诉后经过两年等待，二审最终驳回对方全部诉讼请求。

时至今日，人们谈起围绕《芈月传》的各种纠纷仍是津津乐道、各抒己见。

2018年3月16日，作为全国人大代表，蒋老师接受《法制日报》记者采访时表示："建议政府相关部门出台与网站、影视、出版等平台相关的规范性合同，希望保护网络文学创作者权利。"

知难而进，另辟蹊径

某集团下属矿厂因资源枯竭宣布破产，并将矿上全部资产、人员安置等剥离给了地方政府。但令人意想不到是，该矿厂原厂长却因癌症去世，后续还引发了诉讼事件的发生。因家属未对死者做工伤认定，没有拿到工伤赔偿，故将集团总部告上了法庭。

被起诉后，集团总部领导及法律顾问开会研究是应诉还是和解。有人提出：若和解，该矿还有几百名职工，很可能形成群体性事件。但要应诉却也没有必胜的把握。

集团法规处处长想再找其他律师研究下对应之策，于是辗转找到了李鑫石律师。李鑫石律师在详细了解了案件情况后认为，应诉难度虽然很大，但还是有一线希望的。看到希望的法规处处长立即委托李鑫石律师担任此案的代理人。

接受委托后，李鑫石不敢懈怠，开始寻找对己方有利的证据，并在集团档案室内找到一份由国防科工委发出的文件（已经解密），文件载明：该矿破产时，所有的人、财、物已全部剥离至地方政府管理。而此文件也成为案件胜诉的关键证据，并获得主审法官支持，一审胜诉后，对方提出上诉，二审法院最终维持了原审判决。

"这个案子胜诉的关键还有一点：如何理解成建制移交与债权债务转让的区别，债权债务转让是对方律师当庭提出来的新问题，我当时的回应是：①债转只针对资产，而成建制移交包括全部资产与人员，尤其是人员人事关系的移交与安置；②债转要经过转让人与受让人之间的合意，而成建制移交是根据上级主管单位的行政命令，即进行移交的主体是目标单位的上级主管单位，而不是目标单位自主决定与受让人进行移交；③债权债务转让属于民事行为，而成建制移交属于行政行为，其改变的是承接管理主体，而不改变原单位的资产及人员状态，即由央企集团管理变为地方政府管理。"李鑫石律师补充道。

此外，多年来，李鑫石律师还先后为中国核工业集团、中核金原铀业有限公司、中国建筑科学研究院地基基础研究所、《大众电影》杂志社、江苏建工集团、神华集团旗下电厂（三河电厂、定州电厂、盘山电厂、九江电厂）、东小口镇人民政府、西安东晟房地产开发有限公司、华鸿重庆建设工程集团有限公司、北京弘正建设集团有限公司、中国建筑技术集团有限公司，以及BGA发明人张建民、法国著名女鞋设计师克里斯提·鲁布托等客户提供诉讼及非诉讼法律服务，均获得委托人高度评价和肯定。

后 记

参访结束时，笔者了解到，李鑫石律师还是一个非常有情怀的法律人，办案之余，他会寄情于诗文，书写人生百态，书写社会民生。

今遴选部分诗文，以飨读者诸君。

《祭志》

人生何苦，百味杂陈。
一路风仆，何虑忧患。
三十有五，立身且艰。
郁郁寡智，哀哀嘶鸣。
夙夜忧思，泯欲丧欢。
纵情一醉，死生他顾。
回望褴褛，幸其有生。
追思阙望，悲怨蹉跎。
奋起辜意，誓当所为。
余身聊慰，可寄沧海。
时事之势，悲与乐欤？

天幸与我，当有祭志。
魂魄在胸，肝胆俯望，
豪情英纵，不欲而何！

——李鑫石
于 2014 年 1 月 20 日

《祭志》续文

皎月当空，朗星微明，
半酣之醉，足以当歌。
京城之西，渭水之畔，
阿房壮哉，中江所向。
渤海之滨，青黄之岛，
心之所系，夙夜不忘。
遥望余杭，也盼姑苏，
丰饶富美，东南半壁。
益州沃野，山城俊秀，
蜀道虽难，志比山坚。
祭志之文，犹在耳畔，
大美山河，不负韶华。
仰天长望，星罗棋布，
天机未窥，披胆而行。
乌雀之鸣，栖枝悲叹，
何谓无依，与子同仇。
京华之盛，利尽燕赵，
西连秦晋，东挽齐鲁。
京杭相联，直通巴蜀，
天下之势，君可知否。

律法之名，修身养德，
平生之愿，所求何憾！

——李鑫石
于 2018 年 10 月 22 日

《祭袁隆平》

百年身以死许国，
育良种再造社稷。
元勋殁举世哀遍，
扶丧梓九州为棺。

——李鑫石
于 2021 年 5 月 22 日

《征程》

百年政基肇红舟，
中流击水竞碧涛。
南风浩瀚动春色，
铸法弘德砺初心。

——李鑫石
于 2021 年 6 月 29 日

注：这首诗是为全市律师行业百名优秀共产党员庆祝建党百年所作，并曾发表在北京市律师协会公众号上。

笔者以为，无论是寄情于诗文，抑或是用法律的武器维护当事人合法权益，维护法律的正确实施，维护社会的公平和正义，李鑫石律师都做到了坚持与坚守。而正是众多法律人对法治精神的坚持与坚守，才成就了当代社会的和谐与稳定，成就了人类的文明和进步。

脚踏实地　知行合一

——访北京市中策律师事务所主任、高级合伙人梁强律师

▲梁强律师

2020 年 9 月 21 日，司法部官网发布公告：经批准，司法部决定评选表彰一批全国优秀律师事务所和全国优秀律师。

2021 年 10 月 9 日，北京市司法局官方微信公众号发布喜报：北京 8 家律所和 23 名律师被授予全国优秀殊荣称号。

2021 年 10 月 13 日，第十次全国律师代表大会在京召开。为表彰先进、弘扬正气，激励全国律师事务所和广大律师在全面依法治国实践新征程上奋勇争先、建功立业，司法部决定授予 130 家律师事务所"全国优秀律师事务所"称号，授予 289 名律师"全国优秀律师"称号。

众所周知，历届的"双优评选活动"堪称中国律师行业官方最高荣誉。

本文主人公——北京市中策律师事务所（以下简称"中策律所"）主任、高级合伙人梁强，作为被授予全国优秀的北京 23 名律师之一，是一位在律师界走过和奋斗了近 20 个春秋岁月的优秀律师，从初到北京的屡屡碰壁到成为律所主任、业界楷模，他的奋斗史堪称传奇！

今天就让我们走进中策律所，走近这位非科班出身的全国优秀律师——梁强。

人物介绍

梁强律师，北京市中策律师事务所主任、高级合伙人。曾荣获全国优秀律师（2020 年）；北京市 2015—2018 年度优秀律师；北京市朝阳区 2015—2018 年度优秀律师等称号。

多年来曾为几十家企业提供法律服务，主要业务领域为政府 / 事业单位 / 企业法律顾问，房地产项目开发建设，工程项目招投标，企业改制、重组、并购，基础设施项目投资与建设（BOT/TOT/PPP），股权投资、项目融资，商事诉讼与仲裁等。

主要社会职务有：

最高人民检察院专家咨询委员会委员，中国政法大学法律硕士学院兼职导师，北京政府法制研究会理事、专家讲师团成员，中国伦理学会法律伦理专业委员会常务理事，北京市律协审计与评估法律专业委员会主任、青年律师联谊会副主任，北京市律师行业新的社会阶层人士联谊会执委，曾任张家口市第十一届政协委员，北京张家口企业商会常务副会长等。

自强不息，厚德载物

20 世纪 70 年代，梁强出生于河北坝上的一个小村庄。在进入律师行业前，梁强已经通过了河北省检察官考试，但最后他还是决定选择做一名律师，因为律师职业才是他的心之所向。随后他只身来到北京参加律考培训，培训期间，一位老师告诉梁强，非科班出身的人是不可能通过律师资格考试的，但梁强不信这个邪，凭借自己的刻苦努力，一举通过了全国律师资格考试。

梁强初到北京时已经年届三十，又是法律行业非科班出身，在人才济济的首都北京，他的履历显得太卑微了。有一次，为了能得到工作机会，他甚至跟一名律所的主任坐在车上谈话，当时该律所主任要赶赴机场出差，与梁强聊了一路，但聊到最后却将梁强放在了机场，并没有录用他。之后梁强短暂辗转了几家律所才来到现在工作的中策律所，其中还有过只工作不领工资，甚至被不靠谱的合伙人欺骗的经历。虽然曾有过短暂的迷茫，但梁强始终都在积极地面对困难，并迎难而上。

无论身处什么样的境地，梁强都对自己已经拥有的东西感到满足。"我很满意每时每刻以及当下拥有的一切，我也并不期待什么，所有得到的都可以视为惊喜，所以非常知足"，梁强律师说。

▲梁强律师发言

严谨认真，初露锋芒

梁强自进入律师行业起，就展现出了其严谨认真的办案品质。在律所实习期间，梁强初次接触的案件是一个工伤案件，施工现场开挖掘机的司机不慎将墙挖倒致其他工人死亡。该案件原本以刑事案件立案，但当时年轻的梁强认为，事情也许还存在其他可能，于是便决定亲自到案发现场观察铲土机的位置、视角，并画图分析，以此判断挖掘机司机是因视线被遮挡才发生意外，进而在庭审时说服法官，之后该案并未以刑事案件程序处理。

初露锋芒的梁强对自己的律师之路充满了信心。

潜心研究，开创新局

2003 年，梁强决心不再做工薪律师，但那时职业生涯刚刚开始，并没有什么业务可以承接。值得一提的是，"非典"期间，梁强将自己关在屋子里，潜心学习房地产领域的相关法律知识，其凭借先前该领域的相关工作经验，以独特的视角发表了一篇批驳当时针对房地产领域有关法律问题的文章，引发社会广泛关注和热议，并得到了许多圈内人士的肯定。因此，他也收获了律师执业生涯中的第一个房地产开发企业的常年法律顾问业务，从此打开了律师执业生涯的新局面。

"我是一个非常乐观的人，从不畏惧困难，我也从不信命，别人能做到的事情，我也一定能做到"，梁强律师说。

正是这段难忘的执业经历，使得梁强律师能够厚积薄发、开创新局。在执业过程中，梁强律师以扎实的办案风格，不断开拓进取，从刑事、民事、商事等多个领域为当事人提供专业的法律服务，并先后被评为"北京市朝阳区 2015—2018 年度优秀律师""北京市 2015—2018 年度优秀律师"，并在 2020 年被评选为"全国优秀律师"。

学海无涯，进无止境

随着业务量及业务能力的不断提升，梁强律师意识到不断提升自我的重要性。因此，他在繁忙的工作之余又报考了中国政法大学的法律硕士，并成功取得法律硕士学位。此外，在执业过程中，但凡遇到疑难问题，他都会刻苦钻研，并将问题吃透。

梁强在房地产和建设工程法律服务领域建树颇丰，主办了大量相关诉讼案件及非诉项目，其中包括：国内首支房地产信托基金发行案、首个转按揭法律业务等在业内产生重大影响的案件。

也正因有了丰富的执业经验，促使梁强律师在《中国律师》《中国房地产金融》等期刊发表专业论文十余篇，其专业素养和业务能力得到了业内广泛认可。

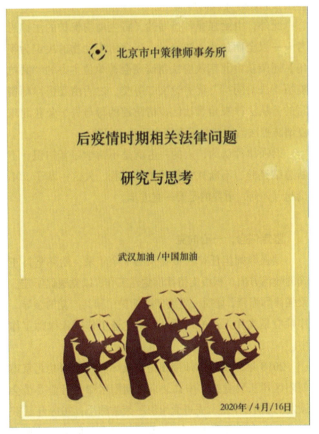

▲中策律师研究成果：后疫情时期相关法律问题研究与思考

▲梁强律师发言

2020年，新冠肺炎疫情暴发后，他带领部分律师第一时间投入到疫情法律问题的研究中，历时两个多月完成了16篇合计19.8万字的原创文章，汇编成《后疫情时期相关法律问题研究与思考》一书并附80余万字的法律文件汇编，其中大部分文章被《法制网》《中国律师》《法律读库》等收录发表。此后，该书也成为北京市司法局"抗疫"成果展中展出的六部作品之一，且成为唯一由一家律所独立创作完成的作品。

此外，由梁强律师撰写的《野生动物保护的法律思考——以全面禁止非法交易、滥食野生动物的决定为视角》还荣获由北京政府法制研究会等单位主办的"共抗疫情、法治同行"优秀论文二等奖。之后由梁强律师撰写的《从法律视角看社区疫情防控的得与失》荣获北京疫情防控法治实践与探索征文活动二等奖。

梁强律师认为，人的一生就是不断学习新知识、不断总结经验、不断探索新领域的过程，人这一辈子，不论起点如何，重要的是要一直进步。

坚定信念，一心向党

梁强律师担任律所负责人的十余年来，始终坚持正确的政治方向，积极支持律所党建工作，以党建促所建。梁强律师强调，律所一定要坚决拥护中国共产党的领导，律师应是党和人民的律师，要将党建工作融入律师工作中。

2018年，梁强律师带领的中策律所获得中共北京市朝阳区司法局党组、中共北京市朝阳区律师行业委员会颁发的2018年度"先进党组织"荣誉称号；2019年，获得"北京市律师行业先进党支部""安贞街道区域化党

建联盟先进单位""朝阳区律师行业先进党支部"荣誉称号；2020年，获得"北京市律师行业优秀党支部""朝阳区律师行业优秀党支部"荣誉称号。

梁强律师本人也获得中共北京市朝阳区司法局党组、中共北京市朝阳区律师行业委员会2018年度"党建之友"；中共北京市朝阳区司法局党组、中共北京市朝阳区律师行业委员会2019年度"党建之友"；2019—2020年度北京市律师行业"党建之友"等荣誉称号。这体现了司法行政机关、律师行业协会对中策律所党建工作的认可，也体现了梁强律师坚持正确政治方向的决心和优秀的党建领导能力。

鉴于中策律所出色的党建工作、过硬的政治素质和业务能力，在2018年中共中央办公厅直属的中央文物礼品管理中心常年法律顾问遴选中，梁强律师带领的团队脱颖而出，成为首个为中办直属机构服务的律师团队。

热心公益，勇担责任

梁强律师认为，律师群体是维护社会和谐稳定、促进社会主义法治建设不可或缺的一部分，律师应当有行业自豪感。因此，努力投身公益事业或承办处理社会问题的案件，律师责无旁贷。为此，梁强律师带领其团队从2014年至今，先后为贫困县教育（康保县）、医疗救助（水滴互助平台）、自然灾害（贵州山体滑坡）、华美绿色发展基金、新冠肺炎疫情（武汉、北京、张家口）等捐款，金额累计达六十余万元。其本人和团队还为非首都功能疏解工作提供法律服务。2016年以来，其本人及中策律所先后与张家口市扶贫办、菏泽市扶贫办建立了公益法律服务合作，为两地脱贫攻坚事业提供免费法律支持，服务领域包括招商引资、基础设施建设、农村易地搬迁、农村电商等。2017年至2018年，梁强律师率领团队先后为石景山区莲石路两侧及昌平区小汤山地区疏解整治项目提供全程法律服务，为疏解整治工作有序进行提供了有力的法律保障。自2017年起，梁强律师率领团队为张家口冬奥会领导小组办公室提供常年法律服务，成为国内为数不多的为冬奥会提供法律服务的律师团队。2020年以来，梁强律师带领的中策律所为中铁建设集团有限公司、国家电网有限公司、中电科投资开发有限公司、神华神东煤炭集团有限责任公司、国能准能集团有限责任公司、北京市律师协会、北京政府法制研究会等开展公益法律讲座，累计时长达百余小时。2021年，

▲梁强律师参加北京政府法制研究会六届九次理事会暨行政复议改革推进理论研讨会

为助力北京新冠疫苗接种的推广，梁强律师又带领团队为相关负责部门解答新冠疫苗接种的相关法律问题并汇编法律法规作为参考依据，率先为倡导疫苗接种举起鲜明的旗帜。

崇德致中，明法献策

中策律所成立于1999年8月5日，系中华人民共和国司法部直属律师事务所之一，截至2021年，律所已成立满22周年。梁强律师自2010年担任该所主任后即将"崇德致中，明法献策"确立为律所核心理念，并制定出"精益求精的专业化，适度谨慎地规模化"的发展路线。

谈及对律所发展的看法时，梁强律师展现了其对建设和发展律所的拳拳之心。采访中，梁强律师深入浅出地讲述了其为中策律所构建的发展道路："中小型律所是中国法律服务市场的主力军，中策律所作为其中之一，应当坚持'精益求精的专业化，适度谨慎地规模化'的发展路线。"梁强律师认为，中小型律所的大量存在是由律师行业的特性和律师的职业特点所决定的。绝大多数法律业务并不需要很多人协作完成，尤其是诉讼业务。此外，律师属于自由职业，选择做律师的人也都比较崇尚自由，不愿意受约束。让众多律师组成一个紧密的、接受统一管理的庞大机构是一件非常困难的事情。梁强律师通过汇总近年来全国律所发展的有关数据分析道："近五年来全国律所平均为12.45名律师，基本稳定且略有下降，可见规模化既不是趋势，也不应该成为潮流。如果规模化成风，势必会形成各律所因过分追求律师人

数而忽视质量建设的不良竞争局面。反之，如果中小律所按照既有的格局，将主要精力放在做强、做精上，则更有利于律师行业的整体健康发展。"

"小律所要做强，我认为首先必须有人才。大到国家小到单位，人才是发展的基本保证。在精神需求方面，中小所更容易营造像家庭一样轻松快乐的工作氛围，可以有更加人性化的管理机制，更加快速的晋升通道等。其次，中小所要形成自己独特的品牌。品牌背后蕴含的其实就是文化和价值观。文化和价值观是律所的合伙人在基本统一的认知和理念基础上经过长期积累形成的。中小律所要有自己的核心理念，咬定青山不放松，创建自己的品牌。人生不过百年，但超过百年甚至几百年的老店并不鲜见，一家企业、一个律所能够持续、长久、健康地存在下去本身就是一种伟大。"梁强律师如是说。

畅想未来，莫负时代

在谈及对中国律师行业未来发展的看法时，梁强律师显然对此早已有过深入思考。他认为中国律师行业有着光明的前景和广阔的发展前途，在建设中国特色社会主义法治国家大目标的指引下，律师行业的发展必然要紧跟时代的步伐。梁强律师的思考主要概括为以下几点：

第一，生产力转型一定会带来新的商机。目前，国内乃至全球都在推广生产力转型，科技已成为当今集约型生产方式的第一生产力。与科技大发展如影随形的正是知识产权法律维权。知识产权已经渗透生活，知识产权律师近年来在律师行业中也最为抢手。梁强律师带领

的中策律所也在积极组建知识产权团队，与此同时还承接了相应的知识产权业务。生产转型带来新的商机不仅仅局限在知识维权、生产转型的社会大舞台上，全国大小企业的多种整合，都需要律师行业来保驾护航。

第二，宏观调控带来利好政策。虽然目前国内城市之间的生产力水平有所差距，但宏观而言国家的经济已经有了极大发展。经济繁荣，国力强盛，法律制度就会跟着健全。最明显的宏观调控体现就是现在全国都在大力建设的公共法律服务，大到市区、小到乡镇都开始组建自己的法律服务顾问团队。梁强律师所带领的团队目前就受聘于北京市某乡政府，同时也为多家事业单位提供法律服务。

梁强律师认为，我国律师行业的发展虽不尽善尽美，但随着国家生产形式的多元化发展，生产力的极大提高，以及宏观的利好调控，律师行业的未来发展和走向一定会与时俱进、专业创新、规范精致，在建设社会主义法治国家的浪潮中独树一帜，为中国的法治建设做出更大的贡献。

脚踏实地，知行合一

俗话说，做人做事，一定要脚踏实地，切莫眼高手低，凡事不驰于空想，不骛于虚声，知行合一，方能行稳致远。执业近20年来，梁强律师一直要求自己和团队一定要保持脚踏实地、实事求是的执业态度。

"作为一名合格的、专业的、优秀的律师，在承接案件时不能自我吹捧、不得欺骗当事人。律师最好的口碑就是踏踏实实做好自己的工作，以过硬的专业能力、职业素养赢得当事人的信赖。好的专业能力和职业素养就是一个律师的安身立命之本。律师为客户解决问题就像医生给病人看病一样，医生不会积极地寻找病人，也不应为了接某个业务而不择手段。目前行业中破坏律师形象的人屡见不鲜，正因一小部分律师没有摆正自己的心态，才导致社会对律师行业存在偏见或误解。律师不等于商人，更不是商人，身为律师应当正确彰显律师的职业精神。那么，什么是律师的职业精神呢？关于这个问题可谓仁者见仁、智者见智。我只想用简短的几句话表达一下个人之愚见。第一，律师要对委托人负责，要维护当事人的合法权益；第二，律师要维护法律的正确实施，良法善治是现代法治基本原则的核心；第三，律师要维护社会的公平正义，维护公平正义就是维护法律的尊严和权威。这是作为一个法律人的责任、使命和担当。"采访即将结束时，梁强律师语重心长地道。

后 记

是啊！"律师不等于商人，更不是商人，身为律师应当正确彰显律师的职业精神"，梁强律师用他的人生经历以及近20年的执业生涯告诉我们，作为新时代的中国律师，要肩负责任、不辱使命；要不断努力、接续奋斗；要脚踏实地、知行合一，做不负时代，不负韶华，不负党和人民信任的中国律师，你我也将成为这个时代的弄潮儿和引领者！

金融犯罪蓝海的探索者，刑事风险防控的守护者

——北京紫华律师事务所创始人、主任钱列阳律师侧记

▲钱列阳律师

编者按

在中国律师界，提起钱列阳的名字，虽然不能说是人人皆知，但他的名字也的确没有几个人不知道。艺人刘某某涉税案，铁道部原部长受贿、滥用职权案，华润集团原董事长宋某受贿案，南京市委原书记王某贪污受贿案，厦门远华公司走私案，"中国私募第一人"徐某操纵证券市场案，e租宝张某集资诈骗案，浙江省原副省长卢某受贿案，天津开发区原主任皮某受贿案，中国对外保险公司总裁唐某受贿案，宏源证券公司周某职务侵占案，海通证券杨某职务侵占案，河北农信社张某职务侵占案，华泰证券涂某职务侵占案，等等，可以说，这些案件早已让他蜚声海内外。

"一个名律师是在做案件，一个优秀律师是在做服务，一个好律师是在做人。做律师的最高境界是做一名好律师，一名在业内受到尊重和认可，而自己的内心得到平和与安宁的好律师。"才华横溢而又性格谦卑，这已成为钱列阳律师在业界的标签，那些执业感言更是令人如沐春风。

传道、授业、解惑

据悉，除办理刑事案件外，钱列阳律师还担任了众多社会职务，出版了许多专著，并兼任了大学客座教授、导师以及多项奖学金和教育基金的捐赠人。多年来，"传道、授业、解惑"已经成为钱列阳律师每天践行的责任和使命。

钱列阳律师现担任职务包括：中国证券投资基金业协会法律专业委员会委员；中华全国律师协会刑事业务委员会委员；中国行为法学会司法分会副会长；中国行为法学会常务理事；中国法学会刑事诉讼法学研究会委员；中国侨联法律顾问委员会委员；北京市人大常委会立法咨询专家委员；北京市法学会诉讼法学研究会副会长；北京市检察机关特约监督员；北京市高级人民法院特邀监督员、专家咨询委员会委员；北京市法学会刑法学研究会常务理事、副秘书长；中国检察学研究会刑事诉讼监督专业委员会常务理事；北京市公安局法律专家咨询委员会委员等。

钱列阳律师现兼任职务包括：北京大学法学院法律硕士研究生兼职导师；中国人民大学律师学院客座教授、兼职导师；中国人民大学律师学院刑事辩护法律实务教研室主任；清华大学法学院法律硕士专业学位研究生联合导师；清华大学法学院中国司法研究中心兼职研究员；中华女子学院法律系荣誉教授；中国政法大学刑事司法学院兼职指导教师；中国政法大学刑事司法研究中心研究员；中国人民公安大学客座教授；北京联合大学应用文理学院客座教授、硕士研究生导师；烟台大学法学院兼职教授；西南政法大学客座教授；中国青年政治学院兼职法律硕士导师；浙江省图书馆"文澜讲坛"客座教授；吉林大学研究生校外合作导师；吉林大学法正刑事辩护研究中心研究员；北京大学法学院"列阳奖学金"捐赠人；北京大学"北大法律人基金"捐赠人；中国政法大学蔡定剑宪法学教育基金捐赠人等。

钱列阳律师已出版的著作有：大律师之精彩刑辩系列之一《道与术》；《三思而行——钱律师与青年刑辩律师的交谈》；紫华金融犯罪法律丛书：《证券期货犯罪十六讲》《金融犯罪辩护逻辑》等。

▲钱列阳律师发言

特别值得一提的是，钱列阳律师作为大学院校校外导师和荣誉教授为研究生授课的同时，由他设立的北京大学法学院"列阳奖学金"已连续坚持十五年，并在2019年起增加设立了"金融犯罪研究"奖学金，以鼓励更多的研究生踏入这一新领域。

此外，他还应邀为国家检察官学院、中国人民公安大学、北京警察学院等培训班多次授课，受到学员的广泛好评，并多次应邀到全国的省和市律协为青年刑事辩护律师授课，一年授课次数在40次以上。

荣誉等身，坚持砥砺前行

多年来，钱列阳律师获得社会各界的高度评价和认可，可谓荣誉等身。如：2002年，荣获北京市司法局"北京市律师刑事辩护工作突出贡献奖"；2003年，荣获"中国律师界十大新闻人物"；2005年，荣获"中国律师·风云榜十大风云律师奖"；2006年，被北京市律师协会评为"2005年度最佳专业委员会主任"；2007年，被北京市律师协会评为"2006年度最佳专业委员会主任"；2008年，荣获"中国力量第七届中国时代十大卓越人物"；2010年，荣获"第三届北京市政法系统优秀人才奖"；2011年，荣获"第四届刑辩论坛暨2011刑事辩护高峰会优秀刑事辩护律师"称号；2011年，荣获"百强律师"称号；2015年，荣获ALB"中国十五佳诉讼律师"等称号；2018年，荣获CCTV财经论坛"纪念改革开放四十周年2018财经年度卓越人物奖"；从2018年起至2020年，北京紫华律师事务所连续三年被海淀区司法局授予"年度优秀律师事务所"。

2019年8月18日至21日在清华大学法学院开启了由北京紫华律师事务所与清华大学中国司法研究中心联合举办的首届"金融犯罪法律实务高级研修班"，来自全国各地近200名专业刑辩律师、金融律师、金融界人士相聚清华园。同时，清华大学法学院聘钱列阳律师担任清华大学"金融犯罪法律实务高级研修班"的总顾问，聘期三年。

2019年，法律出版社再版《三思而行——钱律师与青年刑辩律师的交谈》，他尽心帮助青年律师成长，提高他们的业务水平，坚信满园春色才是春。

2021年，钱列阳律师荣获海淀区司法局授予的"2020年度优秀律师事务所主任"之殊荣。

"我不想出名，不想赚大钱，只想脚踏实地走好每一步，把每一起案子做好，这是刑辩律师应该具备的基本素质。"钱列阳律师如是说。

勇于创新，探索金融犯罪蓝海

作为刑辩界的翘楚，钱列阳律师的职业经历已经很难用几句话来简单概括，笔者以为，在律师圈他更是一个不安于现状而又喜欢创新的刑辩律师。我们从其近年的履历中即可见一斑。2017年，钱列阳毅然决然地离开知名的综合律师事务所，创建了北京紫华律师事务所，并专注于刑事辩护业务和侧重于金融犯罪刑事法律服务，同时也开启了他刑事辩护律师职业生涯的新旅程。

近年来，随着金融领域犯罪数量的增多，刑法与金融这两个原本不相关的专业终于"交汇"，大量的金融行为已经涉及刑法领域。"这是法治逐渐走向成熟的标志，也是社会发展的必然趋势。同时对律师也提出了更高的要求，要求刑辩律师必须有法律以外的金融相关专业知识的储备，因为金融犯罪领域的法律服务是一片蓝色海疆，需要刑辩律师潜下心来去研究、去探索。"钱列阳律师说。

在做好实务的同时，钱列阳律师于2017年还创办了"紫华金融犯罪论坛"，以聚合更多有志于此的"法律人""金融人"投入到对金融犯罪的研究中。2017年10月28日，由北京紫华律师事务所创办的"首届紫华金融犯罪论坛"顺利举办；2018年9月9日，"第二届紫华金融犯罪论坛"顺利召开；2019年8月22日，由北京紫华律师事务所和清华大学法学院中国司法研究中心联合举办的"第三届紫华金融犯罪论坛"在清华大学法学院举行了盛大的开幕式，来自全国的金融人和法律人再次汇聚……

"'紫华金融犯罪论坛'一直围绕金融领域的刑事法律风险与辩护进行。论坛常规邀请全国著名法律界、金融界专家及法学界研究金融犯罪的学者，旨在探讨证券期货犯罪的界限、资本市场犯罪案件控辩实务与理论前沿、新金融业态风险防治中的刑事司法问题、金融犯罪的发展态势和打击对策、投资人如何应用大数据分析规避金融风险，以及检察官、法官眼中的金融犯罪证据标准等问题。"钱列阳律师总结道。

后 记

钱列阳律师曾赠送给中国人民大学律师学院"911刑辩班"培训学员如下寄语："一个刑辩律师只有心有法治理想、胸有行业格局、腹有人文情怀，眼中才会有诗和远方。"

是啊！作为新时代的法律人，当心怀法治理想、胸有行业格局、腹有人文情怀，不断进取担当，方能无愧于这个伟大的时代，这或许就是钱列阳律师的法治理想与情怀的真实写照吧！

执行，司法公正的"最后一公里"

——访北京市安科律师事务所合伙人、
北京律协企业法律风险管理专业委员会委员申昀辉律师

▲申昀辉律师

编者按

为何明明打赢了官司却拿不到钱？因为执行难，因为"执行难，要难于上青天"！

多年来，执行一直是司法实践中的一大难题，也是全社会所共知的事实，并成为影响社会公平正义和司法公信力的顽瘴痼疾。

本文主人公——北京安科律师事务所合伙人、副主任，北京市律师协会企业法律风险管理专业委员会委员申昀辉律师说："执行难，并非难于上青天，只要你足够专业和坚持，只要你能找到案件的突破口，堵住不该存在的漏洞，法律一定会为你主持公道。套用一句当今流行的法律谚语，'正义可能会迟到，但一定不会缺席'。"

我们先来看一下申昀辉律师的履历。

申昀辉律师1966年10月生于湖南衡阳，经济法学本科，刑法学（在职）硕士。1991年4月开始从事法律服务工作，1993年10月参加全国律师资格统一考试，1994年4月取得律师资格证，1993年8月进入湖南蒸阳律师事务所（原衡阳县第二律师事务所）工作，之后任专职律师，1999年5月进入湖南远航律师事务所（原衡阳市第三律师事务所），2000年元月联合他人发起成立

湖南湘华律师事务所，2002年8月置身北京开拓律师业务市场，2003年正式到北京执业。2008年被推选为北京市律师协会企业法律风险管理专业委员会委员，现为北京安科律师事务所合伙人、副主任。

媒体曾这样评价他：申昀辉律师思想活跃，表现沉稳，责任心强。不论时间推移还是法治环境变化，他坚守本色，受人之托、忠人之事的态度从未偏移。不仅睿智地承办了大量有质量、有层次、耐寻味的案件，最大限度地维护了当事人的合法权益，而且以特有的执着与负责态度，在民主与法治建设进程中发挥着律师的积极作用，树立起了"真正律师"的形象，赢得了业界的广泛好评。坚守法律，依法维权，做一名"真正的律师"，这是申昀辉律师的最基本原则。

近年来，在坚守企业法律风险管理阵地，办好各类案件的过程中，申昀辉律师与执行案件结下了不解之缘。

非法处置查封财产应担责——某工程款执行案

1300多万元的建设工程款没有执行到位，诉讼保全查封的五套房产被变卖，湖南某中级人民法院却下达了《结案通知书》，这是什么逻辑？原来这是一起开发商拖欠工程款的执行案——此案历时数年，债权人经历一审败诉的辛酸，上诉到省高级人民法院才获得胜诉（本息13 543 130.86元，以保全查封的4544.67平方米房屋兑现）。但在执行阶段债权人却发现开发商名下用于抵债的保全查封的房产已经出售给了他人，卖房得款也未用于还债。这一纸《结案通知书》使生效的裁判文书成了空文。向负责执行该案的中级人民法院提出执行异议，被裁定驳回；向省高院申请复议，还是被裁定驳回。追债数年结果成了一场空，债权人难以承受如此结果。

无奈，债权人北上并辗转找到申昀辉律师，希望申昀辉律师能力挽狂澜挽救败局。申昀辉律师接受委托后，经过细致分析后判断：对方能将已经查封并被明确用于兑现工程款的房产变卖，其中必有蹊跷。于是，申昀辉律师代理债权人向最高人民法院申请执行监督。最高人

民法院经过认真审查后很快作出裁定：撤销省高院的执行裁定，撤销某中院的执行裁定，由某中院对此案恢复执行。但该中院久拖不决，在已经查明用于兑现工程款的被查封房产是他人伪造债权人的签字、冒用债权人的名义所为的情况下，执行法官仍以无法证明变卖被查封房产的是被执行的开发商，卖房者另有其人为借口一拖再拖。经验丰富的申昀辉律师认定这是被执行的开发商故意变卖、转移财产以逃避债务，法院的执行行为存在问题。遂一面向法院提出书面的执行意见，并要求追究被执行人拒不执行判决、裁定的刑事责任，一面支持债权人向市公安局报案。

至此，公安机关对债权人所报案件以诈骗罪立案侦查，中院随后将执行过程中涉及的变卖被查封房产的相关案件线索移送公安机关一并侦查。伪造债权人签名、冒用债权人名义变卖被查封财产的责任人谭某某被判处有期徒刑11年6个月，处罚金20万元，并承担退赔责任。

"追究其刑事责任并不是我们目的，只是必须要采取的法律手段，他为何能够变卖法院已经查封的房产？找到幕后黑手并将全部工程款执行到位才是我们的最终目的。"申昀辉律师道。

莫让肆意毁约践踏契约精神——北京某区房产买卖执行案

近年来，房屋价格不断上涨并屡创新高，导致违约潮再起，今天刚签订合同出售，明天房价就涨了10%，令卖房人后悔不已。此时，很多人竟枉顾契约精神而选择毁约，房子不卖了。如此违约，一般也只是退回买房人预交的房款，严重的再象征性地给点违约金，但因违约所获得的收益却是数十万乃至上百万元！在金钱面前，契约精神正拷问着我们每一个人的法律良知！

2016年，北京某区某房主自感房屋卖亏了，遂拒与买方办理房屋买卖的必要手续，电话不接、微信不回，中介公司来催办则纯属讨骂。无奈，买方只得将卖方诉至法院。但在2016年11月16日的的庭前调解过程中，卖方满嘴谎言，不但对自己拒不配合办理房屋买卖及过户手续的行为百般抵赖，而且诬称买方未及时付款、没有接到办理手续的通知……作为买方聘请的代理律师，申昀辉律师实在看不过去了，慷慨陈词："法律是维护社会公平正义的，房屋涨价了，违约者却能因此获益，这是法律所不允许的，要让肆意践踏契约精神的人付出

代价。若毁约未受到制裁，且还能受益，那法律就形同虚设了！"申昀辉律师并未就此罢休，历数买方付款、中介公司通知办理手续等具体事实，提供买卖合同、付款凭证、微信和短信记录、书面通知等证据，直言卖方无视事实作虚假陈述应受法律制裁。卖方的气势终被镇住，表示愿意调解。卖方、买方当庭达成调解协议：房屋买卖合同继续履行，双方互相配合办理房屋过户手续。协议还约定了具体的过户期限，每逾期一日，违约一方需支付对方违约金2000元（人民币）。双方签字，调解书当即生效。然而，令人难以想象的是，卖方根本就没有把人民法院的调解书当回事——房屋买卖手续仍然没有办，催办者仍然只能挨卖方的咒骂。无奈，买方于2016年12月2日向人民法院申请强制执行。期间，卖方作为被执行人，故伎重演，先是对法院的执行要求满口答应，然后要么"玩失踪"，要么借故拖延。一再被戏弄，法院也等不住了，于2017年8月2日对标的房屋强制执行过户。接下来，卖方仍不交房。2018年2月23日，法院又对标的房屋强制执行交割。而此时，距调解书确定的交房时间已经过去420多天，按约定的标准计算，卖方应支付买方违约金850 000余元！但法院却对该违约金不予执行了。

那么，逾期400多天交房的违约责任，卖方就应该逃脱吗？作为此案买方的代理人，申昀辉律师认为：应继续追究其违约责任，要让违约方付出代价，这才是法律存在的应有之义。

还在申请执行之初，申昀辉律师就代理买方同时提出了执行违约金的申请事项，法院对此决定不予执行，这并不符合法律规定。感到事有蹊跷的申昀辉律师立即代理提出执行异议，但执行法院要求买方就违约金事项另行申请执行！而当按法院要求另行申请执行违约金后，该法院以一个买方及其代理人均不知道的"执行案件"已经对买方的违约金申请事项执结为由，驳回了买方的执行申请。申昀辉律师惊讶之余，向上级法院申请复议，被驳回。而后申昀辉律师随即申请执行监督，着重提出：原审所谓已经执结违约金的案件如果存在也一定是伪造的，买方从来没有听说过有此一案，从来没有收到过卖方支付的任何违约金，也从来没有收到过有关执结违约金的法律文书。

目前，北京市高级人民法院已对该案启动执行监督程序。

▲申昀辉律师在办公室

▲申昀辉律师获得的荣誉

只要不放弃，每一刻的努力都能创造奇迹——某市21套房产执行案

贵州某房地产开发商欠某两位实际施工人（俗称"包工头"）工程款2300多万元，在多方交涉、沟通、索要无果后，实际施工人聘请申昀辉律师将开发商告上法庭，并同时申请财产保全，查封了开发商的23套房产。但因开发商名下的资产要么被法院查封，要么被抵押，申昀辉律师代为申请查封的房产属于轮候查封。

获得胜诉判决后，申昀辉律师自忖，轮候查封结果无法预料，委托人的实际利益并不一定能够得到保障。为了不让委托人拿回血汗钱的愿望成为一厢情愿，申昀辉律师只身前往某市开始调查取证，共查出涉案开发商在当地实际有12个楼盘。"大体来看其名下资产基本都已被查封或抵押，但不可能一套不剩吧。"申昀辉律师来到该市房地产事业发展管理局，申请查询开发商12个楼盘中每一栋楼、每一单元、每一套房的实际产权人，遭到房管局工作人员拒绝。申昀辉律师没有放弃，而是立即到法院申请律师调查令，并获得法院开具的多份调查令。

12个楼盘，数百栋楼，上千个单元，13 000多套各式房产，要一个一个核查每一套房的产权人及权利状况，此事堪比大海捞针。功夫不负有心人，在历经数日的查询和比对后，终于在一个楼盘内查到1套未出售且未被查封也未被抵押的房产，在另一楼盘内则查出了20套！申昀辉如获至宝，遂立即申请法院查封此21套房产并

进行评估、拍卖。

"或许是我幸运，这21套房产没有被其他人发现，却被我发现了。"申昀辉律师自谦道。

然而，就在大家都以为很快就能得到执行的时候，意外还是发生了——被执行查封的房产中，有5人提出了执行异议，其中3人拿着拆迁安置补偿协议提出被查封的房产是开发商给他们的安置房，获法院支持，而另外2人提出执行异议已过时效，法院审理后予以驳回。

"物权以登记为法定条件，没有依法登记就不能证明房产是你的（执行异议申请人），最高人民法院关于涉执行案件的房产的处理甚至细化到了对被执行人是房地产开发企业还是非房地产开发企业进行不同规定，那么，房产登记档案证明被查封的21套房产权属属于被执行的开发商，法院仅凭拆迁安置补偿协议即支持其中3人的异议申请，并不符合法律规定。"申昀辉律师一直坚持自己的观点，并已就此向贵州省高级人民法院申请复议。

▲申昀辉律师和同仁

后 记

"执行案件中，律师要想确实维护委托人的合法权益，就要把握好执行异议、申请复议、申请执行监督这一系列权利，同时要及时、准确应对对方或者案外人的不当异议。律师依法行使法律赋予的权利，也离不了仗义执言，只要我们忠于事实、忠于法律，坚持将维权进行到底，那么总会有一个好的结果。"年过五旬的申昀辉律师谈到未来依然是满腔热血、意气风发。

近年来，随着司法体制改革的深入推进，如何打通司法公正"最后一公里"的"执行难"问题正在被逐渐破解。

作为一个从事法律工作已二十八载的法律人，申昀辉律师可以说是中国律师业改革与发展的一个见证者和亲历者，也是中国法治建设的一个践行者和受益者。

采访将结束时，申昀辉律师道："我们赶上了一个好时代。当前，全面推进依法治国已初见成效，人们的法律意识也得到极大提高，我相信国家的反腐败、扫黑除恶、司法改革等举措会一直坚持下去，让公平正义成为社会的主流，让法治成为人们的共同信仰，让执行不再难。"

唐红新律师：一位复合型专家律师的执业心路

▲ 唐红新律师

编者按

改革开放 40 多年来，我国经济社会发生了翻天覆地的变化，尤其进入 21 世纪后，随着世界经济结构的日趋复杂化和我国全面深化体制改革的日益深入、产业结构调整的不断推进，以及面对各个行业、领域信息化、智能化带来的机遇与挑战，社会急需加强复合型人才的培养和使用，为经济社会发展保驾护航的法律服务业更是如此。

那么，什么是复合型人才呢？笔者以为，复合型人才就是具有一项专业技能，并在其他领域有所擅长和建树，以及能处理各类跨行业、跨领域的重大、复杂问题的人才。复合型人才包括知识复合、能力复合、思维复合，其学科交叉、知识融合、技术集成，其所涉及的领域既要有深度，还要有广度，更要有高度和宽度。

律师作为法律服务重要的提供者，那些懂法律、懂经济、懂金融、懂外语，还懂企业管理、商业模式、财税知识、股权设计，更懂企业家及其企业的刑事风险与防控，且拥有多年法律实务经验的复合型律师，能更好地服务国家整体经济和社会发展战略，他们也将成为未来法律服务的弄潮儿和引领者。

本文主人公——唐红新律师，就是一位具有法学博士与金融学硕士双重背景知识，具有中国律师资格、上市公司独立董事资格、证券从业资格，且有 20 年法律实务经验的复合型专家律师。

唐红新律师不但要求自己做一个复合型专家律师，他还要求团队成员不断学习、努力进取，并要求青年律师要在最短的时间内学到更多的专业知识、执业经验，以打造和培养专业过硬、知识全面的复合型法律人才团队。

如今，唐红新律师带领的律师团队已是久经沙场、身经百战，每一核心成员都已成为律界精英、行业翘楚。

特别值得一提的是，从早年加盟唐红新律师团队核心成员的讲述中，我们更看到了一个有温度、有厚度、更有气度的"大家长"式的领头人。

唐红新律师有着怎样的执业心路、履历和魅力，他所带领的律师团队又是一支怎样的团队呢？接下来，我们来为您一一揭晓。

学法知法

唐红新律师祖籍是江苏连云港，他出身法律世家，受家庭影响和熏陶，学习和从事法律工作对于他自然是顺理成章之事，但为了追求更大的理想和实现自己人生的抱负，唐红新律师选择了"北上"寻找那个可以让他施展才华、大展拳脚的舞台，在理想的指引下，他走进了北大与法大，走上了各大高校法学院的三尺讲台。

2000 年，唐红新律师顺利通过全国律师资格考试，自此也开启了他二十年如一日的律师执业生涯。

研法用法

执业之初，唐红新律师主要办理各类诉讼业务，并主编和出版了《教您如何打官司》系列丛书（全 10 册，分别是《教您打赢房地产官司》《教您打赢合同官司》《教您打赢知识产权官司》《教您打赢人身权官司》《教您打赢婚姻家庭官司》《教您打赢消费维权官司》《教您打赢继承官司》《教您打赢医疗事故官司》《教您打赢交通事故官司》《教您打赢劳动争议官司》)。该套丛书一改市面上法律图书普遍以解答实体问题为主的思路，在解答了实体问题的基础上，重点对诉讼过程中的程序问题进行了详细阐述，能有效地帮助当事人提高胜诉概率，节省金钱、时间和有限的司法资源，具有非常强的实用性和操作指导性。

随着业务的精进，唐红新律师敏锐地意识到，要想发展，就必须在某一法律领域有所突破和建树，除办理各类诉讼业务外，刑事辩护成为他悉心钻研的专业领域。2009 年 6 月，唐红新律师加盟正在实施规模化战略建设的北京市盈科律师事务所（以下简称"盈科律所"），并通过竞选成为盈科律所第一届刑事法律专业委员会主任（刑事部主任），此后，他与盈科律师同仁携手共进、夜以继日，为了同一个梦想，拼搏奋斗了十余载。十余年来，盈科从小到大，从业务单一律所到综合性律所，从首都本土到布局全国乃至全球法律服务市场，以及成为"航母级"万人大所，唐红新律师既是盈科实现"规模化、专业化、品牌化、国际化"发展的见证者，更是重要的参与者和贡献者。

教法普法

需要重点提及的是，唐红新律师对于青年律师的培养，总是毫无保留地将自身所学倾囊相授，在他所带的 10 多名助理中，有的已经成为盈科律所的力量中坚、部门主任、高级合伙人。有人可能会问，他不怕"教会了徒弟饿死师傅吗"？唐红新律师毫不介意地说："我觉得徒弟越厉害，我就越有成就感，任何一个行业或职业都需要传承，律师业更是如此。"

据悉，唐红新律师的时间安排非常有条理，三分之一的时间用来研究法律；三分之一的时间用来教授法律和做普法讲座；剩下三分之一的时间用来办案。

他将自己的研究成果——《公司法与股东纠纷防范与处置》《合同法与合同法律风险防控》《企业投融资法律风险防范》《刑事法律与刑事法律风险的防控》等课程分享到北京大学、中国政法大学、北京师范大学等高校和社会培训机构举办的总裁班、MBA 研修班以及对各大企业的普法讲座中。为此，他先后被聘为清华大学、北京师范大学法学硕士研究生联合导师和中国政法大学研究生院模拟法庭特聘专家律师。

"我认为，要想成为一名适应时代发展，并能在行业内有所建树的律师，在知识结构上必须有'T'型人才意识，'丨'（竖）代表专业基础知识必须扎实，要有深度，'一'（横）则要求我们要通览各方面的知识，要有宽度。再者，律师要有'鹰'的敏锐——洞察秋毫、做事果断；要有'马'的善良——勤勤恳恳、任劳任怨；还要有'狼'的精神——忠诚顽强、团结协作。"对于如何培养复合型法律人才这一问题，唐红新律师如是说。

团队为赢

辞去盈科律所刑事法律专业委员会主任之职后，唐红新律师开始思考和规划下一步该如何更好地服务国家整体经济和社会发展，并逐步建立了自己的律师团队，经过数年发展，现唐红新律师团队成员已达十多人，且每一核心成员都在自己所擅长的领域建树颇深。

如：核心成员郗捷律师。郗捷律师是一名 80 后，自大学毕业后即加盟唐红新律师团队，执业至今已近十个春秋。郗捷律师有着老北京人的一股倔强劲儿，面对困难，他总是知难而上，不解决问题决不罢休。郗捷律师性格活跃，但心思缜密，又酷爱运动，同时，他还是团队中"行走的法律百科全书"，有什么不知道、不懂的法律条文、司法解释、司法判例等问他便知。

如：核心成员国庆如律师。其拥有中英两国法律本科学位（LLB）以及英国法律研究生学位（LLM）。在加入唐红新律师团队之前，她有五年的英国留学和工作经历，并曾就职于伦敦外资所及私人信托公司工作，熟悉大陆法系和英美法系的法律制度，能流利地使用中英双语工作。国庆如律师尤其擅长解决中国高净值客户在跨境资产配置和传承中涉及不同司法管辖区的复杂法律问题，以及相关的离岸规划及投资架构设计、家族信托设计、财富保全和传承安排等。

如：核心成员呼楠楠律师。呼楠楠律师拥有北京交通大学法学硕士研究生，中南财经政法大学法学、英语双学士学位以及和君商学院金融专业学习背景。具有法学、金融、英语多重背景知识，具有中国律师资格、证券从业资格、基金从业资格以及 TEM-8（英语专业八级）。其主要业务领域涉及：并购重组、投融资、企业改制上市、金融证券、股权结构顶层设计、股权激励、企业法律风险防范及民商事法律纠纷处理、涉外商业诉讼和仲裁等。

如：核心成员班田玉。班田玉是唐红新律师团队的"总管事"，无论是案件的代理、接待与研究，还是唐红新律师团队的所有大小事务，皆由她悉心处理，班田玉心思缜密、做事稳当。

据悉，近年来唐红新律师带领团队在金融业、医疗产业、文化传媒行业、房地产业、建筑业、化工业、租赁和商务服务业等行业代理了众多重大疑难复杂经济纠纷案件的诉讼与仲裁以及操作过数十个私募股权投资、兼并与收购等资本市场项目和许多重大刑事犯罪的辩护工作。

诉讼与仲裁案件如：担任云南会泽某矿业有限公司股权纠纷案的主办律师；担任四川某市农信社与农行欠款纠纷案的主办律师；担任山东某房地产公司股东股权纠纷案的主办律师。

刑事辩护案件如：担任惊动中央的建设银行某支行行长违法发放贷款案的辩护律师；担任中石化某领导贪污案的辩护律师；担任某金融公司高管"老鼠仓"案的辩护律师；担任山西长治特大贩毒案的辩护律师；担任公安部"7.10"跨国走私毒品案的辩护律师；担任某企业票据诈骗、货款诈骗案的辩护律师；担任王某特大集资诈骗案的辩护律师；担任北京某企业特大集资诈骗案的辩护律师；担任某部级领导贪污、受贿、玩忽职守案的辩护律师；担任某国有公司领导挪用公款案的辩护律师；担任某金融机构工作人员购买假币、以假币换取货币案的辩护律师；担任山西首例重大污染环境案的辩护律师；担任某民办教育企业非法经营案的辩护律师；担任广西某企业生产、销售伪劣商品案的辩护律师；担任"绿篱行动"查处特大韩国固体废物走私案的辩护律师等。

非诉讼法律项目如：唐红新律师带领团队曾担任世界银行贷款项目（3亿美元）的法律顾问，并全程使用英文提供法律服务；担任德资跨国餐饮企业海外股权架构、投资路径及股权激励的法律顾问；担任山东石化企业股权收购项目的法律顾问；担任某石化供应链企业投融资项目的法律顾问；担任某医疗企业公司顶层股权架构设计及股权融资项目的法律顾问；担任某大型医疗设备生产企业的法律顾问；担任全国百强房地产集团股权争议案的专项法律顾问；担任全国百强金属进出口企业的法律顾问；担任北京某环境公司全国收购案的专项法律顾问；担任美籍华人土地征收案的法律顾问；担任某大型互联网公司被上市公司并购案的专项法律顾问；担任上市公司收购互联网体育彩票企业的专项法律顾问；担任

▲唐红新律师与团队成员合影

中国民办教育家协会的法律顾问；担任某 AR 教育软件开发企业股权整体筹划的法律顾问；担任大型国际高中教育企业股权结构顶层设计及股权激励方案设计的法律顾问；担任北斗定位科技企业并购案的法律顾问；担任北京某互联信息公司股权结构顶层设计及股权激励方案的主办律师；担任山东某能源公司收购四川某大型国企（化工集团）案的主办律师；担任厦门某企业海外红筹搭建的专项法律顾问；担任民生银行债券业务的专项法律顾问等。

特别值得一提的是，在担任山东某能源公司（新三板民营企业）收购四川某大型国企（化工集团）案的主办律师期间，为了顺利完成此次收购项目，唐红新律师带领团队驻扎在成都近一年时间，一年时间里除尽职调查、整理资料外，他们还不断调整和商讨收购方案，经过一年的艰辛努力，终于完成了对化工集团（拥有控制权）的收购，该并购案系以小博大、四两拨千斤式的典型案例，堪称业界经典。

"现代社会的法律服务已经告别了单打独斗的时代，当前，随着生产力的发展，社会经济日益显示出多样性和复杂性的特征，这对提供法律服务的律师，无论从内容，还是形式上都提出了极高的要求，要求律师要知识复合、能力复合、思维复合，还需要相互配合、团队协作，如此方能为客户提供行之有效的最佳解决方案。"唐红新律师道。

他们眼中的唐律师

采访中，笔者对于唐红新律师在团队成员中的印象极感兴趣，于是与几位核心成员也展开了一席对话。

郜捷律师：我是 2010 年到的盈科律所，与唐律师结识也是机缘巧合，当时唐律师正在办理一起重大刑事案件，这个案件卷宗材料将近百册，我们前后复印了有两

三天，仅复印费就花了一万元。唐律师作为我们团队的老大，我之所以愿意和他一起合作至今，就是因为他真的是我从心底钦佩的领头人，专业过硬、知识渊博，待人热情、大度真诚。我们工作起来，已经不完全是同事关系，倒更像是一家人，唐律师就是我们的"大家长"。

国庆如律师：唐律师绝对是一个团队的掌舵人和引领者，他总能帮助客户发现问题和解决问题，不仅是从法律的视角，他还能从商业的视角，并站在客户的角度帮助客户分析利弊和出具最佳解决方案。说得简单一点就是，唐律师是那个"最懂客户的律师"，他懂客户的需求，理解客户的痛点、长远规划，并能进行资源对接，这些附加价值不是一般人能做到的。再有就是，我们团队的文化属于"家"文化，一个团队就像一个家，他像老大哥一样，无论在工作上，还是在生活中，对我们都非常关照，让我们这个团队更有归属感和凝聚力。

呼楠楠律师：唐律师是个很爱学习的人，他的书房装满了各类专业的书籍，有时买到一本好书，他能一晚不睡，直至将一本书看完。早上起来，我们经常看到群里唐律师半夜给我们下达的任务，所以他也不停地让我们学习，不停地让我们考试，我本来毕业之后想着终于不用读书了，结果唐律师一直督促和鼓励我继续学习，为此，我考了基金从业资格、证券从业资格，还读了和君商学院的金融专业，拥有了法学、金融双重背景知识。这些全都是唐律师要求的，刚开始觉得有压力，但后来明白这些是非常有必要的，我们现在做的一些业务，如公司类的、金融类的，确实需要广博的知识背景做支撑，所以，我特别感谢唐律师。

班田玉：我是15年加入唐律师团队的，团队里每个人都非常优秀，我在这里学到了很多东西。但我要特别感谢唐律师，唐律师不仅是我们工作上的领头人，更是我们生活中的家长。在工作中，他的鞭策让我变得更优秀，考证、看书丰富了我的知识，拓宽了我的视野。在生活中，他关心我们的身心健康，看到我们不舒服了、难过了，总是家长般地开导我们，或劝我们回去好好休息，而自己却工作到深夜。在唐律师身上，我不仅看到了作为一名资深律师的睿智、博学和正直，也看到了作为一个家

长的慈爱、无私和伟大。他是我们的领头人，是我们的大家长，更是我们的榜样。

有人说："榜样的力量是无穷的"。受唐红新律师影响，他周围的亲戚、朋友的孩子，包括他读初二的儿子，都志愿要从事法律工作，要当一名律师。唐红新律师已经成为同学、友人、家族伙伴们学习的榜样。

"我自己的家庭成员、亲戚、同学、朋友的孩子，都受到了我的影响和感染，我觉得非常自豪。做律师虽不能大富大贵，但也不会穷困潦倒，学法、知法、研法、用法、教法、普法，不断实现自己的人生价值，也帮助那些不懂法律的人维护他们的合法权益，有此经历，夫复何求，此生无憾了！"

中国律师界的思想家、评论家刘桂明老师曾经这样描述律师职业："律师是一个看起来很美、说起来很烦、听起来很阔、做起来很难的职业。"此言可谓道出了中国律师业的真实状态。

在笔者看来，唐红新律师和他的团队，不是在法庭就是在去法庭的路上，不是在看守所会见当事人就是在去看守所会见当事人的路上，不是在顾问单位就是在去顾问单位的路上。全国各地飞来飞去，已经成为他和团队成员的一种常态。

"现在已经飞成航空公司的金卡会员了。"唐红新律师戏谑地道。

后　记

21世纪的前二十年，唐红新律师完成了从一名普通律师到成功律师的完美转变。当前，第三个十年已悄然将至，面对未来，唐红新律师和他的团队充满了信心、决心和力量，并准备好了迎接新时代的机遇与挑战。

"长风破浪会有时，直挂云帆济沧海。"让我们祝愿唐红新律师和他的团队，在未来的岁月里，为更多的委托人维护合法权益，为社会经济的发展贡献更多的才智，为法治中国的建设贡献更多的智慧，为律师行业培养更多的律界精英、复合型青年法律人才。笔者以为，这应是唐红新律师当前最大的期望和愿景吧。

守正出奇　抱圆守方

——访北京德恒律师事务所刑民交叉业务主管合伙人王刚律师

▲ 王刚律师

编者按

2020年春节前后，新型冠状病毒肺炎疫情开始在全国蔓延。受疫情影响，各司法、行政部门先后发出疫情防控通告，看守所暂缓律师会见，检察院网络办案，法院延期开庭，导致法律服务行业，尤其刑事业务领域受到很大影响。但面对严重疫情，法律从业者们的工作却未停摆，除为抗击疫情积极捐款捐物外，全国各大律所还纷纷于线上"开坛说法"，或举办普法讲座，或通过网络直播的方式进行行业培训，刑辩领域更是大咖云集、群星荟萃、热闹非凡，让广大受众尤其青年法律人受益良多，真可谓刑事业务核心技能的一次饕餮盛宴！

2020年4月7日，"德恒刑事讲堂"中的一篇《刑控律师如何"利用"刑事手段解决经济纠纷》的课程引起了笔者的关注。公安部不是三令五申"严禁公安机关以刑事手段插手经济案件"吗？"慎刑"不是现代各国刑法发展的潮流吗？为何还有律师"反其道而行之"？为何还有人"逆流"而上？但是，当笔者仔细听完主讲律师的课程分享后，顿觉脑洞大开，颇有醍醐灌顶之感。

笔者以为，该讲座立论新奇、逻辑严密，很多观点、方法都是第一次听说，其中既有理论总结，又有鲜活案例，可谓干货满满，令人受益匪浅。自此，课程的主讲人——王刚律师开始进入笔者的视野。同时，我们也注意到，这一精彩的讲座还获得北京大学法学院教授、诉讼法学家、博士生导师陈瑞华老师的好评和推荐。陈瑞华老师指出："刑事控告业务是律师刑事业务的重要组成部分。

尤其是为受害企业提出控告，寻求立案，参与诉讼，争取退赔，这是很多企业客户的客观需求。这方面的业务经验有待总结和提炼。"

北京市西城区律师协会会长王兆峰律师说："刑事控告是近年来日渐火热的刑事业务领域之一，王刚律师无疑是这个领域的佼佼者！"

德恒所刑委会副主任兼秘书长程晓璐律师说："王刚律师提出了新的刑事律师分类，刑控律师如何大有作为，很实用，很受启发。他的刑控业务占到半壁江山。"

……

王刚律师是谁？以前好像没怎么听说过，经查询未发现他在各级律协担任何职务，但经百度搜索以及浏览德恒所官网却发现王刚律师佳绩不断、业绩非凡。特别值得一提的是，2020年2月3日，他还向中华慈善总会捐款20万元人民币，专门用于疫情防控。

业绩卓著却不显山露水，王刚到底是一位怎样的律师？他又有着怎样的心路历程和情怀？带着这些好奇和疑问，经数度联系预约采访事宜，终获成行。

据笔者进一步了解，王刚律师从事法律工作已近三十载，八年公安经历，二十余年律师生涯，可谓历尽千帆，观遍人间百态。他不仅是一位屡创佳绩的刑辩律师，更是一位刑民交叉律师业务的领军者，刑控（刑事控告）律师业务的开拓者，刑事合规、反舞弊、反欺诈业务的积极探索者，且他还是公益事业的积极参与者，千年大计——雄安新区的积极建设者……

成绩斐然，但他从不自傲；硕果累累，他也从不自满。他说："作为一个执着于争议解决领域的当代律师，唯有一步一个脚印，脚踏实地、认真做好每一天的工作，方不辜负委托人的信赖，方能践行一个法律人的使命、责任和担当，方能为中国的法治建设添砖加瓦，贡献智慧和力量！"

今天，就让我们走进北京德恒律师事务所，走近德恒刑民交叉业务主管合伙人王刚律师。

人物介绍

王刚律师，北京德恒律师事务所一级合伙人，企业危机管控服务中心秘书长、刑事业务专委会副主任。王刚律师具有证券从业资格和独立董事资格。1999 年开始律师执业，此前曾从事公安工作近八年。

社会职务

中国红色文化研究会监事长；第四届中共中央直属机关青年联合会委员；网络安全应急技术国家工程实验室咨询专家（数据安全方向）；首届廉洁雄安特邀监督员；南开北京校友会副会长、南开雄安校友会会长；雄安新区科技创新企业联合会顾问；京津冀协同发展法律问题研究会理事；吉尔吉斯斯坦国际商事仲裁院仲裁员；一带一路国际商事调解中心调解员等。

教育背景

中国人民大学文学学士；中央党校法学理论在职研究生；北京大学私募股权投资高级研修班；南开大学EMBA。

专长领域

涉及公司股权纠纷、投资纠纷、合同纠纷的重大民商事诉讼；重大经济犯罪刑事举报、控告代理；重大经济犯罪和职务犯罪的辩护；危机处置、反舞弊、反欺诈。

屡创佳绩的刑辩律师

进入 21 世纪后，国家努力推进司法体制改革，以促使司法公正和提升效率双重价值目标的实现，顺应这一形势，北京市海淀区人民检察院在全国检察系统率先着手进行证据开示的司法尝试。关于证据开示制度的概念、历史沿革及世界各国证据开示制度的实施状况，不是本文的重点，我们不再赘言。

在此，我们谨以王刚律师代理的北京法律界证据开示第一案作为我们此次以案说法的开端。

案例（一）：证据开示第一案

勇往直前，迎难而上。2001 年，邢某合同诈骗案（已批捕）的卷宗摆在了王刚律师的办公桌上。这起案件的源头是被告人邢某在未取得办学资格的情况下，以北京某学校的名义进行招生，并在招生简章中承诺，学生毕业时可获得两个国家承认的学历证书。后在办学过程中，因管理问题邢某与部分学生产生纠纷而被举报至公安机关。

通过与家属的初步交流，王刚律师第一反应是这是个很棘手的案件，邢某已被批捕，有众多学生及家长联名举报，从其涉案数额来看，只要构成犯罪就必定会被

▲ "证据开示"相关媒体报道

判处 10 年以上有期徒刑。如果做无罪辩护的话，他认为对邢某也有许多不利之处，因为邢某的学校没有办学许可，却又承诺给学生学历，再加上数十名学生家长的联名举报，案件确实很难办。是知难而退，还是迎难而上，王刚律师当然是选择了后者。

走访调查，拨开迷雾。为帮助邢某找到有利的关键点，王刚律师做了大量细致的调查取证工作。如邢某所收学杂费到底用于何处？有没有非法占有的情况？是否有积极履行合同、兑现承诺的行为？围绕这些关键问题，他收集了几十公斤办学资料和财务票据，还走访了多名证人。

通过大量调查，王刚律师发现邢某除将所收学杂费全部用于办学外，还举债十余万元用于扩大办学，特别值得一提的是，对经济有困难的学生，邢某还给予减免学费，合计也有十余万元之多。在案件的层层迷雾被拨开后，王刚律师认为邢某主观上并不具有非法占有的故意。此外，邢某虽未获得办学资格，但她一直在积极地申请办学资格，并尝试与外校合作或挂靠外校的方式来解决所承诺的学历问题。"这一点可以证明邢某在客观上一直在积极地履行合同义务"，王刚律师分析道。

证据开示，无罪释放。与此同时，王刚律师了解到

海淀区检察院准备引入证据开示制度，遂立即申请对邢某合同诈骗案进行证据开示，获得检方批准。通过此次证据开示，控辩双方对案件证据和定性问题的争议更加明确，公诉人对案件的处理也有了新的看法。在王刚律师提供了大量证据和无罪辩护意见后，2002年3月，海淀区检察院对邢某作出不起诉决定，邢某被无罪释放。

"证据开示制度的实施有利于确保控、辩双方以客观证据为基础开展诉讼，有利于明确诉争焦点，节约诉讼资源，并可以促进不起诉制度的不断完善和准确适用，加强犯罪嫌疑人的权利保障。证据开示在邢某合同诈骗案办理中的良好效果即是例证……"案后，海淀区检察院研究室还曾如此撰文。

改革试点，意义非凡。邢某合同诈骗案，是北京市检察系统首起证据开示案，邢某也成为该项制度的第一个受益人。随后，海淀区检察院与北京市律协还联合召开新闻发布会，并通过该案建立证据开示试点制度，数十家媒体进行了现场采访和报道，发布会上王刚律师做了主题发言，并由此推动海淀区检察院与北京市律师协会签订证据开示试点协议。可以说，邢某合同诈骗案为《刑事诉讼法》的改革提供了很好的案例支持。

努力前行，屡创佳绩。此后，王刚律师还代理了多起不予批捕、撤销案件，改变公诉人指控罪名，法院判决不构成犯罪，二审改判的成功案例。特别值得一提的是由王刚律师代理的唐某非国家工作人员受贿案、职务侵占案，在该案中公诉机关起诉两个罪名，经王刚律师不懈努力，法院拿掉了职务侵占罪，最终判决唐某只构成非国家工作人员受贿罪（判决认定数额少于指控数额）。2017年12月，该案入选北京市律师协会主编的《刑事二审再审改判案例》，中国人民大学与德恒律师事务所主办的德恒首届无罪辩护（优秀）案例集锦也收录了此案。经王刚律师代理的王某挪用国有公司巨额资金赌球案，罪名由挪用公款罪改为挪用资金罪，最终刑期减半；经王刚律师代理的某拟上市公司董事长李某涉嫌虚开增值税专用发票案，最终检察院不予批捕，该案入选德恒首届无罪辩护（经典）案例集锦……可以说，以上诸多案件最终取得圆满的结果，离不开王刚律师的专业和专心、细心、用心、责任心，更离不开王刚律师的执着、坚韧和坚守。在刑辩的道路上，王刚律师屡创佳绩，一直努力前行着。

刑民交叉律师业务的领军者

近年来，随着中国经济和各项社会事业的蓬勃发展以及中国逐渐融入世界，全球经济格局亦不断发生着变化。与此同时，企业在发展过程中所遭遇的各种问题、纠纷乃至各种浅滩、暗礁，正成为阻碍企业健康有序发展的痼疾，在这些问题、纠纷、浅滩或暗礁中，最为突出、最为复杂、最令企业头疼和棘手的莫过于企业遭遇刑事法律风险以及在经济纠纷中又涉及刑事犯罪的问题了。民事纠纷与刑事犯罪相互交叉、错综复杂，让很多专业人士都理不清思路和法律关系，所以很难看透案件的本质，甚至连很多老法官在遇到此类问题时，亦如雾里看花、如堕烟海。这些给广大法律人带来了极大的挑战，这时，专注于处理这些疑难、复杂刑民交叉业务的律师应运而生。

王刚律师说："困难越多、挑战越大，我们就越需要迎难而上、勇往直前，去克服一个个困难，去厘清一个个疑难，去穿透一层层迷雾、烟海，直至去除阴霾、柳暗花明、真相呈现。我认为对律师而言，刑民交叉是解决复杂问题的方法论，刑民交叉律师就是综合利用刑事、民事诉讼技巧，为客户解决重大、疑难、复杂争议的律师。"

"关于刑民交叉律师产生的背景，我个人认为，随着经济的发展，有些人对财富的追求越来越强烈，胆子越来越大，信奉'富贵险中求''为达目的不择手段'；另外这些人或他们身边的人往往是高智商、高学历，懂经济，懂金融，善于设计复杂的商业模式和交易结构，并将他们真实的目的隐藏在背后，一旦发生纠纷或产生争议，就可以说我们之间有合同，你去起诉吧。作为纠纷相对方，普通人根本没有能力与之单独对抗，而即便是一些规模很大的公司也同样无计可施，因为他们做的是正规生意，很难想到人心如此之恶，套路如此之深，骗子手段又如此之高。而为这些大公司服务的往往是非诉律师、民商事诉讼律师，他们很少接触刑事律师。即便出事后想起要找刑事律师了，找的也往往是刑事辩护律师，而只做过刑事辩护的律师是很难胜任此类法律服务需求的。因此，懂经济、懂金融、懂民事诉讼、懂刑事控告的跨界刑民交叉律师就应运而生。刑民交叉律师摆脱了搞民事的看什么都是民事，搞刑事的看什么都是刑事的本位主义，刑民交叉律师站在客户需求的角度，准确把握客户的根本目的，根据事实和法律，分析研判案情，综合利用民事、刑事乃至行政的诉讼技巧，设计并实施缜密立体的诉讼方案，为客户的利益穷尽一切救济手段。刑民交叉律师是诉讼方案的设计者、诉讼战役的指挥者。"王刚律师如此定位刑民交叉律师。

据了解，多年前王刚律师即提出刑民交叉律师的概念，并首次分析刑民交叉律师产生的背景、作用，首次从律师角度提出正向、反向刑民交叉的业务分类，首次提出律师要避免诉讼方向错误导致案件"名胜实败"等观点，无论在理论上还是在实践中不断为业界贡献着自己的研究和实务成果。为此，他被业内同仁誉为刑民交叉律师业务的领军者。

下面，我们还是以实战案例的形式为读者呈现刑民交叉律师的智慧与担当、毅力与坚韧吧。

案例（二）：假冒签字转让股权引发的正向刑民交叉

管理不善，尽失股权。一中外合资公司，外方公司的法定代表人张某同时也是该中外合资公司的法定代表人，但张某并不常来公司，其将公司事务和公章全部交由李某管理。李某具有双重身份，他既是该中外合资公司里外方的业务代表，持有外方的授权委托书，同时也是中方股东的法定代表人。李某见张某不常到公司，遂产生私心。他先是假冒张某的签字将中外合资公司的法定代表人变更，然后又假冒张某签字将外方在中外合资公司中价值巨大的股份以零对价转让给李某控制的A公司，后A公司又将该股份转给自然人B，B再将该股份转给自然人C。张某发现后，辗转找到王刚律师寻求帮助。

分工协作，反复推演。为避免诉讼方向错误导致案件名胜实败，收到案件材料后，王刚律师立即组织案情分析会，研究问题解决方案。民事背景律师提出，既然签字是假冒的，那么股权转让就是一个无效的行为，可立即到法院提起股权转让无效之诉，法院肯定会判胜诉；刑事背景律师则提出，李某利用职务便利，假冒签字转让价值巨大的公司股权，其行为涉嫌职务侵占罪，张某应到公安机关报案。经反复思考和路径推演，王刚律师提出，该案单纯使用民事诉讼或刑事报案都存在很多不确定性：单纯提起民事诉讼，难以在民事诉讼中查明几轮股权转让中受让方是否支付了对价，是否为善意第三人，这涉及公司股权能否再恢复到外方股东名下的问题。如果公司股权不能恢复到外方股东名下，且李某及A公司名下已无可供执行资产，则胜诉判决就会成为一纸空

文，名义上胜诉了，但实际上是败了：当事人的损失不但没有挽回，反而是扩大了，此类标的额巨大的案件，诉讼费和律师费等各种费用都不小；而单纯提起刑事控告，仍会面临公司股权不能自动恢复，外方股东的损失不能得到弥补的问题。

刑民交叉，股权恢复。经过仔细推敲，最后王刚律师提出了刑民交叉的综合解决方案。首先，启动刑事报案程序，追究李某的刑事责任，并实际控制公司。其次，通过刑事程序查明几轮股权转让中受让方是否支付了对价，如支付了对价，则可以再查资金的走向，如未支付对价，则股权受让方不是善意第三人，待查清这些问题后再提起相应的民事诉讼。张某认可此方案并委托王刚律师代理，王刚律师开始实施该刑民交叉方案，经过艰苦努力，李某被采取刑事强制措施，法院也判决李某、合资公司、中方公司、A公司、自然人B、自然人C在判决生效后一个月内均有义务协助外方股东恢复在合资公司中的股东身份。最后，合资公司的股份又恢复到了外方股东的名下，外方损失全部挽回。

王刚律师解析：李某假冒签字转让股权案，最终使外方恢复股东身份的是民事判决，但没有诉前的刑事控告，这个民事诉讼很难取得全面成功，可以说刑事控告的成功是该案的关键。

这是一个典型的刑民交叉案件，既有民事，也有刑事。由权益被侵害方发起，运用刑事控告或民事诉讼，或交叉运用刑事控告与民事诉讼，以实现当事人的诉讼目的，我们称之为"进攻型刑民交叉"或"正向刑民交叉"。

案例（三）：从合同纠纷到虚假诉讼罪——扭转败局的反向刑民交叉

上市央企，有口难言。2015年底，某资产经营投资有限公司（以下简称"出资方"或"原告"）在北京市某区人民法院起诉某上市央企（以下简称"委托人"或"被告"或"上市央企"）称，双方于2015年6月签订合同，约定原告向被告购买铝锭共计四千吨，合同金额五千万元。合同签订后，原告已依合同约定向被告足额支付相应货款，但直至合同期满之日，被告也未向原告转移所购货物之货权。故诉请法院判决被告转移货权或返还五千万元货款及利息。被告接到法院立案通知后，委托王刚律师代理该案。

复杂交易，欲盖弥彰。王刚律师带领团队进行深入研究后分析道：乍看之下，这只是一起寻常的买卖合同

纠纷，但在介入案件后我们发现，原、被告间并非单纯的买卖合同关系，而是一个有多方参与的融资性贸易的上下游关系。虽然原、被告签署了合同，但实际上，签约、付款、货权转移、开具发票等手续，皆是通过上海某集团有限公司（以下简称"上海某集团"）在居中办理。

在上海某集团的组织下，委托人于2014年至2015年期间，已完成了数次融资性贸易。2015年6月，上海某集团再次主持开展以出资方和某融资方为上下游的融资性贸易，我方委托人以参与人身份，对该融资方增信。出资方将合同货款汇给我方委托人后，我方委托人很快将款项转给了下游的某融资方。但2015年10月，出资方的高管赴我方委托人处，称6月那笔融资性贸易的五千万元资金并没有从融资方回到其处，且上海某集团的高管已逃匿。这时我方委托人才知道上海某集团也参与了这笔贸易，而出资方也才知道融资方不是上海某集团而是另有其人。后因出资方向融资方追偿未果，遂转而凭借合同以买卖合同纠纷为由起诉我方委托人。

据理力争，揭开迷局。在庭审中，王刚律师主张，原、被告双方间是融资性贸易关系而非简单的买卖合同关系。融资贸易链条上下游之间有多份合同，不能单独拿其中一份来主张权利。诉讼中，王刚律师还发现原告提交给法庭的两份合同与被告手中的版本有多处明显的差异，如合同名称、签约地点、验收标准等，而且原告合同中被告法定代表人的人名章及公章也系伪造。王刚律师遂主张该案涉及刑事犯罪，应移送公安机关立案侦查。但经过长达近三年的审理，北京市某区人民法院于2018年11月9日针对该案作出裁判：认定原告与被告之间买卖合同法律关系成立，被告应全额赔偿原告五千万元的货款损失。

面对一审的败诉判决，如何应对？王刚律师认为，此案肯定要上诉，但只提起上诉很难挽回败局。一方面，在没有关键性新证据的情况下，二审维持原判是大概率事件。另一方面，委托人作为一家知名上市央企，这场官司有些"输不起"：由于上海某集团及融资人的负责人已经逃匿，上市央企被法院判决依买卖合同关系对原告进行赔偿后，没有通过起诉下家实际获赔的可能性。换言之，若民事二审败诉，如此一笔巨额损失就只能由上市央企自行承担，那么后续很有可能衍生出其他严重的管理责任和后果。

刑民交叉，中止（民事）程序。在大多人看来，此

案似乎已经陷入死局。此时，上市央企已开始为承担巨大不利后果做准备。但王刚律师和他的团队没有放弃，在对案件进行了再次深入分析和立体研判后，王刚律师提出：此案的最优解决之道，在于通过刑事控告手段，使公安机关对原告及其他参与方的违法犯罪行为立案侦查。通过刑事侦查，可以追究相关主体的刑事责任，可以弥补我方委托人在民事诉讼中无法自行调查收集关键证据的缺憾，可以查明案件真相，确定原、被告之间的真实法律关系，并最终使被告不对原告承担民事责任。

但以什么罪名报案呢？王刚律师最先想到的是合同诈骗罪，但深入分析后却发现有些问题难以解决：首先，谁是被害人，谁是被控告人？或者说谁是骗子？王刚律师进一步分析道：我方委托人控告下游的融资方合同诈骗罪应无问题，但这对正在进行的民事诉讼没有任何帮助，并不能使我们的委托人免责。若要免责，最好由出资方作为合同诈骗罪的被害人去刑事报案，但出资方认为我方委托人是上市央企，打民事诉讼胜诉后肯定能得到有效执行，但要其刑事报案的话，就很难再追究我方委托人的民事责任，这样反而不利于其追回经济损失，因此其不会以被害人的身份配合到公安机关报案的。其次，如果由我方委托人控告出资方合同诈骗罪的话，因与正在进行的民事审判是同一法律事实，或者说有牵连关系，刑事立案将有很大难度。

王刚律师将目光落到"虚假诉讼罪"这个刚出台不久的罪名上，既然该案原告明知双方间是融资贸易关系，明知向其承担回款义务的是融资方而非上市央企，却利用虚假的证据起诉了该上市央企，会不会构成虚假诉讼罪呢？虚假诉讼罪不属于经济犯罪的类别，其立案没有过多程序限制，公安机关可以直接立案，这样就解决了复杂的刑民交叉立案程序问题。从实体上看，该案中原告将四方参与的融资性贸易复杂法律关系"截取"一段，并谎称是只有两方参与的买卖合同关系，这相当于使部分相同的事实体现出了与实际完全不同的法律关系，即凭空创设了原本并不存在的权利与义务，那么据此提起的诉讼侵犯了《刑法》中虚假诉讼罪所保护的法益，应认定构成该罪。

经多方艰辛努力，北京市公安局某分局终于正式受理该案，并于其后7日内决定刑事立案。此后，在该案的民事二审程序中，北京市某中级人民法院以公安机关已经刑事立案，一审判决认定以基本事实不清为由，裁

定撤销一审判决，发回北京市某区人民法院重审。而一审法院在重新审理过程中，则依照《民事诉讼法》第150条，中止审理此案。

王刚律师解析：这个案件的成功之处在于，律师具有刑民交叉解决问题的立体思维。这个案件单凭民事诉讼是无法查清案件事实与真实法律关系的。在罪名选择上，我们用虚假诉讼罪而不是合同诈骗罪，巧妙地避开了复杂的立案程序和谁是骗子、谁是被害人的问题，在刑事立案成功后，中止了民事诉讼程序，最大程度维护了委托人的权益。虚假诉讼罪的既往案例，大多是假离婚、假析产、转移隐匿财产逃避债务一类，而融资贸易这一类"边缘化"的纠纷，能以虚假诉讼罪成功立案的此前确实未曾发现。

王刚律师说：作为民事诉讼的被告，主张案件涉及刑事犯罪应中止民事审理程序，移送公安机关立案侦查，或者作为刑事诉讼中的被告人，主张案件是民事纠纷，不构成刑事犯罪，我们称之为"反向刑民交叉"或"防反型刑民交叉"，本案即属"反向刑民交叉"。

刑控（刑事控告）业务的开拓者

早年的公安经历以及多年的律师生涯，磨砺出了王刚律师在案情判断上特有的敏感和洞察力。一些表面上看似民商事纠纷的案件，一方当事人往往只有被骗的直觉，但又不清楚自己到底怎样掉入对方的"圈套"，怎样被骗的，有口难言，说不清也道不明。

借此，王刚律师在业内提出：刑事控告也是律师业务的一个专业领域。他还总结归纳出刑事控告律师（以下简称"刑控律师"）应具备的素质，刑控业务流程等，将自己的经验和成果无私地与同仁分享。

案例（四）：一句话暴露的巨额合同诈骗案

欲购股权，却入迷局。2015年5月，当事人魏总通过朋友李某认识了神通广大的韩总，几次接触后，魏总对韩总很是钦佩，希望能一起做点事。韩总说最近刚好有个价值六千万的能源公司的股权要转让，谈好了可四千万元收购，以后还可能上市。魏总深信不疑，与韩总签订合同，约定双方各出两千万元收购该能源公司。同年5月26日，韩总带魏总现场考察了能源公司，5月28日，韩总给魏总打电话说，他准备马上就和能源公司的股东谈收购协议，让魏总当月30号下午三点前将两千万元打到其个人账户，他手中有钱好将价格压下来。

▲王刚律师讲课　走进八一厂

魏总30号下午两点遂将两千万元打到韩某账户，一周后，魏总致电韩总问收购的事怎么样了，韩总说对方要价太高没谈成。魏总问："那我的钱怎么办？"韩总说："我马上要出国两个月，回国后马上还你。"两个月后韩总未还款，此后又说元旦前还，但元旦后还是没有还，魏总遂对韩总产生怀疑，欲起诉韩总，但经多方查访发现韩总名下并无任何财产，无奈之下，魏总拉着介绍人李某找到王刚律师咨询。

大胆想象，小心求证。王刚律师听了情况介绍后说："这个案件到法院起诉可以胜诉，但韩总名下目前没有财产，打赢官司也拿不回钱来。"魏总无奈地说："我总觉得是被韩总骗了，但又找不出他的毛病来。我们双方签了合同，也现场考察了能源公司，确实有这个能源公司，该公司的股权也确实要转让，只是后来价格没谈拢。他说要还钱但几次都没还，仅这个缘由也不好说就一定构成犯罪吧？"王刚律师又仔细问了双方认识、签约、考察、打款的情况，介绍人李某也帮助回忆，忽然李某的一句话引起了王刚律师的注意："5月30日下午两点多，韩总给我打电话说两千万元收到了，他在银行呢。"王刚律师脑中突然灵光一现，想这时韩总为何在银行？是为查询两千万元是否到账？若只是查询的话，在家里用电话查即可，何必为此跑一趟银行？他当时在银行一定还有其他业务要办。结合其他案情，王刚律师推断，韩总很有可能在收到两千万元时就在银行将该款转走挪作他用了，若如此并结合其拒不还款的事实，则韩某涉嫌合同诈骗罪。

刑事控告，揭开谜底。魏总据此到该市公安经侦支队报案，起初，经侦认为公司是真实的，人也是真实的，能源公司出让股权的事也是真实的，这只是经济纠纷，而并不构成犯罪，不同意受理该案。王刚律师则认为这些虽是真实的，但韩某是假借这些真事来骗取魏总汇款，韩某收到汇款后并未用于合同约定目的，后又拒不退还，其有很大的诈骗嫌疑。"我们怀疑他收到款后立刻就将两千万元款项挪作了他用，但我们无权查询资金走向，无法印证我们的推断。按照刑事诉讼法和公安部的规定，经侦应先受理当事人的报案，经初查之后再决定是否立案。"

几经交涉，经侦终于受理该案，经初查发现，韩某确如王刚律师的推断，其收到两千万元汇款后立刻就将该款分别汇给与股权转让毫无关系的几个账户，有很大的嫌疑。经侦立案后，又做了多方调查，经传唤韩某，韩某承认其收到汇款后马上就将该款转移的事实，但推说是其因资金紧张向魏某借款，"这两千万元是借款，魏某本人也同意，并且这事介绍人李某也知晓和同意。"韩某的辩称与此前魏某、李某的证言矛盾且不合常理，公安机关对其以合同诈骗罪立案并刑事拘留。

本案在法院审理期间，被告人家属多方筹款偿还了被害人魏某，被害人也出具了谅解被告人的书面声明。最终，法院判决韩某构成合同诈骗罪，判处其12年有期徒刑。

这个案件如果让别的律师做会怎么样呢？笔者认为绝大部分律师会选择民事诉讼，果真如此的话，魏总会拿到一份胜诉的判决，但拿不回一分钱来，而韩某则会逍遥法外，骗更多的人。在纷繁的案件材料中，能够捕捉到"他在银行呢"这一句话，且推测出幕后玄机，设计并成功实施刑事控告方案，将犯罪者绳之以法，为被害人挽回损失，王刚律师在这个案件中体现出的敏锐、想象、推理及执行力确实远超常人，这确实令人折服。

王刚律师解析：方向比努力还重要，错误的诉讼方向会导致案件"名胜实败"。刑控律师所做的不是给人硬安罪，而是发现、挖掘别人看不见、理不清、说不明的罪，让失信骗人的、挖坑陷害的罚当其罪，进而维护被害人的合法权益。

有人问刑辩业务与刑控业务孰难孰易？王刚律师说，从多个角度看，刑控业务可能会更难些，"破网"容易"织网"难。刑辩律师是"破网者"，即辩护人运用专业知识与诉讼技巧在检方的起诉材料中挑毛病找漏洞，争取击破其指控体系，进而最大限度维护被告人的合法权益。刑控律师则是"织网者"，既需根据当事人提供的材料，又要结合律师自身的调查分析，找出相对方涉嫌刑事犯罪的相关证据，组织逻辑严密的刑事控告材料，协助当事人向公安机关提起刑事报案，通过刑事追责、追赃来维护刑事被害人的合法权益。

笔者以为，刑事控告业务是一项与刑事辩护并重的业务，在现实的司法环境中，由于公安部三令五申"严禁以刑事手段插手经济纠纷"和警力资源问题以及证据把关严格等原因，从某种程度上来说，刑事控告的难度要比刑事辩护大得多。这时就不仅仅是考验一个刑控律师的专业与否了，而是要考验律师是否有胆识、是否具有坚韧的战斗精神，是知难而退，还是迎难而上，或许，唯有亲历者方能感同身受。"事非经历不知难"说得就是这个道理。

笔者以为，经过多年的磨砺和锤炼，王刚律师无疑是刑事控告业务领域的杰出开拓者。

反舞弊、反欺诈业务的积极探索者

据了解，2015年王刚律师创建了"北京刑民交叉律师"微信公众号，运营至今，团队律师写了不少原创文章，其中有的点读过万。这些原创文章与收录、转载的上千篇专业文章一起形成了一个宝贵的资料库。"刑民交叉案件都有复杂的法律关系，遇到难题时，到我们的公众号上检索下，会有收获的。"在处理这些刑民交叉案件的过程中，王刚律师逐渐体会到，企业不光需要出事后能帮助其"打赢官司"的律师，更需要能帮助其建立风险管控体系以避免官司的律师，王刚律师带领团队总结既往案件中的经验，并结合自身团队的特点，积极探索企业"对内反舞弊，对外反欺诈"之道，开拓了有自身特色的反舞弊、反欺诈业务，从而使团队业务更加立体、综合。

以下即是王刚律师带领团队从企业反舞弊调查入手解决被欺诈投资纠纷的一起成功案例。

案例（五）：一张纸暴露的亿元投资欺诈案

尽调失误，遭遇造假。华东公司经尽职调查后投资了川南公司，投资款近两亿元人民币，该公司承诺要在三年后上市。双方通过民商事律师签订合作协议，协议还约定，若因财务数据、信息披露等问题给华东公司造成五百万元经济损失，则华东公司有权利解除合同，终止合作并获赔偿。协议签订并打款后不久，华东公司发现川南公司的财务数据有假，初步数额达数百万元，这令华东公司老总很是恼火，欲解除协议终止合作，但川南公司好不容易才拿到这笔融资款，又怎么会说退就退呢！扯皮、耍赖的一幕开始上演，这让华东公司老总很是头疼，遂通过朋友到京找到王刚律师，并提出按照协议约定条款，川南公司只要给华东公司造成五百万元损失，即可解除合作协议。经验丰富的王刚律师看到协议后道："川南公司并未解散，华东公司作为川南公司的股东其损失从何谈起？贸然以此为由提起民事诉讼必败无疑。"华南公司老总这才恍然大悟，但又提出不管怎么说川南公司的原股东是有欺诈行为的，能否以被欺诈为由提起解除投资合同的民事诉讼？

侧面进攻，深入调查。这起案件，在很多人看来，似乎已经陷入进退两难之局面，但王刚律师和他的团队并未放弃，哪怕只有一线希望。随后，他带领团队检索多个案例，得到的结论是，该案投资标的近两亿元，对方财务数据造假几百万元的事实虽可认定，但在没有明确合同依据的情况下法官很难仅依据合同法原理判决解除合同。

作为有着多年刑民交叉业务经历的王刚律师判断，川南公司的原股东很可能有其他违法或犯罪行为，这需要深入调查。王刚律师带领团队以配合企业进行反舞弊调查为由进驻川南公司，调查中律师从与川南公司有业务往来的一家公司处发现了一张纸——备忘录，该备忘录能证明要么川南公司的原股东有巨额职务侵占行为，要么有巨额业绩造假行为。此外，调查中律师还发现了多份疑似虚假的业务合同。

洞若观火，一击而中。这时，王刚律师已胸有成竹，遂预约谈判。起初，川南公司的原股东仍是一副能奈我何的样子，扯皮、耍赖再次上演。"稳坐钓鱼台"的王刚律师将尽调拿到的证据"啪"地拍到谈判桌上，并结合证据对川南公司原股东陈明了利害："这些证据足以证明你们涉嫌职务侵占罪或合同诈骗罪，一旦公安介入，会查出你们更多的问题。现在是公司给你们机会，如你们不珍惜这个机会，不同意公司的解决方案，恐怕你们最后要落个人财两空！"此言一出，原股东惊出一身冷汗，再一看备忘录和那些虚假合同，又惊出了几身冷汗。在反复权衡利弊后，原股东终于同意华东公司提出的解决方案，华东公司挽回了损失。

王刚律师解析：在处理重大、疑难、复杂的经济纠纷案件时，律师一定要有一个刑民交叉的立体思维，不能仅仅局限于案头文件制定诉讼方案，一定要做到亲自走访，亲自调查。我们筹建的反舞弊、反欺诈中心，就是从前端就开始帮助企业解决这些棘手问题的。我们团队的成员，有的有多年政法系统从业经历，有的具有投资公司工作背景，有的具备注册会计师资格，还有的在公关公司担任过大客户总监等。所以，我们为客户提供的是一个综合、立体、多维的团队服务。真正的刑民交叉律师，不是一个人的战斗，而是一个团队的有机组合。

公益事业的积极参与者

作为一个有着20多年党龄的老党员（1997年加入共产党），王刚律师始终严格要求自己，时刻牢记一个党员的使命，践行一个党员的责任。多年来，经他资助的西南藏区的贫寒学子，有的已经考上了大学，有的已参加工作奉献社会，将爱的种子继续传播。"每次收到孩子们的来信，心里就由衷地感到无比幸福和自豪，这些都是金钱无法买到的。"王刚律师自豪地道。

笔者进一步了解到，2008年汶川地震，王刚律师个人捐款一万元；2013年，作为中直机关青联委员，王刚律师随青联代表团赴广东参加走基层活动，为电商创业村民捐款一万元；近年来，作为南开校友，王刚律师为校友会、百年校庆等活动捐款十万余元。

2020年春节前后，新型冠状病毒肺炎疫情发生后，德恒律师事务所党委第一时间面向全球员工发布了《抗击疫情特别捐助倡议书》，号召大家为疫情防控捐款捐物、共克时艰。2月3日，作为德恒党委第七党支部书记，王刚律师以个人名义向中华慈善总会捐款20万元人民币用于疫情防控，此外还交纳了2000元特殊党费。

除积极捐款外，王刚律师还曾应中组部机关事务管理局、八一电影制片厂之邀做普法专题讲座；抗击新冠肺炎疫情期间，王刚律师还在网上直播法律讲座，尽最大努力为"抗疫"出智出力，充分体现了党员律师的先锋模范作用。

千年大计——雄安新区的积极建设者

2017年4月1日，中共中央、国务院决定设立国家级新区——雄安新区。有着千年大计之称的雄安新区，已成为国家改革发展的最重要的窗口之一。

多年来王刚律师一直紧跟中央大政方针，并不断将自己的法律服务业务领域与国家战略发展方向对标。

▲2020年1月9日下午,石家庄新华能源环保科技股份有限公司(新三版上市公司)董事长专程来到北京德恒律师事务所,向刑民交叉团队主管合伙人王刚律师送上锦旗和感谢信

▲王刚律师带领团队获得乒乓球比赛冠军

2018年,为积极响应国家建设雄安新区的号召,王刚律师受德恒所的委托,作为主牵头人,在雄安新区建立了"德恒雄安法律服务中心"。目前,该中心已成功举办了包括"金融与现代服务业支持雄安新区建设"研讨会在内的多次活动。王刚律师带领的团队因为雄安新区征迁工作提供优质法律服务而多次获得表彰,此外,王刚律师还受聘担任雄安新区公共服务局、中国雄安集团城市发展投资有限公司、雄安新区科技创新企业联合会法律顾问。2019年12月27日,王刚律师还受聘担任了首届廉洁雄安特邀监督员。

特别值得一提的是,2019年1月16日,在习近平总书记视察雄安期间,王刚律师与参加新区建设的优秀代表们获得了总书记的亲切接见。"总书记鼓励我们,要把握住这个千载难逢的机会,把握住历史机遇,做民族复兴、改革创新的弄潮儿,创造新的辉煌业绩!我会永远记得总书记对我们的殷殷嘱托!"

当前,雄安新区几乎每天都有的新变化,而在这个变化和发展的过程中,王刚律师即是其中的一个积极参与者和建设者。未来,王刚律师更将成为雄安新区从一张白纸到走向辉煌的有力见证者。

后 记

自从采访完王刚律师后,笔者就成了他的忠实"粉丝",对他和他团队的事情,总是特别有兴趣,通过浏览他们团队微信公众号和采访王刚律师的同事,笔者又发现两件很有意思的事:

2019年12月21日,由法制日报社主办的"首届中国律师文化节"在北京举办。在体育比赛项目——乒乓球赛事中,王刚律师带领德恒团队参赛,经过激烈争夺,最终在决赛中战胜北京市律协代表队,获得2019年全国首届律师文化节乒乓球团体冠军。看来,王刚律师和他的团队,还是业余国球高手!

2020年1月9日,石家庄新华能源环保科技股份有限公司(新三版上市公司)董事长贾会平专程来到北京德恒律师事务所,向德恒刑民交叉团队主管合伙人王刚律师送上锦旗和感谢信。贾会平董事长说:"自2016年我公司与贵所刑民交叉团队合作以来,你们为我公司代理了多起商事诉讼及仲裁案件,无一败诉,为我公司挽回近亿元的损失。在经济下行,民营企业融资难,流动资金紧张的大环境下,这些胜利尤其难得。在代理案件的过程中,你们不但展现了德恒律师高超的法律专业素养,而且还不畏艰苦、韧性十足。贵阳中院执行案,被执行人是停产歇业的国企,员工工资都无法正常发放,之前已执行了四年,没任何进展,我们都认为这是个死案,没想到被你们做活了。伯马案,你们不但仔细看卷,多方查找证据,还深入到有一人多高野草的荒废工地现场勘察,我们的员工都说你们像电影里的侦探。对你们的能力我深感钦佩,对你们的贡献我深表谢意,期望将来有更紧密的合作。"

看到这,笔者对王刚律师所言"刑民交叉,不是一个人的战斗"理解得更深刻了!他的刑民交叉团队,是个综合有机的整体,不但在刑事领域有突出特色与成就,而且在民商事诉讼领域也成绩非凡!

......

因篇幅所限,我们只能撷取王刚律师工作的部分事迹和业绩呈现于此,还请广大读者见谅。从刑事辩护到刑民交叉，再到刑事控告、刑事合规、反舞弊、反欺诈业务的研究和实践，王刚律师倾注了大量的精力和心血，我们从其"北京刑民交叉律师"公众号的每日更新中亦可见一斑。

"作为一个刑民交叉律师，就应该全方位考虑客户的需求，并全盘把握案件的走向，做到'守正出奇、抱圆守方'。我们要遵循事物发展的规律，但又不能墨守成规。没有'正'，'奇'就不会走得太远；没有'奇'，'正'就不能充分展现。我不太介意被人称为是刑辩律师、刑控律师还是刑民交叉律师，这些只是我的一个侧面，如果三选一的话，我更愿意被称为刑民交叉律师，如果让我自己定位的话，我更愿意被称为一个能为客户解决实际问题的靠谱律师。"

"乘风破浪会有时，直挂云帆济沧海。"最后，让我们祝愿王刚律师和他的刑民交叉律师团队在未来的岁月里，贡献更多的经验和成功案例，为广大企业的健康发展，为国家的经济建设做出新的更大的贡献。

坚守法治就是坚守公平正义

——访北京市东友律师事务所主任王占辉律师

▲王占辉律师

王占辉按语

大多数律师都是平凡的法律工作者，为社会和公民提供有偿或无偿的法律服务。社会关注的所谓焦点"大案"并非常态，也并非所有律师都愿登上新闻热搜，律师行业中有相当多的律师选择更多的是务实的代理工作，甚至刻意回避媒体报道，大多都以帮助当事人公平地解决争议，化解社会矛盾为宗旨，如果自己代理的个案能够代表或推动社会法治的进步，那实乃职业生涯的一大亮点。

现实中，大部分律师接触的可能都是不被社会所关注，琐碎而平凡的所谓"小"案，代理案件过程没有鲜花和掌声，也没有香车和盛宴，只有律师帮助当事人有效地解决实际问题以及化解一个又一个矛盾纠纷，只有他们不断忙碌的身影，他们都是默默无闻的法律耕耘者。

而正是他们的辛苦付出，使矛盾纠纷得以有效化解，社会也更加稳定和谐，他们践行着法律人的使命、责任与担当，他们是社会主义法治建设的实践者和守护者。

王占辉律师小传

王占辉，北京市东友律师事务所主任，中华全国律师协会会员，北京市律师代表大会代表，北京市朝阳区律师协会理事，北京市公益法律服务与研究中心副理事长，北京市公益法律服务促进会理事，北京市律师协会传媒与新闻出版法律事务专业委员会副主任，北京市律师协会会员处分复查委员会副主任，北京市朝阳区行政与政府法律顾问业务研究会副主任，北京市律师协会土地与房地产法律专业委员会副主任等。

王占辉律师从事法律工作二十余年，多次被评为北京市优秀律师、朝阳区优秀律师。多次荣获市、区律协两级党委"党建之友"称号。其擅长处理各类疑难复杂的民商事法律事务和重大刑事、行政案件的代理或辩护，在处理法律事务和化解矛盾纠纷方面具有丰富的办案经验，现担任数十家国家机关和各类企事业单位常年法律顾问。

王占辉是一位怎样的律师？他对律师这一职业有着怎样的见解？或者，他有哪些所思、所想、所忧、所虑呢？且让我们详阅下文。

热爱是最好的老师

爱因斯坦说："对一切来说，只有热爱才是最好的老师……"

本文主人公——王占辉律师年少时在武侠剧及律政剧的影响下，就有了要做一个维护公平、匡扶正义的律师的梦。随着年龄的增长和人生阅历的增加，这种想法在他的内心也越来越强烈。此后，他坚定选择学习法律专业，毕业后又备战司考，并顺利成为一名首都律师，而这一干就是近二十个春秋。

二十年来，王占辉律师接触了形形色色的各类案件，看过了社会的生活百态，体验了世间的人生百味，面对当初的梦想，其初心依旧炽热，当然，这种对梦想的笃

▲王占辉律师在毛泽东同志故居

定和炽热，亦化作了更加真实的职业体验。有人说："中国的法律人是在'理想很丰满，现实很骨感'的状态下执业。"但王占辉律师初心不改、梦想不变，仍一如既往地热爱着律师这一职业和这个行业。在他看来，梦想和现实是事物的一体两面，抑或这就是真实的状态，有冷暖、有晴阴、有丑美、有善恶，等等，各种复杂情形纠缠在一起，伴随人的一生，让你欢喜让你忧愁，同时也让你历经磨砺才更加珍惜来之不易的成果，更珍爱为之奋斗的律师事业。

律师职业，因工作繁重，需要经常加班，在追求公平正义的道路上，有时还要面对不同诉求的当事人，还会遭遇不公待遇，经常会让人感到疲惫、困惑甚至痛苦。但王占辉律师认为，"公平正义是司法的灵魂和生命，是衡量一个国家或社会文明发展的标尺，公平正义需要你我共同守护。既然选择了远方，便只顾风雨兼程。"

在这一信念的支撑下，二十年来，王占辉律师一直本着"受人之托，忠人之事"的态度，坚持做好每一件事，在每次克服重重困难，在盘根错节、千头万绪的案件中找到最佳法律解决方案时，他看到了当事人得到帮助后的感恩，收获了超越自我的快乐，以及助人解忧后自我价值的实现，顿时将一切"负能量"抛诸脑后。就这样，在痛并快乐中，王占辉律师又开始了下一步的征程。或许，很多中国律师亦如王占辉，因为热爱，所以敬畏，所以执着，所以在痛并快乐中努力前行！

案件无大小，事事皆用心

执业中，王占辉律师遇到很多与自己当年一样的年轻人，羡慕律师的荣誉和光环，开口便是影视作品中精

彩的庭审和大律师风范。而对于新闻上风头正劲、轰动一时的大案，在王占辉律师看来，这些律师和案件其实只是律师行业乃至万千案件中的小众和个案，并非社会的常态，王占辉律师结合自己的经历，谈了在他眼中真实的律师职业状态。

亦如王占辉律师开篇所言："大多数律师都是平凡的法律工作者，为社会和公民提供有偿或无偿的法律服务。社会关注的所谓焦点'大案'并非常态，也并非所有律师都愿登上新闻热搜，律师行业中有相当多的律师选择更多的是务实的代理工作，甚至刻意回避媒体报道，大多都以帮助当事人公平地解决争议，化解社会矛盾为宗旨，如果自己代理的个案能够代表或推动社会法治的进步，那实乃职业生涯的一大亮点。现实中，大部分律师接触的可能都是不被社会所关注，琐碎而平凡的所谓'小'案，代理案件过程没有鲜花和掌声，也没有香车和盛宴，只有律师帮助当事人有效地解决实际问题以及化解一个又一个矛盾纠纷，只有他们不断忙碌的身影，他们都是默默无闻的法律耕耘者。而正是他们的辛苦付出，矛盾纠纷得以有效化解，社会也更加稳定和谐，他们践行着法律人的使命、责任与担当，他们是社会主义法治建设的实践者和守护者。"

勠力同心，共同进步

披荆斩棘守公平，日夜兼程护正义。选择律师这一职业，既有行业发展所赋予的无上荣光，更有执业之初的艰辛。

律师这一职业是崇高的，也是令莘莘学子梦寐以求的，但要想在律师行业达到一定的高度，却也是非常难的。尤其执业初期的三年至五年，收入微薄是常态，能经受住考验并坚持下去，做到十年以上成为资深律师，方能有机会接触大案要案，而即使成为资深大律师，其承办案件的难度和风险也是巨大的。当前社会分工日益完善，各行业发展也日渐细化，对法律服务的需求也日益增长和越趋复杂，因此，单打独斗，仅靠一个人处理所有法律事务的时代已经远去，取而代之的是大量的法律事务成为综合性法律问题，需要律师团队的协同作战。其实，很多时候大众眼中的大律师，其背后都有一支非常强大的团队为其提供保障，律师团队既要有掌握不同行业精专的法律专业知识和技能的成员，同时还要有方案执行、综合协调、危机公关等方面的综合能力过硬的成员，协作配合要

▲王占辉律师发言

▲北京市东友（长沙）律师事务所揭牌

求很高，对律师管理和协调能力要求也非常高。

在王占辉律师看来，这种发展趋势是职业律师发展到高级阶段的标志，更是未来的发展方向。影视光环下的律师，是律师行业万千案例中精选的个案，是展现律师风采的一个窗口，并非常态，大多数律师都拥有行业发展的平常心，这也是王占辉律师的平常心、坦然心。作为一个普通人，将业务做到极致，就是一段精彩的人生旅程，何乐而不为呢！

梦想光环淡去，淬炼的是内敛锋芒，多年来职业生涯的打磨，让王占辉律师更具有了这样的司法气质，任何法律现象和问题，都能被王占辉犀利冷静的解构出核心和内涵。

作为事务所主任，王占辉律师经常会强调律师团队的发展，"不能只抓法律，要重点强化创新，打造文化，以提升管理"，王占辉律师道。

在王占辉律师看来，个体要求流动是追求个人价值的体现，个人发展受限。个人与团队价值观冲突，是引发律师事务所动荡的两大主要因素，抓住律师职业"乐挑战、善思考"的特点，引领团队律师价值趋向统一，搭建个人价值上升平台，赋予律师个人价值正能，事务所和律师个体共同成长，就能有效降低律师团队的流失率。

"一个人可能走得很快，但是一群人却会走得更远。"正是基于这样的理念，东友律师事务所的合伙人、律师在工作中找到了价值感、成就感。个人能力、价值不断获得提升，律所人才更加稳定，律所同仁就像一个大家庭一样，勠力同心、共谋发展、共同进步。

初心不改，接续前行

如今的王占辉律师更加明确，自己对法律行业的感情一直不会改变，且会更加恒久绵长。历经各种风雨，接触过各类案件的他，经常告诉身边遭遇挫折的朋友，任何行业都有看不见的焦虑和艰辛。"宝剑锋从磨砺出，梅花香自苦寒来"，律师职业亦是如此，需要克服困难、磨砺意志，需要付出辛劳、提升能力。或许，这就是人生的成长和奋斗，"换职业"只能解一时的焦虑，而改变不了人生的格局。

谈到职业生涯中遇有亲朋好友委托案件的情况，王占辉律师的态度很明确，律师接受委托就要做到"受人之托、忠人之事"，竭力维护当事人合法权益，朋友和亲戚更是如此。在他看来，律师是一个行业，解决的都是社会的疑难杂症，任何职业行为都有客观的价值和标准，无论是一个简单的法律咨询还是一套完整的法律解决方案，都代表着律师有形无形的付出，代表着数年的知识和经验的积累，代表律师的智慧和担当，不能因为是朋友和亲戚的委托而无底线地操作，否则影响的是个人或行业的长久发展。关于收费问题，王占辉律师笑着补充道："会根据具体情况，对朋友和亲戚予以照顾，但对案件仍会全力以赴。"平实的语言中尽显律者风范和拳拳赤子心。

坚守法治，牢记使命

2021年《民法典》的颁布实施，在社会上引发各种讨论，其中有一个说法："《民法典》的颁布，让资深人士必须从头学习，浪费了多年积累。"针对这样的说法，王占辉律师表达了明确的反对意见。"动荡社会无法典，

《民法典》的颁布是中国乃至世界之大事，说明国家社会在稳定发展，法治在持续进步，《民法典》的颁布实施是着眼于未来的幸事、好事，加快学习是关键，而且不再适用的《民法通则》，仅仅是部分条款的修改和完善，其法理和准绳未变，对《民法通则》越熟，法理基础就越扎实，新条款也就更容易上手，这对资深法律人不是灾难，而是福祉。"

梦想并不能诠释王占辉律师的全部追求。二十年来，王占辉律师经办案件无以计数，他听到、看到并经历的危急情形亦是不胜枚举，有的案件本身就带有危险性，有的案件当事人不理解或有非法要求，还有的案件处于诉讼对立面的当事人会调动各种手段设置障碍。此外，代理一个案件涉及的取证、谈判和会面等多个环节，有着不同处理场景，有的在约定地点，有的在纠纷现场，几乎每一处场景都会或多或少伴随风险，最典型的危险场景是，律师刚刚走出法院，就遭到相关人员的围追堵截，这在行业中已不鲜例，而这些在王占辉律师看来，似乎早已成为"家常便饭"。面对这些危险，王占辉律师显得格外淡然和冷静。"法律工作没有不危险的角落，关键是遇到危机时如何化解，事前做好针对性预案，将应

急措施作为职业能力，开展常态化培训。比如团队办案、选择安全地点、及时要求司法或公安机关介入等，多总结、多培训，作为个人要积极面对案内、案外因素的压力，保持积极健康的心态，相信我们的法治社会能保护好守法的公民。"王占辉律师语重心长地道。

后　记

采访即将结束时，笔者了解到，王占辉律师还经常参与社会公益性法律活动。"律师通过各种案件的磨砺，丰富了自己的社会阅历和能力，就应该多回馈社会。对内分享经验，提携新人，对外参与社会公益，辅助化解社会矛盾纠纷，帮助弱势群体和低收入群体维护合法权益，这是一个新时代中国律师的责任和使命。"

笔者以为，岁月虽改变了我们的容颜，但王占辉的律师梦想从未老去，他为自己热爱的律师事业既骄傲又自豪，因为他内心有根从不迷失的"定海神针"。

我们衷心祝愿，王占辉律师和他的同仁，在追逐梦想的过程中实现他们终极的人生目标和价值，帮助更多的普通百姓，用法律的武器维护公民合法权益。因为，坚守法治就是坚守公平正义。

诉讼律师，庭审为王

——访北京朗诚律师事务所创始合伙人、副主任王铮律师

▲王铮律师

编者按

她的客户不仅涵盖了丰田、特斯拉、日产、捷豹路虎、奔驰、宝马、福特、大众、现代等世界著名车企以及经销商集团，她还先后受邀为包括"世界500强"和"中国500强"（如雅戈尔）在内的众多著名大型客户单位提供专项法律服务或担任常年法律顾问。

她是法庭上那个全力维护当事人合法权益，维护法律正确实施，维护社会公平正义的律界精英、女中豪杰。

在轰动汽车圈的"史上最贵退一赔三"贵州宾利汽车赔偿案（宾利车主1650万赔款变11万）中，她是汽车经销商的顾问和代理人之一，并成功为客户翻案。

她是中国汽车行业领先的政策研究专家和中国汽车流通协会法律顾问，在汽车行业的政策研究、国家立法与修订中更有她积极参与、建言献策的身影。

她就是北京朗诚律师事务所创始合伙人、副主任王铮律师。

天之娇女的选择与坚守

王铮出身于书香世家，祖上是被誉为"关东三才子"（王希哲、吴昌硕、齐白石）之一的近代东北书法篆刻第一大家王光烈（字希哲）。王铮自幼在书香的熏陶中成长，还弹得一手好钢琴，从小到大王铮就一直担任文艺委员、文艺部长，排话剧、排音乐剧、排舞蹈，一个人主持一台晚会都不在话下，可谓天之骄女。年少时受香港地区律政剧影响，王铮就萌生了要当一名维护正义、决胜法庭的执业律师的想法，从此当律师的种子在她心里逐渐生根发芽。

"瑶池西望千家雨，紫气东来万里风。"2005年，她终于得偿所愿。自进入律师行业，王铮犹如蛟龙得水一样，在法律圈找到了归属感，在各类案件的办理中找到了价值感和成就感。

其实，父亲在给王铮起名时便寄托了很多期望，希望她像男孩子一样坚毅果敢、铁骨铮铮。随着岁月而变迁，王铮也应了长辈的希望，成了同仁眼中的"拼命三郎"。

专注诉讼，笃定前行

笔者以为，只有法庭才最能展现律师的能力和风采，所以今天我们需要重点提及和记录的是，王铮律师作为一名资深出庭合伙人律师所代理的重大疑难复杂、巨额财产标的的案件。因很多案件要在外地法院开庭，这就需要律师长期出差在外，以至于王铮律师"飞"成了航空公司的"白金卡"会员，一周内先后在三四个城市开庭，一天跑两个城市对于王铮也已经是家常便饭。有时为了一个重大案件，她可以一个月内平均每天只睡上4个小时，连续作战的同时，第二天仍会精神抖擞地出现在法庭上，其庭审的精彩程度、语言的交锋让人似乎看到了美剧中的精彩片段，获得了法官、客户乃至对方律师的高度评价和肯定，当然，能获得如此高的评价，是王铮夜以继日、认真准备、处处以匠人之心要求自己的结果。

追求极致，匠心永恒

在每一起案件中，无论案件大小，王铮一旦接手，她都会全力以赴、尽心尽职，把案件做到极致。对于每一诉讼材料，王铮都要求将案件适用的法律依据、判例依据乃至学者著述等详细材料附上。"这样法官一看，就能一目了然了。"

热播律政剧《精英律师》中有一个"史上最贵退一赔三汽车案"，就是以王铮参与代理，并由最高人民法院二审改判、再审审查的真实案例改编的，此案在汽车圈可谓是无人不知无人不晓。

此案要从2014年说起，这一年，车主杨某花550万元买入一辆宾利慕尚，但2016年车主在做保养时却发现自己的车在买入之前就有过PDI（乘用车新车售前检查）

▲王铮律师应邀对捷豹路虎（中国）投资有限公司广州分公司、成都分公司进行"汽车产品责任纠纷的法律分析及重大质量事件的实务应对"培训

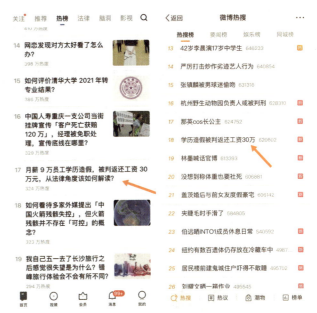

▲学历造假被判返还工资 30 万

维修记录，于是，车主将经销商告上了法庭。

据了解，该车在到达宾利 4S 店移交检查时，发现左前门下有漆面损伤，于是，经销商对车辆进行了抛光打蜡并清除了损伤，之后又发现车辆右后遮阳窗帘出现异响，于是，经销商又更换了右后遮阳窗帘总成，同时，这两项 PDI 维修记录均如实记录并及时上传至 DMS 系统。

2017 年法院在审理该案时认为，经销商存在欺诈消费者消费行为，判处经销商退还车主车款并作出三倍赔偿，合计需要赔偿车主 1650 万元，因此，该案也成为维权史上赔偿最高的案例，备受业界关注。

一审后，经销商不服判决，遂向最高人民法院提起上诉。2018 年 11 月 30 日，最高人民法院对该案作出二审判决，认定被告（经销商）行为不构成"欺诈"，撤销一审判决结果，并从侵害消费者知情权的角度酌定被告赔偿原告 11 万元，同时车主则需要负担 31.1 万元的诉讼费。

车主不服上述二审判决，2019 年 1 月 6 日向最高人民法院申请再审。

2019 年 2 月 19 日，最高人民法院组成合议庭对申请人杨某的再审申请进行立案审查。北京朗诚律师事务所武峰律师、王铮律师接受再审程序被申请人贵州某经销商的委托，作为再审程序的诉讼代理人参加该案的诉讼。

最高人民法院经过审查，最终作出"（2019）最高法民申 898 号"《民事裁定书》：申请人杨某的再审申请不符合《民事诉讼法》第 200 条第 6 项规定的情形，驳回申请人杨某的再审申请。至此，杨某向最高人民法

院申请再审的审判监督程序尘埃落定。

对于这起"史上最贵退一赔三汽车案"的经过和细节，笔者无需再赘言，在此，笔者需要重点提及的是，此案之所以被称为汽车消费领域的载入史册的里程碑式的案例，其重要指导意义在于，售前新车如出现了"轻微"瑕疵，按照 PDI 程序进行整备，在经销商已将 PDI 维修信息如实记录并上传至系统，且该等 PDI 维修并不会影响消费者缔约根本目的的情况下，虽然没有告知消费者，但并不构成对消费者欺诈，此案由最高人民法院审结，就是最好的例证。

经典案例，登上热搜

"月薪 9 万离职后被查出学历造假，公司起诉返还工资。""月薪 9 万涉学历造假，法院判决退还工资 30 万元。""惊呆！月薪 9 万员工离职后，竟被查出学历及工作经历造假，公司起诉返还工资，法院：退还 30 万。"

2021 年 5 月初，陆云生（化名）因学历造假返还 30 万元工资的案件在中国裁判文书网公布后受到《中国青年报》《人民日报》《检察日报》以及正义网等广大媒体的广泛关注，并登上了微博热搜、知乎热榜，广大网民也投入到该案件的讨论中，可以说是众说纷纭、莫衷一是。但我们从二审法院的判决书中以及该案公司方的代理律师王铮处找到了正确答案——学历造假，构成欺

诈，工资应予以返还。

笔者经搜集"学历造假"的相关案例获悉，对学历造假的员工，公司一般情况下是予以辞退处理，如上述案件，一审、二审法院均支持退还工资的情形确实极为少见。

笔者以为，该案中法院最终判决学历造假者返还相应工资款，也对社会起到了警示作用，即学历造假，构成欺诈，且严重违背诚实信用原则，与社会价值取向背道而驰。对于此案的来龙去脉，各大媒体已做报道，在此已无需赘言，而对于代理律师在这个案件中所付出的努力和艰辛，以及对社会发展和进步做出的贡献，应该是不言而喻的。

诉讼律师，庭审为王

在法庭上，王铮律师思维敏捷，逻辑缜密，对案件的分析和陈述从未被法官打断，这应是她近乎苛刻地要求自己的结果，每次开庭前，哪怕是同类型的案件，她都要准备到凌晨两三点钟，不容有任何失误或闪失。

在另一起车主起诉汽车经销商构成消费欺诈"退一赔三"的案件中，一审时，法院驳回了车主起诉"退一赔三"的诉讼请求，但二审法院却又支持了车主"退一赔三"的诉讼请求，且该案还被二审法院报至最高人民法院并刊登在了《最高人民法院公报》。众所周知，《最高人民法院公报》是最高人民法院用来正式发布案例的官方文献，不难看出其所具有的重要意义，此时，这个案件要想翻案十分困难！

汽车经销商不服二审判决，遂聘请朗诚律师事务所担任案件再审的代理人，向某市高级人民法院提起再审申请，后获再审立案。最终，某市高级人民法院作出再审判决，撤销二审判决，驳回车主"退一赔三"的诉讼请求。

最终，此案在某市高级人民法院一锤定音（因涉及客户隐私保护，此案详情不能披露，还请广大读者理解）。

参与立法研究，促进行业发展

近年来，在武峰、王铮两位创始合伙人的带领下，作为中国第一家以汽车行业法律专业领域为主攻方向的专业化、精品化律师事务所，北京朗诚律师事务所在汽车消费欺诈类案件等领域树立了标杆，打造了卓越的品牌，成就斐然，其口碑在业界早已声名远播。

除代理汽车厂商、经销商等参与诉讼，担任汽车领域从生产、销售到售后各个环节的法律顾问服务外，王铮还积极参与中国汽车流通协会、中国汽车工业协会的学术研讨，深度参与了国家立法修订等工作，基于在行业内做出的突出贡献，中国行为法学会聘任王铮律师担任其理事一职。

作为中国汽车行业领先的政策研究专家，王铮律师参与了包括：《消费者权益保护法（征求意见稿）》《缺陷汽车产品召回管理条例（征求意见稿）》《缺陷汽车产品召回管理条例实施办法（征求意见稿）》《乘用车新车售前检查服务指引（试行）》《汽车销售服务管理规范（团体标准）》《关于制止滥用行政权力排除、限制竞争行为的规定（征求意见稿）》《禁止滥用市场支配地位行为的规定（征求意见稿）》《禁止垄断协议行为的规定（征求意见稿）》等立法修订活动，并对上述法律法规和团体标准发表了前瞻性预判和提出建设性的专家意见，诸多建议最终被立法机关予以采纳。

后 记

采访即将结束时，王铮律师说，她从业以来最大的感受就是幸运，能够遇到良师、优质的客户、卓越的团队，与其中很多优秀的前辈、同事、客户朋友、法律人共同成长，彼此成就。

笔者以为，幸运往往是留给那些有准备的人，留给那些努力奋斗、敢于拼搏的人的。法庭就是王铮律师拼搏与奋斗的舞台，更是她的主"战场"。

我们相信，未来，王铮律师在她的舞台上将会展现更加精彩的一面！

岂曰无助，与子同期

——记北京创为律师事务所与司法部《法律与生活》杂志社拆迁维权法律研究中心主任向天旭律师

▲ 向天旭律师

编者按

进入 21 世纪以来，随着我国城市化进程的不断加快，全国各地高楼林立、鳞次栉比，一派欣欣向荣、繁荣昌盛之景象。然，在繁华盛世之背后却也有着许多的无奈与艰辛，而最令人无奈的莫过于因征地拆迁出现的各种纠纷了，有的征地拆迁纠纷导致一些人失去家园，有的甚至妻离子散，权益无法得到有效维护，合法利益无法得到有效保护……适逢时代发展所需，专注征地拆迁，只为被拆迁人维权的法律服务机构——北京创为律师事务所（以下简称"创为律所"或"创为"）应运而生。

下面，就让我们走进创为律所，走近"创为"的律师精英——司法部《法律与生活》杂志社拆迁维权法律研究中心主任向天旭律师。

北京创为律师事务所

北京创为律师事务所是一家经北京市司法局批准设立的合伙制律师事务所。

创为律所汇聚了一批有着良好专业素养与高尚执业精神的法律人才，形成了一支训练有素、敬业有加的专业律师团队，在长期执业过程中与各级政府部门、司法部门、社会团体组织、国际组织等形成了良好的工作关系和交流渠道。具有"维权安全系数高、办理案件周期短、安置补偿数额高、维权团队经验足"等四大特色。

十年专注，征地拆迁

创为律所专注全国征地拆迁案件代理近十年。创为律师忠诚于每一位远道而来的当事人，耐心倾听吐诉心声，专业解答困惑疑问。现创为律所征地拆迁维权范围已覆盖全国各地，包括北京、天津、上海、江苏、浙江、福建、广东、广西、湖南、湖北、江西、安徽、河北、河南、内蒙古、吉林、辽宁、山东、山西、陕西、四川、海南、甘肃、青海等，业务领域涵盖了农村土地征收、城市房屋拆迁补偿纠纷、厂房拆迁补偿纠纷、公司企业拆迁补偿纠纷、城中村改造、棚户区改造、小产权房拆迁、违法建筑拆迁等多个方面。

创为律师，团队作战

创为律所打破了以往法律维权的律师个人代理的"思维局限"，采用"团队作战"模式为当事人提供维权服务。多年来，创为律师团凭借丰富的办案经验和高超的法律技能曾多次受邀新浪网、中国网、新华网、环球网、凤凰网等新闻媒体接受专访，还是 CCTV-12《律师来了》栏目组金牌合作伙伴、司法部《法律与生活》杂志社年度"协办单位"，并被指定为"《法律与生活》杂志社征收拆迁法律研究中心"基地。在群众的肯定与支持下北京创为律师事务所拆迁业务守在业界翘楚，赢得了众多的口碑，好评率一直遥遥领先。

践行公益，传递温暖

"创世济民，为仁为义！律政先锋，师出有道！"是创为律师团队奉行的精神理念。创为律所特开设"创为公益基金"，以爱心为理念，专款专用，关注弱势群体，提供法律援助，捐助灾害扶贫等。与此同时，创为律师还积极开展爱心公益，筹建公益小学，进行一线普法宣讲，以及组织"为聋哑孩子圆一场海滩梦"等活动。创为律师们长期参加各类公益活动，办案之余，还走访多地一线，实施"万里行法律宣讲、普法讲座"、搭建"创为公益小学"和援助多地一线贫困儿童及留守老人。为社会贡献着"创为法律人"的一份绵薄之力。创为律师不但要做法律的捍卫者，更要做公益的践行者。

向天旭律师

司法部《法律与生活》杂志社拆迁维权法律研究中心主任。向天旭律师储备了大量的法学知识和实战经验，主要从事民事以及行政领域案件。凭借对法律知识理论深入透彻的研究，融合多年积累的办案经验，始终坚持以规范化、专业化、品牌化的服务为导向，努力实现客户利益的最大化。

专业领域

1. 房地产纠纷案件：房地产土地纠纷、建设工程项目相关法律问题、商品房相关问题、征收维权、企业经营性厂房关停、建设工程等。

2. 合同法律事务：借款合同、保证合同、抵押合同、质押合同、租赁合同等法律事务及所涉及的民事合同法律事务。

3. 婚姻、家庭、继承法律事务。

4. 公司金融案件：公司股东之间争议解决、股权融资纠纷等公司股权领域的诉讼案件，初创企业股权结构顶层设计、股权激励等非诉讼案件，股票确权、证券合同纠纷等金融诉讼案件。

5. 经济合同纠纷案件：购销合同纠纷、建筑工程承包合同纠纷、加工承揽合同纠纷、仓储保管合同纠纷、承包合同纠纷、联营合同纠纷、运输合同纠纷、借款合同纠纷、财产保险合同纠纷、财产租赁合同纠纷、融资租赁合同纠纷、企业租赁经营合同纠纷、行纪合同纠纷、居间合同纠纷、补偿贸易合同纠纷等。

6. 劳动争议案件：劳动合同纠纷、集体劳动合同纠纷、事实劳动合同关系争议、劳动保险纠纷、劳务（雇用）合同纠纷等。

7. 非诉法律事务：投资项目法律论证，出具法律意见书，代写、起草、审查法律文书文件，企业规章制度起草、审查等。

经办案件（部分）

1. 企业债权债务关系纠纷案件
2. 北京婚姻抚养关系纠纷案件
3. 劳动合同关系纠纷案件
4. 商品房购置纠纷案件
5. 多户集体土地征收维权案件
6. 房屋拆迁案件
7. 产业园开发集体土地征收案件

▲创为律师事务所前台

▲创为律师事务所会客室

8.企业厂房收购纠纷案件

9.养殖场环保关停纠纷案件

参与媒体节目

《法制晚报》访谈；《河南法制报》开庭直播庭审现场；司法部《法律与生活》杂志社直播专访。

媒体评价

向天旭律师在执业过程中，具有优秀的团队合作精神，良好的沟通协调能力和学习能力，结案率颇高，多次受到当事人的肯定并被赠予锦旗，具有较好的口碑率。在经办河南信阳案件中，开庭审理被各大媒体同步直播。他坚持以诚信正直取信于当事人，不唯上、不唯钱、不唯权。

向天旭律师以博大胸怀衡平着法律的公正，以严谨的责任态度维护着社会和平，以完备的知识体系洞察携手需要维权的弱势群体，以缜密的逻辑思维考究着违法不公。

办案理念

律师要具有哲人的智慧，诗人的激情，法学家的素养，政治家的立场，四者统一于科学的使命和职业良心与社会正义之中。

岂曰无助，与子同期

筑梦常在，光荣与责任所系，法治天下，律师重任在肩。创为律师秉持"正义、公平、贤明"的职业理念奋斗在全国各地的维权现场，用汗水践行希望，用行动维护正义，为每一位当事人提供权威专业的法律服务，为每一位委托人送去法律的温度。

创为者，创世济民，为仁为义。创为律师说："岂曰无助，与子同期！"

向天旭律师说："愿以法律规范为武器，以法律技能为依托，以法律信仰为追求，最大限度维护当事人合法权益。"

坚守法律信仰，书写责任担当

——访北京大成律师事务所高级合伙人、
大成交通和基础设施行业组负责人杨关善律师

编者按

世界著名法学家哈罗德·伯尔曼曾说："法律必须被信仰，否则它将形同虚设。"笔者以为，无论是法律人还是非法律人士，有所信仰，人生之路才会有奋斗的方向和向上的力量；有

▲杨关善律师

所敬畏，才能做到言有所戒、行有所止，才能在诱惑面前做到百毒不侵，在欲望面前做到坚守底线，在责任面前做到勇于担当……

本文主人公——北京大成律师事务所（以下简称"大成"）高级合伙人、大成交通和基础设施行业组负责人杨关善律师，就是一位有着丰富的人生经历和法律职业履历，坚守法律信仰和勇于责任担当，并时刻提醒自己一定要做一名恪守职业道德、严守执业纪律的中国律师。

另据了解，杨关善还是一位从来不给"介绍费"，不给"回扣"的律师，且因此让他失掉了不少"大单"，但又因其专业功底深厚，对待客户真诚，对待工作用心，获得了更多客户的认可和信赖。2020 年 8 月 20 日，国际知名评级机构汤森路透旗下知名法律媒体《亚洲法律杂志》公布"2020 ALB China 客户首选律师"名单，杨关善律师名列其中（全国共有 20 名律师入选）。而此荣誉的获得距杨关善回归律师行业还不到 5 年。

提起杨关善律师，在律师圈可能很多同仁并不熟知他，但在基础设施建设、政府和社会资本合作（PPP）、矿业能源领域，以及各大央企、地方国企的法律顾问队伍中，他早已是名人。据悉，杨关善律师自 2015 年 9 月加盟大成以来围绕建设工程、PPP、矿业能源以及企业合规等专业领域已经做了超过 60 场的法律培训和讲座，并成为各级政府部门、央企、国企、律师行业协会以及大型民企争相聘请的专家讲师和法律顾问。

那么，杨关善律师为何能获得如此青睐和信任呢？

他又有着怎样的人生经历、执业心路和法律情怀呢？且让笔者为读者诸君一一道来。

心怀梦想，砥砺前行

杨关善的祖籍是有着"孔孟之乡"之称的山东省济宁市嘉祥县。杨关善虽出身普通农村家庭，但自幼受古代先贤影响，养成了勤奋好学、努力上进的品质。他认为，唯有努力学习才能实现自己的人生价值。是啊！在那个"千军万马过独木桥"的年代，高考对于他们那一代人来说是可以改变人生命运的！1991 年高中毕业的杨关善以嘉祥三中第一名、全县排名第三的优异成绩考入法学界"五院四系"之一——西北政法学院（2006 年更名为"西北政法大学"，以下简称"西北政法"），且当年西北政法在山东省只招收 25 名学生，在西北政法被录取的几百名新生中，杨关善高考成绩仍排名第一。进入西北政法后，杨关善继续保持着冲刺高考的那股学习劲头，在法律殿堂如饥似渴地汲取着营养，且涉猎广泛。

时间如白驹过隙，三十年一晃而过，曾经那个怀揣梦想走进西北政法的青涩年轻人，如今已年近五旬，并成为大成的高级合伙人。

以法为翼，护企腾飞

2000 年，杨关善考入蓟门桥畔的中国政法大学研究生院继续深造。2003 年研究生毕业后，杨关善被中国铁路工程总公司（以下简称"中国中铁"或"中铁"）录用成为法律事务部的一名法务，自此开启了他在央企 12 年的法律顾问之路。12 年来，杨关善与中铁一起成长、一起发展，在中铁除参与传统施工项目外，他还深度参与了诸多投资类项目包括 BOT 项目以及房地产开发项目等领域的法律服务，中铁给杨关善提供了广阔的发展空间。2021 年中铁在《财富》世界 500 强排行榜中已升至第 35 位，作为中铁曾经的一员，在中铁奋斗了 12 个春秋的杨关善做到了不负韶华、不负中铁，他以法为翼、护企腾飞，成为中铁跨越式发展和成长为世界 500 强企业的一名参与者和见证者。

▲杨关善律师通过大成直播开展讲座

2008年6月25日，中国中铁矿业板块成立二级企业——中铁资源集团有限公司（以下简称"中铁资源集团"）。杨关善遂被调入并先后任法律部副部长、部长、副总法律顾问等职。在中铁资源集团，杨关善"服役"8年期间更是见证和参与了中铁资源集团从初创到实现快速发展的整个过程，作为中铁资源集团法律事务负责人，杨关善秉承"勇于跨越，追求卓越"的企业精神，与领导、同仁同频共振、同向而行，努力实现着中国中铁在全国乃至全球资源领域的战略目标。

随着职务不断提升，杨关善的视野更加开阔，涉猎更加广泛，其参与案件也更加深入和全面。尤其是在中铁资源集团任职期间通过办理许多跨国、重大诉讼案件（下文将重点分享），杨关善对国企的运行机制以及管理有了更加清晰地了解和认识，为其从事专职律师工作后继续服务国企奠定了坚实的基础，更使他在处理各类重大、复杂案件时做到得心应手、游刃有余。

坚守信仰，书写担当

"法者，天下之公器也。"杨关善信仰法律，并一直运用法律思维处置生活和工作中遇到的所有问题和难题。

以下我们以杨关善在中铁资源集团工作期间"临危受命，力挽狂澜"的两起案例，与读者分享他是如何运用法律思维破解工作中的难题和处置各类重大、疑难、复杂案件的。

"思路决定出路，无论是在生活抑或是在工作中，若遇到问题就想通过找'关系'来解决，就不会把心思放在正常的路径上，你的注意力、方向、精力、金钱等就会投入到'关系'上。若想通过法律手段解决，就不必考虑所谓的'关系'，而要考虑如何从法律的角度、政策的角度来破解遇到的难题。"杨关善律师道。

（一）胜诉在蒙古国最高院

中铁资源集团从国内一民营企业手中收购了蒙古国的某大型铅锌矿项目，股权转让金额十几亿元人民币。该项目本是中国企业"走出去"的成功案例，但由于蒙古国投资环境复杂，自并购后即遇到一系列棘手的法律问题，导致该项目长期陷于诉讼的漩涡之中。其中一个导火索是，蒙古国原矿权人以转让矿权时股东签字造假以致股东会决议无效为由，通过蒙古国某基层法院撤销了股东会决议，并由矿产局撤销了中方采矿证。令人意想不到的是，中铁资源集团的采矿证被撤销后，矿产局竟将矿权重新授予了原矿权人。而此时，中铁资源集团的矿建工作已经完成并进入试生产阶段，没有了采矿权，就无法开工生产，前期所有的投资都将付之东流。

项目公司总经理到集团紧急汇报案情，会议期间，杨关善了解整个案件情况后表示："这个官司我们一定要打，而且一定要打赢，我们输不起。"此观点得到领导的支持和肯定，并明确表示由杨关善负责处理。杨关善立即组织集团法律事务部、蒙古国项目负责人以及蒙古国的两家律师事务所和翻译人员，组成了10人法律项目组，负责处理此案。经过详细调查，杨关善发现，蒙古国原矿权人的一名自然人股东竟然是蒙古国总检察长的秘书，且占10%的股份。他立即将这一情况反映到中国驻蒙古国大使馆，由大使出面约见总检察长。同时，杨关善又指导蒙古国律师提起一系列诉讼程序，将官司打到了蒙古国最高法院。

在此期间，原矿权人动用媒体以及刑事手段抹黑中方，蒙古国刑侦局对中方10名中高层领导采取限制出境措施，并查封全部矿山资产。面对重重压力，杨关善临危不乱，与对方斗智斗勇，先后几十次往返于北京和乌兰巴托。此间有个别领导曾安慰杨关善说："死马当成活马医吧！"

2014年6月23日，当蒙古国最高法院作出胜诉判决时，杨关善立即向集团领导电话汇报。案件得到了公正审判，激动的泪水模糊了他的双眼，几年来顶着各种压力的坚守终于得到了回报。

既然已经胜诉，那么剩下的工作就是申请执行和办理恢复采矿证的手续了，而这时出现了一个小插曲。蒙古国矿产局直接负责办理采矿证的一名处长通过熟人找到杨关善，想约他在北京见一面。杨关善凭多年与蒙古国政府打交道的经验判断，这一约见的意图很明显，其

▲杨关善律师在大成专题研讨会上发言

无非是趁机索要"好处费"。见面时未等对方开口，杨关善坦言："我们在蒙古国打官司完全是合法合规的，没有采取任何不正当手段，恢复采矿权也是水到渠成的事……"对方见没有机会表达索贿意图，只好作罢，很无趣地回去了。杨关善随后赶赴乌兰巴托将这一情况告知蒙古国代理律师，请其直接与矿产局交涉依法恢复矿权的事，如遇障碍就向其上级部门反映。杨关善表示："我们已经依法合规打赢了官司，若恢复矿权的过程中有行贿行为，就会被人抓住把柄，采矿证即使恢复了也随时可能被撤销，我们要坚决杜绝任何后患……"

第二天，刚刚返京的杨关善正与集团领导研究恢复矿权后组织生产问题，项目负责人电话告知："采矿证拿到了！"这时，参会的高层领导也拍手称快："一定要好好庆祝一番。"

（二）胜诉在刚果（金）最高院

此案发生在非洲中部的刚果（金）。中铁资源集团是刚果（金）某铜钴矿项目的控股股东，与当地小股东发生股权纠纷后，被小股东以项目管理不善为由向科卢伟奇法庭提起诉讼，诉讼标的额达3100万美元。作为集团的副总法律顾问，杨关善十分关注此案的进展，但被集团领导告知："你不用参与此案，项目公司已聘请了当地律师，与法院也已做好沟通，问题很快就解决了。"但未曾想一审败诉，判决中方全额赔偿小股东3100万美元。这时，集团领导坐不住了，立刻安排杨关善全面介入，但案件已陷入十分被动的局面。小股东一审胜诉后已经向法院申请保全，由其向项目委派一名人员担任临时董事长，理由竟然是"中方股东可能要跑路，我们要接管公司，直至这个官司结束"。小股东还另外提起诉讼，向中方索赔股权价款约1.09亿美元。此时项目已面临失控的危险。

杨关善介入案件后，立即向卢本巴西上诉法院提起上诉程序，但之后发现该法院法官已被对方买通。他于是指导代理律师申请移送管辖，同时根据代理律师提出的建议向刚果（金）最高法院控告科卢伟奇法庭主审法官，以其在一审中存在欺诈为由请求撤销一审判决。"基层法院法官违法，可以直接到最高院控告并由最高院撤销一审判决，这一制度以前闻所未闻。"为印证这一观点，杨关善又咨询了刚果（金）另外一家律师事务所，在获得肯定答复后，杨关善当即指导代理律师向刚果（金）最高院启动了控告程序，此时已逼近控告程序的最后期限。事后证明这一决定成为扭转败局的关键一步，否则将无力回天。

这里也出现了一个小插曲，二审案件移送其他法院管辖后，法语翻译给杨关善打电话报告，庭审结束时二审法官向代理律师索要"好处费"，若不给就立刻判小股东胜诉。翻译征求杨关善意见，这个钱到底给还是不给？情况十万火急，以致电话中翻译的声音都有些颤抖了。杨关善清楚，对方一旦二审胜诉必然立即执行中方财产并控制项目，即便今后在最高院翻盘也难以挽回损失，杨关善同样清楚，越是到关键时刻越需要冷静。"稍等我一下，我考虑考虑。"杨关善没有流露出丝毫的紧张，他走出办公室转了一圈，大脑快速运转思考应对之策，但未向集团领导汇报，他不愿给领导添堵。几分钟后他回到办公室电告翻译："立刻回复律师，不能给法官送钱，并警告法官，我方正在向最高院控告一审法官，若二审法官仍枉法裁判，我们同样会对他提起控告。"结果二审法官未敢下判，此案暂缓判决，等待最高院控告程序的处理结果。

在此期间，针对刚果（金）当时的司法乱局，杨关善向中国驻刚果（金）大使馆和经商处做了汇报，大使和商务参赞约见了刚果（金）最高院院长，希望其维护司法公正，依法保障中方权益。与此同时，杨关善又以中铁总裁名义给刚果（金）总统递交信函，坦陈中方作为刚果（金）的重要投资人，已遭受来自司法不公的威胁，对此深感不安，请总统对其投资环境、司法环境予以关注。此函主送刚果（金）总统，抄送了刚果（金）总理、刚果（金）最高院院长、中国驻刚果（金）大使馆等一系列要害人物和机构。

"组合拳"最终打出了奇效，2014年7月23日，刚果（金）最高院对控告法官案件开庭审理后当庭判决：

一审法官实施了欺诈行为，撤销一审判决。也许是一种巧合，蒙古国最高院作出胜诉判决的时间是同年 6 月 23 日，整整比刚果（金）最高院的胜诉判决早了一个月。

不畏公权，化危为安

杨关善加盟大成后，凭借其在中铁工作期间积累的丰富经验和驾驭重大案件的能力，在帮助当事人维权之路上继续创造"经典"。

浙江省和江苏省的两个污水处理 PPP 项目分别收到政府提前解除合同和收回特许经营权的通知。投资人深知，此特许经营项目利润虽薄，但收益稳定，且已投入巨资，若被政府强行收回，即使有所补偿，前期投入的巨额成本也无法全部收回。两家项目公司已陷入生存危机，心急如焚的投资人希望在北京寻找能帮其解决这个棘手问题的专业律师。几经周折，投资人联系到了在 PPP 业务方面有一定知名度的杨关善律师。双方见面后，一拍即合，投资人当场决定全权委托杨关善律师处理此案。"至今还不知道是哪位朋友推荐的，不知道该感谢谁！"杨关善律师笑道。

俗话说"没有调查就没有发言权"，接受委托后，杨关善立即带领团队开展了详尽的调查取证工作。"只有掌握了案件的来龙去脉，查明了案件基本事实，才能制定可行的个性化应对方案。"这是杨关善处理此类业务的经验之谈。经过收集证据，杨关善在短时间内制定了方案，向地方政府紧急发送了一份有理有据的律师函，分别从实体方面和程序方面指出政府解除合同和收回特许经营权的诸多错误，对其解除合同和收回特许经营权所依据的事实和理由一一予以驳斥。

2020 年 9 月 30 日上午，也即政府来函中明确的收回特许经营权的最后日期，投资人和项目公司均收到了地方政府的回函。政府决定撤销原来发出的解除函，同意就项目合作问题，双方再行协商……一封律师函使项目危机被化解，企业的投资权益得以保障。

杨关善为客户成功维权，也为自己赢得了客户的信赖，随后这家投资人向杨关善律师团队输送了一批业务。

"对于企业遭遇的各种纠纷或危机，律师介入后，首先要做的就是充分发挥律师的专业优势，做好尽职调查工作，当然，律师不是懂专业就可以应对一切，还要有处理各种纠纷或危机的经验。霍姆斯大法官说：'法律的生命在于经验，而不是逻辑。'我非常认同。我认为，律师业务是一门专业的技能，需要经过长期的学习和实践才能掌握。没有经过长期的训练和实践，即便你的法律知识很丰富，逻辑推理能力很强，也不一定能做好法律工作。再者，律师对待案件的态度也非常重要，案件无大小，每一起案件对客户来说都是大事，律师对待案件的态度决定了其责任心和担当精神，也决定了客户对律师行业的认知和评价，所以，任何时候都不可懈怠。唯有全力以赴、全心全意地做好每一步工作，才能取得理想的结果。当然，律师应将工作进展及时汇总和反馈给客户，客户对律师工作一目了然，即便结果不尽如人意，也会得到客户的理解。"杨关善律师道。

后 记

江平老师说："这一生，我只向真理低头；我的中国梦，就是法治天下。"

杨关善律师说："在任何案件的处理中，我只相信法律，我只有法律思维，一切所谓的'关系'都是自欺欺人。"

是啊，希望所有法律人都坚守法律信仰，坚守法律底线，用心、尽责办理每一起案件。但愿我辈法律人能扛起真理之旗帜，为推动法治中国建设，为实现中华民族的伟大复兴众志成城、砥砺前行，以实干践行初心，用责任书写担当！

跨境无疆，律者有恒

——康达律师事务所高级合伙人、康达（香港）律师事务所主任、法学博士杨荣宽律师侧记

▲杨荣宽律师

编者按

作家汪曾祺说，人总要热爱什么，活着才有意义，把自己炼进自己的剑里，这才叫活着。新冠肺炎疫情使全球经济陷入严重衰退，对全球贸易、就业、产业链、市场及全球治理等方面都带来负面影响，后疫情时代全球经济需要可持续复苏。

如果经济是人们在稀缺或匮乏时对相干事物的追求，但其发自生命本源的固执的向往却锻造了法律精神。跨境法律服务着眼于统筹经济、社会、环境效益，大力发展"影响力投资"，这是助力解决发展不平衡不充分问题的必然选择。笔者以为，跨境商事法律服务是一颗具门槛性的法律服务领域，康达律师事务所作为业界公认的标杆，其香港地区分所的设立，突显了跨境商事的时代性。为此，康达律师事务所高级合伙人、康达（香港）律师事务所主任、法学博士杨荣宽律师也成为我们重点关注的"把自己炼进自己的剑里"一位知名法律人。

跨境无疆

2020年中国-阿拉伯联合商会中方理事会年度会议是一后疫情时代的重要会议。杨荣宽律师作为跨境商事法律服务的践行者出席本次会议并在媒体采访时指出："疫情防控既是摆在中阿人民面前的紧迫工作，也是进一步密切经贸合作的前提，更是构建中阿命运共同体的具体要求。应建立有效疫情防控联动机制和法律合作机制，为中阿经贸发展的新阶段提供基础性安排。跨境贸易是由市场导向的理性经济行为来推动的，这种理性经济行为的条件之一就是存在一套理性化的法律，其能够最大限度地保障确定性和可预见性。经贸的发展，必须基于其为区域所提供财富的多寡以及对稀缺的满足程度来衡量。即最重要的标准乃是跨境企业获利的程度。"我们进一步关注到，更多的高级别跨境商事论坛，亦不乏康达（香港）的身影，包括但不限于"中新经贸与投资论坛""2020年'一带一路'国际商事仲裁高级别对话会""第七届中日韩工商峰会""2019年金砖国家工商论坛""2018年巴布亚新几内亚APEC工商领导人峰会"等。

"挑战和迎战，是历史学家汤恩比总结的人类社会发展的规律。跨境法律是国际社会发展的组成与工具，但法律不仅仅是工具，而应该成为我们内心的信仰……法律是实践的理性，是一门实践的学问，需要理想，更需要技艺。法律调整技术的进步，更须平衡科技创新与社会共享两者的平衡，由此，法律角度下的科技，既有创新者实践的勇气，更有其理论创见的共享，给社会受众留下的无限进步和精神养分。跨境法律服务亦应直面和利用第四次工业革命带来的前沿技术，并充分考虑机器人技术、人工智能、增材制造和数据分析所具备的巨大潜力，以加速包容性创新，促进绿色复苏。"杨荣宽律师在2019华尔街日报-香港亚太科技峰会后，接受中国日报网记者专访时指出。

跨境商事法律服务，更应具工匠精神，日夜捶击敲打，把善意和规则延展成"薄如蝉翼的金饰"，笔者深为此感触。

▲ 杨荣宽律师发言

▲ 杨荣宽律师参加会议

成就卓著

近年来，康达（香港）在商事争议领域成就卓著，先后有多起案例入选最高人民法院参考案例及被媒体广泛关注。

诸如：亿嘉利商事行政交叉争议案。2019年12月10日，在最高人民法院发布《最高人民法院关于审理行政协议案件若干问题的规定》的同时，该案被公布为是十大参考案例之一（排名第3）。该案关键点在于为行政商事性协议的识别标准、起诉期限及诉讼时效建立了统一司法认定标准。为此类案件提供判例支撑和全新考量理念。

诸如：胜科水务重大生态环境商事损害赔偿案。该案入选最高人民法院2020年5月8日发布的《中国环境资源审判（2019）年度典型案例》（排名第35）。该案系污染环境刑事附带民事公益诉讼案件，亦系最高人民检察院、公安部、原环境保护部联合督办案件，其典型意义在于为高度重视对环境公共利益的有效保护及时引导检察机关补充固定证据，建议公益诉讼起诉人根据新的事实增加诉讼请求提供示范性。该案在确保长江生态环境及时、有效恢复，促进企业进行绿色升级改造以及引导股东积极承担生态环境保护社会责任等方面，均具有重要的判例及示范意义。

诸如：江苏牧羊集团股权再审案。该案为最高人民法院2017年12月公布的三大涉产权案之一（排名第3）。同时，亦包括2018年12月最高人民法院国际商事法庭开始受理的第一批国际商事纠纷相关案件。

从业20年来，凭着对职业的坚守与信仰，积淀了充分的工作业绩和实战经验，杨荣宽律师先后为诸多世界500强企业及中国领头企业提供系统优质法律服务，包括但不限于 KPMG, Deloitte Touche Tohmatsu, CNP ASSURANCES, RED BULL, Castile Freire brothers, Heineken, HK New World Group, TAIWAN GLASS, Foxconn Technology, Fujitsu 等，为委托人屡创佳绩，受到业界广泛赞誉。

阿兰·德波顿在《旅行的艺术》中说："对我来说，诗歌是纸上的生命。拍照可以稍稍满足那种拥有的渴望，这种渴望是被一个地方的美丽所激起的；我们对将要失去一幅珍贵的图景的焦虑，会随着快门的每一次闪动而逐渐消失。"对于杨荣宽律师而言，每一案何尝不是渴望与焦虑，把当事人的重托，浇筑耐心，在"金波湖畔，与灵魂撞个满怀"。

跨境当事人的需求日渐多元且纵深，如何高效地提供恰如其分的整体解决方案是非常值得探索的问题。"跨境法律服务还在探索它的维度，康达（香港）也会持续关注跨境领域出现的新热点。""香港地区的法律特征更在于其认受性。新冠疫情使全球经济陷入严重衰退，对全球贸易、就业、产业链、市场及全球治理等方面都带来了负面影响。后疫情时代全球经济需要可持续复苏。跨境法律服务必须为疫后世界经济绿色复苏提供思维与借鉴。"

律者有恒

杨荣宽是个富有热情且坚韧的人，他先后耗时5小时和7小时用脚步丈量过北京三环和四环的52公里和82公里，并在2019年的海南儋州半程马拉松中获得过名次。

凭借深厚的法学、经济学、文学教育背景，其先后受聘并担任中国国际贸易促进委员会/中国国际商会调解员、首都经济贸易大学法学院硕士生导师、天津财经大学法学院法硕中心特聘专家及硕士生实践合作导师、天津市案例法学会高级研究员及特聘专家。

笔耕不辍

杨荣宽先后有《资本市场争议解决——热点问题案例与分析》（合著、社会科学文献出版社）、《法律与文学相邻》（法律出版社）、《商法的理性》（法律出版社）等著作出版及数十篇高质量论文发表。

责任担当

康达（香港）成立以来，积极投身大湾区慈善事业，获任"江门市筑梦助学慈善会"副会长单位。该慈善会助力弱势群体，关注社会，关切民生，筑梦项目遍布广东、广西、云南、贵州、四川、重庆、青海等地。筑梦助学，充分契合康达"包容""利他"的基因，更蕴结了康达矢志不渝"履行社会责任"之理念。

后　记

鲍尔吉·原野在《河流里没有一滴多余的水》中说："从胸怀看，鸟比人更有理想。当迁徙的候鸟飞越喜马拉雅山的时候，雪崩不会让它惊慌。鸟在夜晚飞越大海，如果没有岛屿让它歇脚，它就不让自己疲倦，一直飞。它不过是小小的生灵，却有无上的勇气。"跨境无疆、律者有恒，对于跨境商事法律服务，杨荣宽在业界有自己独特的视野和前瞻，更有他持之以恒坚韧。"只是向上走，不必听自暴自弃者流的话。能做事的做事，能发声的发声。有一分热，发一分光，就令萤火一般，也可以在黑暗里发一点光，不必等候炬火。"深知"许多事情，正如船后的波纹，总要过后才觉得美"。

笔者以为，法律思维是一种理性，更是一些思考。"就是星光一闪的瞬间，两个不同的时代跨越岁月的距离突然相遇。"

财富保护与传承的"法天使"

——访北京雷杰展达律师事务所合伙人、家事部主任尹红志律师

▲尹红志律师

编者按

改革开放四十多年，我国经济实现迅猛发展，人民生活水平得到极大提高，物质财富获得极大丰富。尤其进入21世纪以来，投资性房产大幅增加，各类基金、期货、股权等金融产品也越来越受到人们的青睐。据招商银行与贝恩公司联合发布的《2019中国私人财富报告》显示，投资资产在1000万元人民币以上的中国个人高净值人群数量已达197万人，未来全国居民可投资资产规模也将突破200万亿大关。俗话说："钱乃身外之物，生不带来，死不带去。"所以，有生之年花不完、用不尽的财富如何做到保值、增值，如何保护与传承，成为人们当下最为关心的问题。

我们注意到，近年来随着经济的快速发展，全国的离婚率却连年攀升，且众多离婚案件中因涉及各类财产的分割，使得看似简单的离婚案也变得日趋复杂。有业内律师坦言，在当前大多离婚案件中，因财产分割产生的纠纷几乎可以囊括民事纠纷中的各种经济纠纷类型，这些越来越复杂的婚姻家庭案件对广大律师的执业水平、处置能力都带来了极大的挑战和考验。

笔者以为，一个仅仅懂婚姻法而不懂交叉法律学科的律师，很难适应当前人们对法律问题的深度需求，这就要求一个专业的婚姻家庭律师既要懂法律知识，还要懂经济学、心理学，乃至要懂股权、期货、基金、信托等金融专业知识；既能在法庭上据理力争，又能在法庭下息讼止争，并最终能为当事人解决实际问题。这样既有扎实的专业知识，又有丰富的从业经历，并能融会贯通和解决实际问题的律师，才是律师行业发展的大势所趋。

本文主人公——北京雷杰展达律师事务所合伙人、家事部主任尹红志律师，至今已从事法律工作十五载，其在争议解决和商事仲裁、公司法律业务、劳动争议法律业务、保险法律业务、私人财富传承业务领域实践多年。她既是一位能驾驭法庭的民商事诉讼律师，又是一位优秀的调解律师（现担任北京市高级人民法院和东城区人民法院的特邀调解员），还是一位将家事法律服务"产品化"的非诉律师。

她有着怎样的履历以及办理了哪些复杂离奇的案件呢？而这也正是我们预约采访的初衷。当然，笔者希望通过此次采访能让更多的人认识到，家事并非"1+1=2"那么简单。家事无小事，一个家庭的和与离，一个家族财富的保护与传承，既关乎生前，亦关乎后世，更关乎社会的稳定与发展。

今天，就让我们走近这位被誉为财富保护与传承的"法天使"京城女律师吧。

法律生涯十五载，以梦为马著华章

2005年8月，走出大学校门的尹红志还是一个20多岁的小姑娘，毕业后她即以优异表现进入一家大型国有企业——北方车辆集团下属公司北京北方华德尼奥普兰客车股份有限公司，成为法务部的一名骨干成员，并负责公司采购、买卖合同的审核以及诉讼案件的材料整理等工作，其认真细致、兢兢业业的工作态度和敬业精神得到从总经理、总会计师、集团总法律顾问到主管部长等领导的高度肯定和好评。"至今都特别感谢四位领导对我的培养和关心，他们是我的人生导师和引路人"，尹红志律师满怀感恩地道。

入职不久，为管控公司经营风险，尹红志对公司历史遗留问题及各类合同进行了仔细梳理，制定出几套合同文本的模板。"合同文本不重要，重要的是能得到贯彻执行"，尹红志律师道。果然，在后来的工作中，她频频遇到"贯彻执行难"事件的发生，虽然过程艰难，但在公司领导的大力支持下，该制度终于得到全面贯彻执行。从此，工作上"较真"也成了尹红志在公司的一个"标签"。

2008年9月，尹红志参加了"天下第一考"——司

法考试，分数公布，她一举通过，喜悦程度自不必言说，后经过多方比较，她走进北京展达律师事务所成为一名实习律师，这一待就到了2020年。十多年来，律师事务所从"展达"到"雷杰展达"，律所的名称不断变更，规模不断扩大，尹红志也从实习律师到授薪律师、提成律师，再到合伙人律师、部门负责人等，身份不断转变，往日的青涩渐渐退去，留下的是沉稳与果敢，知性与练达，睿智与从容，这样在一家律所一干就是十几年，在律师界应该算是寥寥无几了！

进入展达律所不久，尹红志就被分配到了有着全国第三大证券公司之称的华夏证券公司的破产项目上。她在项目工作上的认真和敬业，同样获得事务所领导的高度肯定，在随后的三年里，她几乎跑遍了华夏证券公司在全国的每一个营业厅。三年来除负责华夏证券破产项目工作外，事务所领导还委派给她许多诉讼案件，她都妥善处置，获得当事人高度评价。俗话说："你走过的路，每一步都算数。"尹红志每一天都在努力夯实专业基底，每一天都在为未来的专业化之路努力前行着。

说起尹红志律师与家事业务结缘，还要从一起案件说起。某天，一位男同事推荐给尹红志一起离婚案件，委托人是女方，而该案中男女双方当事人已形同陌路，几乎无法交流，只得寻求法律途径来解决。尹红志经过深入了解后发现，双方也并非没有一点感情，遂与委托人商议，希望可以与男方沟通，并希望通过调解的方式处理两人之间的婚姻问题。获认可后，尹红志约男方面谈了一个下午，最后终于达成离婚协议。此后，尹红志还帮助双方到民政部门办理了离婚手续以及后续的房产分割问题，未对簿公堂，双方顺利离婚。

此后，事务所承接的很多家庭婚姻案件也逐渐推荐到尹红志这里，她都尽心尽责，完美处置。

2014年，伴随北京雷杰展达律师事务所的合并成立，雷杰展达律师事务所家事部正在酝酿中，尹红志也开始从技术型律师向管理型律师转型。经过一年的准备，2015年初，雷杰展达律师事务所家事部宣告成立，家事部成立之初，尹红志仍继续担任事务所诉讼部副主任，并配合领导对重大疑难复杂民商事案件进行把关。2015年7月，"中国财富传承管理师联盟"宣告成立，尹红志成为该联盟的理事和创始会员，自此，她开始进入财富保护与传承的大门。据了解，尹红志律师现还担任着中华遗嘱库律师团副团长、中国财富传承管理师联盟常

▲尹红志律师六大服务产品

务理事、北京市律师协会婚姻家庭委员会副主任等社会职务。

特别值得一提的是，尹红志在展达律所（雷杰展达）不断蜕变和成长，每一重要的人生阶段，她都在这家律所度过和完成，事务所领导和同仁也都成为她幸福成长的见证人。她是一个闲不住的人，怀孕期间，她以所为家，考取了独立理财师资格；孕期仍坚持到办公室上班，不能出差就静下来思考，培训新人、撰写办案心得等。

家事部成立后，尹红志将更多的时间和精力投入到家事法律业务的研究和实务中，善于总结的她从亲身代理的鲜活案例中提炼精华，以独特的视角创新出关于家庭财富存在巨大风险的六大法律产品：①私人律师法律业务；②协议离婚法律业务；③遗嘱订立指导法律业务；④婚前财产规划法律业务；⑤家庭财富体检与管理法律业务；⑥意定监护和生前预嘱组合法律业务。可以说，以上六大法律产品在为人们解除后顾之忧的同时，更为人们财富的保护与传承指明了方向和路径。这六大法律产品，在此后的业界活动交流和培训讲座中同样获得同仁和公众高度赞誉。"我并无什么大志，也不想挣什么大钱，只想做好当下，并将每一委托人的事务做好、问题解决好，足矣！"尹红志律师淡然道。

尹红志律师非常注重为客户提供一站式法律服务，近年来，她与中华遗嘱库、公证处、保险公司、经纪公司、信托公司、移民公司及美国专业信托律师等一直保持着深入紧密的合作关系，还多次应邀到中国政法大学、北京大学等高校教育机构及金融机构开展法律知识讲座。

随着各类家庭婚姻案件的咨询日渐增多，为方便解答咨询人具有共性的问题，尹红志律师注册了"以法治家"微信公众号，将自己办案的心得、思考等整理成文并发布，自2016年5月至2018年11月，两年多的时间，"以法

▲尹红志律师六大服务产品简介

治家"微信公众号已经刊发原创文章160余篇。笔者浏览"以法治家"微信公众号，其中《聊聊公正的授权和协议》《保险金信托是个什么东东》《遗产份额"被处分"怎么维权》《我们还要谈遗嘱色变吗？》《都是拆迁惹的祸》等文章，读后对于之前一知半解的事情颇有豁然开朗、醍醐灌顶之感，可以说，这里的每一篇文章都凝结着尹红志律师的汗水和智慧。

"你所做出的每一分努力，时光都会在未来的日子里，以另一种美好的形式回馈于你。"时至今日，尹红志的法律生涯已走过十五个春秋，十五年来，她脚踏实地、以梦为马；逢山开路，遇水搭桥；越过了一座座高峰，克服了一个个困难，在竭力维护委托人合法权益的同时，不断践行着一个法律人的责任和担当，为人们送去法律的温情和公正，为人们做好财富的保护与传承。

老人去世未留言，千万遗产难析产

北京一老太太突然去世，留下一套价值千万元的房产，生前她与老伴儿育有两个女儿、一个儿子，老伴儿走得早，未留下任何遗嘱，而老太太病情突发，临终前也未留下只言片语，致使儿女们为争遗产闹得不可开交，最后不得不对簿公堂。孙女代替儿子出庭，而让案件变得复杂的是，儿媳却提出要对遗产进行分割，且一审法院还支持了儿媳的诉求，并将遗产分割成四份，每人平均25%。大女儿不服，遂通过朋友找到尹红志律师，尹红志在仔细研究案件及深入了解案情后判断，在一审没有明确错误，二审又没有新证据的情况下，这个案子二

审改判几无可能，接受委托也没有实际意义。但面对委托人的期盼和事务所领导的信赖，她决定试一试。随后，她代理大女儿以己方证据未完全提供，案件"事实不清"为由提起上诉，这种"自曝其短"的方式果然奏效，二审法院收到上诉状后即以"事实不清"为由将案件发回一审法院重审。

当然，发回重审只是让案件"起死回生"的开端，在重审一审期间，尹红志律师仍耐心地与法官、委托人多次交流和沟通，并提交代理意见，又经过近十次开庭，终于在最后环节达成调解，儿媳的诉求未予支持，大女儿因尽了主要赡养义务，法官判决大女儿获得36%的遗产。

办法总比困难多，绝境中寻找希望

一对老夫妻先后离世，但父亲生前曾获得的一笔600万元拆迁款却不见踪迹，老父亲也未留下任何遗言。老夫妻育有五个子女，按说600万元的巨款，其在生前应该有所交代，那么，到底是什么原因使老父亲对如此巨款的去向即使是临终前也只字未提呢？老二、老三、老四三人来到律师事务所，决定委托尹红志律师查个究竟。接受委托后，尹红志律师第一时间即向法官递交了调查令申请书，获得法官批示后，又经过认真细致地调查，果然查清了巨款的去向。原来，在四年前的某个上午，老父亲就收到了该600万元的拆迁款，而令人感到蹊跷的是，午饭后该笔巨款就被全部转到了小女儿的名下。

四年前发生的事情该如何还原？为何四年来两位老

人都未提该笔巨款的去向？四年已过，钱是否还在？这些问题都很难预料。在尹红志律师与三位当事人坦陈利弊后，三个当事人决定继续委托尹红志律师代理此案。

按照小女儿提供的证词显示：父母本就许诺要将房产给小女儿，且小女儿又是当年拆迁时的谈判人和代父母签署拆迁协议的签字人，该笔拆迁款最终给小女儿也是理所当然合情合理的。此时，可以说案件已陷入绝境，在笔者看来，此案要翻盘应该是没有任何希望了。但在小女儿证词中显示的老父亲与老母亲的一段对话，引起了尹红志律师的注意："咱们这个房子本来就是说好要给老幺儿的，现在拆迁了，你看她费了这么大劲儿给谈下来了好几百万，反正房子也是要给她的，咱们把钱就都给她吧。"老母亲操着河北口音说："好。"

据此，尹红志律师判断，老母亲生前可能罹患某种疾病，属于无民事行为能力人。为了证明自己的判断，她让委托人到医院调取了老母亲的病例，病历簿上的出院小结有医生记录的一句话显示老母亲为"神经性失语"，根据时间推算，在老母亲出院的第二天，拆迁款下来并被小女儿立即转走。

尹红志律师经过走访多家医院和医生得出结论，神经性失语的症状，核心会有两类人：一类人是大脑清楚，但说不出话；一类人是大脑不清楚，嘴能说，但口不对心。

尹红志律师将此证据和代理意见提交法庭，获得法官支持。最终法院判决：父亲的一半拆迁款（300万元）属于赠予小女儿，另一半（300万元）应按遗产继承，几个孩子均分。

后 记

很多人认为做婚姻家事案件的律师，每天都要面对他人的离婚、纠缠、诉争等各种负面信息，可能会影响一个人的择偶观和家庭关系，但尹红志律师却恰恰相反，因为看到那么多的悲欢离合，甚至在家产争斗比宫廷戏演得还要"狗血"的残酷现实中，她更加懂得了沟通协商以及家庭生活中相互尊重的重要性。

"看了这么多所谓的不太完美的案例，我会在自己的生活中更加注意，也会更努力经营自己的家庭和事业。我认为家庭和工作同等重要，我不想因为工作牺牲了家庭，也不希望因为家庭影响了工作，我希望达到一种平衡。"尹红志律师道。

采访将结束时，笔者了解到，尹红志律师自结婚后就立下了第一份遗嘱，将自己的后世料理清楚，并做了遗体捐赠的遗嘱；怀胎十月当孩子将出生时，她又立了第二份遗嘱，并录了视频给未出生的孩子。在很多人看来，这是非常"犯忌"的事情，但尹红志律师道："既然是好的法律产品，自己当然要先使用。"言语中写满了自信与从容。

有人说："未来的事，谁能预料呢。"但尹红志律师说："未来的事，是可以预防的。"笔者以为，尹红志就是那个用法律武器维护人们家庭平安，维护你我财富安全与传承的"法天使"。

不断学习，做最好的自己

——访全国律师行业优秀共产党员、北京市华贸硅谷律师事务所主任张丽霞

▲ 张丽霞律师

编者按

全国优秀律师、全国律师行业优秀共产党员、司法部全国千名涉外律师人才库北京市 163 位律师之一、北京市优秀律师、北京市三八红旗手、北京市律师行业优秀共产党员、海淀区金牌律师……

中国仲裁法学研究会副会长、全国律协仲裁与律师调解专业委员会主任、仲裁女性俱乐部（WIA）联席主席、中国国际经济贸易仲裁委员会仲裁员、北京仲裁委员会仲裁员、香港国际仲裁中心仲裁员、中国海事仲裁委员会仲裁员、深圳仲裁委员会仲裁员、最高人民检察院民事行政案件咨询专家、北京市海淀区律师协会会长、北京女律师联谊会主任、北京市人大代表、海淀区政协常委……

诸多荣誉加身，又担任如此之多的社会职务，这是一位有着 36 年党龄，35 年执业经验的女律师的人生名片，可以想象，这背后付出了多少辛劳与坚持！

2018 年 6 月 22 日，北京市律师行业党委对"2017—2018 年度北京市律师行业先进党组织、优秀共产党员、优秀党务工作者和党建之友"拟表彰名单进行公示，本文主人公——北京市华贸硅谷律师事务所（以下简称"华贸硅谷"）主任张丽霞名列其中；2019 年 6 月 30 日，全国律师行业党建工作先进典型表彰暨经验交流会在青岛召开，会议对全国律师行业 97 个先进党组织、201 名优秀党员律师和 50 名优秀党务工作者进行表彰，张丽霞再次榜上有名……

荣誉等身，她从未骄傲自满；硕果累累，她也从未停止前进的脚步，或许，这就是为何她被选为全国律协仲裁与律师调解专业委员会主任、北京女律师联谊会主任、北京市海淀区律师协会会长以及获得如此之多殊荣的缘由之一吧。

一个优秀、卓越、成功的女律师是如何"炼"成的呢？我想我们还是先走近她，从她的人生履历、心路历程中来一探究竟吧。

爱上法律，爱上仲裁

20 世纪 80 年代，受电影《流浪者》（女主角丽达是一位美丽善良、伸张正义的律师）的影响，张丽霞走进了中国政法大学的校园并爱上了法律工作。从开篇中我们可以看到，在张丽霞担任的众多社会职务中，与仲裁相关的职务最多，那么，是怎样的契机让她与仲裁结缘并爱上仲裁事业的呢？此事我们还要从 30 多年前说起。

1985 年，张丽霞自中国政法大学毕业后不久就进入北京大学与北京市司法局合办的国办律师事务所——北京专利科技律师事务所工作，那时的律师还是拥有"铁饭碗"的国家法律工作者。

1992 年初，邓小平同志"南方谈话"后，市场经济得以正式确立，律师制度改革的号角也再次吹响，国办性质的律所将逐渐退出历史的舞台，时年还不到 30 岁的张丽霞密切关注着业界的改革动态。

1994 年，北京开始试点合作制律师事务所，一向胆大、敢闯敢干的张丽霞将欲成立一家律师事务所的想法与好友田锐华（同宿舍上下铺的好姐妹，毕业后被分配到化工部党委组织部工作）、郭良忠（大学同桌，毕业后被分配到最高检反贪局工作）分享后，三人便一拍即合。

她将成立律所的想法与海淀区高新技术试验区领导进行了汇报，得到领导的高度肯定和大力支持，并批准他们与试验区纪委合署办公（给了半间办公室），就这样，北京市硅谷律师事务所于1994年宣告成立，这一年张丽霞恰是而立之年。

北京市硅谷律师事务所成立后，园区内的一位客户有一个仲裁案件委托张丽霞代理，从未接触过仲裁案件的张丽霞为了能最大限度维护当事人的合法权益，开始仔细搜寻仲裁方面的法规和书籍，之后她了解到，对外经济贸易大学（以下简称"对外经贸大学"）开设了关于仲裁的课程，遂慕名跑到对外经贸大学"取经"，为了将仲裁问题研究得更加透彻，她还报考了对外经贸大学的硕士研究生，并因此与恩师——著名国际经济法学家沈四宝教授结缘，受导师影响，张丽霞从此走上了她的"仲裁之路"，且这一走就是数十年。张丽霞对仲裁工作从喜欢到热爱，从热爱到专注，从专注到坚持，可以说是始终如一、矢志不渝。荀子有云："不积跬步，无以至千里；不积小流，无以成江海。"多年来，张丽霞带领华贸硅谷在仲裁领域建立了良好的形象、声誉和影响力，她也成为仲裁领域公认的专家。

2000年初，司法部提出，在2000年10月前对全国的国办律所完成整体改制，县区以上律所全部改为合伙所或合作所，彼时，大多数律所选择了更为市场化的合伙建所之路。这时，由沈四宝教授于1994年创办并担任主任的北京市华贸律师事务所与张丽霞带领的北京市硅谷律师事务所实现了强强联合和顺利合并（名称为：北京市华贸硅谷律师事务所）。合并后的华贸硅谷也实现了仲裁专家、教授、学者、实务性律师的整合与互补，并成为仲裁领域的佼佼者。同时，对外经贸大学、中国政法大学的实习基地也设在了华贸硅谷，且在这一年，华贸硅谷还购买了拥有自主产权的上千平方米的办公场所，为青年律师的成长和发展创造了良好的平台。经过26年的学习和努力，2020年9月，华贸硅谷荣获司法部首届全国优秀律师事务所之殊荣。

多年来，张丽霞律师已办理各类仲裁案件千余件，可以说，每一个案件都是她用心书写的经典故事，因篇幅所限，在此不能与读者诸君一一分享。特别值得一提的是，她的儿子受到母亲的影响，同样选择了学习法律并爱上仲裁工作，母子二人也因此又多了一项共同语言。

▲张丽霞律师参加北京市第十五届人民代表大会第一次会议

不断学习，锐意进取

上文提到，张丽霞于1985年自法大毕业后进入北京专利科技律师事务所工作，又于1994年创办律所，之后由于对仲裁工作的热爱以及对仲裁专业知识的渴求，她考上了对外经贸大学的硕士研究生，并师从沈四宝教授（沈四宝教授当时为对外经贸大学法律系主任，1996年，对外经贸大学法律系改为对外经贸大学法学院，沈四宝教授担任法学院院长至2008年）研习涉外经济法律尤其是仲裁领域。之后，她又考了对外经贸大学的法学博士，并顺利拿到博士学位。受美国纽约大学法学院柯恩教授之邀，2000年8月，张丽霞到纽约大学法学院做了一年的访问学者，继续开阔视野和践行着她的求知之路。2005年，已过不惑之年的张丽霞报考了清华大学EMBA，当时的廖理院长面试时问张丽霞："你博士都读完了，怎么又来读硕士了？"张丽霞回答："我就是想跟着顶尖的老师深入了解和学习更多的管理知识，只有不断学习，才能做最好的自己。"

多年来，在华贸硅谷一直保留着一个传统，就是每周五下午是华贸硅谷律师固定的学习和交流经验的时间，即使是2020年的疫情防控期间，这个习惯也未中断，从线下的学习、交流改为线上的讨论、研究，疫情较为严重时期，他们还将自己多年的实务经验编辑成图文、视频课程，通过互联网向外界传递。

"我们的步伐可能会比别人慢一点，但我们一直都在坚持，学海无涯，进无止境。"张丽霞律师道。

▲张丽霞律师在委员会客厅

党员律师，率先垂范

开篇提到，张丽霞是一名有着 36 年党龄的律师，可谓是律师界的老党员了。20 世纪 80 年代，彼时还在中国政法大学读书并一直担任学生干部的张丽霞就积极向党组织靠拢，1984 年读大三时，学校要对入党积极分子进行政审，学校派人到张丽霞的老家邯郸进行入党前的政治审查，父母听说女儿就要入党了，很是高兴了一番，心中更是感到无比的骄傲和自豪。

"当然，既然入了党，就要时刻以一个党员的标准严格要求自己。我们也无须去做什么惊天动地的大事，只要在每一天的工作中，一步一个脚印地做好手边的工作，并积极参与立法建设，努力推进法治进程，不断关注和改善法治环境与民生，就是对党的事业最大的贡献。"

2012 年，张丽霞当选北京市海淀区政协委员（后被选为海淀区政协常委）；2017 年，张丽霞当选北京市人大代表（北京市第十五届人民代表大会代表）；2020 年，新冠肺炎疫情在全国蔓延，华贸硅谷立即组建线上办公体系，做到了工作、学习两不误。华贸硅谷联合党支部除积极组织党员律师自愿捐款支持疫情防控工作外，还积极协助社区进行防疫排查；为中小企业提供专项法律服务和保障；积极宣传防控法规及政策。此外，他们还撰写专业文章，开展线上云课堂等。

作为律师，张丽霞是一名合格的、优秀的、诚信正直的律师；作为党员，她更是一名合格的、优秀的、尽职尽责的共产党员。

坚守一线，勠力前行

按照一般人的想法，早已功成名就且已过天命之年的张丽霞应该可以退居二线了。但张丽霞认为，律师不能有"退二线"的想法，坚守一线办案才是一个律师应有的状态。

"律师是一个'技术活'，需要时间、经验的积累和沉淀。而法律的更新速度又非常快，新的法律法规、司法解释等层出不穷，国内、国际的法律环境、商业环境乃至是政治环境的变化，都会深刻影响律师行业的发展。可以说，在一线办案是我们这个时代对法律工作者的一个基本要求。现在受疫情影响，华贸硅谷已经实现线上、线下开庭并举。当然，我们为客户提供法律服务，不是一个人单打独斗，而是一个专业的团队，一群志同道合的伙伴一起奋斗。我们要为客户负责，更要为自己的律师执业生涯负责。我们的团队都非常稳定，大部分律师起初都是在华贸硅谷实习和成长，有的律师已经从最初的实习生成为律所的骨干和合伙人。"张丽霞说。

张丽霞有一个工作习惯，就是在开庭或开会前，她都要求自己将案件或会议的议题内容等全部牢记于心，开庭的前一晚她还要求自己将案件的人物、地点、案情、法律关系等全部刻在脑子里，做到"吃透案情、把握细节、烂熟于心"，这样的专注和用心，以至她整个晚上都睡不好。然而，开庭前休息一两个小时后，她却能以饱满的热情上庭，且每一次开庭都犹如"打了鸡血"一样，条理清晰、逻辑严密、反应迅速、对答如流。或许，这就是为何著名法学家、纽约大学法学院柯恩教授在与张丽霞的一次"对庭"后，盛邀张丽霞到美国纽约大学访问的缘由吧。

无论在哪个场合发言，张丽霞从不会照本宣科地念稿，而是将关键数据记录下来并写好发言的提纲，会上再耐心地与参会人员进行面对面沟通、交流，听取意见，解决难题。

因对待工作既专注又用心，张丽霞和华贸硅谷团队在每一案件中都极大地维护了当事人的合法权益，获得当事人、同行以及法官、仲裁员的高度评价和肯定，可以说，每一次开庭，都是一场精彩绝伦、堪称完美的饕餮盛宴，张丽霞收获了硕果与掌声。一个优秀、卓越、成功的女律师、律师界的"拼命三娘"就是这样"炼"成的！

仲裁事业，贵在传承

因在仲裁领域的卓越成就，张丽霞担任中华全国律师协会和北京市律师协会的仲裁业务培训主讲人已有 20

▲张丽霞律师发言

多年。2009 年起，她参与共同策划并发起的北京市律师协会、北京仲裁委员会、中国政法大学的共建项目"模拟仲裁庭"，至今已举办 100 多期，在全国培训律师仲裁业务合计已超过 5 万人次。在此需要重点交代和阐述的是，"模拟仲裁庭"的成员主要由北京仲裁委员会的仲裁员担任，并吸收有此方面经验的资深律师共同参与，北京仲裁委员会秘书处还负责提供协助，仲裁当事人、代理人由学员扮演。这种"实战式"的教学方法获得了广大学员的热烈欢迎，并收到了良好的培训效果。可以说，"模拟仲裁庭"已经成为业界培养仲裁法律后备人才的"摇篮"。

张丽霞律师曾担任北京市律师协会仲裁专业委员会两届主任（第七至八届），随着仲裁业务的不断发展，中华全国律师协会于 2012 年调整增设了全国律协仲裁与律师调解专业委员会，多年来一直由张丽霞律师担任常务副主任，并负责委员会的协调及各项工作、活动的开展。2019 年 8 月换届时，张丽霞律师当选全国律协仲裁与律师调解专业委员会主任。"感觉责任更大了，担子也更重了，非常感谢协会领导和律师同仁的信任。"张丽霞律师道。

此外，张丽霞还在对外经贸大学、中国政法大学、中国人民大学、北京师范大学、中山大学等担任兼职教授，主讲《仲裁法》课程（研究生课程），为仲裁事业的发展不断贡献着自己的绵薄之力。

在华贸硅谷内部，有的律师从实习、成长到出国深造，之后又回到华贸硅谷，从执业律师到合伙人律师乃至结婚、生子等都在华贸硅谷完成，一批批青年律师在华贸硅谷完成了他们从青涩到成熟到走向成功的历程。"我从不担心'教会了徒弟饿死师傅'的事情发生，因为我们的团队非常专业、非常团结，也非常可靠。正因团队的专业和可靠，我才有更多的精力和时间参与其他社会工作。一代人有一代人的使命，一代人有一代人的担当，仲裁人的优秀品质、高尚道德和崇高事业心需要我们一代代传承下去。"张丽霞对仲裁事业充满了信心。

关注民生，积极建言

作为北京市人大代表、海淀区政协常委，张丽霞可谓是建议或提案的"大户"，在此，笔者仅简列张丽霞围绕律师行业提交的部分建议或提案的内容，以飨广大读者。

她在"引入大数据分析，合理安排开庭时间"的提案中建议：法院办案系统应引入大数据分析，建立全国统一的法官办案系统，并将律师身份信息同步到全国法院办案系统中。法官在安排开庭时遇到安排的代理人若在同一天有其他开庭，系统就可以自动提醒法官错开同一天的开庭安排。这样既能保障代理人有效地履行代理义务，还能切实保障当事人的合法利益。

她在"细化保全制度，统一保全条件认定标准"的提案中建议采取两种方式，以实现保全规定的初衷：①细化民事诉讼法的相关规定或解释，对保全案件的适用条件作出具体规定，并规定最长审查期限。授予法官特殊情形下延长审查期限的权利，并对具体情形予以规定，切实保障当事人的合法权利。②统一确定适用紧急情况的具体情形，并对法官的自由裁量权予以适当限制和要求法官依据规定的具体情形予以审查，符合条件的直接适用紧急情况的规定，避免法条的空置。

她在"加快退费处理流程，处理好结案后续衔接问题"的提案中建议：①建立结案后案件统一管理制，合理分配结案案件对接人员；细化结案后案件流程，衔接好审判与执行程序；规定案件退费审查期限与打款期限。②在案件系统完成结案处理后，结案信息自动上传到财务处系统，由财务人员直接对接退费事宜。当事人提供退费申请书及退费所依据的判决书或裁定书，由财务人员审核后直接予以处理。这样既节省了处理时间，同时程序的分流还可以有效缓解法官的压力。

她在"优化律师执业环境，充分发挥律师在北京营商环境和法治政府工作中的作用"的提案中指出："法治就是最好的营商环境。"良好的法治环境是优化营商的前提和基础；市场经济主体获得法律服务的质量、便利程度亦是营商环境的重要组成部分。律师体系是法律共同体的组成，是法治建设的重要力量，在优化营商环境中发挥着积极作用。充分发挥律师的作用，促进更多优秀律师参与到优化营商环境的建设中，鼓励更多优秀律师服务法治政府、服务北京经济建设。

目前，北京律师已经超过 4 万人，是法治建设中一支可靠的力量。然而，曾经人数、营收在全国双第一的北京，已经在人数上被广州超越，在营收上被上海超越。北京作为政治经济中心，应该研究更有利的政策和措施，吸引人才为首都建设服务。

"栽下梧桐树，引来金凤凰"，加强政府的支持力度，完善财政政策，出台适合北京律师发展的税收政策；吸引境内外更多优秀的法律人才扎根北京、服务北京。充分发挥律师在优化北京营商环境、法治政府中的重要作用。

快乐工作，健康生活

每天都在忙碌的张丽霞对于工作的管理和生活的安排，有着自己一套独特的处置方法。因住在奥林匹克公园附近，她每天都能看到许多人在奥林匹克公园跑步、健身，此后，一直爱运动她先后加入了"法律人的马拉松""海淀跑团""暴走团"等各种健身组织。只要是周末或没有其他安排的日子，她就到奥林匹克公园跑步或健走，绕公园一大圈下来正好 10 公里。在张丽霞看来，运动健身对她来说已经成为一个比吃饭还要重要的必修课。曾有一次，在一天中她竟然走了三圈（合计 30 公里），上午约见客户，就在公园一边走一边聊工作，不知不觉

中走了一圈；中午又约见一个客户，继续边走边聊，又是一圈；下午还有客户谈工作，那就再走一圈。现在律所的同仁和好友们都知道，要找张丽霞就到奥林匹克公园，肯定能找到她。

这就是张丽霞当前最好的人生状态，工作有条不紊，生活有滋有味；做人有情有义，做事有始有终；不负时代，不负重托；以梦为马，不负韶华。

后　记

近年来，随着国际商事交往日益频繁，商事活动主体越来越多地选择以仲裁解决他们之间未来可能发生或业已发生的争议。有资料显示，当前约有 90% 的国际商事合同包含仲裁条款；在美国，仲裁解决争议的数量约是诉讼的三倍，而瑞典的商事纠纷中，有 95% 是通过仲裁等非诉讼方式解决的。这种趋势在我国也在逐渐体现。

"仲裁具有公正性、自愿性、保密性、权威性、及时性等很多优点和特性。"张丽霞律师总结道。

据中国国际经济贸易仲裁委员会在北京发布的《中国国际商事仲裁年度报告（2019—2020）》显示，2019年全国 253 家仲裁委员会共受理案件 486 955 件，全国仲裁案件标的总额达 7598 亿元，较 2018 年增加了 648 亿元，增长率为 9.3%。这些数据表明，仲裁业务在不断增长的同时，仲裁领域需要更多后备法律人才的加入。看来，作为仲裁领域的"老同志"，全国律协仲裁与律师调解专业委员会主任张丽霞还真是责任重大、任重而道远啊！

当然，我们有理由相信，张丽霞一定会一如既往地肩负起她的责任、使命和担当，继续为我国的仲裁事业贡献才智，为我国的法治建设贡献力量。

以梦为马，莫负韶华

——北京市京师律师事务所合伙人张沙律师侧记

▲张沙律师

编者按

从皖北古城到首都北京，从军都山到京师大厦。本文主人公——北京市京师律师事务所合伙人张沙律师走出了一条传奇而又坚毅的律师之路。

我们先来看下他的简历：张沙律师，现任北京市京师律师事务所合伙人律师。毕业于中国政法大学，具备证券业从业资格，系北京市律师协会会员，司法部《法律与生活》栏目点评嘉宾。其带领的律师团队成员多数毕业于北京大学、中国政法大学等重点院校。张沙律师力求打造国内顶级的律师团队，为此，他一直秉持"精益求精、追求卓越"的执业理念，并在每一起案件中，孜孜不倦地为寻求法律救济的委托人提供更加全面的法律服务和法律保障。

从以上简历中，读者可能没有看到"传奇"，也未曾看到"坚毅"，那么，张沙律师有着怎样的传奇经历？又有着怎样坚定的律师故事呢？且让笔者为读者诸君慢慢道来。

以梦为马，莫负韶华

张沙于1982年出生在安徽北部一座历史悠久的古城（宿州市），少年的他就酷爱学习，自学业开始即表现出非凡的意志力和独特的性格，并在初中阶段很快从同龄人中脱颖而出，成绩优异且学习方法新奇。在同学们都在游玩的时光里，他慢慢地、不急不躁地将学习成绩排到了前列。

少年时代的张沙就有一颗侠义之心，待人真诚，喜欢帮助同学。在那个年代，周润发、刘德华等港台巨星是70后、80后懵懂少年心中的偶像，张沙也不例外，看影碟，听流行歌曲，甚至发型一直保持着"三七分"，还不忘在头发上喷上啫喱，打点摩丝，直到今天一些少

年的玩伴仍对他印象深刻。

1997年，张沙考入一所文化底蕴深厚的双语高中。高中时期的学习生活是艰苦的、漫长的，但张沙在聆听老师教诲的同时也不忘涉猎更多课外书籍，《读者》《知音》他常常翻阅，《拿破仑》《林肯传记》也常浏览，武侠书籍、中国近代史等更是手不释卷。匆匆岁月，这个少年渐渐有了自己的偏好，他独爱历史和文学，文理分科时他毅然选择了文科，黄老之学、孔孟之道已然开始伴随他的整个寒暑假期。

他渐渐变得少言寡语，但却更爱思考，同学们对他最大的印象就是，他常常去校园附近一条小河的岸边埋头读书。冬去春来，谁的青春不懵懂，唯有奋斗不负青春。在临近毕业时，他向那个仰慕已久的女孩用最简洁的语言和真挚的情感表白，女孩当场未明确自己心意。第二天，张沙收到女孩亲自送来的一封长信，蓝色彩纸上写满了勉励和慰藉，张沙看后自觉羞愧难当，但之后他及时调整情绪，毅然决然地开始了新的征程，这时新千年的钟声已然敲响，而张沙却已背负着梦想独自"北上"，来到了北京——这个对他来说既陌生又向往已久的都市，并走进了中国法学的最高学府——中国政法大学。

书山有路，以勤为径

首都对于少年张沙来说充满了无穷的吸引力，但流光溢彩的城市风貌，弱柳扶风的校园美景并不是他关注的重点。感受到脱离高中生活的那种轻松和愉悦的同时，他开始思考选择法学专业的意义如何？学业堪重，同时

▲ 张沙律师接受媒体采访

他也在思考法学的思想、法律制度的变迁问题等。但"既然选择了方向，就只顾风雨兼程"，法学专业的课程重，他就采取预习、听课、复习这一老套又屡试不爽的学习三步法，这时他自感已然悟通学习境界，不应以巧取胜终归自然。每逢周六日他就独自赶往国家图书馆，在书的海洋里学习了德国社会史、各类法学著作；拜读了欧美政治哲学论著，世界人物论著等。当时他曾感慨：岁月是所有人无法打败的对手，即使曾经身处巅峰，翻手为云覆手为雨，喧嚣过后尘埃落定，曾经的峥嵘岁月，或都将成为江湖传说中的陈年往事，一切只不过是笑谈中的过眼云烟！

"法大如梦不愿醒，四年四度军都春，一生一世法大人！"厚重的教科书上浸满了张沙手上的汗珠，操场跑道上也经常出现张沙的身影。期间，他的各科成绩优异，课外涉猎广泛，思辨敏捷、逻辑清晰，在校内"圈粉"无数，同学们送给他绰号"法王"。

这时已成年的张沙开始思考：冤假错案为何会发生？纠错的程序为何艰辛、漫长？他非常困扰，但当时在书本上他没有找到答案。这时，他是孤寂的，他多么期望能有良师益友的帮助，来解开他心中的壁垒，但却苦苦寻觅而不得。他又是惆怅的，他自信当时的校园生活是充实的，但他却总是忧心忡忡，唯恐所学不够精湛，不够广博，毕业后蓦然回首，往日成虚度，为年少时的懈怠悔恨终生！

此时，《南方周末》《21世纪经济报道》等也成了一向关注社会民生的张沙每周必读的刊物，此外，在大学期间，他还利用课外时间更加深入地学习了孔孟思想、老庄之道。

"天之道，损有余而补不足；人之道则不然，损不足以奉有余……"自认为精通了孔孟之学、黄老之道的张沙，终归还是明白了，儒家思想、道家之说无非是"出世"与"入世"并重，抑或有所倾斜阐述而已。"人"是世间宇宙中的主体而非客体，改造我们这样一个物质世界向着美好的方向发展，终究还是需以"出世"的思想和"入世"的方法应用于物质世界，正所谓"大乘之道"也。

无惧风雨，以案释法

执业多年来，张沙律师承办了许多向最高人民法院申请再审的案件，在代理委托人申请再审和申诉案件的过程中，他总结出一套独特的工作方法和心得，他认为"天下难事，必作于易；天下大事，必作于细"。

接着，张沙与笔者分享了一起在最高人民法院审理的案件，并总结了自己的办案思路。在这个案件中，他带领律师团队调阅一审、二审法院的审理卷宗，对阅卷工作作了详细的笔记，并摘抄出其中的要点和关键证据，在厘清事实的基础上，查看各类证据资料，寻求能够证实案件事实的依据，再引用相关法律法规、检索全国各级人民法院曾审理的同类型案件的判例，针对最高人民法院作出的同类型案件裁判，翔实地查看，反复地阅读，揣摩、甄别出其中的共通性问题。最终，其代理意见被上级人民法院支持，并获再审改判。因案件涉及当事人隐私，在此不便赘述。

执业多年来，张沙律师承办的案件涉及全国绝大部分区域，案件也涉及汽贸、化工产业、城投建设、房地产及生物医药等诸多领域。近年来，张沙律师主要以民商事案件的各类争议纠纷的解决，以及经济、金融领域犯罪案件的刑事辩护为主。在行政诉讼领域亦建树颇深，并曾主办城市房屋拆迁和集体土地征收引发的案件，擅长对城中村、棚户区改造、大型城建基础设施占地、水利库区设施建设占地领域的案件办理。

为方便读者，现将张沙律师近年承办的经典案罗列

▲热烈欢迎北京市新四军研究会三师分会领导莅临京师参观交流

如下：①张某某与太原市某区人民政府关于确认行政强制行为违法案（最高人民法院再审案件）；②廊坊某家具有限公司、钱某某与大厂回族自治县某机关单位关于建设用地使用权出让合同纠纷案件（最高人民法院申请民事再审案件）；③张某某与鹿邑县人民政府关于行政赔偿案件（最高人民法院申请再审案件）；④陈某某与龙岩市人民政府、福建省人民政府关于撤销房屋征收补偿决定纠纷案件；⑤阳春市人民政府、邓某某关于强行征收土地（鱼塘）纠纷案件；⑥林某某与三门县住房和城乡建设规划局、台州市规划局关于规划行政许可案件；⑦刚某某与李某委托理财合同纠纷案件等。

重温光辉历程，传承红色基因

初入社会，张沙便奠定了传统文化根基，承继了优良的革命传统。张沙律师到北京读书后，经常聆听舅舅教诲。舅舅王主玉于1952年自中国人民解放军军事学院毕业之后便调入中央军事委员会工作，随即在总参谋部、政治部担任干事、政治助理员，1962年调入中共中央《红旗》杂志社，1975年调入中共北京市委宣传部等单位工作至退休。

舅舅耐心、认真地说文解字，并叮嘱他读《史记》《汉书》《后汉书》《资治通鉴》等国史，舅舅同时也为张沙不断点拨了孔孟之学、黄老之道的微妙之处。同时，舅舅还给他讲述中国革命近代史，历数前辈先烈英雄事迹，以及他们为新中国的成立和社会的发展所做出的卓越贡献。是张沙在哲辩思想和优良革命传统上的精神导师和引路人。

这些，都潜移默化着张沙的成长，并让张沙建立了正确的世界观、人生观、价值观——要做一个对社会、对国家有贡献的人。

2021年，适逢建党百年，一个世纪的沧桑巨变，为向党的百年华诞献礼，张沙律师带领其团队律师，不断深刻领悟习总书记谈到的"红色政权来之不易，新中国来之不易，中国特色社会主义来之不易……把红色基因传承好"的精义。可以说重温党的光辉历程、传承党的红色基因，已深入张沙律师的血脉和灵魂。

张沙律师的外公王羲菁（又名王茂菁，摘自《宿州新四军人物》第二辑、《中国共产党安徽省宿县组织史资料》）在新中国成立前曾任安徽省北部地区新四军抗日民主政府区长，其同战友一道为抗日战争、解放战争的胜利做出了积极贡献。

2021年6月，张沙律师邀请北京新四军研究会三师分会领导莅临其所供职的北京市京师律师事务所，并盛情接待了该研究会会长一行等人，携同仁一起认真聆听其讲述革命先烈们的人物事迹，再次感受战场的硝烟弥漫、岁月峥嵘，京师律师同仁无不感怀当前之和平岁月、盛世年代的来之不易。

后 记

"吞舟之鱼，不游枝流；鸿鹄高飞，不集污池。"我们相信，张沙律师和他的同仁，必将坚持赓续革命前辈红色基因和光荣传统，以律师行业为基点，不断培养京师律师的韧性和意志，以维护委托人的合法权益为己任，全身心投入工作，千方百计、殚精竭虑，力争为社会主义法治建设做出应有的贡献，为实现中华民族的伟大复兴尽自身的绵薄之力！

为了社会的公平正义，我们努力前行！

——访北京卓海律师事务所创始合伙人、主任张晓霖律师

▲ 张晓霖律师

编者按

他是一位律政绅士，也是一位广为社会称赞的好律师；他曾被武警总部授予"全国武警部队优秀律师"称号；被北京市朝阳区律师协会党委评为"2011年优秀律师党员""2013年优秀律师党员"；还先后被盈科律师事务所全球总部授予"2012年度优秀律师""2013年度优秀合伙人"称号；他的事迹先后被《中国律师年鉴》《中国法律年鉴》《中国商务信用年鉴》《中国当代优秀律师》《中华儿女》和《科技中国》报道；他先后入选为国务院新闻中心中国网"时代先锋"，以及《今日中国》封面人物；2018年被评为"改革开放40周年优秀涉外律师"；2019年12月被《中国法律年鉴》、中国律师年鉴网等评选为"中国律师制度恢复重建40周年年鉴人物"暨"2019年度优秀专业律师"……

他就是北京卓海律师事务所创始合伙人、主任张晓霖律师。

张晓霖，现为北京卓海律师事务所创始合伙人、主任，中华全国律师协会国际业务专业委员会委员，中华全国律师协会军民融合法律服务专项工作组组员，北京市律师协会海商海事法律专业委员会名誉主任，中国房地产学会法律事务专业委员会副主任，中国法学会（上海）航空法研究会理事；同时，兼任北京大学特约讲师，

中国人民大学、对外经济贸易大学、中国政法大学硕士研究生导师。

问渠那得清如许，为有源头活水来

起初，张晓霖并不是社会律师，大学毕业后，他历任南昌海关法规室主任，武警江西省总队政治部秘书处处长、司法办主任，武警南昌指挥学院政法教研室助讲、讲师。如果按照这个路线走下去话，张晓霖的一生是安稳、无忧的。工资待遇不薄的他不用担心生活问题，再等几年从机关单位退休后，每天在家喝喝茶、养养花、钓钓鱼……又是一番清闲好光景，可张晓霖偏偏不想这样。

"机关单位的生活太有规律了，没有挑战"，张晓霖这样说道："机关单位一成不变的生活在我看来有些不适应，我想有些挑战和锻炼，我心里总想做点什么，实现点什么。"

这种不安分造就了他想自谋职业的念头。2010年，在众人的惊愕中，他辞职并成为一名自己心仪已久的专职律师。

从机关单位跳脱到社会，对张晓霖来说有好的地方，也有不好的地方。好的地方在于，他的专业优势终于可以完全发挥出来了，而这也源自他无论身处哪个岗位都努力提升自己专业知识的高度和对自我的要求。自1994年取得律师资格证并执业以来，他一直兼职担任地方律师、部队军队律师和海关公职律师，直至辞职成为社会专职律师，在这期间，他高质量地办理过近千件的民事、经济、军队和海关行政等非诉法律事务和诉讼案件，成功为多名公职人员职务犯罪、军人犯罪和走私犯罪的被告人做了罪轻和无罪辩护，亦如开篇所言，基于以上成就，他被武警总部授予"全国武警部队优秀律师"之殊荣。

而不好的地方在于，"铁饭碗"没有了，生活、经济的压力接踵来袭。但也正是因为有这些压力，才让张晓霖更加坚定了自己利用专业优势闯出一片天地的决心。

张晓霖做社会律师的第一份工作，是和朋友一起做一些金融不良资产和投资并购业务，渐渐的他发现，这一领域并不是自己最擅长的，此时刚安稳下来的张晓霖又开始"不安分"起来，他冒出了一个大胆的念头——

创办自己的律师事务所。

"从朋友那里出来后，我也去了大的律师平台，但还是觉得劲没有完全发挥出来。"张晓霖律师说，好像就是心中一直有未了的心愿，想要真正自己独立做些事情，想要在某个专业领域里做出自己的声望来。

这种想法就像一支羽毛，不断在他心里挠痒痒。说干就干！2015年，张晓霖联合北京知名律所的高级合伙人、知名律师发起成立了以进出口暨海关法律事务、国际贸易、海商海事、投资融资、并购重组、金融证券、公司治理、房产建筑、特许经营、政府法律事务等业务的精品专业律师事务所——北京卓海律师事务所（以下简称"卓海所"）。

信念引领方向，担当创造不凡

据张晓霖律师介绍，卓海所的律师均毕业于中国重点大学的法学院以及北美、欧洲和亚洲等地一流的法学院，其中绝大多数律师拥有法学硕士以上学历，并且多人多次参与国家相关法律、行政法规、规章的起草、修订等立法活动，熟稔国家法律精髓，团队律师参与处理或独立办理各类诉讼和非诉讼业务5000余起，具有精良的专业能力和丰富的办案经验。

同时，张晓霖律师本人还兼任华夏法商大数据联合会的管理委员会执行主任，该联合会下属55个精品专业律师事务所，6300多名律师，在世界46个国家有律师机构，管理委员会管理32个专业委员会，几乎涵盖律师业务的各个领域。

不鸣则已，一鸣惊人。从2015年至2021年，从3个人，到13个人，再到30多个人，卓海所以每年翻番的"火箭速度"发展着、前行着。

这么快的发展速度，必是领头羊的引领起到了至关重要的作用。张晓霖律师简明扼要地分享了三个他的发展理念：要求高、专业化水平高、人品素质高。"我们称之为'三高'"，张晓霖律师说，卓海所里的律师首先要过了他的要求，才算是走进事务所的门槛。再者，事务所的律师必须要有自己精通的领域，以补充事务所的空白。最后就是人品和素质。作为律师，必须要胸怀正义、脑有智慧，真正为民众思考，为国家利益考量。应为开启民智、维护民权尽心尽力，时刻传递正能量。达到了这些要求，才算全部过了张晓霖的关。

不仅对于有经验的律师这么要求，对于刚入社会的年轻律师，张晓霖也是这么做的。此外，张晓霖还实行军事化管理，在所里制定了详细的规章制度，并且把提高服务意识放在了首位。

源于这些超前理念的带领，卓海所从创立至今，创下了"零"投诉的纪录，说到这里，张晓霖显得非常自豪。

张晓霖的管理模式不仅创造了建所以来的"零"投诉，更让卓海所成为一个大家庭。在这里，没有律师之间争抢案源，没有单打独斗，只有相互配合、相互扶持的正能量和充满同事关爱的其乐融融的温馨气氛。

"团队的素质决定了律所的水平。我们所充满正能量和正气，只有这样，客户才会完全信任你。"张晓霖律师笑着表示。

为了社会的公平正义，传播"卓海"真情

你如果问张晓霖，他的办案优势在哪里，那他会毫不犹豫地回答你两个字：专业。在他看来，律师的任务主要有二：一是揭露事情的真相，二是追求好的结果。

"揭露事情真相，是实现社会公平正义的第一步，也是最关键的第一步，不专业、不尽责的律师是做不到的。二就是在揭露了真相之后，追求一个最好的结果，最终实现公平正义。"张晓霖律师如是说。

除办案外，张晓霖还是一名专家学者型律师。近年来，他在《中国经贸》、《国际商报》、《航运交易公报》、《中国航务周刊》、和讯网、海关论网、《盈科律师》等发表《从"达芬奇"家具事件看我国保税区监管的弊病》《论海关规章以外的其他规范性文件》《试论法治视野下的海关风险防范》《浅析我国空港自由贸易区监管体系的优化》《FOB条件下发货人身份的焦虑及其调适——对"鹿特丹规则"中发货人权利的解读》《海盗赎金不宜列入共同海损分摊》《律师的言说与无言之德》等众多学术论文，并曾入选《中国社会科学文库》；先后参加了"中美知识产权法律制度研究""中荷海关法律制度研究""中欧两用物项贸易管制执法研究""上海国际航空运输中心法制环境建设研讨会"等国际国内高层学术研讨和论坛；此外，他还独立或参与编写了5部著作。

因律师工作成绩显著，他多次受到相关部门的表彰和奖励。在部队工作期间曾两次荣立个人三等功，先后被北京市朝阳区律协党委评委"2011年优秀党员律师""2013年优秀党员律师"，被盈科律师事务所全球总部授予"2012年度优秀律师"和"2013年度优秀合伙人"

称号；他的事迹先后被《中国网》《今日中国》《中华儿女》《科技中国》等国内重要媒体和刊物专题采访或报道，并入选《中国律师年鉴（2011）》《中国当代优秀律师》；2018年被评为"改革开放40周年优秀涉外律师"；2019年12月被《中国法律年鉴》、中国律师年鉴网等评选为"中国律师制度恢复重建40周年年鉴人物"暨"2019年度优秀专业律师"。

谈到未来，张晓霖信心满满。"自从'依法治国'理念提出后，以及习近平总书记以'壮士断腕'的决心反腐倡廉，我国的廉政建设取得了很大的效果，法治环境也越来越好。当下律师迎来了一个很好的机遇，也正处在一个法律服务爆发式增长的时期，我对律师行业的未来充满信心！未来，希望在规模上提升卓海所的影响力，当然更重要的是体现在优质的服务以及专业素养上。"

后 记

"路漫漫其修远兮，吾将上下而求索。"张晓霖在他的律师生涯中不断获得快乐，又不断在奉献中点燃激情，而一直不变的，是他对法律的那份坚守。律师是一份历久弥香的职业，张晓霖更是在这条充满魅力的路上开了花，还结出了硕果。我们坚信，未来，张晓霖律师和他带领的卓海律师团队，必将继续肩负社会大众的期望，为了社会的公平正义，努力前行！

以法为业，润泽天下

——访北京市泽天律师事务所主任张之松律师

▲张之松律师

编者按

法治兴则国家兴，法治强则国家强。党的十八大以来，党中央提出全面建设社会主义现代化国家、全面深化改革、全面依法治国、全面从严治党"四个全面"的战略布局。同时，习近平总书记还在多个场合指出：律师队伍是依法治国的一支重要力量，要切实加强律师工作和律师队伍建设……

近年来，我国律师制度日趋完善，律师作用得到有效发挥，律师事业得到长足发展。律师在维护人民合法权益，保障经济稳定发展，促进社会和谐稳定，推进政府依法行政，提高立法执法质量，确保司法公正高效，引领行业创新变革等方方面面都发挥了积极的作用，做出了突出的贡献，中国律师队伍信仰法治、践行法治，他们已成为当代厉行法治的楷模和榜样。

本文主人公——北京市泽天律师事务所主任张之松，就是一位以法为业，并坚信法治是浸润人心、惠泽天下的法律人。从事律师工作以来，在每一个案件中，他都竭尽全力维护当事人的最大合法权益，他说："迟到的正义就是非正义，为了正义哪怕天崩地裂……"言语间尽显苍劲与豪迈。在笔者看来，法治精神早已融入了他的血脉和灵魂。

张之松律师有着怎样的人生履历，有着怎样的法治情怀？今天，就让我们走进北京市泽天律师事务所。

从公安干警到中国律师

张之松出生于一个普通家庭，祖辈是老一辈革命家。20世纪80年代末张之松大学毕业后，被分配到基层派出所工作，成为一名打击犯罪、保护人民生命财产安全的公安干警。他从最基层做起，从民警到代理副所长、派出所所长、分局副局长，在公安系统一干就是十四个春秋，

如此丰富的工作经历为他以后从事律师工作打下了坚实的基础。

2002年，他通过首届国家统一司法考试之后，便决定离开体制从事律师工作，并先后在北京泽天、北京法大、北京东卫所实习和执业。

在法大所，他得到了前辈老师、教授的悉心指导和教诲，无论从角色、思维抑或是视野、业务知识等方面，他很快完成了从公安干警到执业律师，从管理者到服务者的完美转变。同时也完成了从刑事业务到民事业务、商事业务、法律知识以及司法程序的全面认识和深入了解。

在东卫所，张之松开始接触各类大案，曾连续办理七起股权纠纷（他称之为"公司政变"）案件。这些经历也为后来从事公司上市辅导工作夯实了基础。尤其在2008年6月他接受委托的一起合资企业的股权纠纷案中，张之松代理内资企业，历时四个月的调研、分析论证和准备，在当年国庆节后上班的第一天，趁外资股东未到公司上班的机会，成功夺回了公司的控制权，并在三天内指导完成了全部债权的变现。后来，外资股东采取非法手段对张之松进行报复，围堵三个月都未能得手。国家有关机关介入后，此案才告一段落，该案也成为张之松执业以来首个国家级督办案件。

"这个案件告诉我们，在公司政变中，要想反败为胜，第一必须做好充分的准备，要卧薪尝胆，才能做到一剑毙命，并取得最终的胜利。第二就是律师要有法律智慧，要学会用法。第三，面对黑恶势力，要无所畏惧。"张之松律师坦然自若地道。

服务金融，为经济发展助力

为更好地发挥金融对经济结构调整和转型升级的支持作用，进一步拓展民间投资渠道，充分发挥全国中小企业股份转让系统（即新三板）的功能，缓解中小微企业融资难问题，2013年12月13日，国务院发布了《关于全国中小企业股份转让系统有关问题的决定》，自此，新三板市场服务范围开始覆盖全国。张之松抓住契机，在商务部的支持和领导下，立即发起组建了"新三板服

▲张之松律师发言

▲张之松律师发言

务机构联盟"，并率先在山东、山西、江苏等省市开发区开展了"投融资促进中国行"的专项活动，2014年1月至2016年6月间，张之松主导，并配合券商、会计师等为600多家企业提供了上市辅导工作，此项工作结束，张之松既积累了丰富的金融资本运营经验，又带出了一支强有力的服务团队。为此，2019年张之松被评为《中国法律年鉴》年鉴人物——优秀金融股权律师。

精准投资，为国家军民融合事业贡献力量

铷钟又被称为"铷原子钟"，高性能铷钟因具备易于操作、功能完善、通用性强等特点，故主要用于国防军工产业。2016年7月至2018年9月间，张之松作为投资人从事了一项海外收购案，即在美国收购铷钟制造技术和美国在天津的工厂——天津准讯电子公司。

作为律师，张之松无疑是成功的，作为创业者和投资人，张之松更是佼佼者。该项收购案的重要意义还在于，此举为我国北斗卫星全球组网，不再受制于国外的GPS，将时间从-6次方纳秒提高到-12次方纳秒，精准定位从30厘米缩小到3厘米，同时为国家在时间频率领域赶超发达国家做出了不可磨灭的贡献。

据悉，这项技术还被广泛地应用于国家电网、5G通信、高铁、航天、军工等多个领域，是"时间频率"领域不可或缺的高精尖技术。

苦练内功，做专家型律师

2012年，张之松开始自主创业，其思维也从乙方（服务者）变成甲方（主导者），考虑问题也更加综合和有全局观，其高度、深度和广度亦获得极大提升，这为其

后来重归法律专业，做专家型律师打下了牢固的基础。

办案、创业的同时，张之松并未停下学习的脚步，他考研读博，还不断钻研其他业务领域，考取了注册拍卖师、典当经济师、保险公估师以及文物鉴定师等专业资格。

2018年10月，张之松将全部精力投入到北京市泽天律师事务所的经营上。期间，他不断深度开拓法律业务，为企业提供全方位法律解决方案，成为企业遭遇困境或棘手问题的解决者，现已累计成功为9家企业解决了股权纠纷（公司政变），维护了股东最大合法权益。可以说，每一次公司政变都可堪称一部斗智斗勇、惊心动魄的经典剧本。2019年8月，张之松竞选并担任了北京市律师协会招投标与拍卖法律专业委员会主任。此后张之松被聘为中国拍卖行业协会拍卖师分会法律服务专家。

2020年3月，张之松被聘为最高人民检察院民事行政案件专家。同年，他被中国博物馆协会吸收为会员，并深度参与了国家文物局、中国拍卖行业协会关于《文物保护法》的修法工作，成为一名站在市场前沿的专家型律师。他的思路是成为法律业务的缔造者，而不是拿来者，要做到这一点就要多学习、多积累。

坚守初心，做一名合格的共产党员

张之松是一名有着30年党龄的老党员。30年来，他一直严格要求自己，凡事身先士卒、冲锋在前。

2020年春节，新冠肺炎疫情暴发，全国进入紧急状态，面对生命的威胁，数以万计的白衣战士赶赴湖北支援。张之松不是医生，但作为一名老党员，他深知自己的责任和使命。面对严重疫情，自2月11日起，他便以党员

▲社区党总支给张之松律师颁发锦旗

▲张之松参加新建社区党建工作委员会成立大会

志愿者的身份出现在"抗疫"一线上岗 66 天。期间还提出防控疫情和"复工复产"的合理化建议 12 条，动员写字楼大厦 18 名党员参与到"抗疫"的行动中。对此，北京市通州区新华街道新建社区做了专题报道，该报道还被《人民日报》予以转载。2020 年 8 月，社区党总支为张之松律师颁发了抗疫优秀党员志愿者的锦旗及证书予以表彰。

做一名合格的共产党员，是张之松 30 年来一直坚持的信念，我们从其青年时代的经历中即可见一斑。1989 年，张之松作为办案组长带领两位民警远赴湖北抓捕一名盗窃犯，这个案件的失主是一位金矿老板，三人历经艰辛终于将盗窃犯缉拿归案。金矿老板看到盗贼被抓，非常高兴，与张之松交谈之余获知，这次抓捕逃犯合计花费 800 余元，于是很爽快地将 800 块钱交到了张之松的手里，"不就 800 块钱吗，我给你们报了。"因张之松在出差前已向政府单位借款 800 元用于此次办案，张之松心想："正好用这 800 块钱归还当初的出差借款。"于是，他很快将金矿老板给的 800 块钱还了政府财政部门。几日后，地市纪委、县委纪委的领导突然出现在他的办公室，要找他谈话，询问 800 块钱是怎么回事？张之松如实汇报。"你没有去报销？""不用报了，人家（金矿老板）已经给报销了。""单子呢？""这不都在抽屉里呢。"随着谈话的深入，年轻的张之松也终于明白，原来金矿老板前脚要给他们报销差旅费，后脚就到了纪委，刚参加工作不久的张之松猛然醒悟。当然，他非常自信，因为他深知无私者无畏，心胸坦荡、无欲则刚。

在另一起警务人员涉嫌刑讯逼供的案件中，张之松

是主办警官，但当晚例行审问嫌疑人时他正好不在派出所，第二天早晨，他到派出所上班，所领导说："此案证据不足，嫌疑人又拒不承认，那就放了吧。"然而，对犯罪嫌疑人解除刑事强制措施不久，省高院、省检察院的司法办案人员却出现在了派出所，办案人员称嫌疑人说在刑事拘留期间遭遇了刑讯逼供，还告到了北京，惊动了中央领导。省里对此案十分重视，之后，经所领导努力协调，当事人说要 6 万块钱才能和解，若不和解，就让三个人坐牢，6 万块钱对于当时每个月工资只有 100 多块钱的民警可以说堪称天文数字了！这时，在张之松的坚持下，所领导决定对受害人的伤情进行司法鉴定。后经司法鉴定得出结论，受害人有旧伤在身，腰椎裂痕乃是几年前劳作不慎所致。最终的司法鉴定，澄清了事实，还了三位民警清白。

在张之松的履历中，经历过种种诬告、威胁甚至在办理公司政变案件时还遭遇对方股东的暗杀，但他从未畏惧和退缩。"作为一名党员，就应该牢记初心、使命，就应该有担当精神，死又何惧！"张之松的一席话深深地触动了笔者，更令笔者钦佩不已。

砥砺前行，扎实推进法治人才培养

"国无常强，无常弱。奉法者强则国强，奉法者弱则国弱。"党的十九大召开后，党中央组建了中央全面依法治国委员会，随后，中国政法大学全面依法治国研究院成立。2019 年，在全面依法治国研究院的支持下，张之松独立起草了法治人才培养方案。该方案主要针对公、检、法、司、央企、国企、地方领导以及军转干部

等进行法律知识、法律意识、法治思维的培养。同时，该方案也得到党中央领导的高度重视，目前，法治人才培养方案正在逐步推进中。

讲好中国故事，让文物"活"起来

党的十八大以来，习近平总书记曾在多个场合提到"文化自信"，深刻表达了对中国传统文化、传统思想价值体系的认同与尊崇。

对于"文化自信"，张之松亦有自己独到的理解与阐释。"传承中华优秀传统文化，树立中华民族文化自信，需要几代人的努力。我国是文物收藏大国，人口多，文物多。但大多数文物都在博物馆里，没有很好地发挥其传播文化的作用。文博法律服务就是我们下一步努力的方向，也是我本人将'职业'转变为'事业'的目标，为此，我准备了十多年的时间。"张之松律师如是说。

"宝剑锋从磨砺出，梅花香自苦寒来。"据了解，早在2009年，张之松即进入文博圈，他一边学习，一边实践，尤其是2012年至2015年间，他带领团队从北京出发，一路历经沿海13个省，每年行程25 000里，对13个省80多个古玩城艺术城进行调研。同时，他还投入巨资进行文创、鉴定、拍卖，每年的文物博览会他也都会参加，张之松身在其中，参与其中，初衷不改，躬身前行。

深入地学习和大量地实践，让张之松拥有了一双对文物鉴别真伪的"火眼金睛"，经常会有收藏界的朋友找他"鉴宝"。当然，最令张之松欣慰和高兴的是，2020年，张之松的申请获中国博物馆协会批复，他成为中国博物馆协会文物鉴定专家中的一员。自此，张之松开启了文博业法律服务的新篇章。近年来，张之松还利用所学的文物艺术品知识，结合投融资服务经验，创新了艺术品金融法律服务业务。在笔者看来，张之松已成

为法律界最懂文博的人，文博圈最懂法律的人之一。

讲好中国故事，让文物"活"起来。怎么才能让文物"活"起来呢？据悉，国家文物局专门组织专家进行了一系列论证，并提出修改《文物保护法》，以将文物进行合理利用。作为《文物保护法》修改的深度参与者和唯一的一名参与此次修法的律师，张之松提出将文物文创、有偿出借、文物鉴定行政许可以及地方政府对非国有博物馆给予土地和税收支持等建议纳入此次《文物保护法》的修改中，并成为这些提案的坚定的支持者。

"这是一个伟大的创新和创举，全国4900家国有博物馆将带动数以万亿计的经济增长，文博地产、博物体验、艺术金融三大产业将成为一个新的产业，我们有信心在这次浪潮中，成为文博法的专家，并为国家做出更有意义的贡献。"张之松律师满怀信心地道。

后 记

霍姆斯大法官曾说："法律的生命力不在于逻辑，而在于经验。"张之松律师说："人们经常说拿起法律的武器，维护自己的合法权益。但如何将法律变成武器，则需要专业的律师来为当事人完成。法律能不能变成武器，能变成什么样的武器，武器能否有效，都是摆在法律人面前的一道难题。这个问题很多时候是没有时间给律师去排练的，面对棘手问题则需要当机立断，因此，法律知识、法律智慧、法律思维、法律经验等都需要长期的积累，并不断地实践，才能在法庭这个'战场'上立于不败之地。"

是啊！法律的生命在于经验，若无实践经验，无异于纸上谈兵。张之松用30多年的工作经历告诉我们，唯有苦练内功、勇于实践，方能夯实专业、有所作为，方能为客户提供切实可行的解决方案，方能将法律变成一把利刃，维护正义、仗剑天涯！

华泰法律人的光荣与梦想

——访北京市华泰律师事务所主任兼首席合伙人赵泽民律师

编者按

我国自 1979 年恢复律师制度以来，伴随着改革开放，40 多年来，律师制度从无到有，律师队伍从小到大、从弱到强，一次次在改革与创新中前行，一次次在变迁与变革中走向强大、走向世界。

▲赵泽民律师

40 多年来，中国律师队伍筚路蓝缕、风雨兼程，为中国的经济发展、人权保障、社会的公平正义以及社会主义法治建设做出了不可磨灭的贡献，中国律师已经成为全面依法治国的一支重要力量。

在这支队伍里有这样一位老律师——北京市华泰律师事务所主任兼首席合伙人赵泽民。他经历了中国律师从小到大、从弱到强、从体制内到体制外的整个过程，在我国律师事务所性质从国办所、合作所、合伙所、个人所的发展，以及在参与律师实践、推进律师改革与创新、变革与发展的过程中，他既是亲历者、见证者，更是开拓者和推动者。

从首都到全国，再到布局全球，虽年过花甲，但他干起工作来的那股拼劲儿仍不减当年，深夜两三点钟对海外工作进行指导更是常事。

"老骥伏枥，志在千里；烈士暮年，壮心不已。"应是对他最好的人生写照！令笔者更为钦佩的是，执业近四十年来，他的名字始终与各类大案要案以及重大项目联系在一起。

今天就让我们走进华泰所，走近它的领头人，来探寻和记录华泰法律人的光荣与梦想吧。

见证改革创新，引领行业发展

1983 年，23 岁的赵泽民从北京大学分校法律系毕业后，即进入当时的国办所——北京市第一律师事务所从事专职律师工作，他也成为中国律师制度恢复重建后第一批具有法学学士学位的专职律师。

此后，随着改革开放的不断深入和扩大，国办性质的律所已很难适应当时经济社会的发展与变革，合作制、合伙制律师事务所相继登上历史的舞台，一直想创办一家律所的赵泽民于 1994 年成立了北京市华泰律师事务所，1996 年，华泰改制为合伙制律师事务所，华泰所也成为中国最早批准设立的合伙制律师事务所之一。"其实律师制度从恢复到现在就没有间断过改革和变革，作为法律服务的提供者，唯有与时俱进、不断创新，才是发展的硬道理。"赵泽民主任如是说。

历经近 30 年的不懈努力，在赵泽民主任的带领下，如今的华泰所已经在上海、深圳、天津、杭州、郑州、南宁、成都、太原、长沙、青岛、大连、重庆、哈尔滨、乌鲁木齐、拉萨、广州、厦门、西安、武汉、合肥、海口等地设立 22 家分所，并在美国、加拿大、英国、法国、澳大利亚、塞浦路斯、日本等国家和中国香港、台湾、澳门等地区建立了办事处或拥有紧密的合作伙伴，可为国内外客户提供及时、全面、周到的法律服务。华泰总所位于北京市朝阳区 CBD 核心并拥有近 2500 平方米的自主产权办公场所。当前，在华泰律师的共同努力下，华泰所现已发展成为拥有超过 1500 多名执业律师及其他专业辅助人员的大型综合性律所。

参与律师实践，推动法治进步

发生在 20 世纪 90 年代初的深圳贤成大厦案被法律界称为我国行政诉讼法实施后的"行政诉讼第一案"。该案的经过，诸多媒体已做报道，笔者无意在此赘述，但笔者注意到此案的强大"阵容"程度可谓是"前无古人，后无来者"的。审理机关：最高人民法院，并由全国政协副主席、最高人民法院副院长罗豪才担任审判长，杨克佃、江必新、岳志强、赵大光、罗锁堂、胡兴儒 6 位资深法官组成合议庭审理此案。著名法学家江平、应松年等分别担任了不同当事人的代理人，最高人民法院对此案进行了长达 6 天的公开审理。庭审期间，中央各部委办、在京各大高校、有关外国使节以及深圳市委、市政府、市人大等党政机关人员等均参加了旁听。新华社为此案还专门刊发了通稿，境外媒体称这是"中国法制史上一个不平凡的日子"。

▲北京市华泰律师事务所同仁

作为本案原告方深圳贤成大厦有限公司的委托诉讼代理人，赵泽民主任带领华泰律师历经三年的曲折坎坷，最终获得案件的胜诉。当时的《中国法制报》（2020年8月1日更名为《法治日报》）还以整个版面介绍了赵泽民主任与华泰律师对此案的代理情况。

"此案可谓中国法治发展史上永不磨灭的案号。"中国法学会行政法学研究会秘书长、中国法学会常务理事，现担任对外经济贸易大学党委常委、副校长的王敬波教授如此评价道。

即便是20多年后，由中国法学会行政法学研究会、法律出版社、《中国法律评论》、中国政法大学法治政府研究院共同发起的"推进中国法治进程十大行政诉讼案例"评选活动还对此案进行了评选和点评，评选结果出炉，此案位列第一。

关于此案在我国法治进程中的影响，笔者认为应毋庸赘言了！

顺应时代潮流，善于探索创新

我国证券行业起步较晚，但却发展迅速，其从无到有再到繁荣的过程只经历了短短的二十几年。华泰所自创立以来，就十分重视证券法律业务的布局和发展，并较早取得了由司法部和证监会授予的"律师事务所从事证券法律业务资格"。

特别值得一提的是，华泰所还加入了由证监会组织的期货民事法律问题研究课题组，并多次在北京广播电台进行期货法律专题讲座，在当时全国法院系统对于经济类案件，尤其涉及证券回顾、期货类案件的审理还处

于"摸着石头过河"的情况下，赵泽民主任与有着"中国期货业教父"之称的中国国际期货公司田源董事长共同携手，三年时间内，协助最高人民法院就证券回购举办了两届法官培训班，就期货案件举办了三届法官培训班，自此，华泰所在证券、期货法律服务领域建立了良好的声誉和口碑。2004年，在北京市司法局和北京市律师协会共同认定的49个"规模所"中，华泰所位居前列。

做好非诉业务，勇敢走出国门

改革开放后，我国铁路技术获得高速发展，美国前总统奥巴马访华时还曾特别提出："美国在高速铁路上落后中国10年，要与中国合作，向中国高速铁路学习。"

2010年9月，赵泽民主任带领华泰所律师担任了美国纽约中心高铁小组的法律顾问，为促成美国纽约州与中国高铁合作项目提供法律支持。

2010年12月7日至9日，第七届世界高速铁路大会在北京召开，中国先进的高铁技术引来与会各国的广泛关注，期间，赵泽民主任就我国政府与纽约州高铁项目事项提出意见，之后，纽约州政府与铁道部签署了合作意向书。

除此之外，在非诉业务领域，赵泽民主任还带领华泰律师积极开拓新的法律服务领域，先后担任了国家四大石油进出口商之一企业的法律顾问，帮助其处理日常法律事务及投资意见审核，为其提供海外石油开发的相关法律服务，并陪同企业前往马来西亚参加石油地质及区块推介会，对其石油地质情况进行考察，与马来西亚国家石油公司进行谈判磋商，最终促成企业领导与马来

▲北京市华泰律师事务所分所年会暨华泰律师发展论坛

西亚首相会见，共商合作大计，共谋发展大局。

近年来，赵泽民主任带领华泰律师还多次与中央企业赴海外考察其他能源、资源项目，如矿山、森林等，为其提供国际投资的项目分析、尽职调查等专业服务。如今，为中国企业"走出去"提供资源对接的商业以及法律服务，已成为华泰所一大特色和重点业务。

积极建言献策，推进国家立法

办理各类大案要案，带领华泰所创新发展的同时，赵泽民主任还与华泰律师同仁积极建言献策，助力法律行业的发展与改革。2018年，华泰所大连分所提出的《建议停止执行〈民法通则〉第一百三十六条一年诉讼时效的规定》被中央统战部《零讯》专刊（2018）第10期采用，并专报中央政治局委员、书记处书记以上领导同志。2018年7月18日，最高人民法院就"诉讼时效制度"作出司法解释，全部采纳了华泰所的建议，将民事诉讼时效统一改为3年。

在此，笔者还需将"深圳贤成大厦案"对于企业登记管理行政法规建设史上的贡献和成果加以记录。

在此案贤成大厦有限公司被非法注销当时，《中华人民共和国企业法人登记管理条例》（以下简称《条例》）第20条规定：企业法人歇业、被撤销、宣告破产或者因其他原因终止营业，应当向登记主管机关办理注销登记。该《条例》第22条规定：企业法人领取《企业法人营业执照》后，满6个月尚未开展经营活动或者停止经营活动满1年的，视同歇业，登记主管机关应当收缴《企业法人营业执照》、《企业法人营业执照》副本，收缴公章，并将注销登记情况告知其开户银行。从文义上看，《条

例》第22条所称的注销似乎是可以由工商行政机关依职权主动实施，但是其注销程序的启动仍应依照该《条例》第20条的规定，由企业自行申办注销登记，这是注销的法定前置程序。

此案被告深圳市工商局在深圳贤成大厦有限公司未申办注销的情况下，仅依照深圳市政府办公厅188号纪要的指令，径行注销贤成大厦有限公司，没有当时现行的有效规范作为依据，确属超越职权的违法行政。

被诉事实发生后，深圳市工商局才就涉案违法注销行为向国家工商行政管理局请示，国家工商行政管理局于1995年5月9日作出《关于企业注销登记有关问题的答复》（工商企字〔1995〕第107号）：

"深圳市工商行政管理局：你局深工商注〔1995〕6号请示收悉。经研究，答复如下：

一、核准企业注销登记，是工商行政管理机关的行政执法行为，是维护正常经济秩序，保护合法经营的具体措施。企业终止经营，应当按照《中华人民共和国企业法人登记管理条例》第20条的规定，向原登记机关申请办理注销登记。

二、在正常情况下，企业注销登记，应当按照《条例》第21条规定的程序，经登记机关核准，由登记机关收缴营业执照和公章，并将注销登记情况告知其开户银行。

三、企业法人领取营业执照后，满6个月尚未开展经营活动或者停止经营活动满1年的，原登记机关可以依据《条例》第22条的规定，直接作出注销登记的决定，收缴营业执照和公章，并将注销登记情况告知其开户银行。

四、登记机关依据本文第三项直接作出注销登记的决定后，被决定注销的企业债权债务的清理，按照《条例》

▲北京市华泰律师事务所分所年会暨华泰律师发展论坛

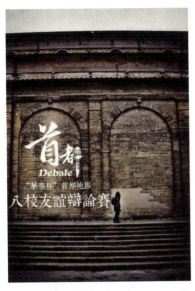

▲ "华泰杯"首都地区八校友谊辩论赛

第33条的有关规定办理。"

《条例》第33条的规定是：企业法人被吊销《企业法人营业执照》，登记主管机关应当收缴其公章，并将注销登记情况告知其开户银行，其债权债务由主管部门或者清算组织负责清理。

上述答复，实际上是通过扩张解释的方式，将在法律上内涵迥异、泾渭分明的"注销"与"吊销"赋予了等同的法律内涵，尽管其解释失之牵强未必服人，但毕竟是有权行政解释，对于弥补行政立法漏洞还是有用的。问题是，上述107号答复形成于被告深圳市工商局对贤成大厦有限公司的非法注销和清算行为之后，没有任何法律溯及力，所以被告深圳市工商局广东省高院一审开庭时企图以上述批复为其违法行为辩解，毕竟是无济于事的。一、二审法院均不采信其此项无力辩解，以程序违法为由判决撤销了其对贤成大厦的非法注销和清算行为。

笔者以为，在国家工商行政管理局的权力层面，通过行政扩张解释的方式，将《条例》第22条规定的注销程序赋予了与《条例》第33条吊销清算程序相同的法律效力，从而使《条例》的立法缺陷和漏洞得到了相对有效地弥补，"深圳贤成大厦案"功不可没。

更值得一提的是，当时接办此案时，华泰所成立尚不满一年，名不见经传。但赵泽民主任与华泰律师敢于面对强大的对手，敢于面对怀疑和挑战，始终保持对案件的必胜信心，以脚踏实地毫不懈怠的工作和坚持，为自己的律师生涯留下了欣慰和无悔的回忆，为国家立法的进步与发展做出了积极的贡献。

强化党建引领，提升律所效能

2008年是个值得被铭记的一年。这一年，奥运圣火在北京点燃；这一年，神舟七号成功飞天。这一年，18名党员律师组成的华泰所党支部宣告设立。十多年来，华泰所党支部全体成员不忘初心、牢记使命，不惧风雨、勉力前行，成为所内那道最靓丽的风景线。

为弱势群体维权，有华泰党员律师的身影；法律援助，有华泰党员律师无悔的脚步；汶川、玉树地震，华泰党员律师踊跃捐款捐物；抗击疫情，华泰党员律师更是慷慨解囊、多方筹措，积极为医院和社区捐款捐物，助力疫情防控阻击战，彰显着人间大爱。

华泰所党支部自成立以来，得到了上级党组织的高度肯定，获得多次表彰。2011年、2012年、2014年、2019年、2021年，华泰所党支部先后被中共北京市朝阳区司法局党组、北京市朝阳区律师协会党委授予"先进党支部"荣誉称号。赵泽民主任因大力支持和帮助党支部的工作，多次被北京市朝阳区律师协会党委评为"党建之友"。华泰多名律师还荣获"优秀党务工作者""优秀共产党员""党员律师标兵""先进党务工作者"等称号。

赵泽民主任以其严谨务实和精益求精的工作作风，获得广泛赞誉，多次被司法行政系统评为"优秀律师""先进工作者"，2004年被评为"金牌律师"，2010年被评为"中国百强律师"等。

华泰所党支部自成立以来，积极发挥党组织的作用，团结华泰所广大律师，针对律师事务所的具体特点开展工作，为华泰所的发展和进步做出了巨大的贡献。

华泰所党支部自成立以来，还开展了各类丰富多彩的支部活动，发展了一大批中青年党员和积极分子，得到了所内律师的一致好评。时至今日，华泰律师以党建促所建，华泰所总部党支部已有共产党员50余人，全国22家分所中，也已有10多家分所先后成立了党支部。

大力培养党员律师，以党建促所建，华泰律师笃定前行、从未停歇。

输送优质人才，培养法律精英

华泰所爱才惜才，常常为众多在校生提供实习机会，并于2008年3月被北京市律师协会正式确立为北京大学、中国人民大学、清华大学、中国政法大学的实习基地。

在学生实习期间，华泰所还为实习生配备专、兼职辅导律师，安排良好的办公环境，并将其实习经历建立档案，以形成相应的人才储备库，长期关注每一名实习生的成长。

特别值得一提的是，由华泰所与中国政法大学刑事司法学院合作举办，并由华泰所冠名赞助的"华泰杯"首都地区高校友谊辩论赛（第一届联合了 17 所高校）已经举办了六届。多年来，华泰所一向对与高校法律人才的交流互动高度重视，不仅在资金上给予活动赞助，在赛事的进程中还会派出华泰所经验丰富的优秀律师作为决赛的裁判为辩论赛提供实际支持。

华泰所为北京高校辩坛骄子们提供了一次又一次相互交流、切磋技艺的绝佳机会，搭建了一个又一个超越自我、追逐梦想的华丽舞台。作为多所院校实习基地的华泰所，也因有着这些高校法律人的注入，其律师团队不断壮大。

如今，"华泰杯"首都地区高校友谊辩论赛已经成为学生们最受重视的活动之一。

另外，华泰所还积极引进海内外知名法学院校毕业的法学博士、硕士及拥有多专业学位的复合型法律人才。

在人才梯队建设上，华泰所已经形成了"传帮带"的优良传统。实习律师遇到问题时找辅导老师，年轻律师无案代理时找"主任"，有的律师办理案件无从下手时也会找赵泽民主任。"有困难找主任"，这在华泰所已经形成了一种共识。

关注行业新秀，不断培养人才。在赵泽民主任的帮助和影响下，华泰所许多年轻律师成长为业内的新星、力量中坚、行业翘楚，亦有更多律师走出律所，关心行业、关注社会。据不完全统计，由华泰所培养的青年法律人才已逾几百人，可谓硕果累累，桃李天下。作为律所主任的赵泽民对曾经带过的徒弟或曾在华泰实习的青年律师总是充满了深厚的感情，更充满了对青年人的希冀和期许。

后 记

采访即将结束时，笔者了解到，华泰所全球化的布局亦在赵泽民主任的运筹帷幄之中，但赵泽民主任这时却说："律所的竞争力不在于规模大小，关键在于律所提供服务的能力，律所提供服务的能力提升了，规模化自然会水到渠成。"

"恫愊无华，运开时泰。"在赵泽民主任的带领下，华泰律师以"至真、至诚、至信"为追求，以"求真、致诚、勤勉、务实"为信念，他们正站在世界的舞台上昂首阔步、奋力谱写新时代中国律师的新篇章。

"法治是人类文明进步的重要标志。"或许，在赵泽民主任看来，华泰法律人的光荣与梦想就是以天下为己任，为中国的法治建设，为世界经济的融合与发展，为人类的文明与进步贡献自己的智慧和力量吧！

未来，我们有理由相信，华泰法律人必将乘风破浪，再创辉煌，继往开来，续写华章！

匠心执守，专注刑辩

——访北京德和衡律师事务所高级合伙人周金才律师

▲ 周金才律师

编者按

我国自1979年恢复律师制度以来，伴随改革开放，律师制度更加完善，法律服务更加多元，中国律师这一群体在维护当事人合法权益，维护法律正确实施，维护社会公平正义中发挥了不可替代的作用。

近年来，随着时代不断向前发展，各个行业亦正在发生广泛而深刻的变化，反映到法律服务领域就是，很多法律服务项目或案件变得更加疑难、复杂和棘手，这就对为社会提供法律服务的执业人员——律师的专业水平、综合能力以及职业态度、敬业精神、执业智慧和勇气等提出了更高的要求。

子曰："知者不惑，仁者不忧，勇者不惧。"在中国律师界有这样一位律师，他专注重大、疑难、复杂刑事案件的辩护与研究多年，媒体称他是"案痴""庭来疯"，除办理案件外，他几乎没有任何应酬或社交活动，其对法条的熟稔程度可以精确到相关法律的篇、章、节、条、款、项，且能在法庭上当庭脱稿辩护，并能将法律条文、司法解释、会议纪要、裁判案例、理论研究等融会贯通、化繁为简，其高超的庭审驾驭能力总能引起法律同仁的共鸣，可以说，他的每一次开庭都是一场"硬仗"，更是一场视听的"饕餮盛宴"。当然，庭前夜以继日的案卷研究、证据分析、调查取证、法理归纳以及开庭模拟等工作中的各种艰辛，或唯有亲历者方能感同身受。

他，就是北京德和衡律师事务所高级合伙人周金才律师。据悉，周金才律师现还担任着北京市律师协会商事犯罪预防与辩护专业委员会副主任、北京企业法治与发展研究会商事犯罪研究中心副主任、北京市朝阳区律师协会刑事业务研究会委员等多个社会职务。

百度百科中这样写道：周金才律师自1991年起从事专职律师工作以来，承办了由最高人民法院、省市高级人民法院、中级人民法院及基层人民法院审理的案件逾千件，使众多的当事人（犯罪嫌疑人或被告人）获得无罪、罪轻、不起诉、免予刑事处罚等。其中多起案件在全国范围内产生了较大影响，被中央电视台《今日说法》、地方电视台及《澎湃新闻》《红星新闻》《法制日报》《北京青年报》《百姓信报》等多家媒体予以报道，并作为经典案件得到国内顶级法学专家的点评，引起了众多观众和读者的广泛关注。

"我非常幸运，跟着师傅已有五年了，五年来参与办理的都是大案、要案，使我提升得很快，师傅对我们要求非常严格，有的案子仅案卷就达700多卷，师傅要求我们，上庭前一定要将案卷中的内容全面记下，关键证人证言以及相关书证在哪一页、哪一行、有几行等都要烂熟于心，这样我们在法庭上才能做到从容应对、游刃有余。"周金才律师的助理邓漫银律师道。

"委托人既然能把身家性命托付于我，我就没有理由懈怠，更没有理由退缩，唯有勇往直前、义无反顾，直至正义的实现！"周金才律师如是说。

经过30个春秋的锤炼和磨砺，周金才律师带领团队已在重大企业家犯罪、重大职务犯罪、重大涉黑涉恶犯罪、重大金融犯罪、重大走私犯罪业务领域形成了独树一帜的辩护风格，并在业内树立了良好的口碑。我们从其办理的案件、发表的意见以及办案的手记中亦可管窥一二。作为一个专注重大刑事案件辩护的律师，他有着怎样的人生履历、心路历程、刑辩故事和刑辩情怀呢？且让我们为读者诸君一一道来。

热爱是最好的老师

20世纪80年代初，由刘兰芳播讲的评书——《岳飞传》《杨家将》火遍全国，这个影响了几代人的长篇评书，同样对本文主人公——周金才的世界观、价值观、人生观产生了巨大的影响。因喜欢里面的英雄人物，周金才每次听评书都全神贯注，并能将里面的人物刻画、语言描述等全部记下来，听完回来再讲给亲戚朋友听，这样周而复始、循环往复，随着年龄的增长，周金才的内心世界逐渐发生着变化，长大后要仗义人间的种子也在内心深处萌芽。

进入20世纪90年代，25岁的周金才终于得偿所愿，并开始从事专职律师工作。执业之初，周金才就对自己提出了严格的要求。他认为作为一名律师，就应该成为世界上最熟悉所办案件的人。恰逢其办理的第二个案件即为刑事案件，人命关天，周金才不敢怠慢，出席法庭前做足了准备，并当庭脱稿发表辩护意见，其条分缕析又富有感染力的发言获得司法办案人员及当事人家属充分肯定，也让周金才律师感受到了强烈的职业尊荣与自豪。此后，周金才对各类刑事案件产生了浓厚的兴趣，当然，对于每一个接受委托的案件，他都是近乎苛刻地严格要求自己。

笔者问及，为何每一个案子都研究得那么透彻？周金才律师道："受人之托就要忠人之事，而刑事案件又关涉人的自由、财产乃至生命，重大刑事案件更关涉众多个家庭以及社会的和谐与稳定，作为辩护人，吃透案件那是责无旁贷的事；再者，热爱就是最好的老师，因为热爱，所以专注、专心、用心。法律界有句名言：'你办的不是案件，而是别人的人生。'所以法律人一定要有使命感和责任感。"

"周主任太热爱刑辩工作了，我们就是因钦佩周主任对待工作的态度和精神，而愿意与他一起攻坚克难，尽己所能为人辩冤白谤，让有罪者罚当其罪，让无辜者免于受冤。"邓漫银律师道。

开篇时我们提到，周金才在重大、疑难、复杂案件办理过程中，用心血换来了一个又一个"捷报"。作为法律圈的媒体人，自然知晓这里每一个重大、疑难、复杂的案件都是难啃的"硬骨头"。为了啃下这些"硬骨头"案，周金才律师独创性地提出"立体辩护"理念，从时间维度、空间维度、心理维度、对象维度全方位、无死角地进行辩护，并在每一起案件中推行和实践。据悉，周金才律师已经接受邀请，将在北京市律师协会分享其"立体辩护"的理论构造与成功案例。

历时八年，三罪皆无

2002年，得到中央最高领导层关注的河南省万客来有限责任公司董事长侯某某被控犯非法占用耕地罪（现已修订为"非法占用农用地罪"）、虚报注册资本罪、

▲当事人给周金才律师送来锦旗

合同诈骗罪的案件中，周金才律师历时八年，并顶着来自副省级高官（后因受贿被中纪委双规，被湖北省荆州市中级人民法院以受贿罪、巨额财产来源不明罪判处死刑缓期二年执行）干预案件的压力坚持为侯某某做无罪辩护。

此案先后经历一审、二审、再审，历经磨难、几经波折，其间，周金才律师曾向办案机关及有关部门出具了数十份法律文件。在法庭的辩护中，周金才律师精辟分析，反复论证，经三次无罪辩护，法院最终未追究侯某某任何刑事责任。

此案的成功辩护，全面维护了当事人的合法权益，在当地引起了较大的轰动，同时也得以让侯某某重整旗鼓、再次扬帆起航。

注：此案详细版请查阅《三次无罪辩护终捍司法公正》（来源：德衡商法网、公众号"刑辩律师周金才"）。

执着匠心，四罪皆无

在山东省知名企业家、山东省劳动模范、德州巨嘴鸟工贸有限公司董事长满某志先后被控合同诈骗、诈骗、骗取贷款、非法吸收公众存款一案中，周金才律师团队与当事人、家属，选择了共同坚守，在满某志被羁押整整四年半之后，最终迎来了"四罪皆无"的公正判决。

案件开庭前，社会上已传出满某志有可能被判处无期徒刑的流言，更有甚者，部分媒体已"舆论审判"，给满某志定性为"诈骗犯"，前面的路到底有多艰难，已经不言而喻了！

接受委托后，周金才律师就开始闭门谢客，连续两个月时间，精心制作详细的阅卷笔录、质证意见，还经常研究案件至深夜，终于将本案的事实、证据、法律适用烂熟于心。办案过程中，他还十分重视与承办法官之间的沟通交流。除此之外，在法庭辩论环节，周金才律师发表第一轮辩护意见时即阐述了接近两个小时，洋洋洒洒数万言，旁听人员的掌声，更是将连续三天紧张的庭审气氛推向高潮。

庭审的结束不代表案件的结束，返回北京之后，周金才律师多次与承办法官电话、书面联系，反复向其阐述此案的证据、事实不支持公诉机关指控以及被告人、辩护人对此的坚决态度。

此案先后经历侦查、审查起诉、追加起诉、一审判决（以骗取贷款罪判处有期徒刑5年）、二审裁定（发回重审）、发回重审之后的变更起诉、撤回起诉等一系列司法程序。

2019年4月26日，山东省德州市中级人民法院第二次作出一审判决，郑重宣告满某志等人无罪。后检察机关不服，一改此前指控的合同诈骗、诈骗罪，而以骗取贷款罪、非法吸收公众存款罪向山东省高级人民法院提起抗诉。2019年12月24日，二审法院作出驳回抗诉、维持原判的裁定。至此"四罪皆无"，一场历时五年有余的"马拉松式"的刑事诉讼也终于拉下了帷幕。据悉，本案以其复杂性、特殊性，入选"2019年度十大无罪辩护经典案例"，案件相关资料也将汇纂出版。

在采访过程中，周金才律师多次强调，本案两审法院的承办法官敢于担当，值得敬佩。笔者以为，此案的审判意义还在于，给全国的司法机关提供了很好的榜样。司法机关全面深入贯彻中央保护民营企业、民营企业家的政策，坚守法律底线，勇于纠错担责，就是对法治最大的贡献！

注：此案详细版请详阅：《惟精惟一 守正不移——从一起"四罪皆无"的民营企业家刑事案件辩护说起》（公众号"刑辩律师周金才"）；《一起"惊天辩护"背后的律师价值》（法制网）；《企业家遭遇农户挤兑无力应对被指诈骗，羁押四年半后终获无罪》（澎湃新闻）；《"庭来疯"周金才》（《法人》2020年第1期）。

积极取证，无畏无惧

"取证有风险，刑辩需谨慎。"此言对刑辩律师所面临的执业风险可谓一针见血。但面对潜在的执业风险，周金才律师却反其道而行之，并要求自己和团队一定要积极取证。"凡是有利于维护犯罪嫌疑人或被告人合法权利的，凡是有利于协助法庭查清案件事实的，我们也一定会根据案件需要，秉持实事求是的原则积极调取相关证据。"邓漫银律师补充道。

在某领导干部被控巨额受贿案的辩护中，周金才律师带领团队在控方诉讼材料之外又另行依法取得数十份新证据，并提交法庭，有力地揭示了控方指控证据的虚假和指控逻辑的漏洞。"本案在当地已经引起较大震动，这在该省监察体制改革之后的职务犯罪案件司法实践中应该是比较少见的。"邓漫银律师再次补充道。

勇谋兼具，终得会见

作为一名合格的刑辩律师，除了需要辩护的经验、技巧、谋略外，有时面对强大的公检法机关，还需要有足够的智慧和有强大的勇气与之交涉。

2017年，周金才律师担任了由公安部督办、某省公安厅直接立案侦查的某证券公司部门负责人于某涉嫌职务侵占罪一案的辩护人。据委托人称，其在找到周金才律师之前，已经寻遍了北京多家知名律师事务所及多位知名刑事辩护律师，最终决定委托周金才律师担任于某的辩护人，周金才律师自感责任重大。而接受委托时，当事人家属提供的有效材料却只有某省公安厅送达的一纸拘留通知书，该通知书载明：于某被刑事拘留的罪名为职务侵占罪。同时，委托人向周金才律师陈述，其之前在某省已曾委托当地律师作为辩护人前往会见，但被看守所民警以接办案机关通知，该案不允许辩护律师会见为由予以拒绝。了解到这一情况后，周金才律师大胆预测，办案机关既然意图在侦查期间阻止律师会见，则该案在批捕时便存在变更罪名以使其侦查阶段拒绝辩护律师会见具有冠冕堂皇理由的可能性。

果不其然，周金才律师刚到看守所门口，家属发来逮捕决定书显示，该案罪名已经变更为非国家工作人员受贿罪。在具体交涉过程中，办案机关以该罪属于"特别重大贿赂犯罪"为由，拒绝周金才会见当事人（注：原《刑事诉讼法》第37条第3款规定，处于侦查阶段的特别重大贿赂犯罪案件会见，需要经过侦查机关同意，现已取消）。但周金才律师不畏艰险，不惧阻挠，为了会见当事人，他先后与承办警官及该省公安厅相关部门负责人就会见问题进行交涉和据理力争，明确指出"非国家工作人员受贿罪"不属于"特别重大贿赂犯罪"，侦查机关无权限制律师会见本案犯罪嫌疑人，并坦率地告知对方，辩护人还会视情向中央政法委、公安部、最高人民检察院、省委政法委、省级人民检察院等主管机关反映控告，必要时还将向媒体披露。

上述强硬表态绝不仅仅停留在语言层面上，在侦查机关仍然坚持不允许律师会见的意见后，周金才律师与助理邓漫银立即另辟蹊径，马不停蹄地先后到羁押处所对应的区人民检察院、侦查机关对应的省级人民检察院就律师会见权遭受侵害一事进行控告和维权，并着手组织情况反映和控告文件，拟向中央政法机关邮寄提交。

省公安厅的办案人员显然开始重视本案，此后，在辩护人向省检察院控申处反映侦查机关侵害律师会见权的过程中，侦查机关的态度逐渐软化并开始多次与周金才律师沟通会见事宜。在周金才律师回到酒店又经过17个小时的耐心等待后，终于等来了同意其于次日上午会见于某的通知。

通过连续40个小时的不断交涉与努力，于某终于在被羁押32天后与外界恢复了联系，他的家属也终于在至亲被羁押32天后露出了久违的笑容。

据了解，从北京飞赴某省前，周金才律师就对助理邓漫银说："本案一日不得会见，我们就一日不回北京！"

注：此案详细版请详阅《不破楼兰终不还——从一起公安部督办案件看会见难破解》（来源：公众号"刑辩律师周金才"）。

穷尽所有，精雕细琢

在每次办案过程中，周金才律师都要求自己和团队要穷尽所有相关法律规定、穷尽所有相关裁判案例、穷尽所有相关理论研究，周金才律师总结为"三穷尽"辩护原则。

要说"穷尽所有相关法律规定、穷尽所有相关裁判案例"，一般律师还是能做到的话，那么"穷尽所有相关理论研究"就有点"难为"自己且对助理们过于严苛了！但对师傅提出的严格要求，助理们都会不打折扣地完成，且乐此不疲，其细致程度，可以用"较真"来形容。当然，这样的"较真"，让他们收获了更多。在中央扫黑办转交线索的某重大案件中，因当事人被指控的罪名相对较为生僻，法律和司法解释规定较为笼统，构成要件的认

定存在争议，为了说服司法办案人员，周金才律师团队查阅了中国知网上所有关于该罪的理论研究，借此来支持辩护人的无罪意见。

在上文提到的巨额受贿案中，鉴于控方证据中的诸多言词证据与客观书证不符，周金才律师意识到，这个案件如果仅仅在法庭上用"嘴"辩护，很难将案件中存在的严重问题以一种更为直观的方式呈现给合议庭及旁听观摩的各级领导。为了将案件实际情况反映得清楚透彻，他向司法机关提出申请，要以PPT的形式进行举证和质证，获得主审法官同意。随后，他们耗时整整一个月做了上百页PPT，法庭上，周金才律师与团队将PPT投放到屏幕上，让证据可视化，证据对比一目了然，一个被告人，一个罪名，庭审却足足进行了4天。

"为了让案件得到公正的审判，放慢案件的审理节奏以让各方主体充分消化案件的事实、证据和法律适用，是非常有必要的。"周金才律师道。

"周主任严格控制接案数量，因此我们每年办理案件的数量不会太多，既然接了我们就要做好，做到严谨细致、精益求精，把每一个案件当作我们的作品来精雕细琢。我们常常希望司法机关在办理案件时经得起历史检验，我们作为辩护律师，何尝不应如此呢？"邓漫银律师补充道。

涉黑辩护，知难而上

2018年1月，中共中央、国务院印发《关于开展扫黑除恶专项斗争的通知》，拉开了此次"扫黑除恶"的序幕。该《通知》要求，对于涉黑涉恶案件"要坚持依法严惩、打早打小、除恶务尽，始终保持对各类黑恶势力违法犯罪的严打高压态势"。由此奠定了本次"扫黑除恶"专项斗争的总基调——"严打高压"。

上述《通知》下发后，最高人民法院、最高人民检察院、公安部、司法部印发2018年1号文件《关于办理黑恶势力犯罪案件若干问题的指导意见》，该《意见》中的"总体要求"明确要大对黑恶势力违法犯罪以及"保护伞"惩处力度，在侦查、起诉、审判、执行各阶段体现依法从严惩处精神，严格掌握取保候审，严格掌握不起诉，严格掌握缓刑、减刑、假释，严格掌握保外就医适用条件，基调依然是——"从严惩处"。

笔者观察到，近年来，在全国扫黑除恶专项斗争的高压下，大量的涉黑涉恶案件先后被判处不同刑罚。深

研重大涉黑涉恶案件辩护的周金才律师意识到，对于涉黑涉恶案件，律师应提前介入案件的辩护，以防止案件陷入无法挽回的局面。

在代理某村支部书记涉黑涉恶案件的辩护中，周金才律师与团队自侦查阶段就开始介入，并向相关部门提交辩护意见，检察机关最终作出不批准逮捕的决定，后公安机关终止侦查，不再追究当事人刑事责任。

在另一起涉黑案件的辩护中，周金才律师带领团队担任首犯的辩护人。案件被移送审查起诉之后，周金才及时向承办检察官提交了全案不构成涉黑犯罪的辩护意见。或许是因为收到了辩护人的法律意见书，公安机关又重新制作了更为翔实的《起诉意见书》，以强硬姿态指控该案属于黑社会性质组织犯罪。周金才律师知难而进，又通过电话方式以及与助理一道多次前往检察机关，与办理该案的检察官面对面、点对点地深入交流、重申立场。又鉴于司法实践中涉黑涉恶案件存在普遍的请示汇报情形，周金才律师不仅将法律意见书提交给该承办检察官，同时还分别提交给其主管副检察长、检察长，省市两级人民检察院主管副检察长、检察长以及最高人民检察院相关领导。最终，该案的涉黑罪名被摘掉，只保留涉恶的其他罪名起诉。涉"黑"、涉"恶"虽只有一字之差，但判决中却有着天壤之别。

"'律师不是天使，也不是魔鬼；律师既不代表正义，也不代表邪恶'，使有罪的人罚当其罪，保证无罪的人不受追究，是我们的职责与使命，也是我们的骄傲与荣光。"周金才律师道。

如前所述，由于涉黑涉恶案件的办理存在普遍的请示汇报情形，一审法院在对涉黑涉恶案件宣判之前，上级法院乃至于省级高院已经进行"把关"，因此涉黑涉恶案件二审"开庭难、改判难"已是业内共识，尤其是进入到2020年下半年，"扫黑除恶"专项斗争面临"清结案件"的压力，加之疫情防控的压力导致羁押场所拒绝在押人员外提，"二审开庭"更是可遇不可求。2020年7月，本已决定不再办理涉黑涉恶二审案件的周金才律师团队，在同事的"压力"之下，接待了不远千里来京寻求帮助的某涉恶二审案件的当事人家属。在了解了案件情况以及看到家属无助、期盼的神情后，周金才律师决定"啃啃"这个"硬骨头"。接受委托后，周金才律师带领团队数次提交法律意见，并连续用电话方式以

及亲自到办案机关向承办法官说明案件存在的明显问题，最终二审法院决定公开开庭审理本案，并通知同级检察机关阅卷。

周金才律师认识到，涉黑涉恶案件的有效辩护，如能说服检察机关则会事半功倍。因此，在二审开庭之前，周金才律师团队就本案以书面和电话方式与承办检察官进行详细交流。二审法庭之上，出庭检察员顶着政治压力，明确指出该院认为一审判决认定上诉人的4个罪名均存在事实不清、证据不足的情形，建议二审法院发回重审。"检察机关在法庭审理过程中大面积支持辩护律师的意见，这在我们所看到的涉黑涉恶案件中还是第一次！"周金才律师道。最终，在辩护律师的不懈努力下，二审法院对全案作出了改判。

后 记

案例是律师最美的语言，一个律师最美丽的语言应该是他的案例，而每一案例都倾注了律师们的智慧和心血，每一案例都在述说着不同的故事和经历，夜以继日地调查取证，日夜兼程地长途跋涉，废寝忘食地模拟研究，穷尽所有相关法律规定、穷尽所有相关裁判案例、穷尽所有相关理论研究，并最终获得满意判决和当事人的肯定，正是数以千计案件的累计、辛勤的汗水、不懈的努力以及三十年如一日的潜心耕耘铺就了周金才律师的刑辩之路。

《孙子兵法》有言："凡战者，以正合，以奇胜。"而在每一刑事案件的辩护中，正是周金才与团队律师对"立体辩护""三个穷尽"原则的坚持，让他们总能在法庭上占得上风并出奇制胜，并让案件实现峰回路转、柳暗花明，看来，"案痴"的名号不是白叫的！

我们相信，未来，周金才律师与他所带领的刑辩团队，在重大企业家犯罪、重大职务犯罪、重大涉黑涉恶犯罪、重大金融犯罪、重大走私犯罪业务领域必将贡献更多的成功案例。

用案例说话，为维护当事人合法权益，维护法律正确实施，维护社会公平正义，呕心沥血、殚精竭虑；为完善人权司法保障，促进司法体制改革，为全面推进依法治国做出更多更大的贡献。

匠心执守，精雕细琢

——天津得安律师事务所创始合伙人、业务主任、党支部书记闫晓菲律师侧记

▲闫晓菲律师

编者按

当前，随着社会现代化程度的不断提高，社会化分工日益精细，各行各业都在提倡"工匠精神"。所谓"工匠精神"，从字面上看不难理解，"工匠精神"即是一种职业精神，就是在工作中要做到百分之百地认真和坚守；要敬业、专注，要一丝不苟、精益求精；要注重细节，不断追求完美和极致。

本文主人公——天津得安律师事务所创始合伙人、业务主任、党支部书记闫晓菲律师说："律师行业也要有'工匠精神'。要像匠人一样把案件视为一个作品去精雕细琢。做大律师需要天分，而做一名优秀的律师其实并不难，只要具备两个要素即可，一是认真，二是负责。认真，要求律师要踏实、勤奋，要拿出做学问的精神做案件；负责，要求律师要像对待自己的事情一样对待案件，在每一个案件中竭尽所能维护当事人的合法权益。"

是啊！"认真""负责"说起来容易，但要做起来且一直坚守下去，没有一种执着的"工匠精神"还真的很难做到，但闫晓菲律师用她的经历和办理的诸多案件告诉我们，其实"认真""负责"并不难，当然，这个"并不难"的背后，其实是作为一名津门刑辩女律师只争朝夕、夜以继日的执着和坚守。

走进津门刑辩女律师闫晓菲

媒体曾这样评价闫晓菲，"她深厚的专业素养、清晰的逻辑思维，以及由内而外散发出的善良、真诚和热情总让周遭的人感受到一种温暖。"

闫晓菲律师本科毕业于天津商业大学，获法学学士，硕士就读于中国政法大学，并获得法学硕士学位（在职）。除担任天津得安律师事务所创始合伙人、业务主任、党支部书记外，其还担任了天津电视台《新说法》栏目特约点评嘉宾、天津市律师协会刑事辩护委员会委员等职。

闫晓菲律师拥有十多年的专职律师工作经验，擅长并专注于刑事辩护，包括职务犯罪、经济犯罪、毒品犯罪、公司犯罪等领域。先后成功办理数百起刑事案件，包括8.12天津港特大爆炸事故案、蓟县商厦特大火灾事故案、e租宝非法集资案等全国性的重特大案件，先后办理了破坏生产经营案、诈骗案等大量法院宣判无罪、检察院不起诉或撤回起诉的经典案例。

闫晓菲律师在民商事领域亦一定建树，办理了大量民商事案件。

作为法律专业科班出身的法律工作者，本着对法律职业的热爱，出校门即进律师事务所从事律师职业至今。虽历经坎坷，但她初心不改，情怀依旧，始终提倡律师也要以工匠精神办案，每一个案件都要力求精细、精准，力求尽自己的最大努力做到完美极致，为此，通宵达旦研究案件对她来说已是家常便饭。执业十多年，其以精湛的业务技能、丰富的实践经验、良好的职业操守、踏实稳重精细的办案风格赢得了司法部门、业界同行以及案件当事人的广泛认可。同时，她也见证了中国法治的不断进步，并坚信在全面依法治国的背景下，社会主义法治建设前景将更加光明，作为一名中国律师，她与时代同频共振，以奋斗成就未来，全心全意做"努力让人民群众在每一个司法案件中都能感受到公平正义"的法律人。

闫晓菲律师的专业化之路

闫晓菲律师 2008 年取得律师执业资格，彼时律师行业逐步兴起法律服务的细分领域，律师和律师事务所逐渐走上专业化法律服务的道路。在此行业背景下，闫晓菲律师进入天津市第一家专业从事刑事辩护的律所——天津行通律师事务，在律所主任和前辈们的带领下，在刑辩领域深耕细作至今。2017 年，在天津行通律师事务所历练十年后，闫晓菲律师与王增强律师等人创办了天津得安律师事务所。业务范围也从单纯的刑事辩护拓展到刑民交叉、刑事风险防范以及部分民商事业务。

"专业化是未来法律服务的必然趋势，没有哪一个大律师敢站出来说自己精通各类法律事务，除了走专业化道路，其他别无选择。"闫晓菲律师如是说。

闫晓菲律师的经典案例

（一）经典案例一：杨某被控破坏生产经营无罪案

天津市某区人民检察院指控，2014 年 6 月至 9 月间，被告人杨某 1 伙同被告人杨某 2 等人以其所承包的土地存在占地纠纷为由，多次到由天津市某建设开发公司投资建设的天津市某村段土地整合施工现场阻碍施工，造成承包方某建设工程有限公司各项损失共计人民币 32 万余元。公诉机关认为，被告人杨某 1、杨某 2 结伙破坏建设公司生产经营活动，应以破坏生产经营罪对二被告人定罪处罚。

闫晓菲律师担任杨某 2 的辩护人，其主要辩护意见为：本案存在占地补偿纠纷，被告人杨某 2 及家人未获得任何补偿，在此情况下阻止施工，不具违法性。指控被告人造成 32 万元损失证据不足。被告人杨某 2 的行为不符合破坏生产经营罪的构成要件，其主观上不具有破坏生产经营罪的主观故意，客观上也未实施"破坏"行为，不构成破坏生产经营罪。

法院审理认为，依照刑法规定，破坏生产经营罪是指由于泄愤报复或者其他个人目的，实施

毁坏机器设备、残害耕畜或者以其他方法破坏生产经营的行为。该规定在列举了"毁坏机器设备""残害耕畜"的具体要素后，又规定了"其他方法"，根据同类解释规则的要求，该"其他方法"要与列举要素的危害程度相当。本案被告人杨某 1、杨某 2 在承包地的土地补偿问题未得到解决，而有相关建筑单位在其承包地上进行施工的情况下阻止施工，并未实施毁坏机器设备、残害耕畜以及与之程度相当的其他破坏行为，二被告人阻止施工的行为不符合破坏生产经营罪的客观要件。关于公诉机关指控的二被告人的行为造成施工单位停工 20 天，经济损失 32 万余元的意见，经本院对相关证据的分析，认为上述证据之间存在矛盾之处，不能确定具体的停工原因、期间，也不能确定停工的真实性。公诉机关的该项指控不能成立。综合以上分析，公诉机关指控被告人杨某 1、杨某 2 阻止施工的行为构成破坏生产经营罪的意见本院不予支持。二被告人的辩护人认为二被告人的行为不构成破坏生产经营罪的意见正确，本院予以采纳。法院依法宣告杨某 1、杨某 2 无罪。

（二）经典案例二：白某诈骗案检察院决定不起诉

公安机关移送审查起诉认定：2011 年至 2012 年间，白某通过袁某、魏某先后帮助 5 名群众编造虚假视同缴费年限手段骗取社保局保险金，截至 2016 年 1 月共计骗取 20 余万元。

闫晓菲律师担任白某辩护人，依法向公诉机关提

▲闫晓菲律师在办公室

出无罪辩护意见，主要理由包括：指控事实不清、证据不足，白某行为不符合诈骗罪主客观构成要件，白某行为不适用 2014 年 4 月 24 日全国人民代表大会常务委员会第八次会议通过的《关于〈中华人民共和国刑法〉第二百六十六条的解释》的规定，根据刑法"罪刑法定"基本原则和"从旧兼从轻"的法律适用原则，白某行为不构成诈骗罪。如将白某之行为认定为诈骗犯罪，不符合法律面前人人平等原则，法律适用有失公允。

检察院审查认定：经本院两次退回公安机关补充侦查，本院仍然认为公安机关认定白某实施诈骗犯罪的证据不足，不符合起诉条件，依法决定对白某不起诉。

（三）经典案例三：王某在某银行购买银行之外的理财产品被骗，银行被判承担 30% 补偿责任

基本案情：王某是某国有商业银行的理财大客户，2011 年，其在一次购买理财过程中，经银行客户经理吴某推荐，购买了银行之外的理财产品，到期无法返还时才知道被吴某诈骗，损失 244 万余元。诈骗犯罪人吴某被抓获归案并判处刑罚，但王某的损失经执行程序仅追回 44 万余元，尚有 200 万元损失无法追回。王某以财产损害赔偿纠纷为由起诉银行要求赔偿损失。

闫晓菲律师依法担任原告王某的代理人，结合刑事案件，深入论述本案中银行及其工作人员存在的重大过错，应当承担侵权损害赔偿责任。

法院审理认为：本案系因案外人吴某诈骗引起的财产损害赔偿纠纷，依据生效的刑事判决，直接侵权人系案外人吴某，本案的各被告不应再承担直接侵权责任。但被告银行作为金融机构，应当对储户的财产安全有一定的安全保障义务，银行工作人员在工作时间、工作场所向原告王某介绍未与银行订立正规手续的非正规理财、投资，在王某转账过程中亦未提供证据证实其提示相应风险，依据《侵权责任法》第 37 条第 2 款的规定，银行应当承担相应的补充责任。法院综合考虑原告个人的过错程度和银行的相关情节，酌情认定银行承担原告未获赔偿损失部分的 30% 补充责任。银行承担责任后可向案外人吴某追偿。

闫晓菲律师的执业感悟

"律师执业环境越来越好。"从业十多年，闫晓菲对律师行业最深刻的感受是行业越来越规范，律师事务所的管理越来越规范，律师行业管理也越来越规范；其次就是律师执业环境越来越好，"近年来，最高人民法院、最高人民检察院、公安部、司法部等部门先后出台了保护律师执业权利的规范性文件。虽然仍有很多不足之处，但进步是显而易见的。"

"律师就是一个不断学习的职业。法治在进步，律师也必须顺应形势，不断学习和精进。人生如逆水行舟，不进则退。"

"律师还应当有一颗公心，不忘使命初心。"律师的职业定位和价值追求是什么？执业十余年，闫晓菲律师也在思考这个问题，她认为，律师应当保持一颗公心，要有社会责任感。律师工作的目标是化解社会矛盾，是促进法律的正确实施，是维护社会公平正义。律师不是商人，不能只追求经济利益，而忽视了律师肩负的社会责任，不能忽视在老百姓眼中律师也代表着公平正义。

闫晓菲律师曾经写过一个小文感慨律师职业。刊载于此，与广大读者分享：

律师这个职业是精彩的。每一个案件背后都是一个复杂的故事。有悲欢离合，有爱恨纠葛，有阴沉晦暗，有世态炎凉。当然也有正能量，有大团圆，有真爱。当你觉得世界如此美好，律师已见证了太多灰暗的故事。当你觉得世界如此糟糕，律师会说你经历的其实不算什么。你劝说律师不要入戏太深，可如果不能共情，又如何能像办自己的事情一样竭尽所能。

律师这个职业是分裂的。眼前风和日丽，刚刚走出法庭的律师却好似经历了暴风骤雨。眼前美景如画，律师脑子里闪过的可能是焦灼的纠纷如何破解。眼前小儿嬉戏，律师手机里询问的却是如何为逝去的亲人维权。这个世界，日升月亮，四季更替，生死循环，有人幸福，有人不幸。律师游走于幸福与不幸之间，穿梭于黑暗与光明之间。你劝说律师不要入戏太深，而入戏、出戏之间，律师收获的是对生命、对生活的深刻领悟。

如果能够选择，我愿你不要做律师。我宁愿你做一个平凡的人，不用去经历那些或精彩或分裂的体验，远离纷争，云淡风轻，岁月静好。可这个世界，终要有人负重前行！

后 记

是啊！律师若不入戏深，何来共情，何来像办自己的事情一样竭尽所能；律师若不入戏深，何来正义实现，

何来柳暗花明!

　　闫晓菲律师用她十多年的经历和办过的案例告诉我们，什么是"认真"，什么是"负责"，什么是"工匠精神"。

　　我们相信，在未来的岁月里，闫晓菲律师仍会一如既往地秉持"认真""负责"的"工匠精神"，维社会之正义，护你我之权利，践律师之使命，行律师之担当，在中国建设法治的道路上成为那颗最坚定的铺路之石!

传承红色基因，践行初心使命

——访重庆佑圣律师事务所主任刁益敏律师

▲刁益敏律师

编者按

2021 年是中国共产党成立 100 周年。百年征程，波澜壮阔。从上海石库门到嘉兴南湖，从江西井冈山到贵州遵义……一处处红色遗迹承载着人民的重托、民族的希望。

2021 年同时也是新中国第一部《律师法》实施 25 周年。一部律师法，百年制度史。重庆佑圣律师事务所在刁益敏主任的带领下，在党史学习教育中，立足律师本职工作，践行着全心全意为人民服务的宗旨，践行着法律人的初心、使命、责任和担当。

缅怀先烈，守护初心

历史是最好的教科书。2021 年 6 月初的一天，刁益敏律师怀着崇敬的心情来到了位于贵州省遵义市老城子尹路 96 号的遵义会议纪念馆。

86 年前，党中央在这里召开的遵义会议，是我们党历史上一个生死攸关的转折点，是中国共产党第一次独立自主地运用马列主义基本原理解决自己的路线、方针和政策问题。

走进遵义会议纪念馆，刁益敏律师穿过回廊来到一

间屋子，屋子里十多把椅子紧凑摆放在一张长木桌周围，桌下还有个火盆。"这是遵义会议会议室，1935 年 1 月 15 日至 17 日，中共中央政治局扩大会议在这里连开三天……"刁益敏律师耳边传来讲解员的声音，仿佛激烈争论的会议场景就在眼前。事后回忆当时参观的场景，刁益敏心中仍难掩激动。

在危急的历史关头，这次会议确立了毛泽东同志在红军和党中央的领导地位，这是我们党和革命事业转危为安、不断打开新局面最重要的保证。

参观完遵义会议纪念馆，刁益敏律师更加深刻地感受到先辈们对崇高革命理想的矢志坚守和非凡的毅力："如今的幸福生活，都是无数先辈们用生命和鲜血换来的。"

这一年，刁益敏律师还参观了张太雷纪念馆，感悟革命先烈不畏牺牲的精神。张太雷是中国共产党历史上第一个牺牲在战斗第一线的中央委员和政治局成员。作为中国共产党早期的重要领导人之一，张太雷在广州起义中牺牲。1927 年 12 月 12 日，广州起义的第二天，敌军攻占了起义军的重要阵地，并分兵直扑起义军总指挥部。张太雷闻讯，立即乘车赶赴前线指挥战斗。不料，车在行驶中遭到敌人伏击，张太雷身中三弹倒在插着红旗的敞篷汽车中，壮烈牺牲。他用自己短短 29 年的生命历程践行了"愿化作震碎旧世界惊雷"的铮铮誓言。

刁益敏律师说："与张太雷一样，无数革命志士以顽强的精神，用坚定的理想信念，始终践行着为人民谋幸福，为民族谋复兴的初心和使命。"

服务社会，服务人民

在中国司法史上，史良是新中国人民司法工作的开辟者和司法行政工作的奠基人。

"九一八事变"后，全国各界救国联合会正式成立，史良曾同沈钧儒、章乃器、沙千里作为救国会的代表，积极参加抗日救亡的宣传活动。史良后来被捕，她在狱中拒绝敌人的诱降阴谋，始终坚持爱国无罪的正义立场。

史良在法庭上慷慨陈词、才思雄辩，用严密的词句和幽默风趣的申辩让法官哑口无言。"她是'狱中七君子'

中的唯一一位女性。巾帼不让须眉，史良面对强权不屈不挠，追寻正义、大义凛然。"刁益敏律师说。在学习司法前辈们的故事后，他更加懂得一个法律人的使命、责任与担当。

"七七事变"后，在全国人民的声援下，史良等人被营救出狱。抗战胜利后，史良担任中国民主同盟会法律顾问，并以律师的身份继续为争取民主、争取和平、反对内战四处奔走。

"1949 年，史良出任司法部部长，要求建立新的律师制度和公证制度，还提出建立人民陪审员制度。"刁益敏律师学习史良的事迹后，对自己的法律工作更充满了敬畏之心。

作为一个法律工作者，刁益敏致力于将法律的阳光照射到每一片土地；作为一名党员律师，刁益敏致力于用法律服务社会、服务人民。为此，刁益敏在每次案件中都严格要求自己，力求让自己经手的每一起案件都经得起法律和时间的检验，让人民群众在每一个司法案件中都能感受到公平正义。

在刁益敏看来，每一个案件不仅承载着当事人的希望，也寄托了当事人对法律的信任。因此，刁益敏律师在工作中也时刻警醒自己，自己办的案件是否符合法定程序，是否彰显实体正义，是否坚守了自己的初心和使命。所以，多年来他心怀司法正义感，绝不因外力影响司法的公正公平。

践行责任，牢记使命

不忘初心、牢记使命。在工作中，刁益敏律师积极发挥党员先锋模范作用，用专业的法律知识，为群众提供优质高效的法律服务。

2020 年初，新冠肺炎疫情蔓延。刁益敏立即加入到这场疫情防控阻击战中，在防疫法治工作中默默奉献。

"关键时期，律师更应承担使命，履行社会职责。"奔波在抗疫一线，刁益敏致力于发挥法律服务优势，主动担当作为，积极投身法律援助公益服务，组建免费法律服务团队，为广大群众和企业提供全方位免费法律咨询服务。此外，他还与律师同行们捐款赠物，以实际行动奉献爱心。

尊老敬老是中华民族的传统美德，爱老、助老是和谐社会的体现。近年来，作为重庆市阳光助老中心理事长，刁益敏自觉承担起尊老、敬老、爱老、助老的社会责任，

▲刁益敏律师参加重庆首届老年欢乐节

呼吁更多的爱心企业与爱心人士为老年人办实事、做好事、解难事。

从 2018 年开始，在刁益敏与其他重庆市阳光助老中心志愿者的推动下，"重庆首届老年欢乐节"成功举行。"我们的初衷是让老年朋友在活动中感受快乐、传播快乐，用笑容绘制出最美的夕阳红。"此后，每年的老年欢乐节刁益敏都会参加，他还为参与者提供免费法律、心理健康咨询等公益服务。"我们希望通过各界爱心力量，使广大老年朋友拥有更多获得感和幸福感。"刁益敏律师说。

近年来，在刁益敏和重庆市阳光助老中心的组织下，越来越多的公益活动得以举办。比如重庆市阳光助老中心在全市组织开展的"爱心助老——黄手环公益项目"活动。这项活动致力于帮助高龄、阿尔茨海默病、失智老人、患精神智障外出易走失老人等弱势人群。此外，重庆市阳光助老中心还联合重庆市红十字基金会共同发起了"爱心助老——黄手环公益项目"捐赠仪式，所有爱心款全部进入市红十字基金会阳光助老专项资金账户，主要用于慰问贫困老人，如农村老人、城市空巢老人等。

"我们还要继续做好'为老助老'服务工作，更好地为老年群体服务，切实提高他们的生活、生命质量。"对于未来的助老公益活动，刁益敏信心满满。

除此之外，刁益敏律师还与佑圣律师事务所的同事们积极开展各类公益活动，如进入社区街道，为现场群众提供法律宣读和法律咨询解答；走进企业开展免费讲座，帮助企业了解如何借助法律仲裁保护企业合法权益；走进政府机关，为机关工作提供司法方面的建议等。

▲刁益敏律师参加爱心助老活动

完善法律风险防控体系，打造企业发展良好生态

在商界，有关企业法律风险的问题无处不在，如何增强企业的法律风险意识，构建企业法律风险的防火墙，提高企业的抗风险能力，近年来已成为企业最为关心的问题之一。而要提高企业家们的法律意识，引导他们把风险管理理念运用到企业管理中，就要求律师不仅要掌握法律知识和专业技能，更要具备企业管理方面的专业知识和专业技能，以便能给企业提供更加优质、高效的法律服务，引导企业规范经营行为，切实为企业"办好事"，助其有序健康发展。基于这一初衷，刁益敏选择走进西南财经大学，潜心学习经济管理。

刁益敏律师坦言，在西财的学习非常充实，无论是EMBA还是DBA，抑或是校友会的活动，老师们在专业技能上的赋能，对其工作助益很大。同学间的友谊和无私帮扶，给人以大家庭的温暖和感动。

刁益敏律师说，人生是一个不断学习、拼搏、前进、超越的历程。《民法典》的出台就是一个鲜活的证明，以往所学都要翻篇，必须用新知识、新技能武装自己，如此脚下的路才能走得更宽、更远。

合法合规，是企业可持续发展的基石。合规，意味着企业要遵守适用的法律法规及监管规定。若不合规，企业可能遭受法律制裁、监管处罚、重大财产损失和声誉损失，由此造成的风险，即为合规风险。无数经验事实表明，企业面临的法律风险，都与企业的合规风险有关。在企业风险防控过程中，法律风险防控就是其中的重要一环。

那么，如何增强企业的法律风险意识？如何构建企业法律风险的防火墙？如何提高企业的抗风险能力呢？

这次采访中，刁益敏律师还就这些备受企业关注和关心的问题并结合实际案例为我们——进行了解答。

风险管控对于企业的重要性是不言而喻的，企业为什么要进行风险管控，其重要性在哪里呢？

企业完善的内控体系、风险管控体系，与企业提高竞争力、确保可持续发展是密不可分的。如果企业不懂得风险管控，那么，这些风险一旦失控，很容易导致企业管理层、企业股东等要承担相应的民事、行政责任，甚至面临被追究刑事责任的法律风险。此外，还可能引发诉讼纠纷，给企业造成重大损失，甚至导致企业经营受阻以及受到监管处罚等。比如一家公司设立时，若股权架构、经营管理等方面存在法律问题，加上这家公司又没有合规经营，从而引发两股东争夺公司控制权，将最终导致这家公司停产、陷入僵局。

在另一起案件中，某家公司由于没有进行有效的合规管控，股东之间因控制权之争，引发企业高管涉嫌挪用资金9.2亿元、涉嫌职务侵占1300多万元被提起控告。

其实，许多民营企业都存在类似问题，如一些公司股东将公司财产与个人财产混同，或者滥用股东权利，损害公司或者其他股东利益，或者公司董事和控股股东因怠于履行义务，导致公司主要财产、账册、重要文件灭失，以及无法进行清算等。这些问题在无形中会给公司、股东带来巨大的法律风险。

所以，企业家一定要增强法律风险意识，那为何企业风险管理如此重要呢？我在与一些企业家的沟通交流中发现，一部分企业家不仅缺乏法治观念和法律风险意识，而且缺乏"法律思维"。究其根源，大多数企业家不具备风险识别能力，或不懂风险管理，或不知道如何采取风险管理应对措施，而企业风险很可能在某些时刻爆发，导致企业财产、商誉受损等，甚至还可能导致企业走向灭亡。

对企业来讲，该怎样做才能提高法律风险防控意识呢？

这是每个企业家都要思考的问题，如果不加以防控，企业前路将可能有更多的陷阱和风险。

首先，要增强法律风险意识。企业的法律风险，很多是可以事前预防的。但往往一些"不该发生的风险"还是频繁发生了，究其原因在于企业家的法律意识不强，防范法律风险意识不够，在法律风险防范上的投入不足。基于此，企业家应当增强法律风险意识，将法律风险管理和防控理念植入到企业的经营活动中。

▲刁益敏律师在办公室

其次，要找到正确化解法律风险事件的有效路径。当企业发生法律风险事件后，有的企业家常常会寻找"关系"解决，这往往会错过解决法律风险事件的最佳时机。事实上，企业应寻求专业的法律风险管控团队来解决经营过程中的法律风险问题。

企业该如何构建法律风险防控体系呢？

第一，应对企业进行全面深入的法律调查，在风险识别后确定企业的法律风险源、风险点，并开出具体的风险清单。

第二，结合企业自身实际情况，依据风险发生的可能性、损失程度、损失范围等，对各类法律风险进行评分和排序，划分风险等级，进行法律风险分析和法律风险评价。

第三，根据企业法律风险管理工作要求、企业经营管理的特点和管理水平，提出风险控制管理的措施建议。

第四，企业应实时跟踪内外部法律风险环境的变化，及时监督和检查法律风险管理流程的运行状况，确保法律风险应对计划的有效执行，并根据发现的问题持续改进法律风险管理工作。

所以，运用法治思维构建法律风险防控系统，很多的法律风险是完全可以规避的。比如我曾参与处理的一起关于集团型企业印章管理失控引发的法律风险案件。当时，涉案企业组织结构庞大，其合同涉及人事、采购、销售等不同部门，合同签署及印章管理需求较复杂，用印难以统一管控，加之众多项目地点又距离集团较远。企业为了方便用章，便将其中的一枚公章交给项目负责人使用，由于没有对公章进行严格管控，该负责人用公章以企业的名义借款后潜逃，最终该企业损失600多万元。

其实，针对集团型企业，可以建立一套用章管理体系，比如通过电子印章的模式，采取有效的印章管控就可以避免此类事件的发生；还可以采用"电子签约＋数据存证＋实体章管控＋防伪打印"的一体化印控解决方案，结合智能硬件、软件系统、CA认证、数字签名、加密和安全技术，系统性解决企业"用章难""管章难"和"验章难"的问题，这样既提升了企业的用章效率以及合法、合规性，也能有效防范企业法律风险。

企业完善法律风险防控的体系后，是不是就可以安枕无忧了呢？

当然不是，由于企业的经营发展是一个动态的过程，因此，企业应实时跟踪内外部法律风险环境的变化，及时监督和检查法律风险管理流程的运行现状。法律风险应对也是一个递进的动态过程，也需要根据内外部法律风险环境变化进行评估调整。企业在制定法律风险应对措施后，也应评估法律风险是否可以承受，如果不可承受，应调整或制定新的法律风险应对措施，并评估新的措施效果。

法律风险管控体系的完善过程，涉及法律风险识别、评估、风险的控制和有效的监督等各个环节。这需要企业全员参与并接受培训，从而更好地落实、监督和完善。只有这样，企业才能真正进入可持续的、健康发展的良好生态。

加强律所风险管理，培养优秀法律人才

人才是一个律师团队的核心要素。刁益敏律师提到，人才培养不仅属于个人职业发展，在团队建设与良性发展方面，"人"这一要素同样非常重要。在几十年的律师生涯中，刁益敏注意到，中国的律师事务所无论规模大小，长期以来均存在着人才培养与管理短板。对此，他有着独到的见解。"我认为律师事务所要加强三个方面的建设，即人才培养、党建、管理。要在事务所和律师之间，构建一种家庭与成员的友爱、和谐的关系。"

刁益敏律师认为，党建方面毋庸置疑，这是作为一名律师的基本准则。从选择从事这个职业的第一天，就

应当且必须重视自身党性的淬炼，坚定理想信念，终其一生永葆党员的先进性、纯洁性，对党、对事业、对人民无私无愧无悔。

人才培养尤其是青年律师的培养，贯穿了引进、培养、储备等各个环节。本着对青年律师的未来负责任的态度，要着重三个方面的投入：一是提高政治素养，二是精进专业知识，三是增强专业技能。

不仅如此，在实际的法律服务中，也要重视理论知识向实践能力的转化，尽可能地给青年律师提供参与疑难重大案件的机会，在实战中锤炼他们的战斗力。同时，鼓励专业律师做他们的"导师"，助力他们的快速成长。此外，还可以通过选派学习、观摩案例、主题活动等方式，给予青年律师们充分展示自我的机会。

此外，还要强化青年律师们在工作中的社会责任感。在维护法律尊严的过程中，除要正确实施法律，还要用法律扶弱帮困。特别是加大基层普法的力度、深度与广度，让青年们下沉一线，用专业知识、专业技能和责任感，保护夯实社会基础。

培养人才，更要留得住人才。"对此，我们律师事务所通过采取一些扶持措施，比如，对青年律师尤其是刚踏入社会的年轻人，除了给予其生活保障，还可以增加他们参与办案、获得津贴的机会，从生活、心理等方面，解除他们的后顾之忧，让他们能专心致志地工作、上进。这一点效果非常好，招聘期间，我们每个月都能吸引到数十名应聘者。下一步，还将通过与学校合作，推出'律师培训基金'，为青年律师人才的健康成长提供更坚实

的制度保障和发展动力。"

管理也是律师事务所面临的重要课题。"这一方面，我们要求事务所的规章制度必须落实到位，避免触碰底线。事务所还以《律师法》及民事、刑事诉讼、执业规范等为标准，对青年人才加强风险控制管理，避免他们因疏漏或盲点问题遭受打击，甚至断送职业生涯。同时，我们还加强了道德层面的培养，以提高他们的职业道德水平。"

值得一提的是，在人才培养与举荐方面，刁益敏律师曾创造了一个奇迹——自他担任中国·湛江国际仲裁院仲裁委员会专家委员、发展委员会委员以来，所推荐担任仲裁员的法律人就已超过500名。他也因此赢得了法律界同仁的高度赞赏与尊敬。

后 记

"听君一席话，胜读十年书。"笔者以为，无论是作为党员律师，还是作为企业风险防控的专业律师，刁益敏律师都走在了行业的前列，站在了行业发展的潮头，他将自身所学无私地分享给笔者的同时，也分享给了广大读者、律师同仁，这样的胸怀、这样的格局，令笔者叹服不已。

我想，在新的历史起点上，在未来的岁月里，刁益敏律师仍会继续践行和传承一名党员律师的责任和使命，勇立潮头、术业专攻，敢担当、善作为，为企业的健康发展，为社会的稳定和谐，为实现中华民族伟大复兴的中国梦贡献自己的力量。

不问风雨，砥砺前行；坚守初心，勇担使命
——访上海正策律师事务所高级合伙人、副主任凌凌律师

▲凌凌律师

编者按

改革开放40多年来，中国经济获得飞速发展，人们生活水平得到极大提高，我国人民在各个领域取得的成就更是令世界瞩目。伴随改革开放逐步推进的伟大历程，中国资本市场也在不断发展壮大，并为中国金融体制改革和经济社会发展做出了重大贡献。

上海作为全国改革开放的排头兵和创新的先行者，经过多年创新与变革，已经发展成为我国最大的经济中心城市。在沪上社会经济获得高速发展的历程中，那些在各行各业的努力奋斗者和默默坚守者也成为建设魅力上海的美丽注脚和坚强基石。

本文主人公——上海正策律师事务所高级合伙人、副主任凌凌律师，就是一位生于上海，长于上海，深耕于上海，专注于金融前沿问题重大争议解决及不动产建设工程领域的一位全国青年律师领军人才。作为一名在律师界默默坚守二十个春秋的律政佳人，她有着怎样的人生履历和心路历程，才能成长为今天独立、自强、坚韧、自信的优秀女律师，我们还是从下面的采访文字中一一诠释吧。

走进华政

20世纪的1996年，高考结束后，16周岁的凌凌对上海外国语学院、华东政法学院（2007年3月，经中华人民共和国教育部批准，学校更名为"华东政法大学"）进行了一番"考察"和"调研"，当时地处长宁区中山公园旁的华政校园古朴典雅又不失庄重与威严的建筑风格令她十分神往，因校园的"美"和华政的"文理兼收"也让理科生的她心无旁骛地选择了华政，从此开启了她的法律人生之路。

大学的美好时光一晃而过，四年时间里，凌凌勤奋自律，积极进取，刻苦学习，多次荣获年度奖学金。俗话说，机会总是会留给有所准备的人，这些都为凌凌的人生之路和后来的律师执业生涯做好了坚实的铺垫。

走进律所

读大学期间，凌凌已在公、检、法等多家单位有了实习经历，而唯独还没在律师事务所实习过。2000年毕业，在经过一番斟酌后，凌凌决定弥补自己未曾在律所工作的"遗憾"，并以此丰富自己的人生阅历。而当时的闵行区某知名国办律所（该所成立于1983年6月，是中国恢复律师制度以后第一批成立的综合性律师事务所，2000年底由原来的国资所改制为合伙制律师事务所）只吸纳两个"新兵"，名额十分紧张，由于在校一直表现优异，她幸运地成为当年华政法学院毕业生中唯一进入该律所实习的一位新人。当年10月，她又参加"末代律考"（律师资格考试2001年停考，2002年改为国家统一司法考试），并一举高分通过。

在这里要特别一提的是，进入律所实习的凌凌年仅20周岁，作为该所的新人，从副主任到主任再到律所合伙人等皆对这个好学多问、积极上进的小姑娘钟爱有加，办理案件时都愿意带着她，指导工作时更是知无不言、言无不尽。得到好几个优秀律师"真传"的凌凌十分珍惜每一次办案机会，期间她跟随师傅们办理了大量的刑事辩护、婚姻家事、劳动纠纷、房产诉讼、金融借款、民间借贷等诉讼类案件，涉及人员众多的房地产动拆迁、社会群体性事件以及担任大型企业法律顾问，为银行提

▲凌凌律师参加活动

供专项法律服务等，众多诉讼和非诉讼案件的磨练让她迅速成长并对各类案件的解决积累了丰富的实践经验和奠定了扎实的基础，同时也为她的专业化发展之路做好了较为完整的铺垫。入职后的第三年，她的业务量和创收就已经达到了该所合伙人的水平。"我很幸运，一毕业就进入一家老牌律所，还有好几个师傅愿意带领和指导，在此，我要感谢师傅们当年对我的悉心指导和无私教诲。"凌凌律师满怀感恩地道。

走向专业化之路

时光如白驹过隙，在第一家老牌律所一干就是六年，作为"科班出身"且理论与实践结合较好的青年律师，凌凌通过大量的实践经验迅速成长为一名成熟的年轻资深律师，并连续多年获评优秀党员、法律援助先进个人，获得了优秀辩护词、代理词优秀奖等诸多荣誉称号，还获得了专利工作者证书、国际企业并购结构设计及法律文书撰写证书等。如此快速地成长，除了有师傅的无私提携外，更有她自己脚踏实地一步一个脚印的默默努力与坚守。多年来，她从未将案件区分为大案件或者小案件，只要觉得案件有代理意义，她就会接受委托，并全力以赴、不舍昼夜，直至案件得到妥善的处理，委托人得到法律的关怀和最终的正义。这也是凌凌律师选择律师职业的初衷。

随着成长和成熟，凌凌律师在实践方面有了丰富的办案经验，但她从未停止继续学习、继续前进的步伐，2007年顺利取得了华东政法大学在职民商法法学硕士学位，并经常参加行业内组织学习班和研讨会。2005年，在参加全国律协举办的一个学习班时，她与一家新开业的律所主任偶然相遇，有志于在金融领域有更多突破的凌凌律师在仔细斟酌和对该律所及所主任近一年的相互了解后，慎重决定加入，遂向老主任递交了辞呈。老主任非常惋惜，但老主任也接受了凌凌律师的意见，"专业化是未来法律服务的大势所趋，新所选址浦东又是金融行业机遇挑战并存的竞争之地，更是青年律师施展才华的高地与舞台"，凌凌律师对于自己的选择既谨慎又自信。2006年9月，凌凌律师加盟新律所（该律师事务所成立于2005年），而这一干又是11年。在新律所，凌凌律师将大量的时间和精力投入到对金融业务以及房地产项目法律服务的实务研究中。

内部代持不能对抗外部第三人——SY万国诉GH置业证券代持案

在凌凌律师的执业生涯里，SY万国诉GH置业证券代持案，可以说是她在金融类诉讼案件中的一个标志性案件，此案登上了最高人民法院2010年公报，还成为全国指导性案例。所以，该案是笔者重点关注的一个案件。

2007年，凌凌所在的律所承接了上海银行系列不良资产处置案，该系列案是银行已经做了坏账处理的案件，案件难度很大，考虑到律所将如此重大的项目交给自己，就一定要做到认认真真、勤勤恳恳，竭力维护委托人合法权益，不能有丝毫马虎。经过认真梳理，在成堆的材料里凌凌律师发现其中她较为熟悉的一家企业（GH置业）处于正常经营状态且应具有偿还能力，登门调研和走访，该企业的工作人员面对律师的提问也总是含糊其辞，凌凌根据律师的执业经验判断这家企业一定有问题。她将当时沪深两市1500多家上市公司股东情况进行仔细筛查和检索，终于发现GH置业持有某上市公司的股票600万股，且处于正常持有状态以及该股权是在上海银行做坏账处理之前已由该公司持有，遂立即将这一情况反映给同所的上海银行的顾问律师，并申求法院对被告人GH置业进行恢复执行。但令人意想不到的是，此时却"跳"出来一家证券公司——SY万国，该证券公司称，GH置业所持有的某上市公司股票是SY万国委托其代持的股权，且拿出了具有法律效力的代持协议等材料。为此，SY万国还起诉至法院，要求GH置业将该代持的600万股上市公司股票判归其所有。此时，凌凌律师立即向法院申请，要求将上海银行列为第三人，获得法院批准。一审过程中，原告方律师虽然出具了对己方十分有利的证据，但最终败诉，SY万国不服，上诉至上海市高级人民法院，因该案是当时经济纠纷领域与上市公司法人股相关的新类型案件，法官作出的判决将对此类型经济纠纷产生重大影响，上海市高院领导非常重视，遂以在"东方网"以直播的方式全程报道了该案的审理过程。

最终，上海市高院驳回原告方诉讼请求，凌凌律师所在的团队大获全胜。2010年，该案被收入最高人民法院公报，成为该类案件的全国指导性案例。而该案也成为凌凌律师加盟新律所后办理的第一个有较大影响的案件，并进一步奠定了她在金融业务法律服务的基础。

在重大案件的处理中不断提升自己——某央企金融担保追偿系列纠纷案

某央企是国务院批准特例试办的专业信用担保机构，还是139家中央直属重点骨干企业之一。2012年，该央企金融担保系列纠纷案的追偿工作被提上日程，因案件多（118件）、案值高（每一案件标的额均在千万元以上），在选择代理律师时，该央企高层领导非常重视，约见了数拨律师进行详细地商谈和研究。最终，经过遴选和对比，确定了由凌凌律师所在的律所担任这次追偿工作法律服务机构。律所遂组成了以凌凌律师为主办核心律师以及小组牵头人的一支精锐的律师团队。凌凌自知这次追偿责任重大，不敢懈怠，带领团队对每一案件都进行认真的梳理和研究，并出具详实的法律解决方案，且还要对团队律师进行详细的分工，可谓事无巨细、面面俱到。因案件基础打得牢固，后期延伸出的在广西、福建的30多件商品房买卖合同以及车位买卖合同纠纷以及撤销权纠纷案件获得全面胜诉。从2012年至2014年，两年多时间，700多个日日夜夜，凌凌律师与团队成员为这次追偿工作付出了多少心血和汗水，或许唯有亲历者方能感同身受。她们为委托人交上了一份满意的答卷，同时也为律师事务所赢得了荣誉和口碑。

不问风雨，砥砺前行

在办理某银行信用证纠纷案（该案本金及利息合计上亿元）时，由于凌凌律师在信用证方面研究非常深入，因此担任该案的主办律师。因案值高、影响大，又牵涉各方关系和利益，凌凌律师在前期做了大量的调研工作，终说服法官批准了诉前财产保全的申请。办案期间，凌凌律师与银行的信用证专家一道对国际

▲凌凌律师发言

信用证流程和规则进行深入研究和论证，并又制定出详细的诉讼方案和应对策略。最终，该案以调解结案，完美收官。

在闵行区某镇一工业用地及房屋涉数亿标的额纠纷案中，该案历经一审败诉，二审胜诉，再审维持二审判决和对方申请抗诉多个法律程序。2019年末，检察院终于作出驳回对方申请抗诉的裁定，该案也成为凌凌律师2019年的收官之作。

还值得一提的是，凌凌律师在2019年这一年参与90余件证券类纠纷案件，通过对每一位证券投资者的耐心解答，对每一个证券诉讼案件的认真仔细，以及在证券类专业案件的深入研究，她于证券业法律服务领域取得了一定的成绩。2019年12月23日，中证中小投资者服务中心在上海对积极参与代理业务并做出突出贡献的8名公益律师予以表彰，凌凌律师被授予2019年度"优秀代理奖"。"其实，每一个刚入行的青年律师，都会经历各种各样的困难和困惑，选对了师傅非常重要，但更重要的是要靠自身的不懈努力，无论办理案件的标的额大小、案情简单抑或是复杂，我们都应全身心投入、全力以赴，做到不问风雨、砥砺前行，我想每一分耕耘都会有收获，只是收获早晚的问题。"这是凌凌律师的肺腑之言。

坚守初心，勇担使命

执业期间，凌凌律师还参与代理和协助政府部门解决了许多有重大影响的案件和群体性事件，被媒体广泛关注的"楼倒倒案（莲花河畔景苑倒楼案）""359地块案""吴泾镇万人动拆迁集体纠纷案"以及"上海钓鱼

执法案"等皆在凌凌律师作为成员的团队参与下得到了妥善处理和解决。她本人以及所在的律所也同样因案件的顺利处置受到地方政府的高度评价和认可。"这种影响力大的涉众案件，考验的不仅仅是一个律师的法律功底，更多的是考验律师解决社会问题的综合能力，挑战和机遇是并存的，在这些案件的处置过程中，我的个人能力也得到了很大提升，在此我要感谢政府领导、律所主任和我的同仁给予我的信任和支持。"凌凌律师道。

采访中，凌凌律师表示："作为一个法律人，自律师执业之初就已经确立了自己的执业初心，就是要维护法律的正确实施，维护当事人合法权益最大化，维护社会的公平与正义。"多年来，她是这样说的，更是这样做的，并要求律所年轻律师要不忘律师执业之初心，勇担社会赋予法律人的责任和使命。"虽然自己取得了一些荣誉和成果，但只有不忘初心，砥砺前行，坚守法律的信仰，始终保有满腔热忱对待每一个案件、每一个项目、每一个委托人，才能更好地完成使命，才能经得起考验和诱惑。优秀的人，从不止步。世界变幻莫测，唯有坚韧不拔与自强自立才能让你走得更长远。"凌凌律师说。

开创未来，与君同行

在一次金融类新业务研讨会上，凌凌律师接触到了正策律所，经过深入了解和多次实地考察，凌凌律师对正策律所"以律师为中心"的服务理念以及行业内创新的"联享办公"模式颇为认同，对正策律所今后的发展也充满期待。几次接触之后，备受吸引且勇于改变的凌凌律师于2017年11月，以副主任的身份成为正策律所的一员。凌凌律师道："一群志同道合的年轻人为了事业和理想在一起打拼，乐于分享、相互促进，整个律所都是冲劲十足的状态，让人不自觉地想要一起奔跑。"

据了解，作为律所的副主任，除了自身业务之外，凌凌律师在律所管理和发展上投入了很多精力。牵头律所的规范发展咨询委员会，青年律师培养、执业风险控制、合作机制优化、公共案源开发，都是她需要和律所管委会成员一起思考的问题。为此，凌凌律师经常率团队赴行业内知名律所交流学习，借鉴同行的有益经验，助推正策律所更加安全稳健地发展。

谈到团队发展的未来，凌凌律师认为要着眼于青年律师。"看到众多青年律师在稳步成长，开创未来，与君同行，正是我们每一位律师同仁共同的愿景和奋斗目标。"凌凌律师满怀信心地说道。

近年来，金融犯罪呈爆发式增长，金融领域刑事风险的防控与辩护工作与日俱增，许多客户对刑事风险的防控意识也逐渐提高，自进入正策律所并担任事务所副主任以来，还有许多当事人慕名找到凌凌律师，委托凌凌律师团队担任辩护工作，因在执业前期就对刑事案件有所涉猎，近年又代理多起刑案，出自华政刑事司法学院的凌凌律师自然对刑事辩护工作情有独钟。"刑事辩护更能提现一个律师的辩才水平，展示一个律师的风采和风骨，刑辩律师更是推动法治进步不可或缺的重要力量。"

此外，在非诉讼业务领域，多年来，凌凌律师一直担任着多家金融机构、企业的常年法律顾问，并为顾问单位提供常年或专项法律服务以及项目谈判、合约签署、房地产领域并购等方面的法律服务，获得客户高度评价。

后 记

本想浅尝辄止丰富一下人生阅历，但这一扎下去就没有回头，时至今日，凌凌已在律师执业道路上走过近二十个春秋。凌凌律师表示，在未来的人生道路上，她还没有找到更喜欢的职业，也许律师工作就是她最钟爱的事业。

汪国真曾说："既然选择了远方，便只顾风雨兼程"，他在《我喜欢出发》一文中还写道，"世界上有不绝的风景，我有不老的心情。"凌凌律师则说："既然选择了律师这一职业，接受了当事人的委托，我们就应该要求自己全身心投入，竭尽全力、全心全意维护当事人的合法权益。要一步一个脚印，踏踏实实地将每一个案件做好，并在每一个案件中不断提升自己的专业能力和增加解决问题的方法，同时也让客户感受到法律的温度，而不是冰冷的结果，在沿途的风景中我们在和当事人一道成长。'路漫漫其修远兮，吾将上下而求索'，作为一个法律人，在执业中我们要做到不问风雨，砥砺前行，坚守初心，勇担使命，为中国的法治建设和中华民族的伟大复兴贡献自己的才智和力量。"

是啊！不问风雨，砥砺前行，坚守初心，勇担使命。我们相信，在未来的岁月里，凌凌律师与她的同仁一定会为更多的当事人送去法律的温暖，开创更大的辉煌，承担更多的使命，为法治中国建设、为中华民族的伟大复兴贡献更多的力量。

做新时代的弄潮儿和引领者

——访上海市通力律师事务所合伙人史成律师

▲史成律师

编者按

进入 21 世纪以来，伴随经济全球化以及科技创新和信息技术的飞速发展，以高科技、互联网等为背景的新技术、新产业、新业态、新模式等新经济领域一直保持着较快的增长速度，并成为引领新时代发展的主要驱动力。

2020 年 10 月，国际知名法律评级机构 LEGALBAND 正式发布 2020 年"新经济律师"15 强榜单。本文主人公——上海市通力律师事务所合伙人史成律师凭借其在互联网、高新科技、信息技术等新经济领域中的杰出专业表现以及应对新经济企业创新型挑战的出色能力，荣列 LEGALBAND 2020 年"新经济律师"15 强榜单。

据了解，近年来，史成律师还曾荣获《亚洲法律概况》领先律师（2020 年、2021 年连续两年）；《钱伯斯亚太法律指南》私募股权与风险投资领域推荐律师（2019 年、2020 年以及 2021 连续三年）；《法律 500 强》私募股权与风险投资领域推荐律师（2018 年、2019 年、2020 年连续三年）和公司并购领域推荐律师（2020 年度）以及被 LEGALBAND 评为 2015 年度中国律界俊杰榜 30 强等。

在精英荟萃、人才济济的上海滩，史成何以能斩获如此之多的殊荣？何以能获得众多客户的高度认可和信赖？何以能成为新经济领域的弄潮儿和引领者？他又有着怎样的履历与"战绩"呢？且让笔者为读者诸君一一道来。

求学问道，奋力前行

史成是浙江宁波人，2004 年，史成以优异的成绩考入华东政法大学国际法学院就读国际经济法专业，自此也开启了他在法律殿堂的求学问道之路。入学不久，一向积极活跃的史成就加入了华政的学生社团，在各类学生工作和案件的涉猎中，史成对律师这一职业也有了清晰的认识。因具有较强的逻辑分析和总结能力，又受学长影响，史成立志要做一名帮助企业完成各类商业交易，为企业发展保驾护航的非诉律师。故在大三实习时，史成就选择了以金融、公司等商事法律服务著称的通力所作为自己律师事业发展的起点。时至今日，史成已在通力"服役"十三载，从实习律师到专职律师再到合伙人律师，史成的执业经历在人才流动频繁的律师界堪称典范。

携手共进，共同成长

进入通力执业的前两年里，史成主要涉猎各类诉讼业务，这些经历也为其深入了解中国的司法审判（仲裁）实务以及后期专注非诉讼法律业务打下了坚实的基础。

执业十多年来，史成在公司并购、私募股权投资/风险投资、私募基金设立、外商投资等方面的业绩可谓有目共睹，其代表的客户也广泛而多元，既有国内外投资基金，也包括跨国公司、上市公司以及诸多初创企业和成长型企业；所涉行业包括投资、高科技、化工、教育、医疗、传媒、电信、网络、环保、零售及消费品等。

更为重要的是，在为客户提供服务的过程中，史成不断深入探索和学习所服务行业的新技术、新知识及关注所服务行业的未来发展方向。在客户的眼里，他是一个既懂法律，又懂商业、懂财税、懂经济、懂金融，更懂其行业发展的法律人，很多客户从初创到上市乃至后续的项目并购、企业融资等，史成始终陪伴左右，与客户携手共进、共同成长，而大多客户的负责人与史成也成了好友，每遇棘手问题，哪怕不是法律问题，也都想问问史成的意见。

勇立潮头，引领时代

在公司并购和外商投资领域，史成律师为众多跨国公司和中国国有企业及民营企业的收购兼并项目和日常公司及合规业务提供法律服务，且成功负责了多个国内企业"走出去"的跨境并购项目，如：在2016年中化国际并购新加坡上市公司的项目中。作为中化国际的境内法律顾问，通力派出史成担任项目的主办律师，历时一年有余，史成律师为此次收购及重组提供了全程的法律服务。此案的意义还在于，通过要约收购和一系列重组，中化国际完成了其境内外天然橡胶业务的整合，中化国际既实现产业整合又形成优势互补，并成为全球最大的天然橡胶供应商。之后，该项目还获评"一带一路"投资类十佳法律服务案例。

在股权投资/风险投资领域，史成律师的客户主要包括阿里健康、蚂蚁集团、鼎晖投资、武岳峰资本、华登国际、上海集成电路基金、璞华资本、IDG、红杉资本、今日资本、中华开发金控、创业接力、嘉御基金、华映资本、挚信资本、Ventech等境内外的各类知名投资机构。同时，史成律师也代表众多境内外公司完成各类结构项下的融资项目。

在基金设立领域，史成律师为国内外众多基金客户筹集和组建了多只私募基金产品，基金类型涵盖境内外股权投资基金、对冲基金、地产基金、并购基金、母基金等；基金形式包含公司制基金、合伙企业制基金、契约型基金以及各类形式的创新结合。除代表普通合伙人外，史成律师亦代表各类有限合伙人投资境内外各类基金。

史成律师部分代表性案例及项目如下：①代表A股上市公司中化国际（控股）股份有限公司收购新加坡上市公司Halcyon Agri Corporation Limited；②代表国际高温耐火材料领先企业美国Unifrax控股收购鲁阳股份（A股上市公司）；③代表武岳峰资本牵头的中国资本联合体收购芯成半导体（纳斯达克上市公司）；④代表武岳峰资本在中国发起设立并购基金，募集总规模达人民币100亿；⑤代表上海集成电路基金投资中芯南方集成电路制造有限公司；⑥代表阿里健康对中国多家医疗企业进行私募股权投资；⑦代表鼎晖投资对中国多家互联网、教育、医疗、科技企业进行私募股权投资；⑧代表今日资本对中国多家电商、商业连锁及食品企业进行私募股权投资；⑨代表锦江国际（集团）有限公司旗下的上海齐程网络科技有限公司入选上海首批国企改革员工持股试点企业；⑩代表全国性房地产开发商莱蒙鹏源集团为其在香港地区上市提供法律服务等。尤其在代表武岳峰资本牵头的中国资本联合体收购芯成半导体的项目中，史成律师于2015年介入，从上市公司在美私有化到收购、运营直至投资人实现完全退出，历时四五年时间。而在每一个阶段，作为主办律师，史成总是全盘考虑并提供了全程的法律服务。

媒体也这样评价史成律师："基于对相关产业政策和实务操作的深入了解，史成律师在复杂交易架构的设计以及资本运作方面有着丰富的经验，并善于引导公司在关键问题上做出准确而专业的判断，且能够高效、专业地应对和处理各类突发事件，是公司不可多得的优秀合作伙伴。"

学海无涯，竭力传承

执业十多年来，史成律师在私募股权投资/风险投资、基金募集和设立、收购兼并、公司、外商直接投资等非诉法律领域可谓硕果累累、载誉满满。但他并未躺在过去的成就上止步不前，而是一直保持不断学习、进取的劲头，在努力创新提升法律服务质量的同时，他还学习经济、金融以及行业专业知识，以让自己在为客户提供服务与谈判时更有发言权和主动权。在具体的服务项目中，史成律师也总是与客户、中介机构等保持畅通的交流和深入的沟通，并汲取他人之长以补己之短，客户获得了高质量的法律服务，自己也积累了丰富的实务经验。

"三人行必有我师。首先，他人宝贵经验不是书本能给的，在项目中学习，并不断消化吸收以变成自己的知识，再将知识内化为自己的能力，这才是颠扑不破的真理。其次，作为一名优秀的交易律师或非诉律师，无论是代表投资人，还是代表被投资人，我们一定要有同理心，有时对的方案不一定是客户真正想要的方案，我们要知道客户真正关心的和想要的是什么，并能'对症下药'。所以，做任何项目一定要站在客户的角度并全盘考虑，还要与客户保持充分交流和沟通。再者，从实习律师到成为律所的合伙人，我一直都在通力所，在此，我非常感谢通力这个平台，更感谢一直培养我的前辈律师。所以，我希望将自己一路走来，无论是吃过的亏还是好的实务经验，能一代一代传承下去，因为法律需要传承。"史成律师如是说。

据了解，时至今日，即使再忙，史成律师每天仍会抽出一小时的时间关注经济以及行业领域的新情况、新动态、新发展，以聆听时代声音，把握时代脉搏。

后　记

是啊！法律需要传承，我辈法律人唯有在传承中不断提升法律思维和法治素养，才能与时代同行，在新经济领域有所作为，做不负客户所托，不负时代重托，不负青春韶华的法律人；为企业的健康发展保驾护航，为国家的经济法治建设贡献才智，为建设更加美好的世界贡献力量，做新时代的引领者和弄潮儿！

最后，让我们祝愿，史成律师和他的同仁以及更多的中国法律人，在未来的岁月里，在新经济领域交出更亮眼的成绩单，为世界经济的稳定与繁荣做出更多更大的贡献！

为法而生，以个案正义追寻法治

——访广东广信君达律师事务所资深律师陈一天

▲陈一天律师

编者按

他出生于辽宁省台安县，本科毕业于黑龙江大学英语系，获得英语语言文学学士学位；硕士研究生毕业于华南第一学府——中山大学，获得法律硕士学位；2012年于中山大学管理学院 EDP 房地产总裁研修班结业；2016年于广东省哲学社会科学教学科研骨干研修班结业；2018年于中国政法大学刑事辩护高级培训班结业。

他是广东省最高研究机构——广东省社会科学院的青年学者，为法学研究及地方法制建设与改革出谋划策，贡献了很多重要观点、建议。

他成名于全球排行前五、中国最大的律师事务所——北京市盈科律师事务所，如今就职于广东本土最大的综合型律师事务所——广东广信君达律师事务所。

作为律师，他有着学者的情怀与求真的精神，更有着法律实践者的脚踏实地与对正义的孜孜以求。他时刻保持知行合一的专业操守，业务范围辐射刑事辩护、重大民商事案件、婚姻及遗产继承，同时也是华南首屈一指的农村宅基地使用权流转专家，涉猎面广泛，专业精准。

他成功处理了多起重大、疑难、复杂案件，先后被CCTV-12、TVS1（南方电视台）、广州经济与法频道、浙江卫视、湖南卫视、中国经营报、南方都市报、南方周末等知名媒体报道。

他是委托人心中的智者与谋士，走在追求正义的路上义无反顾；他是同行心中的金牌律师，实力强劲堪称标杆；他将灵魂浸润在对法律事业的热爱中，一直以热情、专注的态度服务公众，义无反顾地为推进中国法治建设添砖加瓦……

他就是广东广信君达律师事务所资深律师陈一天。

知行合一，耕耘法律

大学期间的学习使陈一天在语言文学方面获得了颇深的造诣，特别是对哲学、唯物主义辩证法的深刻理解与灵活掌握，也使他在后来的学习与工作中展示了出色的辩才，凭借缜密思维、博学多识、视角独特赢得了人们的认可。在攻读法律硕士期间，他曾受地方人大常委会任命，在基层人民法院担任人民陪审员两年，共参与审理案件二百余件；也曾在基层人民法院实习，并参与执笔撰写判决文书近二百件，在案件审判方面有着较为丰富的经验，对法官的思维方式有着深入的理解。

在攻读硕士期间，因为先后参加了农民工二代调研项目及广东省预防未成年人犯罪条例立法项目，陈一天更加深刻地认识到法律之于现实的意义，并下定决心要将法学的理论研究与司法实践相结合。毕业后，进入到广东省社会科学院法学研究所从事法学研究工作，同时开始了在律师事务所的实习工作，并顺利取得了学者与律师的双重身份。陈一天始终坚持理论联系实际，一边用理论指导实践，又一边在实践中不断修正理论。先是从点滴案件做起，经年积累，形成了独特的办案风格，并最终成长为律所发展中不可或缺的中坚力量。他亲自处理的大量疑难案件均能得到当事人认同，在法律的范围内充分维护了客户的合法权益，累计为委托人避免、挽回经济损失及取得赔偿款项总额逾 10 亿元人民币，并曾经连续 8 年保持诉讼案件无败绩的历史记录，可谓名副其实的律政精英。

时至今日，陈一天律师在业内已经得到广泛的认可，成为办案风格非常凌厉的金牌律师。他熟悉民法（合同法、婚姻法、继承法），特别是对法律条文的掌握及对法理的剖析，可谓了然于胸、信手拈来；他对职务犯罪、涉黑涉恶犯罪、毒品犯罪、刑事证据、未成年人犯罪等领域亦有非常深入的研究。

律者仁心，师者解惑

为推进普法工作，给公众提供解惑释疑的平台和空间，陈一天律师响应"互联网+"的号召，与团队共同创办了"一天易法网"网站，专门用于分享办案心得、法律科普、资讯解读等内容，以平易近人、娓娓道来的叙述模式拉近了与大家的距离。陈一天律师团队运营的公众号"普法资讯"，更是连续运营 8 年无中断，发表普法案例、常识性文章近 10 万条。

他不仅长年担任法律援助律师，承接法律援助案件，积极履行法律援助义务，而且对于任何人的法律咨询，只要找到他，他都会悉心听取案情，认真剖析，并能够以最短的时间提供最佳的解决方案。他说："武者，杀人技。而律师的建议必须是救人技。"他善于从错综复杂的案件中迅速辨别主要矛盾和次要矛盾，并抓住问题的本质，直击要害。陈一天律师非常接地气，富有同情心，能充分站在当事人的角度换位思考问题，可谓是"律者仁心，师者解惑也"。

运筹帷幄，守望正义

"公平正义无专属，任何人都有可能存在冤屈，法律又不能自己识别公平正义，所以，冤屈必须展示，正义必须伸张！而这就是我们律师的工作。"陈一天认真说道。

要想成为一名好律师，不仅要有正确的价值观，还应当有敏锐的法律思维方式、严谨的逻辑思维能力，甚至这更应是作为一名合格的法律职业者的必然要求。从业多年，陈一天律师一直是一个智勇多谋式的人物。他深入复杂案件，抽丝剥茧寻找蛛丝马迹，迅速抓住问题的症结并提出最佳解决方案。多年来，他一直保持平凡的心态，却创造了不平凡的业绩。

陈一天律师代理过的很多案件成了为人称道的业界经典，比如：①中铁隧道局一处某公司农民工赵某军工伤高位截瘫案，陈一天律师通过谈判为当事人取得 125 万元赔偿，可谓不战（未诉）而屈人之兵的经典案例；②深圳渔民唐某、陈某诉宝安区政府、宝安区环保局、宝安区福永街道办事处环境污染行政赔偿案，在委托人民事诉讼案件败诉判决生效两年后，突破常规诉讼时效的限制为委托人"起死回生"拿回巨额赔偿案；③女开发商佟某状告辽宁省锦州市黑山县人民政府土地使用权转让合同违约 2.4 亿元赔偿案，最高人民法院为此明确政府行政首长的口头承诺不具有法律效力；④山东博发油脂非法吸收公众存款案（涉案金额 32 亿元）的无罪辩护词，在全国律师行业掀起热烈讨论；⑤杨某虎醉驾交通肇事致人死亡案，其提出符合国家安全标准的有效刹车距离可以减轻犯罪人刑事责任的辩护意见得到法庭采纳；⑥广州伊丽莎白妇产医院被 20 余人打砸寻衅滋事案，其中 5 人被取保候审、一人获轻判；⑦广东河源某村委会主任宋某平被指控贪污 4000 万元，最终定罪金额仅 60 万元；等等。

在"一天易法网"中，陈列了大量陈一天律师团队经办的案例集，涉及民商事、刑事诸多领域，丰富的办案手记、通俗易懂的以案说法，还有逻辑严密的代理词、诉状、刑事辩护词、媒体采访集等，彰显了陈一天律师的业务素养和执业风范，在歌颂正义、追求公平的道路上闪耀出动人光辉。

公知良心，意在法治

执业十多载，置身于法官与当事人之间，陈一天律师不畏艰难、不惧挑战，尊重客观证据，立足案件事实，始终坚持严肃、严谨、专业、敬业的态度，用严谨的逻辑、缜密的思维默默服务着委托人。

众所周知，民商事案件繁琐且杂乱，关乎人民百姓的日常生活与工作。但陈一天律师从不敷衍，不管多小的案件都认真对待，细致入微，他的敬业之心也让其在专业技能方面收获颇丰。用陈一天律师自己的话说："只要我接受委托的案件，就是我的责任，我不会因为案件的大小、费用的多少而区别对待，对我来说都是一样的重要，一样的全力以赴，为的只是不给自己留有遗憾。"

在做客资讯媒体、知识讲座、律师培训等工作中，陈一天律师经常分享真知灼见，将自己办案的经验毫无保留地分享给大家，可谓干货满满，令人受益匪浅。

关注民生，勇于担当

陈一天律师还是媒体记者们争相采访的对象，他常年就社会热点问题接受包括《南方都市报》《羊城晚报》、凤凰网、大粤网、腾讯网、人民网、正义网、《法制日报》、《检察日报》、《经济日报》、《北京信报》等一线媒体的采访，并在采访中探讨热点案件，传播法律知识。他针对大家关注的社会热点，从法律角度予以剖析，鼓励民众拨开迷雾看本质，以法律保护自己的合法权益，为平息争端、化解矛盾、降低社会不稳定因素做出了积极的贡献。如，针对许多顾客遭遇的"免费美容"套路，陈一天律师提醒大家注意保留消费凭证，并通过工商行政管理、物价行政管理等部门反映或维权；针对预付款消费问题，建议通过立法予以规范，以商业保险、风险基金池的方式保障消费者权益；针对议论纷纷的"恐怖童谣"图书事件，陈一天律师提出"明确要求对含有不适宜未成年人内容的出版物进行明确标识，明确禁止销售有该标注的出版物给未成年人"的解决思路；面对市场中存在虚假宣传、要求缴纳高额学费先培训后承诺包办工作的教育培训类投诉情况，陈一天律师呼吁行业加强监督管理，还支持大家报警投诉；针对不法分子利用网络交易平台漏洞非法获利的事件，陈一天律师科普《网络安全法》，告诉大家应认识到法律责任与义务；如今直播业发展飞速，坊间出现很多未成年人当主播的现象，陈一天律师从法律角度阐明释义，提出了"国家以修订未成年人保护法的形式，全面禁止未成年人注册网络直播平台账号以及以网络主播的身份进行网络直播"的建议……

心怀天下，针砭时弊

从一系列针砭时弊的观点分享和看法中，我们看到了陈一天律师心系公众权益的胸襟与气魄。在"一天易法网"上，赫然写着"正道论是非，弈法辩曲直；慎思

▲陈一天律师获得的荣誉

▲陈一天律师获得的荣誉

易狱讼，明辩见青天"二十个大字，它是陈一天律师信奉的道义与理念，更表达了他坚持真理的决心与动力。

不仅如此，陈一天律师还利用业余时间，兼任广州电视台经济与法频道"烦事有得倾""律师教路""法案真相"以及广州影视频道"真情追踪"栏目评论嘉宾、特约律师，南方经济频道TVS1"消费者报告""经视报告"栏目特邀律师；在广东房产频道曾推出40期的"以案说法"专栏给观众留下了深刻印象。

后 记

面对诸多荣誉和盛赞，陈一天律师却十分低调。他称自己为"小律师"，并表示"百姓无小事"，这些年他服务的对象从农民工、企业主、富商、官员到老百姓，跨越多个行业，用陈一天律师的话说："律师应当是社会活动家，能上能下，可左可右，为维护权益与解决危难出谋划策；律师应当是社会的润滑剂，消弭矛盾、定分止争，为社会与法治发展贡献智慧和力量。"

绝知此事要躬行，执着前路赤子情。因为有梦想，所以不惧远方。面对未来，陈一天律师斗志昂扬，迎接挑战，他一直淡定而从容。不忘初心的背后，我们看到的是对理想信念的坚定与坚持，是将个案公正作为探寻法治路径的律者精神。

陈一天律师现担任的其他社会职务

广东省社会科学院青年学者，广州仲裁委员会、湛江仲裁委员会、北海国际仲裁院仲裁员，广东省人力资源和社会保障厅首席法律顾问，广州市司法局调解专家库专家，广东省律师协会政府法律顾问专业委员会委员，广州市律师协会职务犯罪刑事法律专业委员会委员，广东省法学会律师学研究会常务理事，广东省预防青少年犯罪研究会理事，广东省社会工作学会理事，广东省城镇化法治研究会理事，广东省法学会诉讼法学研究会、仲裁法研究会会员。

守护公平正义，书写责任担当

——访广东红棉律师事务所副主任、负责第一届刑事部股东合伙人黄通律师

▲ 黄通律师

编者按

王国维先生在《人间词话》中语："古今之成大事业、大学问者，必经过三种之境界"，第一境界为"昨夜西风凋碧树。独上高楼，望尽天涯路"；第二境界为"衣带渐宽终不悔，为伊消得人憔悴"；第三境界为"众里寻他千百度，蓦然回首，那人却在灯火阑珊处"。

本文主人公——广东红棉律师事务所副主任、负责第一届刑事部的股东合伙人黄通律师说："做律师也要有三种境界：第一境界是要有高度的责任心，要全心全意为当事人服务；第二境界是要有社会良心，要为弱势群体、为权利被践踏的人伸张正义；第三境界是要有历史使命感，要敢于为中国的法治，挑战权威、挑战体制。"

曾有媒体如此评价黄通律师：他虽然不是法官，但一样守护着正义的天平；他虽然不叫青天，但一样呵护着百姓的冷暖；他是法律的守护神；他在重重迷雾中寻找光明；他在律法典海中寻求答案；他在环环相扣中抽丝剥茧；他在法律的天平上寻找正义的砝码；他在道德的正义砝码上无私奉献；他具有哲人的智慧，诗人的激情，法学家的素养，政治家的立场，四者统一于科学的使命和职业良心与社会正义之中。黄通律师是一个思维严谨、为人低调、博学而又谦逊的"老"律师，近20年来，他任凭风雨苍黄，秉承初心，在理想与现实间游走，在正义与利益间搏击中，他凭着一身正气，在压力面前不弯腰，在阻力面前不退缩，从入行开始至今，一直将从事律师工作当成一种信仰、一种追求，尽心尽力地帮助每一个当事人，努力把每一个案子做到极致。而黄通被同事们公认为是"律师中的律师"，更有同仁称黄通乃律师界的"赤胆英雄"。

执业近20年来，他已对律师的三种境界做了最好的诠释。黄通律师是如何诠释律师的三种境界？又是如何用行动守护着公平正义，用责任书写着使命担当呢？且让我们在后续的记述中慢慢品读。

守护公平正义

黄通律师于1996年毕业于中国海洋大学（原青岛海洋大学），同年进入湛江市海洋与渔业局法务部门工作，历任科员、副主任、主任（副处级）等职，为了圆自己的梦想，他于2003年通过司法考试后，毅然辞去了公务员的工作，因为他的梦想是要做公平正义的守护者。

据了解，黄通律师在近20年的执业历程中取得了辉煌的战绩和进步，受理了1000多起案件，在社会上建立了较高的知名度和影响力，粤西人、廉江人打官司时往往第一时间都会想到他。

黄通律师承办的案件极具个性、代表性和智慧性，如：他经办了钟某龙涉嫌非法采矿罪、朱某涉嫌贩毒罪、陈某龙涉嫌运输假币罪、何某诉红卫十四社租赁纠纷以及另外一大批影响较大的民、刑事案件，为一批当事人依法争取取保候审、缓刑、保外就医及减免刑事处罚，为一些当事人争取回了数额可观以及久拖不决的债款，同时，他还为中山市世纪医疗投资管理有限公司、广东京粤水产联合公司、广州市山行电子有限公司、广东省廉江商会、广东尚品国际装饰有限公司等一大批公司企业提供了高质量的法律顾问及非讼专项法律服务，获得各单位及当事人高度信赖。

备受关注的湛江市霞山海头港土地纠纷案，案发于2003年，此案涉及金额高达10多亿元，几年来，当事方换了几批律师，但官司一直悬而不决，直至2011年，当事方慕名找到黄通律师，而黄通也未让当事人失望，经过艰辛努力，终于打赢了这场久拖未决的官司，为当事方挽回了10多亿元的经济损失。而这场官司，也让黄通一跃成为业界的知名律师。

2014年，深圳的一起案件，被检察院定性为"抢劫罪"，

认定当事人用药物迷晕受害人实施了抢劫，而黄通律师经过详细分析，抓住了一个细节：犯罪嫌疑人虽然将药物放到了被害人的酒里，但受害人饮酒后还曾清醒地与犯罪嫌疑人打麻将，且输钱后的第二天还将钱还于犯罪嫌疑人。

"当事人虽然动机不纯，但鉴于被害人意识一直清醒，故这并不是一起抢劫案，而是诈骗案。"在法庭上，黄通律师辩护道。最终，法院悉数采纳了黄通律师的辩护意见。

广州某区的一位当事人，第一次盗窃轮胎，黄通律师为他辩护使其轻判。第二次在南沙该当事人又犯案，再次找到黄通律师，他帮当事人获取保候审。第三次当事人又犯案，这时的当事人仍请黄通律师辩护……在刑事案件中，这么一而再再而三地请同一个律师辩护，这在业界真是非常少见。事后，黄通律师耐心地对当事人进行批评教育，激励他改掉恶习，鼓励他自主创业。在黄通律师的不懈努力下，这位当事人终于"金盆洗手"，并在廉江开了一家餐馆，事业获得成功后还为当地捐款修路，造福桑梓。

2015年，明知对手是恒大系企业，在同类型别的当事人纷纷被法官劝退，让步和解的情况下，黄通律师迎难而上，代理在清远曾总的别墅买卖合同案，经认真分析材料和多方努力下，一审、二审判决内容虽不同，但皆完美胜诉，受到当事人和业界好评。

黄通律师在代理一些企业股权纠纷案时，曾受到过不同程度的恐吓和威胁，有的还试图通过伤害他来控制案情发展，黄通律师平静地说："在法律面前，真相总会被还原出来，法律会给予每个人应有的公道，这并不是依靠一些旁门左道的手段就能颠覆的，所以，只要忠于自己的内心，按照原则去做事，就算对方难以应对，我也不会怕。"

多年来，黄通律师经办了广州、佛山、惠州、肇庆、江门等珠三角与湛江地区一系列涉黑涉恶大案要案及广东地区涉案金额较大的一系列酒托女、化妆品（诈骗）、走私、开设赌场、套路贷、妨害公务罪等的大案要案，以及成功经办了多个数十亿元的建筑房地产案件，曾先后被《人民法院报》《南方日报》《广州日报》《羊城晚报》《南方都市报》《新快报》《信息时报》以及广东电视台、广州电视台、珠江电视台、南方电视台等主流媒体报道。2019年，黄通律师还入选中国法学会《中国法律年鉴》年鉴人物，此项殊荣，全国40多万律师仅80位入选。

一件又一件、接连不断的案件，让黄通律师忙在其中，苦在其中，也乐在其中。当事人找到他，冲着他的热情，冲着他的负责，冲着他带来的希望。铁肩担道义，一路走来的黄通律师用行动守护着公平正义，用实力书写着辉煌人生。

书写责任担当

赠人玫瑰，手留余香。作为律师，每完成委托人的一项事务，他都会在内心里感到满足与自我价值的肯定。黄通律师说："得到认同和尊重，其实是比物欲的追求更高层面的精神追求，有些东西比金钱和荣誉更重要，比如扶危济贫的良心和仗义执言的勇气。"

据悉，黄通律师自执业伊始就非常热心社会公益。多年来，他不忘初心，积极投身法律援助事业，积极探索和实践律师法律援助工作的团队化服务，并积极办理了诸多法律援助案，在社会中建立了良好的公益律师形象。执业以来，已为社会弱势群体提供无数次有偿或无偿法律服务，为弱势群体维护和挽回数量较大的经济损失，用真情和实际行动彰显了一名律师的社会责任。

同时黄通律师也十分热心于家乡的经济建设和普法工作，经常组织及参与家乡宣传活动，并创立了早晚报上百度、上美篇公开栏影响广泛的中国雄豪系列普法群，为家乡人民提供法律服务和咨询，受到父老乡亲的一致称赞。

一提起黄通律师，不论是农民百姓还是企业老总都对他竖起大拇指，赞不绝口："有通哥，无啰唆。"因在廉江的影响力，多年来，黄通律师也成为廉江人举办各种盛大活动、知名人士私人聚会的重点邀请对象，2013年，廉江某商会会长还特邀他为其房地产项目举行剪彩仪式。

正是守着这份初心与赤诚，黄通律师为一方的法治与经济建设，为社会的进步与发展一如既往地贡献着一个法律人的智慧和力量，书写着一个法律人的责任与担当。

黄通律师语录

1. 我基本不会挑剔案件，当事人找到我，那肯定是对我非常信任，我绝对会以自己最大的努力去帮助他打赢官司，只要在我的专业能力范围内。

2. 即使自己只能做一个花瓶，也要在里面插一枝含露带刺的玫瑰。

3. 人，要活得堂堂正正，要活得轻轻松松，要活得快快乐乐，要活得简简单单，要活出自己喜欢的模样！

4. 我坚信，只有法治，才能民主。律师工作是法律人的神圣使命，以最高标准，展示自己的人生价值，让青春无怨无悔，让人生绽放光芒！在维权途中，我们要努力不懈，让现实社会少些冤假错案，风雨里程，有苦，有乐，有收获，八千里漫漫长路，任重，道远，多艰险。我们要仗义执言，扶弱扬善，敢于亮剑，勇于担当，迎难而上，才能创造骄人业绩，亮出自我的风采。

5. 我就像是一个给人治病的医生，医生治病尚要望闻问切，开药动刀也不敢说百分之百能治愈，律师也类同。

6. 成功的定义有很多种，在我看来，能够做一个让人尊重的律师，就是成功的律师。要成为一位受人尊重的律师，则是一个漫长的过程，要成为一名受人尊重的律师，需要时刻保持一种端正的职业态度，忠于自己的职业，忠于法；同时又要勤勉尽职，认真对待每一个案子，每一个当事人。这个过程荆棘丛生，但是，如果想要达到自己的追求，就必须时刻提醒自己，永远不忘初心。

7. 律师考虑问题要站在法律的角度，要关注法律事实和证据，透过现象看本质。

8. 水低为海，人低为王；不忘初心，方得始终。

……

后　记

据悉，黄通律师还是广州市信访局律师法律顾问，《中国商会》杂志封面人物，广东省廉江商会首席法律顾问，广州市浙江泰顺商会首席法律顾问，广州市律师协会第九届刑普委员会委员，广州市律师协会第九届实习考核委员会委员，廉江中学百年校庆杰出校友，广东营仔同乡联谊会执行总监，广东营仔同乡联谊会总法律顾问，廉江市村居法律顾问，广东营仔经济促进会理事，中国雄豪群创始人等。黄通就是这样一个在平凡中做出不平凡贡献的律师，他肩负着社会的重任，书写着法律人的情怀，践行法律人的使命与担当。

未来，我们有理由相信，黄通律师仍将不忘初心，为日臻完美的三个境界而奋力前行，为捍卫正义永不停歇，为社会的进步与发展贡献更多的智慧和力量！在法治中国建设的道路上留下那浓墨重彩的一笔。

将"有效辩护"进行到底

——访广东中安律师事务所创始合伙人李劲峰律师

编者按

中国律师制度恢复重建后的40多年，中国律师业取得了长足发展，无论从规模上还是从专业能力上都发生了翻天覆地的变化，也得到了极大的提升。40多年来，我国刑事辩护制度也逐渐走向完善，且几乎每年都会有一些大案、要案见诸新闻媒体的头条和报端。笔者以为，各个大案、要案是否能够得到公正审判对于其代理或辩护律师的水平和专业能力都提出了严峻的考验。尤其在重大刑事案件中，对于辩护律师而言是走"形式辩护"路线，还是走"有效辩护"路线，其结果和产生的社会效果应该是不言而喻的。

▲李劲峰律师

本文主人公——广东中安律师事务所创始合伙人李劲峰律师，在其法律生涯中，以其品德、智慧、才干、胆识在维护法律尊严与公正的道路上奋力前行与求索，展现出了一个中国律师应有的魅力与风采，可谓一路艰辛，一路精彩。

据悉，李劲峰律师于1984年毕业于华东政法大学法律系，毕业后进入安徽省委党校成为一名大学教师；1986年，他又通过了司法部首届律师资格考试后成为中国第一批取得律师执业资格的律师，开始从事兼职律师工作；1993年，深圳特区建设进入快速发展期，他毅然辞去公职走进深圳开始专职从事律师工作。时至今日，他已在法律求索的道路上走过了35个春秋岁月，他也成为中国律师业从无到有、从弱到强的一个见证者和亲历者，成为"深圳速度"以及深圳发展成为国际化大都市的参与者和贡献者，而在刑事案件中，他还是一位"有效辩护"的坚守者。

应李劲峰律师要求，今天我们主要谈案件，且主要谈刑事案件，故我们也将笔墨移至李劲峰律师曾代理的刑事案件中。我们了解到，李劲峰律师1993年曾担任海口建行东风办事处薛某某3344万元贪污案的辩护人，此案是当时新中国成立以来最大的一起贪污案，引起社会广泛关注；2008年曾担任金融贷款诈骗案河南省首富孙某某的辩护人，此案在当时被称为新中国成立以来最大的一起金融诈骗案；2009年担任山西太原特大汽车走私案（涉案值8000余万元）贾某某的辩护人，此案被称为是新中国历史上最大的一起汽车走私案（案发时间2009年），更是公安部、海关总署联合督办的案件；2012年台湾地区知名家族投资的珠海南某公司董事长吴某某逃税3000余万元案的辩护人，等等。

因篇幅所限，今日我们仅遴选山西太原特大汽车走私案以及珠海南某公司逃税案中李劲峰律师的办案经历，萃集于此，以飨读者。

新中国历史上最大汽车走私案（案发时间2009年）——山西太原特大汽车走私案辩护始末

2009年10月，一起"太原特大汽车走私案"见诸各大媒体报端，中央电视台、北京电视台等媒体亦连续多次报道该案，该案因涉案值近8000多万元，偷逃税额2000余万元，被媒体称为"太原海关缉私局成立10年来第一起汽车走私案""全国内陆关一起最大的汽车走私案"，该案由公安部、海关总署联合督办，后38名涉案嫌疑人悉数落网。据嫌疑人交代，其走私的车辆有宾利、宝马、奔驰、路虎等多为高档豪华车辆，涉案车辆达130多辆，69辆高档走私汽车被扣押。

《刑法》第153条（走私普通货物、物品罪）规定走私本法第151条、第152条、第347条规定以外的货物、物品的，根据情节轻重，分别依照下列规定处罚：……走私货物、物品偷逃应缴税额在50万元以上的，处10年以上有期徒刑或者无期徒刑，并处偷逃应缴税额1倍以上5倍以下罚金或者没收财产……偷逃缴税额2000余万元！犯罪嫌疑人所要面临的处罚可想而知！

李劲峰律师作为第一被告人贾某某的辩护律师，在深圳、太原两地历经两年奔波，经过严谨地调查和分析后，采用精细化有效辩护策略，针对检方指控的每一起走私案件进行一一辩驳，还原案件真相，使得公诉机关最初起诉的第一被告人贾某某由第一被告人身份转变为第二被告人身份。李劲峰律师再提出贾某某在羁押、审判阶段的重大立功表现同时得到法庭的采信。

2011年3月4日，法院作出一审判决，判处贾某某有期徒刑9年，被告人表示不上诉。

以下为李劲峰律师针对检方指控贾某某犯有走私普通货物、物品罪中每一起案件的精细化辩护的辩护词（摘录）：

根据《刑事诉讼法》的有关规定，本辩护人为履行辩护职责，特发表以下四点辩护意见，希望合议庭能够采纳。

一、辩护人认为本案被告人贾某某未触犯《刑法》第153条之规定，因而对贾某某不能适用《刑法》第153条。

（一）《刑法》第153条走私普通货物、物品罪，是指违反海关法规，逃避海关监管，非法运输、携带或者邮寄国家禁止进出口的武器、弹药、核材料、伪造的货币、文物、珍贵动物及其制品、黄金、白银及其他贵重金属、珍稀植物及其制品、淫秽物品外的货物、物品进出境，情节严重的行为。

本罪在客观方面表现为违反海关法规，逃避海关监管，非法运输、携带或邮寄武器、弹药等违禁品以外其他货物、物品进出境。

只有非法运输、携带、邮寄武器、弹药等违禁品外的其他货物、物品的才构成走私普通货物物品罪。这是本条犯罪构成客观方面要件必不可少的，否则，不适用《刑法》第153条。

（二）被告人贾某某在太原市帮助联系客户从广东南海九江镇朱某某处购买汽车的行为未触犯《刑法》第153条。

根据本案第二被告朱某某供词："2008年9月，我负责联系香港地区汽车行购车、联系'兑保'走私，由我负责的兑保走私车总共30多辆，我直接安排李某某走私进境15辆。我在广州会展中心接车，由我直接送往太原交给贾某某。贾某某在太原联系客户，并将客户需车信息用电子邮件或电话告诉我，我在香港车行安排订车。车到太原后贾某某在太原将全部车款汇入我个人的工商银行、农业银行账户或由我指定的银行账户。走私'兑保车'是这样完成的。"

1. 被告人贾某某帮助太原市客户联系买走私车的购车路线图是：

（1）由客户在网上或到广州、香港看车，然后找到贾某某。

（2）贾某某告知在广东的朱某某，由朱某某联系香港车行，联系"兑保"人——即实际走私汽车进境的走私人。走私汽车由走私人非法偷运到广州后，由朱某某安排大货车由广州运到太原市交给贾某某。有些走私汽车由朱某某自己运送至太原市交给贾某某。

（3）由朱某某报价送至太原市的价格，其中包括香港裸车价＋"兑保"费＋广州到太原运费＝总车价。由贾某某从客户手中代为收取车款后，转账给朱某某提供的银行账号，有些汽车运到太原后，由贾某某直接用现金交给朱某某。贾某某本人赚取中间的购车介绍费。

（4）在太原市的购车客户都知道自己购买的是走私车。只是因对广东南海九江镇走私汽车渠道不熟悉，故找到贾某某帮助联系购车。

2. 众所周知，广东省南海区九江镇是中国走私汽车的集散地。中国政府曾多次在此地打击走私，却屡禁未止。走私汽车都是从香港地区偷运入境进入南海区九江镇。从事走私汽车人员众多。根据本案被告人朱某某2009年5月5日，在太原海关缉私局第6次讯问笔录交代："对于顺利偷运进来的车，都是由贾某某及其手下或我在广东接的车，然后由我们自家或由我联系运输人用板车将所接车辆运到山西太原。"

问：上述业务中，你参与订车或接车联系偷运的共有多少？

答：大概有30辆，具体记不清楚了，以事实为准。

问：走货的人都有谁？

答：有一些车是我叫车行找人偷运进来，有一些是我找一个叫李某明的人帮着偷运进来的。

问：他们是怎么将车偷运进来的？

答：我只知道他们经由香港地区到越南，再到广西、广东这条线路偷运进来，怎么做，我不知道。

问：李某明是谁？你们是如何联系上的？

答：他们是个专门做潜水车偷运生意的，是香港车行介绍给我认识的，后来有些车，我就他给运进来。

问：经他偷运进来的车有几辆，都是什么车？

答：奔驰600一辆，丰田一辆，陆地巡洋舰两辆，宝马7系轿车两辆，老款的大众途锐一辆。

……

从上述被告人朱某某供可以看出：整个走私汽车

的路线图以及如何将走私汽车从香港地区偷运至广州九江，再由广州九江运至太原市。

本案其他被告人向朱某某购买走私汽车方式和被告朱某某的供词内容相一致。

综上，被告人贾某某在整个走私汽车的过程，只是起到帮助客户联系朱某某的作用，从中收取一些联系费用，至于车的价格、"兑保"费，以及运至太原的费用。所有在太原市购买走私汽车的客户都知道。从上述事实可以看出，被告人贾某某也未触犯刑罚第156条之规定。

二、在本案中被告人贾某某对于绝大多数涉案车辆是帮助联系购车，不应该成为偷逃海关税主体。

（一）起诉书认定："被告人贾某某、朱某某合谋走私入境3辆三菱越野车。"事实上，3辆三菱越野车是太原警备区所购买。贾某某只是帮助联系了一下朱某某，由警备区正常使用，且这3辆三菱越野车现在还在警备区正常使用。贾某某在这笔交易中既不是买主，也不是卖主，只是碍于人情面子帮忙。若将这3台三菱越野车算在贾某某头上，与事实不符。

（二）晋城军分区由王某介绍，委托贾某某联系购买走私车，陆地巡洋舰两台由军分区自身解决牌照问题。贾某某联系了朱某某，由朱某某向香港车行购车，并安排"兑保"并走私入境，车到广州后，由晋城军分区到广州看车，和朱某某谈好车价，由朱某某运送至太原，由贾某某交之晋城军分区。贾某某在这次交易中只是联系人，收取了运输费用。他既不是买主，也不是卖主，更没有参与走私活动。上述两台陆地巡洋舰现还在晋城军分区正常使用。将这笔走私交易逃税金额算在贾某某头上，与事实不符。

（三）起诉书认定，2009年2月，被告人贾某某、朱某某、杨某某合谋走私入境一辆凌志570，该车由被告人杨某某购买。

根据杨某某供词：[（第二次）2009年4月28日]，"2月2日我到香港看车在汽车花园车行选中了一辆凌志570，当时由梁小姐接待我，车行报价75万港币，经过还价确定车价71万港币。

问：这是你的司机杨某提供给海关的销货合约吗？

答：我看了，是这辆凌志570的真实销货合约。

问：这份合约上显示的价格是77.5万人民币，讲一下事实上这个价格的构成？

一部分车款71万港币，其余的是将该车从香港运输

到广州的费用，运费算下来大概是15万多人民币。

问：这个连同运费的价格是和谁谈的？

答：是我和梁小姐谈定。然后她就给了我这份售货合约。

问：当时谈到怎么到广州接车的了？

答：梁小姐让我留下接车人的电话号码，车到广州后联系接车，我就把我和贾某某的电话号码留给了梁小姐。

问：为什么把贾某某的电话留给了梁小姐？

答：在汽车花园订车的时候，我就和贾某某通电话，谈定由他在广州帮我接车，运输到太原后把车交到我手里，我支付他运费，这台车没有通过海关。

问：你和汽车花园谈定的运输费用是什么性质的费用？

答：是将这台车走私入境的费用。订车后，我在香港支付了6000港币的定金。2月5日左右，我让我的司机杨某通过我的工商银行卡给车行支付了剩余的定金，大概是5.6万元人民币。

从上述杨某某在香港地区的购车交易中，杨某某只是委托贾某某在广州接车送到太原。并支付运费，贾某某的角色只是帮助将车从广州运送到太原。

贾某某既不是买主，也不是卖主。更没有参与走私，所以将偷逃税952 343.75元算在贾某某头上与事实不符。

（四）起诉书认定，2008年下半年，"贾某某、朱某某，周某，合谋走私入境大众途锐，该车由被告人周某购买"。

根据周某2009年5月16日供词："2008年9月份我自己去了香港，到香港之后就直接去了和记车行，找到吕小姐。然后，就开始看车，看中了这台黑色途锐4.2，于是就开始谈价格，当时谈的裸车价格是16万港币，之后，就和吕小姐谈运费，当时吕小姐打了几个电话，然后就跟我说这台车从香港运到广州总的费用得最少要7万（人民币），之后我就跟贾某某通了电话跟他谈从广州到太原的运费。我在香港车行交1万多元人民币。"

问：你跟车行谈的7万元，总的费用是什么费用？

答：是把车从香港偷运到广州的费用。

问：那你当时是否知道这车是不经过海关偷运进来的？

答：知道的。

从上述周某的供词来看，贾某某既不是买主，也不是卖方。更没有参与走私。只是帮助朋友从广州接车到

太原，赚点运费。把偷逃税额 297 582.94 元算在贾某某头上，与事实不符。

（五）2008 年 11 月，被告人贾某某、朱某某、陈某某合谋走私入境车辆宝马 745，该车由被告人陈某某购买。

根据陈某某 2009 年 5 月 16 日供词。"由阿金在广州接我们，然后阿金和他老婆和我们一块去香港。去明记车行看车，我看上了这台灰色宝马 745，然后我就跟车行的谈这车多少钱。车行说这车裸车 15 万港币。然后，我又问他们从香港到广州，从广州再到太原总的运费，他们刚开始说不知道，后来打了个电话说从香港到广州总的费用要 6 万（人民币）从广州到太原要 3 万元。于是我就交了 1 万多元订金。后这台车由朱某某运至太原。"

问：从香港到广州 6 万元总的费用是什么费用？

答：就是把车从香港偷运到广州的费用。

贾某某既不是买主，又非卖主，更没有走私。只是联系朱某某将车送到太原，赚了一些费用。将 203 293.84 元偷逃税额算在贾某某身上与事实不符。

（六）起诉书认定 2007 年底至 2008 年初，被告人贾某某走私入境汽车两辆。分别为一辆劳斯莱斯，一辆丰田霸道。偷逃税 298 050.20 元，事发后上述车辆已追回。

事实上，这两辆车是贾某某从东莞新塘老胡手中买的旧汽车。放在家中作为纪念品。这两辆根本就没有走私，更谈不上偷逃税款。

综上，贾某某在上述多起走私汽车交易中，只是帮助联系一下朱某某，他既不是买主，也不是卖主，更没有参与走私，很多交易汽车还在正常行驶，将上述走私汽车偷逃税款算在贾某某身上，与事实不符，于法律无据。

三、起诉书认定：2007 年 10 月至 2008 年 10 月期间，被告人贾某某，被告单位广州博函货运代理服务有限公司新港营业部及被告人袁某某采取调高车辆里程表等方法，以低于实际成交价的价格向海关申报进口 11 辆，偷逃税额共计人民币 1 509 651.15 元。

辩护人认为：起诉书对被告人贾某某的指控，缺乏事实基础。

（一）贾某某将报关业务委托袁某某的单位广州博函货运代理服务有限公司。实行每台代理报关费 1 万元的包死业务费。

（二）报关汽车关税，事实由贾某某将二手车车况、车行、车种告知报关公司，由报关公司事先评估后，填表报关。

（三）公诉机关以博函公司由一张 2000 元的调里程表收据判定贾某某参与调表没有证据支持，也不足以说明问题。

（四）根据本案被告袁某某证词："贾某某没有要求我调里程表，海关申报价格是由我公司填写发票后通知贾某某看，贾某某根据我公司提供的车辆发票价格填写自用品申请表。贾某某从未要求我公司提供的车辆发票价格填写自用品申请表。贾某某从未要求我公司提供特殊服务，贾某某委托报关手续，我公司是按正常业务办理的。"

（五）根据证人周某某 2009 年 5 月 22 日的证词：

问：这些单据你认识吗？

答：认识。这些单据都是我司（广州博函货运代理服务有限公司）替贾某某报关进口外商自带二手车的报关单据。

问：这些单据是否都操作？

答：是。这些单据在报关前都需要登记整理。

问：哪些单据是由你司制作的？

答：报关用的发票。

问：如何制作？

答：发票是由香港车行给我司的，但是香港车行给的发票是加盖公章的空白发票，里面车辆的信息和价格都是由我司填进去的。

问：上述单据中的车辆是否如实申报？

答：没有，这些车辆都低报了成交价格。

问：为什么要低报？

答：都是老板袁某某让我这么做的，我在他手底下工作，他让我怎么做，我就按他的意思做。

问：前述单据中向海关递交的自用品申请表的价格是怎么来的？

答：是由我司给出的价格贾某某他们那边根据我司给的价格填上的。

从上述周某某的证词非常清楚地看到，贾某某只是委托报关并支付报关费用，报关公司以及袁某某调里程表，低价报关，贾某某是不知情的。

报关公司以及袁某某之所以这么做，是为了赚取非法利润。

四、如同起诉书指出的那样：被告人贾某某揭发他人犯罪行为，并已经查证属实，有重大立功表现，根据《刑法》第 68 条之规定，可以减轻或者免除罚。贾某某是初犯，

▲李劲峰律师在人民法院

认罪态度好。

综上四点辩护意见，辩护人希望法庭依据本案事实和法律作出公正判决！

……

时至今日，贾某某因在狱中表现良好，经过减刑已走出囹圄，并对他的辩护人李劲峰律师表示深深的感谢，开始了新的人生。

账外经营不开票，逃税犯罪被判刑；地方政府多强硬，律师不畏上京城——大陆投资晶圆厂台商第一人，吴某某犯逃税、虚开增值税专用发票案辩护始末

台湾地区某知名家族的博士吴某某可以说是到大陆投资晶圆厂的台商第一人，早在 1989 年即在大陆建立了集成电路制造公司——珠海南某公司，同时珠海南某公司也成为华南地区唯一一家集六英寸晶圆制造、加工、芯片生产及 IC 设计和封装测试于一体的综合性制造集团。吴某某博士拥有逾 30 年集成电路产业经验，并具有在美国硅谷 5 年、中国台湾新竹科学园区 23 年及中国大陆近 20 年的建厂发展经历，对我国集成电路产业技术的提升和现代化建设可谓做出了不可磨灭的贡献。

2012 年，地方税务部门经核查，发现珠海南某公司以采取直接收款方式，通过快递公司向不索取发票的客户销售货物共计 2132.83 万元，销售货款利用王某的个人银行账户收取，未在公司账簿上确认收入，未申报纳税，造成少缴增值税 309.9 万元。根据《税收征收管理法》第 63 条第 1 款规定，珠海南某公司通过个人账号隐瞒销售收入，未申报纳税的行为已构成偷税。根据《税收征收管理法》第 25 条、《增值税暂行条例》第 1 条、第 19 条第 1 项及《增值税暂行条例实施细则》第 33 条第 1 项

的有关规定，经珠海市国税局重大税务案件审理委员会审理，珠海市税务局稽查局决定追缴珠海南某公司所偷增值税 309.9 万元并处以一倍罚款。

在对珠海南某公司的《税务处理决定书》生效后，税务机关下达追缴税款通知书，但珠海南某公司未按照规定时限缴纳税款和滞纳金，也未在规定时间办理完毕纳税担保手续，且该公司偷逃税款的违法行为达到了移送司法机关处理的标准。珠海市税务局向珠海市公安局移送珠海南某公司涉嫌逃税案。税警双方成立联合专案组，对南某电子公司进行立案侦查，将在吴某、王某抓获并执行刑事拘留。查实珠海南某公司虚开增值税专用发票共计 231 份，价税合计 862.79 万元；不列、少列 3200 万元含税销售收入，逃避缴纳增值税 465 万元。

经珠海市香洲区人民法院判决，珠海南某公司法人代表吴某某犯逃税罪、虚开增值税专用发票罪，判处有期徒刑 8 年，罚款 40 万元；王某某犯逃税罪，判处有期徒刑 3 年，罚款 10 万元。

以上案件报道内容来自当时媒体的部分报道，然而，却未有媒体跟进此案的二审进展情况。今日笔者终于采访到吴某某的二审辩护人李劲峰律师，让李劲峰律师来为此案做最后的总结，应最合适不过了。

一审法院判处吴某某有期徒刑 8 年，吴某某不服一审判决，提出上诉。这时吴某某的胞弟找到李劲峰律师，希望李劲峰律师能代理二审，李劲峰律师在了解了案情后，认为此案有地方领导干扰案件审判，若二审继续采用一审时的辩护策略，很有可能被维持。那么，对于当事人无异于白白浪费更多精力和金钱。李劲峰律师考虑到被告人是台胞，且其胞兄有其特殊身份，遂经过认真梳理案件，李劲峰律师书写出一份案件报告交给吴某某的胞兄。由其胞兄将此案情报告递交海峡交流基金会（简称"海基会"），再由海基会递交至国台办，国台办领导收到案件报告后，非常重视，遂召集吴某某胞弟及李劲峰律师上京汇报案情，国台办领导及法律顾问在认真听取李劲峰律师汇报后，亦认为此案有诸多值得商榷之处，遂拟建议函发至珠海市中级人民法院。二审开庭期间，李劲峰律师还提出：根据我国《刑法》的相关规定，有逃避缴纳税款行为，经税务机关依法下达追缴通知后，补缴应纳税款，缴纳滞纳金，并且接受行政处罚的，不予追究刑事责任。《刑法》第 201 条的规定，纳税人采取欺骗、隐瞒手段进行虚假纳税申报或者不申报，逃避

缴纳税款数额较大并且占应纳税额10%以上的，处3年以下有期徒刑或者拘役，并处罚金；数额巨大并且占应纳税额30%以上的，处3年以上7年以下有期徒刑，并处罚金。刑法同时规定，经税务机关依法下达追缴通知后，补缴应纳税款，缴纳滞纳金，已受行政处罚的，不予追究刑事责任；但是，5年内因逃避缴纳税款受过刑事处罚或者被税务机关给予二次以上行政处罚的除外。

二审法院认为李劲峰律师所言于法有据，采纳李劲峰律师部分辩护意见，于2015年7月16日作出二审判决，判处吴某某有期徒刑5年6个月。吴某某表示接受二审判决结果。

以下为二审期间李劲峰律师提出辩护意见（摘录）：

第一，上诉单位珠海南某公司不构成一审认定的第一宗逃税罪。

理由：①珠海市国税局在将珠海南某公司逃税案移送公安局立案之前，并未向珠海南某公司下达追缴通知，不符合逃税罪的立案标准，属程序违法；②珠海南某公司在行政复议后一周内已经缴纳了税款、滞纳金，并接受了行政处罚，不应再作为犯罪处理；③珠海南某公司已经以不开票申报纳税，及开立普通发票的方式缴纳了起诉书指控的人民币3 098 990.17元税款，收取货款的私人账号内资金均已完税货款收入，珠海南某公司不存在逃税的事实；④珠海南某公司开具增值税专用发票有部分是将账外经营不需要开具发票的交易进行对账冲减，该部分已经转入公司的纳税数额，应在账外经营认定的逃税罪金额中予以扣除；⑤珠海南某公司在2004年、2005年为了在香港地区上市虚增业绩，该部分已经预缴税款，应在逃税罪数额中予以扣除。

第二，一审认定的第二宗关于POWER产品的逃税部分，POWER产品均由广州珠海南某公司生产销售，广州珠海南某公司已经缴纳了增值税，珠海南某公司对POWER产品不具有缴纳增值税的义务，不构成逃税罪。

第三，上诉单位珠海南某不构成虚开增值税专用发票罪。理由：①根据辩方二审提交的《司法鉴定意见书》证实，珠海南某对外开具的增值税专用发票均有真实的货物交易（包括部分不需对外开具的购货方是受票单位的加工方和采购中介），且开具的增值税专用发票均系合法取得，均以珠海南某名义开具，不构虚开增值税专用发票；②虚开增值税专用发票系珠海南某员工私下的个人行为，与董事长无关，不属于公司行为，南科公司不构成虚开增值税专用发票罪。

第四，《限期缴的税款通知书》《税务文书送达回证》与本案犯罪事实无关，缺乏证据的关联性，不应作为证据采信。

……

同样，吴某某出狱后，首先登门感谢了他的辩护律师，现李劲峰律师与吴某某家族成员也都已成为好友。

后 记

刑事辩护关乎人之生命和自由，而自由、生命是无价的。所以，每一个致力于刑事辩护的律师在办理案件时，若没有足够的智慧、勇气、责任和担当，或敢于和司法机关抗争的精神，是很难做到"有效辩护"的，我们发现，在多年的司法实践中"形式辩护"也仍会时有发生，可喜的是，随着以审判为中心的刑事诉讼制度的改革和深入推进，专业化辩护、精细化辩护、标准化辩护、团队化辩护等有效辩护手段正成为主流并受到广大司法办案机关的热烈欢迎。

笔者以为，"形式辩护"既令当事人合法权益部能得到有效维护，进而又使人们对法律的公平正义，对司法公信力产生怀疑甚至对社会产生敌对心理；"有效辩护"则既能最大限度维护当事人合法权益，使案件得到公正审判，又能令当事人心甘情愿服从法律的判决，认罪伏法，并避免其二次犯罪，可谓一举多得。

李劲峰律师说："最大限度维护当事人合法权益是律师的首要职责，而在刑事案件中，律师竭力进行有效辩护，就是在最大限度维护当事人的合法权益，同时更能得到广大司法办案机关的肯定和尊重。让我们共同携手在未来法律生涯中，继续将有效辩护进行到底。如此，法治中国不远矣！"

维护公平正义，践行责任使命

——广东粤海律师事务所首席合伙人、党支部书记林怀海律师侧记

▲林怀海律师

引　言

2021 年 7 月 15 日，全国律师行业党委在"红船精神"的发源地浙江省嘉兴市召开律师行业党建工作经验交流会。同日，全国律师行业党委对 98 个"律师行业先进基层党组织"和 99 位"律师行业优秀共产党员"进行表彰。司法部党组成员、副部长，全国律师行业党委书记熊选国出席会议并讲话指出，律师行业各级党组织和广大律师要深入学习贯彻习近平总书记"七一"重要讲话精神，深刻理解把握习近平总书记"七一"重要讲话的重大意义、丰富内涵和实践要求，弘扬伟大建党精神，传承中国律师爱国爱党的光荣传统，增强做好律师行业党建工作的责任感、使命感，奋力开创律师行业党的建设和各项工作新局面……

2021 年是中国共产党成立 100 周年，也是《律师法》实施 25 周年，在这样一个值得纪念的日子接受表彰，对受表彰者来说更具有其特殊的意义。我想，每一个参会的人都不会忘记这样一个庄严时刻，受表彰的律师更不会忘记他们的光荣与梦想，不会忘记曾经的初心，不会忘记肩上的使命、责任，不会忘记一个法律人的理想、信念和担当，因为他们是优秀的共产党员。

在接受表彰的名单中有 9 位来自广东的律师获得"律师行业优秀共产党员"荣誉称号，其中一位年逾花甲，也是与笔者曾有一面之缘的老律师——广东粤海律师事务所首席合伙人、党支部书记林怀海，再次引起了笔者的关注，本该含饴弄孙的年纪，他却选择了对律师事业的坚守。为此，笔者对林怀海做了一次深入调研和探访。

荣誉等身，硕果累累

"榜样的力量是无穷的"，细数林怀海近 30 年的律师执业生涯，在很多时间节点上，他的事迹以及他办理的很多案件都可圈可点，可谓硕果累累、荣誉等身。1999 年被湛江市司法局评为"湛江市优秀律师"；2000 年被湛江市司法局授予"十佳律师"荣誉称号；2003 年被中共广东省律协委员会、广东省律师协会评为"全省抗非典优秀党员"；2008 年被广东省律师协会授予"维稳突出贡献奖"；2010 年被广东省律师协会授予"全省律师行业维稳工作杰出贡献奖"；2010 年被中共广东省律师行业委员会授予"广东省律师协会成立 30 周年·全省律师行业优秀共产党员"称号；2010 年被广东省律师行业创先争优活动指导小组授予"广东省律师行业创先争优活动·党员律师标兵"称号；2011 年被司法部律师行业创先争优活动指导小组授予"律师行业创先争优活动·党员律师标兵"称号；2016 年被中国律师年鉴网以及《中国法律年鉴》《中国律师年鉴》《中国刑辩大律师》联袂发布授予"中国刑辩大律师"称号；2016 年被中共广东省律师协会委员会评为"广东省开展村（社区）法律顾问工作先进个人"；2021 年 6 月被中共湛江市委员会授予"湛江市优秀党务工作者"荣誉称号；2021 年 7 月被全国律师行业党委授予"律师行业优秀共产党员"荣誉称号等。

"面对荣誉，我们要戒骄戒躁，唯有更加努力前行。"林怀海律师总是谦虚地对待自己所拥有的一切和来访者的盛赞。

"读史使人明智，鉴以往而知未来。"今天，笔者仅就林怀海的"知青史""入党史"和"从律史"作下回顾和记述，以期让更多人学习和传承老一代法律人的理想信念、精神信仰，望能与读者诸君产生共鸣。

峥嵘岁月，奋进不止

林怀海 1952 年出生于广东省湛江市一个普通的工人家庭，年少时受电影《风暴》中施洋大律师的英勇行为影响，他就立志长大后要当一名维护正义、为民请命的律师。但那个年代，个人的命运往往都被时代的洪流所

▲林怀海律师荣获律师行业优秀共产党员

裹挟，林怀海也不例外。1970年7月，林怀海在湛江五七中学（原湛江一中）高中毕业后，就响应党中央"上山下乡"号召，到海南岛通什黎族苗族自治州乐东县当了一名知青，1972年12月又参军入伍成为戍卫边疆的战士，并于1977年3月退伍回到老家湛江，先后担任国有企业办公室主任、工会主席兼法律室主任，经过十数年辗转，才终于与法律结缘。但无论是知青岁月，抑或是戍卫边防，还是回城工作，林怀海都没有停止学习，可以说是手不释卷、笔耕不辍。这为其后来从事律师工作以及处理重大、复杂、疑难案件奠定了坚实的基础。

特别值得一提的是，林怀海于1975年1月10日加入中国共产党，成为一名光荣的共产党员。四十多年来，林怀海时刻牢记自己是一名共产党员，无论在哪个岗位、从事哪项工作，他都严格要求自己。

参加工作后，经过刻苦学习以及克服重重困难，林怀海先后取得中山大学中文专科自学考试毕业证和中山大学自学考试法律专业毕业证，并于1993年通过了被称之为"中国第一考"的律师资格考试，从此，终于踏上了他无悔的律师之路。

刑辩律师，任重道远

在粤西地区的法律界，提起林怀海律师，不能说是无人不知，无人不晓，但在华南刑辩界，林怀海的名字早已蜚声业界。据悉，林怀海律师不仅担任广东粤海律师事务所主任、党支部书记，还兼任湛江市律师协会副会长以及湛江市律师协会刑事辩护业务委员会主任多年，且于2015年入选广东省第一批律师（刑事）专家库。

作为一个敢辩、善辩的资深刑辩律师，当地重大、复杂、疑难的刑事案件的当事人自然是慕名而来。林怀海曾担任轰动全国甚至影响海外的湛江"98.98"特大走私案（该案是当年全国十大刑事案件之一）主犯、第一号被告人李某的辩护人，林怀海律师提出该案不构成走私集团的辩护意见影响了全案的定性和判决；林怀海还为被列为公安部A级通缉犯的被指控犯制造毒品罪的于某做无罪辩护，公诉机关撤回起诉后，于某从A级通缉犯成为一名执业律师；林怀海为被指控犯杀人致死罪的侯某作事实不清、证据不足，应不予认定侯某有罪的辩护，庭审后市级公诉机关撤回起诉；林怀海为被指控犯故意伤害致死罪的被告人钟某某作事实不清证据不足的无罪辩护，湛江市中院采纳律师意见作出无罪判决，检察机关提出抗诉，在案件审理中，省检察机关撤回抗诉……此外，林怀海还为某市原市长、某市公安局原局长、某区法院原副院长等一些有重大影响的被告人和走私贩毒、涉黑涉恶的被告人担任辩护人，依法提供辩护等。而接受每一个案件的委托后，林怀海都要求自己要做到全力以赴、全心全意投入到案件中，并竭尽所能维护被告人（犯罪嫌疑人）的最大合法权益。他深知，刑事案件涉及人的自由乃至生命，他办的不仅仅是案件，还事关当事人的人生与法律的公正，不能有丝毫的马虎和懈怠。

当然，在林怀海近30年的律师执业生涯中，刑事辩护的各种"难"他都经历了个遍。林怀海律师认为，刑辩律师不应"难"而退缩，不应"难"而放弃，而应知难而进、迎难而上，任何国家的法治之路都不是一蹴而就的，都是无数法律人前赴后继，经过岁月的磨砺和坚守，才实现进步和发展的。所以，刑事辩护，任重而道远！党员律师要不忘初心、牢记使命、砥砺前行！

追求正义，无畏前行

执业近30年来，林怀海律师不但办理了许多有社会重大影响的各类案件，其还担任政府和行政部门、事业、企业单位、农村的法律顾问，讲解法律知识，起草法律文件，审查各种合同、协议、方案，为当事人解决了许多重大疑难问题。而在每一起案件中，林怀海都要求自己和团队竭力维护当事人的合法权益，维护法律的正确实施，维护社会的公平正义，将"三个维护"放在首位。为了公平他殚精竭虑，为了正义他无畏前行着。在震惊全国的雷州市"98.4.30"故意杀人案中，他担任被告人陈某胜的辩护人，有人劝他不要接这个案子，一旦处理不好，可能影响律师的声誉，而如果不小心得罪了黑社会，还可能给自己和家人带来危险。但林怀海再三斟酌

▲林怀海律师荣获十佳律师

后，还是决定接受委托。他认为，正因该案人命关天，必须依法审判，以维护社会的公平正义，法律不能放过一个坏人，也不能冤枉一个好人。经过林怀海对案件的深入研究和艰难取证，获得陈某胜无罪的关键证据，最终，陈某胜获无罪释放。

在湛江市遂溪县某村一个仅12.6亩土地权属的纠纷案中，林怀海受理后，多次到现场调查以及与当事人核查证据，做了充分的诉讼准备。该案历经一审、二审、发回重审，再一审、二审，法院驳回了对方的诉讼请求后，对方又向广东省高院提起再审，最终，广东省高院以（2019）粤行申830号《行政裁定书》驳回了对方的再审申请。案后，委托方村主任盛赞林怀海是一位勤勉尽责、依法执业的好律师。

在湛江某公司于宁夏回族自治区银川市的一个购销合同纠纷案中，林怀海律师曾三次顶风冒雪到远在2600多公里外的银川市和北京市开庭，先后行程15 000多公里，经过不懈努力，终于维护了委托人的合法权益。

……

"正义不仅要实现，而且要以人们看得见、摸得着的方式实现。"林怀海律师如是说。

党建引领，融合发展

2004年，中共广东粤海律师事务所党支部宣告成立，并由林怀海担任党支部书记。在林怀海的带领下，党支部一直狠抓党建与所建融合互促工作，现粤海律所30名律师及工作人员中有近六成是党员，并先后荣获党内各项殊荣。2019年，粤海律所党支部还开广东省之先河，招聘和设置了专职党建指导员，并在797平方米的办公区专门腾出110多平方米建设了党建示范点活动工作区。现党建示范点活动区内会议室、活动室、荣誉专柜、党建图书、电器摄影设备等一应俱全，为律所开展各项党建活动打造了过硬的"硬件"和"软件"设施。

据调查了解，2015年以来，粤海律所党支部已先后为740多个村（社区）派出法律顾问；组织律师参加农村维稳律师团、民营企业律师团、维护妇女儿童合法权益律师团、"好人好报"法律服务团210多人次；联合职能部门成立"党员律师公益法律服务处""党员律师法律援助站"，开展志愿法律宣传、法律讲座、法律援助等服务近50场次；与农村基层党组织开展"党建+法治"结对共建活动，做到了有效带领乡村党建和法治建设向前发展。此外，粤海律所党支部还积极为有需求的妇女儿童、城市外来务工人员、老年人等困难群众减费或免费提供法律服务，多渠道多形式服务法治社会建设。

值得一提的是，2020年疫情防控期间，粤海律所党员律师除积极捐款捐物外，粤海律所党支部还专门制定了《关于支持非公企业复工复产法律服务专项行动工作方案》，并组织党员律师"先锋队"奔赴抗疫一线开展服务工作。2020年6月，粤海律所特别邀请湛江市赴湖北抗疫医疗队副队长马燕妮副教授到律所作抗疫英雄事迹报告。

2021年6月18日至27日，粤海律所党支部还组织党员律师分别到湛江市赤坎区北桥街道新景社区、赤坎区文章村、湛江吴川市梅菉街道、遂溪县城月镇陈家村等地，给抗疫一线人员和村居群众送去一批批抗疫防疫物资和法律书籍，切实开展党史学习教育"我为群众办实事"实践活动，继续为"抗疫"工作献智出力。

2021年4月，粤海律所组织党员律师到湛江博物馆进行学党史听党话跟党走活动，在庆祝建党100周年活动中，组织党员律师开展了"永远跟党走奋进新征程"演讲比赛和"唱支山歌给党听"歌咏晚会。

多年来，粤海律所在林怀海带领下，坚持党建先行引领发展，党建促所建工作不断取得新成果。2011年，粤海律所党支部被中共广东省律师工作委员会评为"庆祝建党90周年全省律师行业先进党组织"；2017年，被选树确立为"广东省律师行业党的建设工作市级示范点"；2018年7月，被中共广东省律师行业委员会评为"全省律师行业先进基层党组织"；2019年3月，粤海律所经广东省高级人民法院评审入册为"破产案件二级管理人"；2019年6月，被中国共产党全国律师行业委员会授予"全国律师行业先进党组织"荣誉称号；2020年12月，被中共广东省非公有制经济组织和社会组织工作委员会授予全省"两新"组织党建工作示范点称号；2021年2月，党支部被广东省律师行业党委考评授予"全省示范化律师事务所党组织";在广东省律师行业党委、广东省律协组织的广东律师四十年、四十所、四十人评选活动中,粤海律所入选为四十所候选所。

党建引领,融合发展,粤海律师一直在路上!

构建和谐,担当尽责

"维护公平正义,构建和谐社会,实现全面法治……"已成为林怀海一生的追求和理想,为此,他一心扑在律师事业上。

在轰动全国的广东中谷糖业集团有限公司破产重整案、嘉粤集团有限公司等34家公司破产重整案中,粤海所是管理人之一,林怀海先后担任两个破产重整案的管理人办公室主任。此两个案的破产重整经过,现在提起来,其对当地、全省乃至全国的影响都是意义深远、深刻的!

广东中谷糖业集团有限公司破产重整案涉及粤桂两省六家糖厂和多家公司,还涉及蔗农30多万人,职工22 260人,债权人410户,申报债权款53.24亿元。有200多家单位和个人起诉广东中谷糖业集团有限公司,案情千丝万缕,错综交织,涉及银行、企业、蔗农、债务人、单位及个人200多个案件。任务重,时间紧,人员少,案情复杂且跨县市,要几乎同时在多个法院审理。为打好这一场硬仗,林怀海集思广益、群策群力,制定了切实有效的诉讼代理方案,并由他亲自挂帅和派出10多名律师分工协作,分门别类接案,遇到重大问题及时召开专题会议研究解决。他和同仁不舍昼夜,不惧风雨,深入到湛江市的五县四区调查取证,并精心准备证据材料,按时参加庭审。

2010年8月20日,广东恒福集团有限公司以8.13亿元的报价取得投资人资格。职工债权、税款债权和蔗农债权等获得100%的清偿;普通债权的清偿比例为可供清偿普通债权的资产总额的28.35%,实现了破产不停产的最佳效果。之后,该案被最高人民法院评为"2010年度人民法院十大典型案件",成为湛江中院近年来审结的具有里程碑意义的精品大案。2021年8月8日,广东省高级人民法院首次发布《广东省破产审判白皮书》,并公布十大典型案例,广东中谷糖业集团有限公司破产重整案入选。林怀海律师作为此案的重要参与者,其工作得到法院、社会和团队的高度认可。

2011年11月,在湛江、广东乃至全国颇具影响力的特大民营企业——嘉粤集团有限公司、湛江君豪酒店有限公司、广东明兴建筑集团有限公司等34家企业因资金链断裂,出现财务危机,遂向湛江市中级人民法院提出破产重整申请,该案涉及34家公司,300多户债权人,几十亿元的债权和资产,在建工程项目几十万平方米,企业员工达2000多人,该案是湛江乃至全省全国重大的破产重整案之一。

作为该破产重整案管理人办公室主任,几年来,林怀海和破产管理人团队一起,在法院的领导下,不辞辛劳、勤勉尽责积极开展各项工作。林怀海在组织本所律师做好资产接管、债权审查、参与诉讼及有关工作的同时,还要负责管理人团队工作的管理和协调,处理各种矛盾纠纷。2013年春节前,一百多名农民工聚集在君豪酒店大门前举横幅讨薪,引起多家媒体关注,社会影响巨大。此时林怀海律师挺身而出,引导农民工依法维权,同时积极核查落实有关欠薪问题,做到了正确引导、有效疏导,终于使冲突得到有效化解,维护了社会和谐与稳定。之后,此类讨薪事件再也没发生。

2014年5月30日,第五次债权人会议通过重整计划草案,中国信达资产管理股份有限公司广东省分公司投入36.65亿元对嘉粤集团有限公司等34家公司进行重整。

2014年6月5日,湛江市中级人民法院作出民事裁定,批准嘉粤集团有限公司及其关联企业34家公司重整计划并终止重整程序,此后该案进入执行期及监督期。

"构建和谐,律师要尽责担当,企业的破产涉及民生,又涉及社会的和谐与稳定,再苦再难也要坚持到底。作为一名党员律师,在开展各项工作时,一定要坚持正确的政治方向,积极主动服务大局,因为,维护社会的稳定与和谐,律师有重大的责任。"林怀海律师道。

后 记

正如司法部党组成员、副部长,全国律师行业党委书记熊选国在此次律师行业党建工作经验交流会上所强调的,党员律师要牢牢把握律师工作政治性,以政治建设统领律师行业党的建设,深入学习贯彻习近平法治思想,毫不动摇坚持党对律师工作的全面领导,坚定不移走中国特色社会主义法治道路,始终把握正确政治方向。要着力彰显律师行业特色性,加强分类指导,创新方式方法,推进律师行业党的建设高质量发展。要切实增强律师行业党建工作实效性，促进党建与律师业务、行业发展深度融合，坚持人民律师定位，自觉践行职责使命，推动律师事业持续健康发展。

林怀海律师作为广东粤海律师事务首席合伙人、党支部书记，作为一名"党员律师标兵""律师行业优秀共产党员"，他做到了维护当事人合法权益，维护法律的正确实施，维护社会公平正义；他做到了始终坚持正确的政治方向，始终与党同心同德同向同行；他做到了无悔于委托人，无愧于国家，无愧于党，无愧于这个伟大时代！

知识产权保护道阻且长

——访广东三环汇华律师事务所高级合伙人肖宇扬律师

▲肖宇扬律师

编者按

进入 21 世纪以来，随着世界经济全球化的迅猛发展，发达国家先后制定了一系列知识产权战略，美国于 2001 年公布了《二十一世纪知识产权发展战略》，日本于 2002 年制定了《知识产权战略大纲》。我国经过多方征求意见和反复修改，于 2008 年 6 月 5 日发布了《国家知识产权战略纲要》，旨在不断提升我国知识产权创造、运用、保护和管理能力，不断提升国家核心竞争力。

党的十八大以来，习近平总书记就知识产权工作发表了一系列重要论述，党中央作出了一系列重大部署，无论是顶层设计，还是政策实践，都反映出国家对保护知识产权的重视程度和坚定决心。

全国人大代表、中国科学院大学公共政策与管理学院马一德教授在 2021 年全国两会期间也指出："世界未来的竞争，就是知识产权的竞争，知识产权的竞争关乎一个国家、一个民族的前途和命运。创新是引领发展第一动力，保护知识产权就是保护创新。当前自主创新，科技自强自立，已成为中国经济行稳致远的关键变量……"

今天，我们采访的主人公——广东三环汇华律师事务所（以下简称"三环汇华"）高级合伙人肖宇扬律师在知识产权尤其在企业专利维权领域建树颇丰，是代理了众多重大知识产权案件的执业律师，他所代理的案件先后入选广州市十大知识产权案件、广东省律师十大知识产权典型案件、中国法院 50 件典型知识产权案例。

据悉，肖宇扬拥有专利代理师和执业律师双重执业资格，且还受聘担任华南师范大学法学院本科校外导师、中国科学技术大学法律硕士教育中心校外实践导师、广东省法学会知识产权法学研究会理事等社会职务，被广东专利代理协会评为广东省十大新锐专利代理人，在 2018 年 4 月 26 日"世界知识产权日"之日受到表彰。特别值得一提的是，肖宇扬还是三环汇华内部成长最快和最年轻的高级合伙人。

作为三环汇华最年轻的高级合伙人、"旭咏扬"专利诉讼团队负责人，肖宇扬有着怎样的传奇经历和维权故事呢？且让我们为读者诸君一一道来。

从工科男到知识产权律师的华丽转身

肖宇扬在从事律师工作前曾是一名工科男，本科学的专业是飞行器设计与工程专业，因年少时酷爱读文学类书籍，所以，他的内心也一直住着一个文艺青年。作为与互联网一起长大的 80 后，大学期间，肖宇扬就十分关注和关心国家的方针政策、经济走向以及世界格局的变化。2008 年 6 月 5 日，国务院发布了《国家知识产权战略纲要》，明确提出到 2020 年要把我国建设成为知识产权创造、运用、保护和管理水平较高的国家。这时的肖宇扬也明确了自己未来的发展方向和奋斗目标——他要以知识产权为切入口，将工科与法律融合来实现人生梦想。本科毕业后他考取了法律硕士研究生，本科为非法学专业的法律硕士学制本为三年，但肖宇扬却用两年时间顺利拿到了法硕的毕业证和学位证，且第二年他还参加并通过了国家司法考试。这一年，三环汇华吸纳新人，并由知识产权界泰斗、中国第一位知识产权法学硕士学位获得者温旭教授亲自面试，肖宇扬的履历引起了温旭教授的关注。当年，温旭教授在北京大学就读知识产权法法学硕士时同样是提前一年毕业，同样对知识产权事业抱着极大的热情和好奇心。这一年，肖宇扬顺利加入三环汇华并师从温旭教授，开启了他在知识产权领域的奋斗征程。进入三环汇华的第一年，肖宇扬又通过全国专利代理人（2019 年改称"专利代理师"）资格考试，成为一名具有执业律师和专利代理师双重资格的法律人。

执业 10 年来，作为温旭教授专利诉讼团队（后改为旭咏扬知识产权）的负责人，肖宇扬一直专注知识产权保

▲肖宇扬律师发言

护工作，并组建了拥有数十人规模的知识产权诉讼团队，团队成员中有十几位同时具有专利代理师和执业律师双重执业资格，有的还曾担任专利局审查员及具备海外学习背景。

执业 10 年来，肖宇扬与团队成员办理了众多专利、技术秘密及其他不正当竞争等知识产权诉讼案件，包括大量有影响力的知识产权大案要案，例如：王老吉诉加多宝不正当竞争纠纷系列案、东鹏陶瓷"洞石"专利维权系列案、"共享单车"专利侵权案、塔菲尔诉宁德时代专利侵权纠纷案、光峰科技诉台达专利侵权纠纷案等重大案件。所经办的侵权诉讼案件及专利无效案件不少均打到最高人民法院，走完了全部司法程序，肖宇扬也积累了一个诉讼律师办理各个审级案件的经验和能力。

执业期间，肖宇扬积极参加学校交流及企业培训，为在校学子及广大企业分享自己的专业技能及工作经历，为知识产权事业发展不断贡献自己的绵薄之力。

鉴于肖宇扬在知识产权领域的成就和贡献，他受聘担任了华南师范大学法学院本科校外导师、中国科学技术大学法律硕士教育中心校外实践导师，并于 2017 年被选为广东省法学会知识产权法学研究会理事，2018 年被评为广东省十大新锐专利代理人，现还担任着广州市律师协会专利法律专业委员会秘书长等诸多社会职务。

工作之余，肖宇扬还积极参与著作创作，作为编委参与编写了由中国人民大学出版社出版的《知识产权业务律师基础实务》（上下册）一书，作为副主编参与撰写了由知识产权出版社出版的《红罐之争——谁是凉茶领导者》一书。

执业 10 年，肖宇扬完成了从工科男到知识产权律师的华丽转身。

以案释法，砥砺前行

据悉，肖宇扬专注于知识产权领域，尤为擅长专利侵权诉讼案件的代理，且积累了丰富的专利检索分析、专利侵权鉴定、专利规避设计及专利战略布局经验，并曾为东鹏陶瓷、广电运通、OPPO、TCL、同洲电子、万和电气、广汽本田、广汽研究院、德赛集团、德豪润达、海洋王照明、澳柯玛电器、华阳光电、欧派克五金、红门公司、广州建筑、中国科学院、广药集团、王老吉大健康、哈药集团、山东华泰制药、仙乐健康、明门实业、德豪润达、光峰科技、小熊电器、云米科技、科达制造、芝华仕沙发等国内外知名企业提供知识产权法律服务。因篇幅所限，现列举部分案例，以飨广大读者。

1.在王老吉与加多宝广告语不正当竞争纠纷系列案，肖宇扬全程参与了"王老吉改名加多宝""全国每卖 10 罐凉茶，7 罐加多宝"等广告语纠纷案。

案外花絮：因王老吉与加多宝广告语不正当竞争纠纷系列案太过重大复杂，且社会关注度极高，作为代理团队的重要成员，肖宇扬与温旭教授除积极维权外，考虑最多的是如何在最短的时间内制止对方的不正当竞争行为，以防止公众产生误判，该系列案件中的"王老吉改名加多宝"禁令案被誉为不正当竞争领域第一禁，从市场反映来看，代理团队的工作对保持和提升"王老吉"在凉茶市场的占有率起到了十分积极的重要作用，尤其是通过禁令一案极大地避免了王老吉的商誉被不当转移至加多宝身上。

2.在东鹏陶瓷"洞石"专利维权系列案中，肖宇扬与团队代理东鹏陶瓷向多家知名陶瓷企业发起专利维权诉讼，其中东鹏陶瓷诉广东一知名陶瓷企业专利侵权案被评为"2011 年广州市十大知识产权案件"和"广东省十大知识产权案候选案件"，同时，该案也被评为中国陶瓷行业当年的十大事件之一。

案外花絮：2011 年 11 月，东鹏陶瓷发起的首批持续四年之久的专利维权"洞石之争"最终以东鹏胜诉告终。此后，东鹏陶瓷再度对行业巨头发起专利维权，"洞石"专利再次被提起无效宣告请求，该无效案件历经复审委无效程序、北京一中院行政一审、北京高院行政二审及最高院再审四轮程序，终于在长达六年后的 2019 年被最高人民法院一锤定音，认为维持有效。六年来，作为东鹏陶瓷的代理律师，肖宇扬与温旭教授可谓呕心沥血、殚精竭虑，为迎来最终的专利维持有效这一胜诉判决做

▲肖宇扬律师获奖中华全国律师协会知识产权
专业委员会2018年年会"十佳案例"奖

▲肖宇扬律师参加中华全国律师协会知识产权
专业委员会2017年年会

出了不可磨灭的贡献。

3. 在佛山市顺德区巨天电器有限公司与飞利浦公司发明专利侵权纠纷案中,肖宇扬与团队代理巨天电器应诉,在专利经无效程序维持有效的情况下,其综合运用禁止反悔原则、功能性特征侵权比对,成功认定不构成侵权。之后,该案荣获2017年"最高人民法院发布的50大知识产权案件""广东省律师十大知识产权案件""广东省法院审判十大知识产权案件"以及中华全国律师协会知识产权专业委员会2018年年会"十佳案例",在2019年"知穗奖"知识产权创新示范奖中荣获"知识产权维权保护经典案奖"。

案外释法:功能性特征的解释应符合发明目的,该案正逢《最高人民法院关于审理侵犯专利权纠纷案件应用法律若干问题的解释(二)》颁布生效,其第八条对功能性特征的含义进行了明确的定义并规定了功能性特征的侵权比对方式。该案告诉我们,对于功能性特征,不能理所当然地将权利人号称的所有实施方式全部纳入其保护范围,而应认真审查相关实施方式能否实现其功能。

4. 在代理广东德豪润达电气股份有限公司起诉Lumileds LLC(亮锐公司)、苹果公司等专利侵权并索赔5亿元的案件中,肖宇扬与团队针对亮锐公司在美国发起的侵犯商业秘密案在国内代理"德豪润达"提起确认不侵犯商业秘密,最终促使双方达成全球和解。

案外之音:德豪润达在美国被亮锐公司提起侵犯商业秘密的指控之下,在国内从确认不侵犯商业秘密、专利侵权诉讼等多角度进行反制,该案例是中美贸易战下一起具有典型性的知识产权纠纷案。

5. 代理深圳市隆利科技与深圳市德仓科技11项专利

侵权纠纷案,隆利科技公司上市前夕被德仓公司以11项专利提起侵权诉讼,并索赔5000万元,肖宇扬与团队临危受托,代理隆利公司成功将德仓公司10项专利全部无效,1项专利部分无效,案件大获全胜,并助力隆利公司成功上市。

6. 在光峰科技与台达电子就激光投影电视专利侵权纠纷系列案中,肖宇扬与团队代理光峰科技针对台达电子提起8000万元索赔诉讼,双方在全国多地、国内外相互发起多起诉讼。

案外之音:光峰科技是广东科创板第一股,所以该案也被称为"科创板第一案"。

7. 在顾泰来诉永安行"共享单车"专利侵权案中,原告在一审不利的情况下,交由三环汇华所代理,肖宇扬与团队介入后,成功使对方签订专利许可协议。

案外之音:该案被业界誉为"共享单车第一案"。

8. 在明门商业秘密维权案中,肖宇扬与团队代理明门公司,针对员工盗窃公司产品图纸等商业秘密,在外部尚未使用图纸生产出产品的情况下,及时发现、及时报案、及时打击,避免了公司进一步损害的发生。

案外之音:该案被广东省检察院评为"2019年度打击侵犯知识产权犯罪典型案例"。

9. 在苏州恒远精密数控设备有限公司起诉深圳创世纪专利侵权案中,肖宇扬与团队诉讼主张索赔2000万元,一审判决赔偿500万元,二审维持原判。

案外花絮:特别值得一提的是,肖宇扬与团队在维权之初,即对原告专利进行了多项发明专利的分案申请,从而使被告后续的规避方案均落入分案申请的保护范围。之后,肖宇扬与团队又进一步针对被告的规避方案以分案申请的专利提起了多个千万元的索赔诉讼。

10. 在中山荣星吸油烟机系列维权案中，针对荣星公司原有经销商大面积销售侵权产品的行为，肖宇扬与团队经过精心策划和周密取证，于 2016 年 11 月在长沙获得一抽油烟机外观专利 85 万元的赔偿金额，并在一审胜诉当月为客户赢得了逾千万元的销售收入。

11. 代理明门实业股份有限公司婴儿床发明专利系列维权案。

案外之音：明门实业在全球婴幼儿童车、安全座椅等领域常年稳居全球第一。

12. 代理孙某某与沈某某、国家知识产权局专利复审委员会就"201010017160.9"号专利无效行政纠纷案。

案外花絮：该历经专利复审委、北京一中院、北京高院程序，代理无效请求方，将专利主要权利要求无效，关联侵权诉讼案件标的合计达 1 亿元。

13. 代理明门（中国）幼童用品有限公司诉米拉贝尔公司摇椅专利维权案，肖宇扬与团队经过缜密的维权策略制定，针对被告在全国多地同步以不同专利启动专利维权，迫使被告以承认构成侵权高额赔偿并在《中国知识产权报》发布公开声明表达歉意承诺不再侵权进行和解，取得圆满的维权成果。

案外之音：本案是较为难得的被告就专利侵权行为进行公开赔礼道歉的案例，通常而言，在专利侵权诉讼中，原告提出要求被告赔礼道歉、消除影响的诉讼请求都不会得到法院的支持，因为难以证明被告的侵权行为造成了原告的商誉损失。

14. 代理东莞向阳金属制品有限公司、日本山下直伸专利维权系列案。

15. 代理广州威尔曼药业有限公司"抗菌组合药物"专利无效案。

16. 代理哈药集团制药总厂与浙江永宁药业股份有限公司就"一种头孢替安盐酸盐制备方法"专利无效案。

……

厚积薄发，精益求精

"不积跬步，无以至千里；不积小流，无以成江海。"执业十年来，肖宇扬从专利检索分析、专利侵权鉴定、专利规避设计、专利战略布局，到审通答复、复审无效、诉讼维权等所有程序都干了个遍，他所代理的经典案例也是不胜枚举，深厚的经验积累为他代理和胜任重大复杂专利侵权纠纷以及为客户提供高价值专利服务奠定了坚实的基础。同时，也使他在处理案件时能站在全局的角度看待问题和解决问题，并迅速抓住核心，找到突破口，以制定最佳解决方案。他就像一个艺术家一样，对待每一个作品都要做到如切如磋、如琢如磨，怀着工匠精神，对待每一个案件都要求自己做到精益求精、追求极致。

后 记

当今社会，科技进步一日千里，尤其随着互联网信息技术、人工智能、生物技术等高新技术的发展，各类新型案件不断出现，这就要求律师每时每刻都要保持一颗学习和进取的心，以适应时代快速发展的步伐。

"既要脚踏实地，也要仰望星空"。作为新时代的中国律师，肖宇扬在每一个案件中做到了敬业、勤业、精业。同时，他还不断将视野投向科技与时代发展的最前沿，勇立潮头，紧紧把握时代脉搏；奋楫扬帆，不断学习与创新。

肖宇扬也用一个个鲜活的案例告诉我们，科技是有国界的，知识产权保护是刻不容缓的。知识产权保护虽道阻且长，但行则将至！

融律法兼济天下 建清平关爱民生

——访中国人民大学律师学院首任院长、广东融关律师事务所主任徐建

▲徐建律师

编者按

徐建，广东融关律师事务所主任，深圳市律师协会荣誉会长，深圳法律援助基金会理事长，中国人民大学校董、律师学院首任院长，中国律师研究所理事长，曾任职于中国人民银行金融管理司、深圳市司法局。他曾参加核试验立功，第一个提出取消反革命罪，提出法人犯罪，组建合伙制律师事务所和个人律师事务所，担任中国律师界首位通过民选、竞选、直选的深圳律师协会会长。

深耕律海43年，徐建获得诸多荣誉，被媒体评为"百名深圳改革人物""亚洲二十五位热门律师""中国十大律师名人""最具影响力人物""世界杰出华人""东方之子"等，是中国律师制度改革的亲历者。

选择做一名律师，这让他得以保有鲁迅先生笔下的少年感：不必听自暴自弃者的话，做能做的事，发能发的声。有一分热，就发一分光。

他就是著名律师徐建，目前，他最引人注目的头衔

是中国人民大学律师学院院长。

玉门关外立勋功

玉门关西，天山北侧，马兰草蓊郁成荫，神秘的罗布泊，这里曾经驻扎着中国人民解放军某支部队，籍籍无名却又赫赫有名，承担着新中国最为重要的核试验工作。

在一个没有风的下午，天空升起一朵硕大的蘑菇云，爆炸声还没落，一队身披防护服的年轻士兵就携带仪器冲入核爆区。这个镜头，曾在电影《我和我的祖国》中再现，让无数观众心潮起伏潸然泪下。就在这队年轻的士兵里，有一个来自徐州的年轻人，他运用几何中两个三角板交叉找圆心的原理，向上级提出利用核辐射同心圆规律减少一半侦察兵的建议，以减少无辜伤亡。事后，他荣获三等功。领导追问他怎么想出这个方法，他说，母亲所教给他的初二几何，正好可以解决这个问题。这个年轻的侦察兵就是徐建，立功后的第二年，他放弃提干机会，离开了部队。

"文革"期间，风雨如晦，徐建的母亲是徐州四中教师，她坚信读书一定有用，因此她要求徐建在家学习，不要外出，还亲自给儿子讲授数理化知识。后来，徐建插队去了潘塘公社，母亲担心他学业荒疏，就利用他进城拉货的机会，见缝插针给他补课。母亲如此上心，徐建也不敢怠慢，晚上回到村里，还要在煤油灯下认真复习。星光不负赶路人，1978年9月，刚刚退伍半年的徐建，以徐州市文科生状元的好成绩考入中国人民大学法律系。

走进人大法律系，徐建也走进了一个思想解放的狂飙时代。在人文荟萃的人大校园，徐建与同学们一起，对社会的积弊、国家的未来，激扬文字，挥斥方遒。那时，担任系学生会主席的徐建在《共产党员》杂志上看到了人大校友张志新与"四人帮"斗争，最终英勇牺牲的事迹，便把全系同学召集起来学习这篇文章。会后，他在《北京日报》上发表了题为《鲜血的启示》的文章，还以此为题在全校演讲会上作了《论言论自由》的演讲。

徐建回忆，在学习"刑法分则第一章反革命罪"时，

▲徐建（右三）在十大名人颁奖现场

他提出"反革命是政治术语，不是犯罪客体。在 1949 年前，共产党没有政权，只能用反革命罪来对付反对者，共产党成为执政党后，就应该将国家政权列为最重要的刑法客体加以保护"，认为应该把反革命罪改为危害国家安全罪。当时，在课堂上说说就够胆大的了，徐建还把自己的想法整理成文投稿。1982 年 2 月，《探索与争鸣》发表了徐建的《反革命罪名科学吗？》一文。

对于人大四年的求学生活，徐建是心存感激的。除了专业知识，更宝贵的是他还得到了不惧强权、独立思考的精神武器。

大学毕业后，徐建被分配到中国人民银行总行条法处工作。在央行工作期间，他参加了保险条例、票据法等金融立法工作，但对机关单位的办事风格一直不能习惯。

1983 年，深圳被划为经济特区，深圳市人民政府赴京招聘干部，徐建立刻报名。央行领导知道后大为遗憾，当时央行只有徐建一人是法学出身，而且他所置身的条法处即将变为条法司，业务精湛的他很有可能会成为最年轻的司长，前途无量。

权衡之下，徐建放弃了众人瞩目的北京户口和央行的工作，毅然决然地选择去深圳特区做律师。

司法改革勇先行

徐建从北京启程，壮志在胸，豪情满怀，人大法学院的同窗们齐聚河南饭店为他饯行，希望他先去看看深圳的状况。

到达深圳之后，徐建发现理想和现实颇有差距。1983 年的深圳还是一片大型工地，全市只有孤零零两栋楼房。跟街头同样荒芜的，还有法治领域的薄弱和破败。

改革开放之初，深圳作为改革开放的排头兵和桥头堡，众多中外合资问题纷至沓来，一切规章制度、社会现象完全无法可依。

当时一家叫东湖宾馆的中外合资企业的母公司破产，受命于香港地区法院的清盘官前来深圳清盘，这让深圳市人民政府非常为难。于是将难题甩给了徐建。他凭着师承佟柔教授的"有法依法，无法依惯例，无惯例依法理"十五字箴言，向政府提出了自己的法律意见：清盘官首先要向深圳市人民政府提出申请。清盘的范围仅限于股权转让，而不能使合资公司破产。这份意见得到了深圳市人民政府的认可，并成为深圳市最早公司并购的典范，成为《深圳涉外公司条例》的创法案例。

两年之后，徐建又建立深圳第一个承包制律所，他向深圳市司法局签下军令状，不要司法局支持，只做挂靠，盈亏自负，每年还会上缴司法局 10 万元利润。这个只有 6 名律师的小所，因为制度合理，理念新锐，业务精湛，短短 8 个月就完成了 40 多万元的高额创收。

不久之后，徐建再去北京回请了当初为他饯别的同学，给大家详细介绍了深圳的情况。一石激起千层浪，那顿饭后，全班十几名同学纷纷南下深圳。

在深圳做律师的徐建，因为成绩斐然，很快被深圳市政府发现是难得的人才，便征召年仅 32 岁的他出任深圳市司法局副局长，然而一心想做律师的徐建先是选择了拒绝。但当时一位老局长的一番语重心长的话语打动了徐建，他说："你不是一直想搞改革吗？这是个好机会。"

徐建被这句话打动，选择了就任深圳市司法局副局长。两年后，中国第一家私人合作制律师事务所——段武刘律师事务所在深圳成立，采用的是香港地区律师事务所常见的合伙制管理体制。

1987 年，全国的政治改革如火如荼，深圳也被定为试点城市。一年后，徐建所在的深圳市司法局其他国家或地区的行政模式，起草了一部政改方案，深圳市政府认为该方案中的设想颇有见地。但这一改革因突发意外，最终未能实施。

威望律师梦巅峰

1988 年，徐建随司法部一行访问美国，众所周知，美国的司法制度较为完善，美利坚合众国初期的几位著名总统大多是蜚声律界的著名律师，美国之行让徐建对

▲徐建与最高人民法院原院长肖扬（左）

西方国家的司法制度有了崭新的认知。徐建的求知如渴和新锐见解也让美国朋友印象深刻，回国之前，徐建一行获得了纽交所赠予的百年规章。洛杉矶机场，访问组行李超重，在同伴准备丢弃厚重的纽交所规章之际，徐建坚持保留这些珍贵的资料，选择自费把资料带回深圳。

不久，深交所筹备工作开始进行，这份千里迢迢带回的资料成了至宝，为深交所的顺利筹办提供了大量可以借鉴的方法和思路。

值得一提的是，当时担任司法部部长的蔡诚也发现徐建的工作能力和态度出类拔萃，便邀请他到司法部任职，但是徐建还是希望能在律师界一展拳脚，婉拒了蔡部长的好意，动身前往香港地区学习。

徐建在香港地区任职于中国法律服务有限公司，在这里他遇到了自己最为感念的优秀导师——002号大律师柳谷书，在跟随柳谷书学习的日子里，徐建如同一块海绵全力吸收着各种法律知识，受益良多，学习之余，他还积极参与香港地区法律界的统战工作。

1997年，香港回归，看着中国人民解放军的车队轰隆隆进城，昂船洲军营号角齐鸣，会展中心前五星红旗冉冉升起，徐建深觉自己重任在肩，绝不能辜负这个伟大的时代。

在香港工作十数年的徐建，技艺日臻成熟，对法律的理解日益深刻，凭借出色的工作能力为自己赢得了良好的口碑，拓展了眼界。没有这12年在香港、15年在内地执业的经历，也许就不会有他日后在深圳市律师协会中的作为，也不会有他出任律师学院院长后提出的层出不穷的现代化培训理念。

2000年前，徐建下定决心放弃32年工龄和厅级职务，回到深圳创办融关律师事务所，他决意在律师界闯出另外一片天空。

2003年，徐建的融关律师事务所已然初具规模，但说到经济效益还是无法与当时如日中天的房地产行业相抗衡的。徐建在人生的十字路口再次选择了他深爱的律师行业，为此他放弃了其弟对他回老家从事房地产的邀请，这时候的他已经开始准备竞选深圳市律师协会会长一职了。

这一年，徐建以高票当选深圳市律师协会会长，成为中国律师业第一位民选、竞选、直选产生的会长。在徐建的倡导与主持下，深圳市律师协会在制度设计方面进行了一系列创新的探索，营造了空前的民主氛围。2004年，曾发生了60名律师因律协购买办公楼联名要求罢免徐建会长职务的事件。徐建痛定思痛，决心修改完善律协章程，建立一个让坏人进不来、好人变不坏的制度。几年后，徐建离任时，深圳市律师协会在福田区深南大道时代金融中心的办公场地，已经比当年增值了一亿多元。在离任的律师代表大会上，他的工作报告得到全票通过，只有两票弃权，大会还建议给他颁发政府奖。

如今18年过去，深圳市律师协会已经更换了六届会长，没有一个会长出事，理事会也一直实行差额选举，没有出现以权谋私的情形。实践证明，深圳市律师协会当年的改革是成功的，在这个章程和制度下，坏人进不来、好人变不坏，退一步讲，坏人也只能干好事，好人干不了坏事。

徐建个人的新浪博客有一篇为律师协会会长发声的文章，很能代表他当时的心情，这里笔者摘选了第一段：两年时间转眼而过，说实在的，当选会长对我来说没有

▲1988年随司法部部长蔡诚访问美国

▲律师学院成立，纪宝成授牌

什么荣誉感，感觉更多的是责任，是压力，是怎样带好3000人的队伍，怎样使深圳律师重振辉煌。好在我这个人有热情，有想法，愿意干事，不太计较个人得失。这两年中，我主持了20次理事会，40次会长会，上百次与律协有关的各种会议。说是兼职，实际上每天都在律协工作，律师业务基本停顿，最近两个月账面收入都是"零"。虽然这样，我无怨无悔。因为，我竞选时向大家承诺的10项工作都得以全面推进，深圳市律协工作有了有目共睹的变化，深圳律师业创新发展又一次引起了全国同行的瞩目。

笔者以为这是徐建的肺腑之言，正如当年戚继光的所言：封侯非我意，但愿海波平。徐建做这个会长的目的绝非升官发财，他是希望律师队伍能有着更光明的未来，如果是为了个人私利，他有甚多选择，根本不必踏入这激流汹涌。

▲团队合影

聚焦司法爱无疆

笔者一直有着一种强烈的感觉，徐建不是一名普通的律师，他胸中一直涌动着家国情怀和浓重的以天下为己任的士大夫风格。徐建所关注的范围之广、程度之深远超世人所想。

作为律师，他曾力破偏见，主动为人民法院鸣不平，呼吁正在热议最高人民法院的工作报告的两会代表在行使监督权的同时，提醒他们设计的人民法院可以作为民事主体的制度，可以令人民法院成为民事纠纷的被告。

作为律师，他也曾敏锐地捕捉到互联网金融法律服务的蓬勃兴起并在业内率先将其作为融关律师事务所的核心业务开展起来，已经成功为多家第三方支付公司、P2P网贷服务公司、众筹平台、担保公司等提供常年法律顾问服务，提供包括业务模式、顶层设计、平台架构、团队搭建、运营体系、业务流程、股改重组、风控战略等整体法律服务方案。

了解徐建的人都知道，他更广为人知的头衔不是荣誉等身的律师，而是中国人民大学律师学院首任院长。2009年，中国人民大学大胆破例，让徐建这位仅有本科学历的编外人士担任首任院长。在学院成立庆典上，他用几句言简意赅的话描绘出了美丽的前景，要"把律师学院早日打造成青年律师成长起飞的平台，资深律师发展创新的基地，律师业务开拓研发的中心，中国律师走向世界的桥梁"。

2020年11月，作为全国律师界的开荒牛和改革践行者，徐建结合特区实际，经过深思熟虑，整理撰写了十项建言，公开提交深圳有关方面。这十项建言分别是：落实《宪法》规定的25项公民权利；修改《立法法》；设立特区判例法；建立大陪审员制度；将法院的人、财、物划归司法局管理；将法院执行局划归司法局；建立民营企业家的法律风险援助基金；聘百名行业协会会长任特邀政协委员；给政府官员，人大代表，政协委员配备法律助理；加强对腾讯微信的监管。

十条建议，是一个老律师对依法治国的诚挚呐喊和精准分析，也是一个老法律人对法律的补充和建言。有分析、有建议、有法度、有激情，敢言、能言、愿言，正是律界先锋的风骨所在。

徐建表示，党中央将深圳特区建成法治示范区是前无古人的事业，也是中央对深圳的信任关怀，尤其是最高人民法院要把全国性改革都放到深圳先试，作为一名在深圳工作近 40 年的老律师，自己深受鼓舞，深感要有一番新的作为。

徐建不仅对国家大政方针、律法改革颇有建树，对身边友人的关爱也让人动容。因为曾工作在核试验第一线，徐建深知核污染的危害，2016 年，他捐出 50 万元，成立涉核老兵基金，希望让他们度过有尊严的晚年。深圳女律师英年早逝，他的怀念词催人泪下。中国人民大学的同窗积劳成疾，他的回忆散文情深似海。他的确是有温度的法律人，目中有人、心中有爱，对一个有影响力的大律师是多么重要。

不久前，徐建又做了一件让众人惊愕的大事，他辞去了律师事务所主任的职务，因为深圳市司法局和深圳市律师协会都找他牵头成立一个深圳法律服务援助基金。他们说，找别人都有争议，唯独你徐建是全票，这个职位非你莫属。目前，深圳已组织全市 50 个比较大的律师事务所，每家出资 10 万元，现已筹集到 500 万元发起资金，开了第一次理事会，徐建毫无悬念地当选为第一任理事长。

徐建说，"接下来，我要投入更多精力到这个基金上，做好这个事情，我想对于全国的民营企业，对于我们律师来说，都是大有好处……"这个法律援助基金，正是徐建提交给深圳的十项建言中的第七条内容：建立民营企业家的法律风险援助基金。该基金可由具有公信力的深圳市律师协会设立，由民营企业家自愿捐助。一旦民营企业家遇到法律风险人被抓、账户被封，基金会将为其聘请最好的律师维权，还可派遣律师为其托管企业，避免损失及破产。

做战士，视死如归。当学生，指点江山。做律师，革新在先。做会长，敢于担当。做院长，玉成他人。一路高歌，他从未让人失望，期待着，徐建能创造出又一个奇迹。

后 记

笔者注意到，直到今天，徐建律师的微信签名依然是：行止无愧天地，褒贬自有春秋。读来一股浩然正气扑面而来，很多人都知道，这副对联是他的老师柳谷书律师生前挂在家中客厅的对联，徐建深感其微言大义，所以借用来作为自己的座右铭。笔者好奇之下，仔细查阅之后发现这副对联含义极深：上联出自《孟子》："仰不愧于天，俯不怍于人。"为人坦荡正直，抬头无愧于天，低头无愧于人。下联源自东晋范宁《春秋谷梁传序》中称誉《春秋》之语："一字之褒，宠逾华衮之赠；片言之贬，辱过市朝之挞。"一个字的褒扬，超过君王赠赐的礼服；只言片语的贬低，受辱程度比当众遭到鞭挞还要厉害。仔细品读这简简单单的 12 个字，再读读徐建律师 69 个春秋的人生历程，顿觉名如其人，高洁傲岸。

不让须眉，仗剑天涯

——访广东金美律师事务所创始合伙人、执行合伙人、监事长杨银笛律师

▲杨银笛律师

编者按

律师，你戴着荆棘的王冠而来，你握着正义的宝剑而来。

律师，神圣之门，又是地狱之门，但你视一切险阻诱惑为无物。

你的格言：在法律面前一律平等，唯有客观事实才是最高的权威。

律师，肩负着法律赋予的神圣使命，维护公平，为正义代言……

在深圳律师界有这样一位优秀的女律师，她业务精湛、追求卓越，更具法治情怀，在律师工作中做出了突出贡献；她柔情似水，却在捍卫当事人合法权益上铿锵有力；她身躯柔弱，却在匡扶正义上不让须眉；更难能可贵的是，她以奉献为本，用法律知识服务社会。她用女性特有的魅力，谱写了一曲可歌可泣的华彩乐章，生动诠释了当代中国女律师的亮丽风采，成为深圳律师界一道绚丽的风景。她，就是广东金美律师事务所创始合伙人、执行合伙人、监事长杨银笛律师。

刻苦求学，立下宏愿

邓州市地处河南省西南部，北依伏牛，南连荆襄，西纳汉水，东接宛洛，有豫、鄂、陕"三省雄关"之称。邓州历史文化悠久，文化底蕴浓厚，《山海经》《史记》等对邓州均有记载。中原大地人杰地灵、英才辈出，历史上这里曾孕育出62位侯王、11位宰相，现代著名作家姚雪垠、二月河、周大新、语言学家丁声树、教育家韩作黎、杨蕴玉等都是邓州杰出代表。

1978年，杨银笛出生在邓州市一个普通的农民家庭。每个人都有自己五彩缤纷的童年，她的童年同样充满好奇、童趣、幸福和向往。她的父亲是一位精干利落、勤劳朴实的庄稼汉，母亲温柔善良、教子有方。邓州盛产小麦、棉花、芝麻、烟草、小辣椒、花生等农作物和经济作物，是国家粮食、黄牛、外贸烟出口生产基地，素有"粮仓"之称。

在她儿时的记忆里，父母日出而作、日落而息，在田地里刨食，但家中的日子仍然过得紧巴巴的。穷人的孩子早当家，杨银笛在很小的年龄就帮助父母割草、做饭、喂猪、养鸡，做些力所能及的家务，以减轻父母身上的重担。

转眼间到了上学的年龄，在学校里，她十分珍惜来之不易的学习机会，刻苦学习，发奋读书，阅读了许多历史名著和启蒙进步的书籍，如饥似渴地学习中华优秀文化，很快成为一名品学兼优的好学生，各科成绩都名列前茅。随着知识的增加，视野的开阔，她渴望走出农村，去看外面的世界。

一次偶然的机会，她看了一部香港地区的电视剧，女律师在法庭上唇枪舌剑、斗智斗勇，让她十分羡慕，也就是从那一刻起，做一名优秀女律师的理想在她心中悄悄萌发。

20世纪90年代，打工潮在农村悄然兴起，很多农村的孩子初中毕业后，有的选择外出打工，有的选择报考中专、师范，而杨银笛有自己的大学梦，她毫不犹豫地报考了邓州市一高，并以优异的成绩被学校录取。更令她感动的是，她的家庭虽然十分贫困，但父母一直默默地支持她。高中三年，她学习更加刻苦，成绩十分优秀。

1998年，她满怀信心地踏上人生的竞技场，高考取得邓州市第三名，被武汉理工大学法律系录取，并拿到了邓州籍企业家魏兴斌设立的"魏兴斌奖学金"。

武汉理工大学是首批列入国家"211工程"重点建设

▲杨银笛律师在律师事务所

的教育部直属全国重点大学，首批列入国家"双一流计划"建设高校，与武汉大学、华中科技大学合称"三驾马车"。在当时的农村，能考上大学的人凤毛麟角，能考上重点大学的人更是少之又少。她被武汉理工大学录取的消息，在家乡引起轰动，父母非常高兴，她成了农村教育孩子的榜样。她靠自身的努力，坚定地走出了人生中的第一步。

在大学里，她一边勤奋学习，丰富自己的专业知识，一边勤工俭学，以减轻家庭负担。她成绩优异，表现突出，每年都能拿到奖学金。2002年，顺利从大学毕业，但由于家中实在太困难，毕业时她还欠着学校3000元学费。

不忘初心，砥砺前行

大学毕业后，杨银笛决定独闯世界。2002年，她离别家乡，只身一人南下广东，梦想是她唯一的行囊。经过多次面试，她终于找到人生中的第一份工作，到国巨电子东莞有限公司从事人力资源、法务等工作，这是一家大型跨国合资公司，廖总经理对她十分欣赏，当时，她向廖总提出先预支三个月工资，用于归还欠大学的学费，廖总满口答应，令她十分感动。

在此期间，她刻苦努力，踏实工作，各项工作都做到精益求精，并获得台湾戴铭企业管理有限公司ISO9002质量认证培训内部稽核员资格，获得香港国际企业管理研究院人力资源管理资格。但她的律师梦从未泯灭，两年之后，她从这里离职，继续追寻自己的律师梦。

2004年，她应聘到广东金唐律师事务所担任律师助理。律师事务所的工作非常繁忙，主任有时会同时接十几个案件，工作千头万绪，时间紧急，每次她都会主动加班，常至深夜。业余时间，她还不断学习专业知识，

积极准备司法考试。经过辛勤努力，她终于顺利通过试用期考核。2008年，她如愿以偿取得司法执业证书，成为一名执业律师。

杨银笛充分认识到，作为一名执业律师，必须具备多项专业技能，才能更好地为当事人服务，才能适应科技进步日新月异的时代。只有不断学习，不断提升自我，才能充分发挥职业潜能。2008年，她考取了驾照，参加女子形象设计提高班，学习发型设计、礼仪形象、穿衣搭配等技巧。法庭是没有硝烟的战场，律政人才灿若群星，他们靠专业和智慧取胜，好的口才十分重要，为提升演说能力，她读了林语堂的《说话的艺术》《演讲与口才》；2008年，她就读中国政法大学国际法学院在职研究生，研修民商法；2014年，她参加北京大学汇丰商学院总裁实战班，研究经济形势、商业管理、投融资等。

成功源于不懈努力，植根于对事业的无限热爱。对杨银笛来说，律师工作不是谋生的职业，而是一项值得全身心投入一生的高尚事业。以前她是一个非常腼腆的小姑娘，并没有太好的口才，但她勤于学习，肯于钻研，很快成为一名能言善辩、才华横溢、秀外慧中的女律师，成为深圳律师界一颗冉冉升起的新星。

2010年9月，她又到广东佳因律师事务所做专职律师。随着在行业内的积累和沉淀，她决定创业，开创一片属于自己的天地。2012年，她与几个志同道合的合伙人一起，创办了广东金美律师事务所，并担任监事会监事长。金美律所秉承"一诺千金，尽善尽美"的服务理念，以全新事务所管理模式和开放式的发展思路，为国内外客户在国际国内贸易、公司治理、投融资、并购、房地产建筑、知识产权、婚姻家庭、劳动保险、海事海商及民、行、商、刑事诉讼等法律领域提供优质服务和高效解决方案。

俗话说，万事开头难。独立经营之后，很多时候会面临没有案源和客户的窘境，她不知道自己前进的路在何方。凄风冷雨煎熬人，也造就人，此时的杨银笛陷入人生低谷，她在苦苦寻找人生的道路。和很多出身草根阶层的创业者一样，她没有任何资本和资源，只有一双勤劳的手、一颗赤诚的心。但是，她有小草一样的生命力，只等阳光、春风和雨水，即使一道夹缝也能向上生长。她坚信自己的人生一定能迎来新的转机。

经过一段时间的思索，她决定从公益服务寻求突破。她经常给社会大众做普法宣传，深入企业、社区，为企

业家、社区人员讲课。一次偶然的机会，她加入了深港南阳总商会，这是一家在深、港两地具有一定影响力的综合性非营利性社团组织。她与会长魏兴斌颇有渊源，学生时代曾拿到他设立的奖学金，多年来，她一直心存感恩但苦于无法联系。魏会长对她十分欣赏，邀请她做商会的法律顾问。她抱着为商会奉献的思想，帮助商会组织活动、修改章程、搭建组织架构，同时，在她的积极倡议下，商会成立秘书处，下设会员部、项目投资部、法律部等部门。

踏破铁鞋无觅处，无心插柳柳成荫。她没有想到，她在为商会服务的过程中，无意中打开了她的事业之门。很多企业家发现她出色的人品、专业的服务，主动聘请她担任法律顾问，律师事务所的业务也渐渐增多。一幅更精彩的人生画卷正徐徐展开……

不畏艰险，捍卫公正

据杨银笛介绍，广东金美律师事务所位于深圳市福田区金中环大厦，现有律师30多人，大多具有国内外知名院校法学专业硕士以上学历，很多资深律师曾在大型跨国公司、政府部门及公检法工作，具有丰富的工作经历和执法、司法经验。金美律所还聘请了多名参与过立法工作和从事法学研究的著名法学家作为高级顾问，并与各级立法机构、政府部门、司法机关、事业单位、社会团体有着良好的工作联系。

金美律所合伙人采取股份制，所主任占主要的股权，剩余股权由其他十几名合伙人按不同比例持有，杨银笛是第三大股东。律所强调高级合伙人要有牺牲精神，团结意识，财富、资源要懂得分享，让大家感受到律所发展带来的红利。律所非常重视律师业务的专业化，认为专业化是律师的生命之源。

多年来，金美律所十分重视非诉业务的发展，重点开展房地产开发、工程建设、公司及金融证券类业务。同时，律所十分重视营销，包括聘用品牌经理人从事品牌推广、聘请各个领域的专家担任高级顾问、投资电影、微信推广和案源单位签订战略合作协议等。通过全体成员的共同努力，金美律所业务蒸蒸日上，取得了良好的经济效益和社会效益。

作为广东金美律师事务所创始合伙人之一，她始终视律师为崇高的事业，她始终把敬业、拼搏、爱岗、奉献作为自己的人生信念。"职业只是养家糊口的工具，

而事业才能实现人生价值。做律师是由于热爱律师行业"，这是她常说的一句话。为了成就一番事业，她以苦为乐，甘于奉献，以赤诚的事业心和强烈的责任感，全身心投入到律师工作中，努力实现法律服务尽善尽美，精益求精。时刻保持敬业精神，处处维护客户利益。

从执业那天起，她就在心里默默定下一个原则，就是认认真真做好每一件业务，最大限度维护当事人的合法权益，让每一个客户时刻感受到法律的公平、公正。她表示，解决问题的方案很多，能协调解决的尽量协调，打官司是最后一步。她的执业理念是：以法律为工具，综合运用法律智慧，为当事人考虑经济、社会效益，目标是从根本上解决问题。在深圳从事律师行业十多年来，她先后处理经济纠纷700余起，同时代理行政复议、经济犯罪刑事案件、劳动、婚姻、医疗事故等各类案件，服务客户群包括上市公司、新三板上市公司，涉及房地产、高科技、贸易、管理咨询、养生健康、互联网、基金公司、工厂等多种类型。

近年来，为进一步服务广大客户，为社会经济发展提供更加专业的法律服务，杨银笛律师逐步将业务领域转至股权规划设计、项目投资并购、投资合伙纠纷处理；公司、企业经济争议处理；新三板上市法律服务；建筑与房地产、金融、矿产等行业的法律服务。

此外，杨银笛律师还积极参加业委会工作，为深圳业委会维权，得到广大业主广泛好评。

在律师工作中，杨银笛一贯模范遵守律师职业道德和执业纪律，严格坚持以事实为依据，以法律为准绳的原则，以维护法律的正确实施为目的，从业清廉、公正，服务热情、认真，作风严谨、正派，依法履行律师职责，从未出现错案、假案，无违法违纪行为，无当事人投诉情形。执业中与法官、检察官、仲裁员关系严谨规范、遵守行为竞争规范，与同行关系融洽，互敬互助，积极履行律师协会章程规定的各项义务。

为了更好地为客户服务，她依据多年来的从业经验，想客户所想，根据民营企业家的难点痛点，制定了法制体检表，设立企业经营底线。她表示，企业家要勇担社会责任，他们带动一群人为社会创造财富，这群人也为他们创造财富。企业要强化风险管控，做好商标、专利、商业机密等的保护，同时，要严格公章管理。最重要的一点，对刑事案件零容忍，绝不能碰法律红线。

对律师事业的热爱与执着，使杨银笛练就了一身过

硬的执业技能，从而办理了一个又一个成功的案例。她充分认识到，仅有较深的法学素养和熟练的执业技巧远远不够，如果一个律师没有勤勉敬业的精神，没有良好的品行，无法走向成功，也无法获得社会及当事人的高度评价。作为一名优秀的律师，她坚信先做人，后做事。工作中，她不放过任何一个有利于当事人的案件事实，庭审中言辞缜密有度，驳斥对方有理有节，"重事实、重法律"的执业方式，使委托人充分信赖，也得到法官的充分尊重。

杨银笛时刻牢记自己是一名律师，是社会公平正义的捍卫者。由于个别律师不按照执业规范来要求自己，在办案中不从案件实质上进行调查研究，唯利是图，严重影响了律师的社会形象，使很多社会公众对律师产生信任危机。她对此深恶痛绝。她认为，同司法腐败作斗争，应当首先从自我做起。在办案中，她自觉遵守国家法律和律师职业道德，与法官交往慎法、与当事人交往慎德，不触"高压线"。

执业期间，无论办什么案件，她都同样认真对待，推敲法律一丝不苟，搜集证据绞尽脑汁，文书制作精益求精，当他人在吃饭、睡觉、休闲时，她仍在工作。她认为，只有严格遵守律师执业纪律和职业道德，靠法律吃饭，律师之路才能走得久远。在工作中，她严格依法依规执业，合理收费，案件按时归档，从不参与不正当竞争，为年轻律师树立了榜样。

多年来，她成功代理了 700 余起诉讼案件。经典案例包括：为（香港地区）某能源控股有限公司收购贵州矾矿一案提供法律意见，涉及标的港币 950 万元；为深圳某投资担保公司收购湖北鄂坪 10 万千瓦以及竹叶关 12 万千瓦水电站项目提供法律服务，涉及标的人民币 10 亿元；连续多年法律顾问单位续约，审查劳动制度、代理企业劳动纠纷获胜；代理个人劳动纠纷，增加债权人，提高实现债权可能性；代理张某深圳某美容医院项目合伙纠纷，通过诉讼成功实现returns；代理解某合伙股权纠纷，通过召开股东会、谈判交涉最终获得和解；代理开平市某木材贸易有限公司诉东莞市某知名家具有限公司货款纠纷一案，立案后 1 月对方主动付款；代理东莞某硅胶科技有限公司诉东莞某有机硅科技有限公司，二审翻案获得胜诉；代理深圳市某发动机公司应诉某燃气汽车技术公司著作权、专利权纠纷两个案件，对专利权质疑迫使对方撤诉；代理李总银行卡被盗刷 56 万元一案，起诉

银行获得 80% 的支持……

正是在这许许多多的平凡案件与法律事务中，杨银笛以精湛的业务能力，坚强博大的心胸，一丝不苟的敬业精神，赢得了当事人的赞誉，实现了自己理想。她也一步步从一个普通的农村姑娘破茧成蝶，蜕变成深圳律政佳人，演绎精彩而丰盛的人生。

热心公益，回报社会

作为一名有强烈社会责任感、追求上进的律师，多年来，杨银笛热衷公益活动，关注弱势群体，千方百计帮助弱势群体维权，用智慧和法律知识服务社会，为和谐社会建设尽心尽力。

目前，她担任的社会职务包括：深圳市律师协会文化建设和规则工作委员会副主任、深圳市福田区"六五"普法明星讲师团成员、深港南阳总商会法律顾问、武汉理工大学深圳校友会法律顾问、深圳市第九次律师代表大会代表等职务。

多年来，她先后到深港南阳总商会、翰岭社区、翰岭小学等不同场合，举办法制讲座，用专业知识进行普法宣传。2019 年 1 月，她又加入国际河南青年商协会法律委员会，委员会将把公益和社会责任挺在前面，经常性、针对性地举办各种法制讲座，利用新媒体直播、微信公众号等开展免费公开课，全力维护在粤奋斗创业生活的中原人合法权益，实实在在让乡亲们舒心、放心。

铁肩担道义，柔情暖人间。多年来，杨银笛勇担社会责任，积极为弱势群体出谋划策、伸张正义，在社会上引起强烈的反响。她还向笔者分享了她印象最深的三个案例。

案例一

曾经有一位老乡，在工厂上班时手指不幸受伤，情况非常严重。工伤造成他无法从事之前的工作，工厂提出给他一部分赔偿，然后辞退他。当他在万般无助时，向杨银笛求助。针对这个案例，她认真思考后，明确告诉老乡：不要答应工厂提出的条件，由于是工伤，用人单位无权辞退他，一旦被辞退，由于手指有残疾，很难找到合适的工作。老乡采纳了她的建议，经过与工厂磋商，最后给他调了一个轻松的岗位。老乡和家人对她十分感激，老乡的家人还亲自到她家致谢，并帮助她家人割麦子，令她非常感动。

案例二

有一位温柔善良的家庭主妇，白天上班，晚上还工作赚钱，但她的老公有严重的家暴倾向。有一次，老公砍了她一刀，女士伤心欲绝离家出走。

老公一直找她，苦苦哀求，保证今后一定改正。两年之后，女士回到家中，但老公依然没有太大改变，当老公再次拿刀威胁她时，女士彻底绝望。她再次选择离家出走，并提出离婚申请，但老公坚决不答应。四年之后，当她回来向法院再次提出离婚申请时，法官告诉她，你已经离婚了，女士一脸茫然。原来，她的老公两次起诉离婚，并采取登报起诉的方式，实行缺席判决，他们共有的一套价值上百万元的房子，仅仅判给女士8万元。

女士向很多人申请法律援助，但大家都以案件疑难为借口推托。杨银笛了解情况后，非常气愤，她决心帮女士打官司。由于时间久远，在法院申诉已过期，她建议向检察院申请抗诉，并多方努力，找到十几位证人，证实男方的家暴事实，并查封了男方卖房的款项，申请诉讼保全。经过6年的不懈努力，她终于帮女士打赢了官司，挽回了受害人的损失。女士对她感激涕零。

案例三

杨银笛有一位朋友的亲戚有个3岁多的孩子，患有唇裂，享受慈善基金项目来深圳治疗，在实施麻醉的过程中，小孩呼吸不畅，经抢救无效死亡。

小孩的爷爷非常难过，他们找到杨银笛寻求帮助。她详细了解情况后，制定了切实可行的处理方案：首先向主管医疗机构反馈情况，毕竟是人命关天的大事，卫生局调查该起医疗事故，督促医院内查，并把医院病案资料复印，申请做司法鉴定，对尸体进行解剖。

最后，终于查到了真实原因，原来，小孩出现呼吸困难时，医生处置不当，采用挤压的方法，结果将小孩的肺挤破造成死亡。处理此种特殊情况，应该把小孩的喉结打开处理。由于主管部门介入，法医鉴定，事实清楚，赔偿工作进展十分顺利。杨银笛用最好的方法解决问题，令小孩的家属十分感动。她像这样倾情为弱势群体服务的案例不胜枚举。

杨银笛刻苦求学、务实拼搏，闯出了一条属于自己的事业之路。她的成功经历值得年轻人学习和深思。胸怀服务社会、回报社会的宏伟目标，她向更高的事业山峰阔步前行。

人贵于诚，业立于精

——访北京金诚同达律师所高级合伙人、济南分所执行主任刘坚勇律师

▲刘坚勇律师

编者按

从 20 世纪 90 年代开始，卡拉 OK 开始流行。KTV 歌厅用其点播系统，向消费者播放 MTV 谋利，殊不知这已经构成了侵权（《著作权法》规定：电影作品和以类似摄制电影的方法创作的作品的著作权由制片者享有）。针对歌厅把 MTV 作品当作"免费午餐"的情况，著作权人开始拿起法律的武器维权。2004 年底，国内外近 50 家唱片公司发起了一场"音乐维权风暴"。彼时，刘坚勇律师作为原告方的代理人，在该维权工作中具有首创性的优良表现，获得了委托人和业内的高度肯定和赞誉，开始进入我们的视野。近年来笔者与刘坚勇律师虽无太多交集，但对于他的动态，笔者一直关注至今，时常在媒体或法治活动中见识他的风采。2021 年 8 月，经多方努力，我们终于完成了这次专访，近距离感受了这位兼具艺术气质和运动身板，又见解深刻、思维缜密的中国律师。

传承军人精神

刘坚勇出身军人家庭，祖籍山东烟台，父亲 15 岁初中未毕业即投笔从戎，参加了八路军，先后历经抗日战争、解放战争、抗美援朝。20 世纪 80 年代转业至山东能源集团公司工作。母亲 1947 年 17 岁初中毕业即参加解放军，在部队医院工作，后转业至地方医院。刘坚勇还有两个姐姐，退休前都在三甲医院从事医务工作。在与刘坚勇的交谈中，其平和的表情中蕴含着坚毅的军人气场，家国情怀时常不经意地流于其言表。

追求丰富人生

刘坚勇自幼好动，爱好体育、艺术等活动。初中在校队打篮球，后因手腕受伤，高中后开始以踢足球等对抗性运动为主。年龄渐长后，他又爱上了游泳、健身等非对抗性运动。围棋、桥牌等智力项目也有较高的水平。刘律师上小学时在学校艺术队拉过二胡，现在仍非常爱好音乐，其家中、办公室里、随身携带的各种高端听音设备、器材，是对其音乐发烧友的一种诠释。

刘坚勇崇尚"读万卷书、行万里路"的人生理念，从十八九岁就开始国内各地游历；读书也涉及文学艺术、政治、经济、哲学、军事、历史、人物传记等，可谓涉猎广泛。因酷爱小说，1985 年高中毕业后，他大学报考了中文系。这些都为他后来做好律师工作奠定了坚实的文字表达功底和深厚的人文素养积淀，也让笔者在与其交谈中感受到了他有趣的灵魂。

1989 年，刘坚勇于曲阜师范大学中文系本科毕业，分配到一所学校教授大学语文、应用写作、哲学、逻辑学等课程。在 20 世纪 90 年代初，国家从计划经济向市场经济转制的过程中，面对许多新的社会现象的是非与困惑，刘坚勇开始研修法律，试图从中寻找答案，并获得山东大学法律专业毕业证书。因不甘于学校相对平静的教学生活，已担任教研室主任、晋升副教授的刘坚勇，1995 年考取律师资格，1997 年开始了更富有挑战性的律师执业生涯，主要在济南、北京两地执业。

学习提升，一直在路上

为把自己打造成懂法律、懂经济的复合型律师，刘坚勇通过在职学习获得山东财经大学国际贸易专业毕业证书。在律师实务工作中，刘坚勇感受到法学理论功底

的欠缺，于是又报考了研究生，并于2003年8月获得北京大学法学硕士学位。2005年，刘坚勇于世界知识产权组织（WIPO）世界学院结业。2012年，刘坚勇公派赴美国学习法律事务，结业于美国国际法学会（ILI），并在美国律师所CHADBOURNE&PARKE LLP实习。2014年，刘坚勇被公派赴澳大利亚学习法律事务，结业于澳大利亚墨尔本大学，并在澳大利亚Rostron Carlyle律师所实习。

这些学习及实习的经历，让刘坚勇开阔了视野，丰富了经验，形成复合的知识结构，养成了良好的思维和理念，为其担任管理合伙人以及处置各类大案、要案、复杂的专项法律服务项目，担任大企业的法律顾问夯实了基础。

▲刘坚勇律师

厚积而薄发，博观而约取

刘坚勇在律师执业之初与同代律师一样，无论是刑事、民事抑或是行政案件，多方面律师业务都有涉及。而正是他业务面较广，又历经数年锤炼，为其后期的专业化之路打下了宽厚的基底。

2000年以后，法律服务专业化已成大势所趋，这时刘坚勇对知识产权产生了浓厚的兴趣，其业务也开始向这个领域聚焦。2004年，刘坚勇开始担任中国律师知识产权协作组织在山东省的业务负责人，并在山东省办理了首例"卡拉OK"著作权、网络电影版权、驰名商标维权、商标权与企业字号权利冲突纠纷等大量新型的知识产权经典案件。例如，山东省的梁山县因东平县将其境内的山命名为"前梁山""后梁山"，将东平湖命名为"梁山泊"而引发较为激烈的纠纷，梁山县的一些部门到多地聘请律师维权，但都因相关法律规定的不足而束手无策。刘坚勇创造性地以梁山风景区管委会为维权主体，东平县的旅游经营主体为被告，以不正当竞争为案由，制定了创新可行的代理方案。该"梁山地名权"案经过宁中级人民法院、山东高级法院两级审理，最终获得胜诉，被央视《今日说法》栏目采访报道。刘律师办理的山东广电公司诉山东某通公司盗播央视收费频道不正当竞争案，在法院判令停止侵权的同时获得5000余万元的赔偿，创造了山东法院知识产权案件判赔的最高纪录。

近十年来，刘律师的业务又逐渐集中在公司、金融、投资并购、建筑房地产、重大诉讼仲裁、行政法等法律领域，在这些领域有深入的理论研究成果和丰富的实务经验，成为一名法律理论功底扎实深厚，知识结构完善，善于创造性地解决重大疑难的诉讼或非诉讼法律事务的专家型律师。

他曾担任中国银行山东分行、中国长城资产管理公司山东分公司等大型公司的法律顾问，为山东能源集团公司、山东重汽集团公司、中国葛洲坝股份公司、山东金融资产管理股份公司、农业银行、平安银行等大型企业提供法律服务。成功办理了诸多大标的额或有重大影响的诉讼仲裁业务，例如，他代理青岛天都锦资产管理有限公司在最高人民法院审理的商品房委托代理销售合同纠纷以及房地产合作开发合同纠纷两案，虽然潘剑锋、王利明、刘凯湘、张新宝等知名法学教授学者为对方康太源公司出具了有利的《专家法律意见书》，但刘律师代理的该两案仍获得完胜。刘律师也经办了诸多大标的额或有重大影响的非诉业务，例如，他作为项目负责人，为聊城市总额100亿元的城市建设发展基金项目提供了专项法律服务。

刘坚勇的律师业绩多年排名金诚同达济南分所首位，连年获得律所"突出贡献奖"。他因专业精深，办案能力强，在律师业内具有较高的美誉度；因办案效果好，诚信敬业，许多客户评价他是可以完全信赖的、所见过的最好的律师。

刘坚勇2013年晋升为律师专业技术职称最高的一级

律师，现为北京金诚同达律师事务所总所高级合伙人、济南分所执行主任。在干好律师本职工作、管理好律所的同时，他还同时担任山东省人民政府法律专家，济南市政府法律专家，聊城市委市政府法律顾问专家，山东省民营企业家协会的监事长等多项社会职务。他还担任山东省民营经济法律服务团秘书长兼副团长，具体组织全省部分律所和律师为山东省的民营企业提供法律服务。还担任山东律师协会监事，山东省高级法院特邀调解员，山东省"一带一路"律师服务团副团长，山东省金融服务专员等职务。在干好上述各项工作的同时，刘坚勇还兼任山东师范大学、山东政法学院客座教授及硕士研究生导师，热心于培育法学专业的青年学生。多年来，因涉法事件，刘坚勇累计接受电视台、广播电台、报刊等多家媒体数百次的采访。

成绩面前不张扬，荣誉面前不骄躁

因成绩突出，刘律师获得许多奖励和荣誉。笔者查询到，仅最近几年，刘坚勇2017年荣获山东省优秀律师，2018年荣获山东省首届省直优秀律师，2019年荣获山东省非公有制经济人士优秀社会主义建设者，2019年荣获山东省律师行业促进经济社会发展突出贡献奖，2021年荣获2016—2020年全国普法工作先进个人等诸多殊荣。刘坚勇还热心慈善事业，2016年被中华少年儿童慈善救助基金会聘为"爱心大使"。当笔者向刘坚勇提及上述所获得的成绩和荣誉时，他只是淡淡地一笑说："这些都过去了，还得继续努力。"荣辱不惊，淡泊平静，没有丝毫的得意。

人生感悟，自勉共勉

人生在于经历。丰富的经历和阅历，使人生充盈、精彩，富有更多的意义。刘坚勇律师感恩于律师职业，使其经历了许多事，见识了许多人，获得了丰富的体验，看到了更多的场景，顺便游历了许多地方。

人生是自我完善的过程。人生在于不断地修炼、改变、完善自己，要有一颗不断吸纳的心，要与时俱进。人生的进程犹如逆水行舟、滚石上山，静止不变、故步自封即意味着落后、退化；只有不断向前、向上，才能看到更好的风景。

做律师，人要诚，业要精，需全面提升完善自我。做律师先做人，要诚实守信，勤勉敬业，合规执业。要赢得他人的信任、信赖，让他人放心，这是首要的。律师的核心竞争力在于律师的专业能力，律师不仅要有深厚的法学理论功底，全面扎实的法律知识，熟知自己业务领域的法律法规，更要有创造性思维，要有融通的能力，要能为客户提供既有创造性又切实可行的解决方案。律师是一项实务性的工作，最终还是要看结果的。律师干起来不难，但干好了不易。作为一名合伙人律师，要有法律服务产品的研发能力，市场开拓能力，业务实操能力，较高的文书写作能力，较强的语言表达能力，与人交流沟通能力，客户维护能力，带团队及业务指导能力，律所管理能力等综合素质，全面性要求较高。因此，要做好律师，既要业务专，也需要不断地提升完善自我的全面性。

以上是笔者在与刘坚勇律师交谈的言语中提炼的其对人生和律师职业感悟，与大家共勉。刘律师是这样做的，并且也做到了。

后 记

是啊！"律师干起来不难，但干好了不易！"刘坚勇以他的人生履历、执业经历，以及朴实简洁但又深刻精深的语言表达了他对律师这一职业的深刻理解、坚持与坚守，并寄语青年一代律师，该如何从专业走向卓越，从普通走向优秀，从平凡走向事业发达。

刘坚勇的经历和律师事业发展的过程也告诉我们，只要诚实守信、勤勉敬业，努力学习，锐意创新，无论你在哪个行业，从事哪项工作，都可以做到优秀和杰出，成为对国家发展、对社会进步有用的人！

海纳百川，梦起长安

——访广东海埠（西安）律师事务所主任曹晓东律师

▲曹晓东律师

编者按

2021 年 3 月 28 日，西安曲江国际会议中心迎来了一家法律服务机构——广东海埠（西安）律师事务所的开业典礼。西北政法大学校长、二级教授、博士生导师杨宗科；深圳市律师协会第五届、第六届会长，国浩律师事务所创始合伙人李淳；西北政法大学党委委员、副校长李玉朝；陕西省律师协会副会长魏新峰；陕西省律师协会副会长屈金冈；陕西省律师协会副秘书长唐宏，西安市中级人民法院原副院长、二级高级法官；现任西安市仲裁委员会金融仲裁院理事长常西岭；陕西省社会科学院经济研究所副所长、陕西省决策咨询委委员吴刚；西北大学原副校长、教授、博士生导师张云翔及业内同仁，共同参与并见证了这次开业盛典。

在开业典礼上，作为海埠（西安）律师事务所主任及管委会主任，曹晓东律师曾这样致辞："海埠律师将带着深圳基因、深圳精神砥砺奋进、勇立潮头，敢为天下先，甘当拓荒牛；海埠律师将从长安出发，迈出全球化道路上的重要一步，为境内外企业客户提供一站式、全方位的法律服务……"

一家有着 30 多年历史（广东海埠律师事务所成立于 1989 年，其前身是深圳国际商务律师事务所）的老牌律所为何要在十三朝古都——西安设立分支机构？作为执业 20 载，早已功成名就的曹晓东律师，为何要选择再次创业？他有着怎样的成长经历、执业心路、法律情怀和理想呢？带着这些问题，我们预约采访了海埠（西安）律师事务所主任——曹晓东律师。

对于海埠（西安）律师事务所入驻西安以及选择"一带一路"国际商事法律服务示范区作为新的起航点，在开业典礼上曹晓东律师已经给出了答案。今天笔者最感兴趣的是本文主人公的执业心路、成长历程、法律情怀和理想。因为他是新时代律师成长、成功的楷模和榜样，他的奋斗史就是新时代中国律师的奋斗史。

奋斗的路上不孤单

曹晓东是土生土长的西安人，父亲是路桥工程师，母亲在《渭南日报》做文字编辑，且还精通印刷技术。1978 年 8 月，伴随改革开放，经国务院批准，一直享有法学界"五院四系"之美誉的西北政法学院（2006 年更名为西北政法大学）在原校址复办，并于 1979 年复校后迎来第一届新生。1981 年，5 岁的曹晓东跟随母亲的工作调动来到复办不久的西北政法学院。

西北政法学院的著名学者、教授也就成了曹晓东的叔叔、阿姨，曹晓东深受校园学术氛围熏陶，以及教授们潜移默化的影响。年幼的曹晓东每天都会看到、听到学校组织的各种辩论赛、学术研讨、模拟庭审等活动，或许，法律的种子早已根植于他的心中。1995 年，高中毕业填报志愿时，经与父母商议，他选择回到"母校"西北政法学院。

1999 年，大学毕业后，曹晓东被分配到了西安市物价局物价检查所，成为人人羡慕的"体制内的人"，并先后担任物价局法规科主任，西安市"依法治市"领导小组办公室通讯员等。因在毕业的那一年，曹晓东就已经通过了全国统一的律师资格考试，所以想要当一名专职律师的想法一直萦绕在脑际，始终挥之不去，只是因父母反对，一直未付诸行动。

随着年龄的增长，曹晓东辞职的想法也越来越强烈。2001 年，经过内心的一番思想挣扎后，他毅然决然地递交了辞职报告，辞职报告获得批准后，曹晓东首先南下广东深圳，他要到改革开放的前沿城市看看。第二站，他又来到首都北京，学习首都的律师事务所是如何运营的。之后，因母亲身体状况欠佳，需要有人守在身边，他回到了西安，并顺利进入陕西许小平律师事务所，成为许小平律所非诉及建筑房地产部的一名专职律师。

进入 21 世纪以来，随着房改制度的深入推进，全国房地产市场逐渐兴起。期间，曹晓东律师做了大量的房地产项目的专项或全流程法律服务，并积累了众多客户资源，时至今日，还有很多客户得益于当年的累积，多年来，曹晓东与客户一起成长、共同成就。2005年，曹晓东还攻读了西北大学民商法硕士学位，理论水平获得极大提升。2009年，一直希望在律师业更上一层楼的曹晓东向许小平主任递交辞呈，获得主任大力支持，就这样，曹晓东律师加入了北京惠诚西安分所，担任合伙人、副主任，并主管事务所诉讼业务部。曹晓东的爱人一直从事对外汉语交流工作，并于2013年带着孩子在西班牙进行了投资移民，自此，曹晓东也就成了"飞人"，要经常往来于中国西安和西班牙之间，同时，这也为其后来在西班牙筹办办事处以及为中西间的经济往来人员及企业提供法律服务夯实了基础。2015年，曹晓东与惠诚骨干律师整体加入海普睿诚律师事务所这艘西部律师巨舰，此后还为海普睿诚西班牙办事处的设立做了大量的筹备工作。

"一个人可以走得很快，但一群人可以走得更远。"自执业以来，曹晓东律师就非常重视团队的建设以及团队之间的分工与协作。随着业务的提升，视野的开阔，以及伴随律师行业的变革与创新，一直想打造一家国际化法律平台的曹晓东与团队律师以及同样有着西北政法基因的海埠律师同仁不谋而合。"谋定而后动""心动不如行动"，经过一番精心准备后，2021年3月28日，海埠（西安）律师事务所终于盛大开业，办公地设在西安市国际港务区港务大道99号A座21层。

为中国企业"走出去"保驾护航

2016年，陕水集团是陕西大型国企（具有水利水电工程施工总承包一级资质）欲收购一海外项目——南美秘鲁某水电站项目，因当时卖家已将水电站的审批手续全部完成，这样一个"香饽饽"，自然会引起各方关注和竞争。起初，陕水集团本欲到北京、上海请更大的律所提供法律服务，而曹晓东当时所在的海普睿诚就是陕水集团的法律顾问，与其舍近求远，不如交给本地所，牵涉国别法律不同，即使请北、上、广、深的律师，也需要找外国律所合作。因秘鲁的官方语言为西班牙语，这时，近年一直往来于中国西

安和西班牙的曹晓东被领导委以重任，协助完成此项目，之后，陕水集团与海普睿诚签订总承包、全程法律服务协议，海外板块总负责人为曹晓东。

为了顺利完成此海外项目的收购，曹晓东律师与当地知名律所联合对该项目进行了缜密的尽调工作，并派团队律师到项目地常驻近一年时间。

值得一提的是，因合同文本复杂，仅股权转让的主体合同就达七八十页之多，要将这些专业的合同由西班牙文翻译成英文，再转成中文，普通的翻译根本无法胜任这样的工作，若请当地专业律师翻译，仅翻译费就已是"天价"，又经过一番辗转，终于找到一个在当地工作的中国律师，顺利完成了这项翻译工作。

"这中间还要感谢我的夫人，前期协助我们做了大量的联络工作。要不是当初她选择投资移民西班牙，我也不会经常到海外考察、学习，也不会有这么多的国际业务和资源。"曹晓东律师道。

为政府机构依法行政出智出力

近年来，随着城市化的快速发展和城镇人口的快速增加，以及商品房价格的不断攀升，人们对于住房的需求也呈逐年上升趋势发展，然后，在高速发展的背后伴随而来的就是，"小产权房"得到迅猛发展。

在此，笔者应对"小产权房"的形成和概念做下赘述。所谓小产权房是指一些村集体组织或开发商出售其在集体土地上建设的房子。小产权房分两种：一种是在集体建设用地和宅基地上建成；另一种是占用耕地违法建设。由于没有经过政府征地和出让手续，这种小产权房无法

▲曹晓东律师与同仁合影

办理产权证和土地使用证，只有村集体出具的合同证明其所有权，无法抵押转让，在遭遇拆迁时也无法维护其应有的利益，这也是其被称为小产权房的原因。

鉴于此，2013年11月22日，国土资料部办公厅、住房和城乡建设部办公厅制定和发出了《关于坚决遏制违法建设、销售"小产权房"的紧急通知》，并要求各省、自治区、直辖市及国土资源、住房和城乡建设主管部门根据自身情况进行查处和治理。

2013年，曹晓东律师还在北京惠诚西安分所执业，并担任律所副主任和主管诉讼业务部门。西安某区经国土部门卫星航拍发现，该区有违规占用耕地建设项目近40个，上级国土部门责令该区管委会尽快查处和治理。这时，已在建筑工程与房产法律领域服务多年的惠诚所向管委会提交了针对"小产权房"的查处和治理提供专项法律服务的申请，获得管委会一致认可，并委托惠城所制定出详实的解决方案。

惠诚所经过研究讨论，决定由曹晓东律师负责此项目的具体实施工作，之后，曹晓东立即组建了一支专业团队，并分工协作，开始了为期半年的尽调工作，律师团队中有的负责搜集相关法律法规，有的搜集相关案例，有的专门把控刑事风险（有开发商收钱跑路的情况发生）以及行政处罚等。经过近6个月的详尽的调研、分析、研究和讨论，团队律师整理出一套行之有效的《小产权房治理方案和操作流程》提交给管委会，获得了管委会领导的高度评价和肯定。

为社会稳定和谐殚精竭虑

刘某某被西北"煤都"神木人称为"神木一哥""集资大王"，是神木县政协委员，2011年神木县十大杰出青年，还曾获得"中国最受欢迎的十大青年企业家""创业中国年度十大风云人物"等。2012年11月22日，刘某某被神木县公安局立案侦查，2013年3月13日被刑事拘留，2018年7月2日，刘某某被榆林市中级人民法院一审以集资诈骗涉案40多亿元判处无期徒刑、剥夺政治权利终身。

至二审阶段时，刘某某家属辗转找到曹晓东律师，曹晓东律师与康达西安分所主任廉高波律师共同担任刘某某的辩护人，并负责对刘某某所欠债务的债权人进行协调和谈判。值得一提的是，因曹晓东律师认真负责的工作态度获得众债权人高度肯定，很多债权人也与曹晓

东成了朋友，遇有法律问题，都会委托曹晓东律师处理。

"与其让刘某某把牢底坐穿，不如早日让他出来还钱。"这是曹晓东、廉高波两位律师一直坚持的观点。因此案的二审还在审理中，关于案件的详细情况，作为辩护律师和案件代理人，曹晓东律师不便多言，且让我们拭目以待吧。

为地方经济发展尽职尽责

陕西省铜川市"太阳城"项目是市政府重点工程，也是铜川新区大型商业综合体，项目建成后将成为铜川新区城市核心经纬原点的新地标。但就是这样的政府重点工程却在2014年底出现资金链断裂，项目有可能出现烂尾，且此案的债权人就达108人。起初，公安机关找到项目总负责人许某谈话，并明确态度，若其逃避责任，很有可能被定性为刑事案件。地方政府也请来专业的律师团队对此项目进行处置，在房地产领域建树颇深的曹晓东律师接过重任，并担任了项目驻地的总负责人。

此后，曹晓东带领律师团队耐心地对债务进行甄别、核对、申报以及与众债权人谈判，整理出了一套行之有效的重整解决方案，即对债权进行重整、盘活。历时近三个月，债权人得到有效安抚，项目获得整体转让。最终，整个"太阳城"项目也回归到正常发展的轨道上来，"太阳城"项目总负责人许某所有债务得以有效清偿，避免了牢狱之灾。

为知识产权保护夜以继日

据悉，自2009年起曹晓东律师即开始专注于知识产权保护业务，并担任了通讯巨头中兴通讯、华为等公司的知识产权专职法律顾问。2012年，西安中兴通讯终端科技有限公司几位工程师的离职引起了公司的注意。因几位工程师离职不久，公司就发现其投入巨资研发的无线网卡技术被另外一家公司抢先投入了市场，一定是离职的工程师泄露了公司的商业秘密，但因没有直接证据，报案后公安机关不予立案。"当地公安机关没有处置过类似侵犯商业秘密的案件，所以不能采取任何强制措施。侵犯商业秘密最难的当属取证环节，因研发数据、图纸等材料皆是通过电子邮件传送，没有密码就不能登录邮箱，这个案子取证实在太难！"曹晓东律师感叹道。

"遇到困难，选择退缩"，这不是曹晓东的性格。于是，曹晓东律师制定了详实的调研和"侦查"计划。经过近

半年的艰辛努力，总算取得部分证据，但这些证据是否与中兴公司产品具有同一性，还需要进行知识产权鉴定。再者，中兴公司自身是否加强了对知识产权的保护工作也需要进一步确认。最终，曹晓东带领团队历时一年多的调查、取证、鉴定以及多次到公安机关耐心地说明情况，甚至为了确认几个工程师已经跳槽到另外那家公司上班，曹晓东还安排助理佯装到该公司应聘，以核查人事档案。

证据材料准备充足后，为确保这一行动不被对方察觉，以防工程师销毁证据、删除邮件，一年多来，曹晓东也是做足了保密工作。实施抓捕当天，公安机关派出了十余辆警车、100多名警察实施抓捕行动，并将标的公司的电脑全部查扣固定，人员不得外出，须配合警方调查。因来的警员太多，抓捕现场堪称大片，以至于管委会主任都跑到公安局问："这是怎么回事，这么大动静？"所有侵权证据得以固定后，几个工程师终于承认自己曾泄露公司商业秘密，并悉数上缴违法所得。最终，大部分工程师被判处缓刑，此案告捷。

"我们的目的并非要将工程师送进牢房，除予以警示外，追回损失才是我们的最终目的，办完了这个案子，我们都快成侦探了。"曹晓东律师戏谑道。

后　记

采访即将结束时，笔者也了解到，曹晓东于1999年就已经加入了中国共产党，并先后担任北京惠诚西安分所党支部书记，海普睿诚第一支部书记，现曹晓东律师兼任海埠（西安）律师事务所党支部书记。

近年来，伴随国家"一带一路"建设的深入推进，西安作为"一带一路"的重要节点城市，再一次担负起了国家发展规划中的重要功能。笔者以为，海埠律师事务所在建党百年之际落户西安国际港务区正当其时。亦如曹晓东律师在开业典礼上的致辞："'海纳百川、梦起长安'，海埠律师将从长安出发，迈出全球化道路上的重要一步。海埠律师事务所将带着深圳基因、深圳精神砥砺奋进、勇立潮头，敢为天下先，甘当拓荒牛……"

采访结束，曹晓东律师带着满满的自信说："我们的目标是，立足西安，辐射西北以及欧亚大陆，深度参与'一带一路'建设，服务全球华人。我们的愿景是，凡有华人的地方，就有海埠律师。"

是啊！"凡有华人的地方，就有海埠律师！"古都西安，海埠律师已经从这里再次起航，从这里走向世界，走向下一个辉煌！

服务大局，勇于担当

——亚太法律协会会长、邝家贤专业顾问有限公司行政总裁兼法律顾问邝家贤女士侧记

▲邝家贤女士

编者按

改革开放以来，内地与香港联系得越来越紧密：早年的招商引资政策，吸引了一大批港企扎根内地，成就自身的辉煌，亦助力内地的发展；2003年后实现的"自由行"，增加了双方的互动频率，并促使经济格局发生变化。尤其自党的十八大以来，"一带一路"倡议以及粤港澳大湾区等规划的相继推出，创造了更多互惠双方的机遇。可见，内地和香港之间在经济、资源方面的往来互通已处于新的发展阶段。

本文的主人公——邝家贤女士，多年来一直肩负着内地与香港间紧密联系、互动交流的使命，起着桥梁和纽带的重要作用，并成为促进两地繁荣与发展的一个参与者，成为服务大局、护航香江的重要践行者和见证者，我们先来看一下她的履历。

邝家贤女士

法律博士（师承"中国民法泰斗"江平教授）及香港执业律师、粤港澳大湾区执业律师、注册财务策划师、认可调解员。并担任邝家贤专业顾问有限公司行政总裁、

亚太法律协会会长、中国法学会港区理事、《大湾区报》首席律师顾问、香港中小企业国际交流协会创会会长、全球华人企业联合会副主席、中国民营企业发展促进会副主席、香港特别行政区选举委员会委员（2021—2026）、香港再出发大联盟共同发起人、香港专业及资深行政人员协会会员等诸多社会职务。

合作共赢，互惠互利

在香港地区法律界，邝家贤女士是一位颇为活跃的专业人士，在过去数十寒暑，她十年如一日地积极倡导香港的企业与专才到内地发展，并以出众的专业能力帮助众多中小企业。她曾协助宁波某知名公司落户香港，她曾协助国内一家国有企业的中外合资子公司通过收购某日本企业从而实现分拆上市的目标；她曾代表香港某公司收购内地一家科技有限公司项目；她曾协助深圳市一家医学科技有限公司（医疗器材业务）引入策略投资者，并为其做上市准备；她曾为成都一家电子收费服务企业欲在香港创业板上市提供法律意见；她曾协助上海某物流上市公司收购某香港公司在广州的房地产项目，等等。

此外，邝家贤女士还就某些重要社会事件勇敢地发表意见。尤其在2014年香港"占中"事件发生后，她第一个站出来，并代表的士团体向法庭申请禁制令，要求非法霸占马路人士交还道路使用权，最终以法治手段结束了乱象。

这些影响正面又积极的贡献，既展现了她良好的执业水平，也彰显了其巾帼不让须眉的魅力。不过，邝家贤女士说，她更愿意将取得的成就放在过去，立足当下，聚焦未来和远方。如今，社会上热议的粤港澳大湾区规划，对香港而言是一个重要的历史契机。为此，邝家贤女士还通过了第一届粤港澳大湾区执业律师考试。

"法律服务以支持经济发展为导向，粤港澳大湾区发展规划全面贯彻党的十九大精神，全面准确贯彻'一国两制'方针，充分发挥粤港澳综合优势，进一步提升粤港澳大湾区在国家经济发展和对外开放中的支撑引领

作用，使香港更好地融入国家发展大局，这就需要相应的法律工作提供支持和保障。所以现在我们需要加强这方面的专业研究深度和力度。未来，单打独斗的时代将会是'过去式'，业内人士要突破局限，改变固有的理念，方能看到不一样的世界。内地在不断崛起的过程中，也加大了法律建设的力度。许多颇具规模的律师事务所，不仅拥有成百上千名员工，更在多个城市设有分支机构。学习法律的人除了到传统的公检法机构就业，还能在企业担任法务总监，或参与各项合规工作，甚至是专利保护方面亦大有可为。"邝家贤女士如是说。

而香港的法律人才发展内地业务又有什么优势呢？总结过去的经验，邝家贤女士道："涉外、商贸等领域可成为香港法律人发挥才能、施展抱负的'舞台'，在对外法律服务方面，内地还处于不断调整以期完善的阶段，所以香港的法律人若能参与进来，相信可以发挥所长。尤其是在当前'一带一路'倡议下，会有很多工作涉及法律。本着合作共赢、互惠互利的原则，香港可与内地达成各种方式的合作，双方一起探索出有效的合作机制，借此形成强大的力量，本着共同的文化基础，创造更加美好的未来。而且网络科技的普及以及交通设备的完善，也能促进香港与内地的合作变得更加充分。现在共享、区块链、5G等技术不断刷新人们的工作及生活方式，只要懂得结合使用各项技术，打破过去的条条框框，便可大大提升工作效率，把专业能力发挥到最大化。同时，这也凸显了香港在科技、创新方面的优势。人在认识到自身优势，看到未来希望的同时，也要意识与之相应的、有待加强的地方，摆正心态，既不骄傲自满，也不妄自菲薄。我们应保持虚心的态度，承认自己的不足，学习内地的长处，才能更好地顺势粤港澳大湾区发展取得合作和互补。"

如今，香港的律师无需奔波忙碌，足不出户，只靠计算机和网络，就能翻阅案件的卷宗并处理事务。他们也可以采用各种形式，扩大交流范围，以不同的合作形式争取更多的机会。这一切，是行业内已经发生的、令人欣喜的变化，也是邝家贤女士眼中理想的未来场景，还是其心中的祈愿：行业好、香港好、祖国好！

"乘风破浪会有时，直挂云帆济沧海"。我们有理由相信，粤港澳大湾区规划对于邝家贤女士所服务的法律界而言，也将带来更多的发展机遇，邝家贤女士也将为各方经济的融合、互动与发展做出更多更大的贡献。

扩大格局，开拓进取

2001年，邝家贤女士在恩师"中国民法泰斗"江平教授和海基会会长汪道涵先生的支持和鼓励下，创办了亚太法律协会。亚太法律协会汇集海峡两岸各地业界之人才，以不同的专业能力推动内地法律工作的发展。20多年来，他们一直保持交流，积极探讨专业内容，为各方打好共同的法律基础。

当前，当"一带一路"倡议和粤港澳大湾区规划为业界带来更多契机之时，邝家贤女士也因此投身众多工作，把专业的知识转化为更多奉献。她是《大湾区报》的首席律师顾问，也为多个机构提供跨境直接投资、企业收购兼并、调解仲裁等服务，尽己所能处理好各类纠纷，确保合作项目得以顺利开展。

"我在英国攻读法律专业，后来又有在中山大学和中国政法大学进修的经历，因此相对熟悉内地与香港的法律系统，也看到两地的法律是如何发展到逐渐成熟。"处理相关事务，邝家贤女士已是驾轻就熟、游刃有余。她也希望用自身的经验告诉自己的同行，放开视野、扩大格局，敢于接触、开拓外界，能让自己的专业达到更高水平。"香港法律界大多数人把较多精力放在英美法系方面的研究，也造成不少专业人士不熟大陆法系。但是纵观法律史可以看出，源于罗马法的大陆法系的出现比英美法系要早，它的架构和理论也有很多地方值得后者借鉴和参考，各取所长，创造理想架构才是正道。"

邝家贤女士进一步指出："香港的一些法律界人士，正是在这种思维的影响下，拒绝交流、闭门造车。尤其在近年，不少事件都暴露出香港法律界需要改进。优化的工作将会任重道远又考验繁多，因为它的影响是针对本地整个法律体系而产生的，必将引起业界一致关注。"

"香港回归祖国二十多年来，本地律师服务国际竞争力能力还有待提升，他们还有很多发展空间可以发掘。我建议法律人应该保持进步，除了学习知识、培养能力，还应该懂得如何做好一个人，且这点比前者更为重要。"

后　记

透过种种付出，邝家贤女士为业界创造了一个又一个合作共赢的平台，她为法律人的发展积极探讨新的方向，以融汇内地与香港的文化、理念为目标，促进业界的进步。这是一条颇具考验的艰辛之路，但她怀着一颗无惧无畏的心，坚定而执着地走着。途中，会有风雨的侵袭，更有雨后彩虹的高挂，天高云阔的瑰丽。那是属于法律人的自信和美丽，不卑不亢，独立于世。

俗话说："一个国家能走多远，要看这个国家的人才有多强；一个国家的人才有多强，要看她的塑才能力有多大，而一个国家的政治经济法治建设要实现可持续发展，就要看这个国家法律人才是否有大局意识和责任担当。"法治强则国强。作为亚太法律协会会长的邝家贤女士，每日所思所想、所忧所虑皆为家国，皆为法律人的未来。

甘做中国法治的"铺路石"

——访云南南极律师事务所主任张向云律师

▲张向云律师

编者按

法治是人类社会文明与进步的标志，法治的进步和完善体现着一个国家的文明程度。所以，法治进步是时代的进步，也是社会的进步，更是国家的进步、民族的进步。为了推动法治进步，中国的律师们肩负责任、胸怀正义；心系民生、砥砺前行，在每一个案件中竭力维护当事人合法权益，维护法律的正确实施，进而维护社会的公平正义，让国家的法律实施到位，让失望的人们获得希望，让人们懂法、知法、守法、信法，并不断构筑和夯实中国的法治大厦。云南南极律师事务所主任张向云律师，无疑是构筑中国法治大厦最坚定的"法律工匠"。

据悉，张向云律师于1988年取得律师职业资格，执业至今已33年。其具有良好的职业操守，深厚的法学功底，广博的社会知识，精湛的执业技能。因业绩显著，信誉良好，曾被云南省司法厅授予"云南省优秀律师"称号，云南南极律师事务所被评为云南律师行业"先进集体""全省优秀律师事务所"。另外，张向云律师还担任云南省人大常委会立法信息调研员、民盟云南省法制委员会副主任、昆明仲裁委员会仲裁员、知识产权鉴定人等职务。

2013年12月25日下午，在滇池之滨的云南海埂会堂，备受关注的"2013最具影响力律师及律师事务所"颁奖典礼在此隆重举行。虽然天气寒冷，但参加颁奖典礼的群众和各界代表热情高涨，现场座无虚席、气氛热烈。来自政法、新闻等行业的领导为获奖律师及律师事务所颁发了奖牌和奖杯。每一名获奖律师都以他们各自独特的视角向现场观众分享了他们的从业经验和人生感悟，精彩的演讲赢得现场观众阵阵掌声。

获奖律师之一——云南南极律师事务所主任张向云律师的发言可谓语重心长、入木三分："法治的点滴进步，都有律师忙碌的身影。作为律师应具有强烈的责任感和使命感，应加强自律，规范自己的执业行为，提高自己的执业能力和水平，以满足公众对法律服务的需求，引导公众正确表达合理诉求，促进全社会树立法治理念。"

语言如此朴素，境界如此高远，态度如此谦逊，此乃大律师之修为也。张向云律师有着怎样的律师故事和传奇经历呢？且让笔者为读者诸君一一道来。

苦难是人生最大的财富

张向云祖籍河北，出生于昆明，年幼时因父亲蒙冤，全家五口人的生活全靠母亲微薄的收入维持，生活十分艰辛。所幸母亲善良贤惠，经常给孩子们讲做人的道理，稍有空闲便教孩子们背诵《增广贤文》《朱子家训》等名著典籍，这给孩子们打下了坚实的文字基础。

张向云的舅舅是剧院里的职业画家，性格耿直，刚正不阿，常讲些武侠故事给张向云听。日积月累，这些武侠故事在张向云稚嫩的心中播下了行侠仗义的种子。长大之后，也自然而然地养成了他好打抱不平的性格。

全靠母亲独力支撑的家庭一直是捉襟见肘、一贫如洗，万般无奈之下，张向云14岁便选择了退学，并进入社会这个大熔炉。谈起自己这段灰暗的人生经历，张向云感慨万千："我做过厨师、当过工程师、广告人，最后定格于律师。"张向云对自己职业生涯的总结更是精辟之至："我的经历就是我国社会主义法治从百废待兴到飞速发展整个过程的历史见证。"

20世纪80年代初，社会秩序处于恢复重建之中，人才匮乏，百废待兴。张向云通过中文及法律两个专业的学习，又在1988年一鼓作气通过了当年的律师资格考试，事业就此扬帆起航。

回忆起往事，张向云几多感慨，几多庆幸。他说自己前半生的30年好像在有意无意之间，一直在为当律师做准备。自幼家里虽然清贫，但精神财富书籍众多，让他一头扎入知识的海洋，文、史、哲都不放过，各类图书营养都被他汲取。他本人多年来扎根社会，这些都为他日后做律师奠定了坚实的基础。使他在从事律师工作后处理各类纷繁复杂的案件时，能以己推人，将心比心，将情、理、法融于其中。特别是对一些疑难案件的处理，做到了张弛有度、游刃有余，能最大限度维护当事人的合法权益。

张向云谈到自己在执业前期，常年担任着十几家企业的法律顾问，其范围涉及融资租赁、期货、地产、投资、矿产、企业并购、影视产业等，游走于各类形形色色的案件，接触各行各业的当事人，工作可谓繁重至极，但他从未觉得过棘手或不安，这是因为他丰富的阅历造就了他泰山崩于前而面不改色的镇定和理智。对他来说，少年时期的苦难经历，是一笔宝贵的精神财富。

律师这一职业，成了张向云一生的选择，终生不渝，永不言悔。

为顾问单位保驾护航

张向云律师说："中国的法治文明在向前推进，丰富的人生经历和从业经验及对社会主义法治理解的深入，让我在代理各类案件时不仅追求胜诉，更注重追求公正公平以及符合社会的价值评判，在情、理、法的平衡中把握好分寸，息诉止争以化解社会矛盾。"

从2007年开始，张向云律师开始担任云南华凌建设集团工程管理公司法律顾问。公司总经理王天卢介绍说，云南华凌建设集团下设多个子公司，业务涉及房地产开发、设计、装潢、家具等多个行业，业务面宽、合同量大，这对法律顾问而言不但是一项繁重的工作任务，而且对法律顾问的业务水准也是一个重大考验。作为法律顾问，张向云的一项重要工作就是审查公司合同。在审查过程中，张向云认真负责、严格把关，逐字逐句审阅。为了掌握相关情况，甚至生病时因为不放心，他还到施工现场调查。在工作方式上采取和风细雨的方式，合同制定中遇到一些企业负责人持有不同意见，张向云不是依仗自己大牌律师的身份去生硬说教，而是更注重引导。他不局限于单纯法律条文，而是结合自己广博的知识和丰富的经验，通过生动形象的讲述，将法律条文之外的一些现实因素、案例、不同条文的后果推演出来，打动和说服企业负责人。由于他的严谨和努力，云南华凌建设集团发展至今，从来没有

因为纠纷与客户或合作企业对簿公堂。

正义从来不会缺席

在30多年的律师从业生涯中，张向云先后承办过3000多件诉讼案件和非诉讼案件，业务范围涉及云南、四川、重庆、贵州、河南、浙江、江西、深圳等地区，服务对象涵盖了社会各阶层，从平民百姓、企业到政府机构。案件范围涉及民商、刑事、行政等诸多领域，许多案件在云南乃至全国被广泛关注。

许多别人代理失败后的案件，经张向云承办后常常发生惊天大逆转，反败为胜。前些年，云南省一家从事农业资料生产的企业，与山东淄博一家生产农膜的企业产生经济纠纷，在山东济南聘请律师前往法院起诉那家生产农膜的企业，要求偿还10余万元的欠款。企业总经理李某某介绍，在起诉过程中，山东淄博的企业负责人威胁他，如果他们执意起诉，不但将不偿还10万余元欠款，还要根据自己提供的所谓"证据"提起反诉，反诉李某某的企业欠他们28万元钱。

庭审结果是李某某一审、二审全部败诉，被法院强制执行划去公司账上40余万元给山东淄博企业。李某某回到昆明后愤懑不已。他生气的倒不是经济损失，最关键的是讨债不成，反倒被欠债人反咬一口，对他的尊严是莫大的侮辱。在朋友的介绍下，李某某找到张向云代理该案，向山东省人民检察院申诉，山东省高级人民法院最终提审了该案件。

一般情况下，一审、二审败诉而通过申诉赢得官司的成功率非常低。张向云缜密分析案情后，制定了应诉策略。在庭审现场，张向云慷慨陈词，据理力争，最终官司打赢了，委托人的合法权益得以维护。

做有情怀、有担当的刑辩律师

张向云做公司类案件得心应手，但是他仍对做刑辩律师情有独钟，一直秉持良心，坚持法律事实，活用理论，寻找"矛盾"突破，提高技能，合法入理有情，建树颇多。

在陈某绑架案的辩护中，张向云律师提出该案定性错误，不构成绑架罪，二审法院采纳了他的意见，以非法拘禁罪判处陈某有期徒刑3年。其他3个被告人也改判有期徒刑3年。

在罗某合同诈骗案的辩护中，办案机关采纳了张向云律师的意见，释放了嫌疑人，撤销了该案。

▲张向云律师参加爱心活动

▲张向云律师研究案卷

在冼某故意伤害案的辩护中，曾4次开庭审理此案，最终法院采纳了张向云律师的意见，判决被告人冼某无罪，驳回对方的赔偿请求。

在吴某贪污案的辩护中，一审法院判处吴某有期徒刑5年，上诉后，张向云律师提出该案不构成贪污罪，被告人有自首、从犯等法定从轻和酌定减轻等情节的辩护意见，二审撤销一审判决，以侵占罪判处被告人吴某有期徒刑2年，缓期3年。

……

"中国的刑事诉讼制度还存在问题，还需要不断地改进、完善。而刑事诉讼的进步，在实际意义上就是辩护制度的发展，它对于保证刑事司法活动中程序公正和结果公正都有非常重要的作用。只有公民意识觉醒，这个工作才会得到推进。但这绝非一蹴而就，尚需众多的刑辩律师前赴后继的努力方能达成。"张向云律师道。

集思广益，做企业发展的智囊

30多年的律师执业生涯，张向云除精熟法律之外，还广泛涉猎文史、哲学、社会学、心理学、艺术等学科知识，深厚的法律知识和文化修养为他从事法律顾问及非诉讼案件代理奠定了良好基础。

著名法学专家、昆明理工大学法学院院长曾粤兴教授非常欣赏张向云律师，盛赞他是一个非常优秀的律师，并称他是一个谦虚好学、不墨守成规、不故步自封，能够适应形势的变化不断学习进取的人。

张向云律师特别注重与法律界及其他各行各业的交流学习，在办案过程中，他常常跨行业与许多领域的专家学者进行交流学习，让各领域的专家作为顾问，为大型案件进行"会诊"，集思广益，分析案情。这种工作方法，被他称之为"智囊团"模式。

张向云律师说："一个人再怎么努力，他的经验和擅长的领域毕竟是有限的。这种'智囊团'模式的工作机制常态化，既保证了办案质量，又可合理利用司法资源，并最大限度保证客观公正，更好地化解纠纷，定分止争。"

做一个有社会责任感的律师

张向云的眼界已经超越了一个普通律师的职责。笔者以为，凡为国分忧者，必心系黎民百姓，张向云律师亦是如此。在执业过程中，他经常遇到一些弱势群体在维护合法权益时，因经济困难，无力承担聘请律师的费用，合法权利得不到保障。为了维护弱势群体的合法权益，缓和社会矛盾，张向云律师积极参与到维护弱势群体合法权益的行动中，多次为进城务工人员、下岗工人、未成年人等免费承办案件。对特别困难的当事人，他还为其提供食宿及往返住地费用。在代理弱势群体的案件中，面对强势的公权力部门，他以公平正义为信念，刚直不阿、仗义执言，最大限度地维护弱势群体的合法权益。被当事人称赞为"心地坦荡、气正善良、仗义执言、善辩曲直"的律师。

张向云律师在接受委托时，无论案件的大小都做到一视同仁，一旦接受了委托，皆能做到勤勉尽责、殚精竭虑地深入案情，做大量的调查取证工作，运用精湛的业务技能，广博的知识，缜密的思维，有效的维权途径，较好地完成受托事项，最大限度地维护委托人的合法权益。

张向云律师认为，作为一个法律人，除了要有社会良知及能娴熟地诠释法律外，还应将追求公平正义作为永恒不变的天职。为此，律师应有社会责任感，应关注民生，应参与到社会公共事务的活动中，为法治建设献言献策，因此，他多次向灾区、贫困地区捐款。因张向云律师一直热心社会公益事业，2018年他被推选担任了云南最大的公益社团"昆明市大学生爱心家园协会"常务副会长之职。

此外，张向云律师还广泛参与到其他社会活动当中，并先后作为云南民俗摄影协会的发起人和任常务理事，以及担任云南红河餐饮与美食行业协会的发起人及常务理事等。多年来，他一直坚持看望退役军人，为东川贫困地区的残疾儿童捐款捐助，为企业普及法律知识，并通过身体力行，将法律思想充分融入社会活动中，在倡导人们树立诚信意识，构建和谐社会，促进民主法治建设方面进行着有益的探索。

后 记

在本次采访中，张向云律师对生活的达观和悠然，其为人谦和、友善、宽容的性格，以及对中国法治之路的所思、所想、所感、所悟，深深地感染了笔者。

张向云律师用敬业、勤业、精业、乐业践行着当代法律人的理想和情怀，书写着中国律师的责任与担当，他用一颗"匠心"构筑着中国法治大厦，因为他，甘做中国法治道路上那颗最坚定的铺路石。

将公平正义进行到底

——访海南昌宇律师事务所副主任、一级合伙人、刑事法律事务专业委员会主任李传山律师

▲李传山律师

编者按

何为公平正义？现代意义上的公平指的是一种合理的社会状态，它包括社会成员之间的权利公平、机会公平、过程公平和结果公平。公平正义是人类文明与进步的重要标志，是衡量一个国家或社会文明发展的标准，是每一个现代社会孜孜以求的理想和目标……关于公平正义的论述不是本文的重点，在此，笔者不再赘言。

在中国法律界有这样一位老法律人，30多年如一日，为追求公平正义，他学法、研法并走进西南政法；为追求公平正义，他选择当一名法官，这一干就是近20年；为追求公平正义，他又辞职做一名律师。同时，我们还了解到，在西南政法求学时，他读的是刑法学硕士研究生，进入法院后，他从事的是刑事审判工作，进入律师行业，他也只专注刑事案件。30多年来，他的青春、热血、理想、情怀、信念几乎都献给了他热爱的刑事司法工作，每天的所思所想、所感所悟也皆与刑事有关，在追求公平正义的道路上，他从未懈怠，可以说，公平正义已经成为他一生的追求。

此君何许人也？他就是海南昌宇律师事务所副主任、一级合伙人、刑事法律事务专业委员会主任李传山律师。

李传山是怎样的一位律师，他又有着怎样的人生履历和"刑事心路"呢？接下来，让我们从他回忆的片段以及信手拈来的几个刑事审判、刑事辩护案件的故事中

来一探究竟吧。

做一个追求公平正义的法律人

法律是守护社会公平正义最有力的武器。出生于1963年的李传山见证了高考恢复、改革开放，等等。李传山自少年起就开始思考公平正义这个在他看来还是个大话题的严肃问题，追求公平正义的种子也在他的心底埋下。1979年，新中国第一部《刑法》颁布实施，此时就读高中的李传山还参加了地方法院组织的公审公判大会，"一定要学习法律，做一个追求公平正义的法律人"，他坚定地告诉自己。1982年高中毕业时，他报考并顺利进入安徽师范大学政教系（现安徽师范大学法学院）学习法律，1986年毕业后他又报考了被誉为中国政法界"黄埔军校"的西南政法学院（1995年，学校更名为西南政法大学，简称"西政"）攻读刑法学硕士研究生，并师从全国资深刑法学家、新中国第一代杰出刑法学者、西南政法大学刑法学科奠基人之一董鑫教授。自此，在董鑫教授耐心地指导和西政精神的引领下，李传山也开启了他的刑法人生，多年来，李传山努力践行着他的理想——做一个追求公平正义的法律人。

做一个守护公平正义的好法官

1989年，李传山在"西政"毕业时，导师希望李传山留校，继续潜心研究和教授刑法，这时，海南省高级人民法院向李传山抛出橄榄枝，这是海南省建省和海南经济特区成立的第二年，彼时，整个海南岛可以说是人才汇集、盛况空前，海南也成了各路英才大显身手之地。希望学习更多司法实践经验，并希望在审判工作中主持公平正义的李传山，在导师的惋惜声中踏上了海南岛。"司法是维护社会公平正义的最后一道防线，法官是法治的最后一道关口，法官也应当是公平与正义的化身，是公平的主持者，是正义的守护者。"李传山道。

导师在李传山临行前还给他一个忠告："你的性格不适合官场，你走进官场肯定是要脱胎换骨的。"一向刚正不阿，眼里揉不得一点沙子的李传山到海南省高级

人民法院（以下简称"海南高院"）后就顺理成章地分配到刑庭工作，后担任刑庭副庭长。

（一）震惊全国的"杀人练胆"案始末

英国哲学家培根说："一次不公正的裁判，其恶果甚至超过十次犯罪。因为犯罪虽是无视法律——好比污染了水流，而不公正的审判则毁坏法律——好比污染了水源。"

接着，李传山律师与我们分享了他在省高院刑庭工作期间审理的一起"杀人练胆"案。彼时，"杀人练胆"案已震惊全国，中央电视台等各大媒体均做了相关报道和转载，在此，我们不再赘述。笔者以为，作为该案的主审法官和审判长，李传山在案件中的一些经历和所做的工作，应可在此记录。

此案的主犯为刘某，山西省长治市人，曾在武警某部队服役，接受过正规的军事训练，还曾担任执行死刑的工作，退伍后南下深圳闯荡，因犯抢劫罪被抓。然而，法院宣判时，判决书中却以刘某犯有抢劫罪和强奸罪两项罪名，被判处有期徒刑 14 年。此后，刘某觉得法官对他的判决不公，对强奸罪名一直不服不认，提出上诉，但却被驳回上诉。在深圳监狱服刑期间，他成功越狱，逃脱被抓后他又被加刑，并投入宁夏石嘴山监。但，这次监狱的高墙仍没有管住他，2001 年 9 月 26 日，刘某从宁夏石嘴山市惠农监狱再次越狱，并于当年 10 月底逃至海口。在海口潜逃期间，他就开始着手组织自己的犯罪团伙，为了训练组织成员"干大事"的本领，他提出"杀人练胆"，并先后杀死两人，此后，他也被下属尊称为"魔鬼教官"。

2003 年 6 月，在海口警方的布控下，刘某犯罪团伙等 8 人悉数被抓。案件在海南高院二审开庭时，刘某提问："审判长，我问一个事，按照法律规定，死刑案件二审开庭前，检察院要到看守所提审，但我这个案子中，检察院没有对我进行提审。"作为主审该案的审判长，李传山经与公诉人核实，得到的答复是，确实没有提审刘某，李传山遂宣布立即休庭。对于这个法律程序问题，刘某只是随便提提，但却获得主审法官的支持，觉得很是出乎他的意料。"既然审判长能够坚持法律程序，那么我们两个能不能单独聊聊？你敢不敢跟我面对面地谈？"李传山欣然应允。此时，中央电视台《社会与法》频道正预采访李传山，李传山将这一题材反馈给栏目组，栏目组高度赞同。随后，中央电视台《社会与法》栏目组

▲李传山律师和高铭暄教授合影

的摄像机，跟着主审法官李传山来到看守所，在看守所，李传山与刘某长谈近 4 个小时。就这样，一期《看守所的对话》在中央电视台正式播出。

海南高院再次开庭时，刘某表示："不论高院判不判我死刑，我都愿认罪伏法。我承认自己的罪行，我对受害者表示深深的歉意，我同时向同案犯表示歉意……"2005 年 4 月 16 日上午 10 点，刑场上的一声枪响终于结束这个罪恶的生命。

"一个案子判得好与坏，会给整个社会带来很大的影响。公正是法治的生命线，司法公正对社会公正具有重要的引领作用，司法不公对社会公正更具有致命的破坏作用，不可轻视之。"李传山语重心长地道。

（二）一个"红帽子"企业的获罪始末

改革开放初期，私营企业在发展过程中挂靠国有、集体等企业，戴上"红帽子"（"红帽子"企业是指附属于政府部门，以国有企业或集体企业为名义进行经营活动的私人企业，被挂靠单位无须投资开办和启动资金，仅收取挂靠费）经营成为当时一种普遍存在的经济形态。

进入 21 世纪后，担任海南高院刑庭副庭长的李传山就审理了一起"红帽子"企业（指附属于政府部门，以国有企业或集体企业为名义进行经营活动的私人企业）"贪污"案，此案的主犯是一对夫妇。

随着改革开放的深入推进，来自江西的夫妇两人经过数年艰辛打拼，其挂靠在某国有企业的子公司每年收益已达数百万元，而此时，作为被挂靠单位的国有企业却因经营管理不善，已走向濒临倒闭的边缘。这时，国企领导开始打起这家子公司的主意，并决定要将子公司

▲李传山律师在西南政法大学

"收"回来，随后，夫妇俩被以"贪污"的罪名投进看守所，真是欲哭无泪、喊冤无门。一审宣判，夫妇俩分别被判处死缓和无期徒刑。夫妇俩不服一审判决上诉二审，省高院二审法院刑庭即是李传山担任主审法官。李传山在仔细研究案件情况后，向审委会提出："这就是一个'红帽子'企业，国企没有投入一分钱，哪来贪污之罪。"但李传山的声音并未得到重视，李传山又向院长汇报意见，院长同意李传山的意见，但面对的压力，该如何判决，院长也犯难，后与院长商议，此案只有报请最高人民法院（以下简称"最高院"）。之后，在报请最高院后，最高院作出批复，两被告人无罪。2006年，43岁的李传山在院领导的惋惜和家人的反对声中辞职，选择做一名律师。经过近20年的法官生涯，导师说的"脱胎换骨"，李传山没有"实现"，看来，此生李传山是"禀性难移"了！

特别值得一提的是，在法院工作期间，李传山先后被评为海南省"十大杰出青年卫士"、海南省劳动模范、全国法院先进工作者。

做一个维护公平正义的刑辩律师

（一）无罪辩护之受贿案

1992年，某法院经济庭副庭长梁某因犯受贿罪（2万元）被判处有期徒刑5年，但梁某一直不服判决，且在监狱服刑时拒绝减刑。"我同意减刑，就意味着我承认自己犯了罪"。无论面对办案人员还是家人的劝说，他都是如此坚定地回答。5年时光一晃而过，梁某刑满释放出狱后，立即开始他的"申诉之旅"，因当时交通还不发达，加之梁某没有收入来源，为了申冤，他竟骑着

自行车从海口骑到首都北京进行上访，虽多次都被驳回，但他一直坚持申诉。为了申诉，他睡过工地、捡过废品，生活异常艰辛。

其实早在李传山担任法官期间，他对此案已有耳闻，但因与梁某同为安徽老乡，李传山只能选择回避。2011年，已经成为一名执业律师的李传山接受梁某的委托，且免费担任其申诉案件的代理人。接受委托后，李传山向海南高院、最高院反复递交申诉材料，引起最高院重视，并裁定海南高院进行再审，之后海南高院又指定海口市中级人民法院（以下简称"海口中院"）启动再审。海口中院再审撤销原一审法院的判决，并回一审法院重审。一审法院重新审理后宣告梁某无罪。但检察院却提出抗诉，抗诉二审后，海口中院驳回检察院的抗诉，维持原判。之后检察院再抗诉至省高院，2012年，省高院再次驳回检察院的抗诉。

"对梁某据以定罪的证据是行贿人私自录的一段对话录音，且这段录音还被做了删减和修改，并人为地添加了'金额'部分的对话，当时法院认为，虽然录音有瑕疵，但录音中其他对话是真实的，故对梁某定罪。但这种非法证据（录音）就不该作为证据进入法庭。"李传山律师义正辞严地道。

此案，肇事于1992年，至2012年海南高院驳回检察院的抗诉，认定梁某无罪。时间已过20春秋，20年来，梁某经历了牢狱之灾、申诉之苦，由于常年奔波和申诉，其身体也落下了很多疾病，作为老乡和朋友，李传山除免费代理该案，还经常周济梁某，逢年过节给他送粽子、送月饼。

（二）无罪辩护之玩忽职守案

2002年，海南省屯昌县财政局向海南省财政厅申请一笔扶持地方农业有偿资金的贷款项目（350万元），某农业公司经屯昌县的一农场担保获得该笔贷款，但直至2014年，该农业公司也未还上这笔贷款。贷款人无法归还，那么作为担保人就要承担连带还款责任，但此时担保人却以抵押担保不合法为由，将当初批复抵押登记手续的屯昌县国土局告上法庭，且还获得胜诉判决。之后，法院又以此行政判决书为依据，判决担保合同无效。

既然造成国家财产损失，就要有人来承担相应责任。2014年7月，屯昌县人民检察院以涉嫌玩忽职守罪对屯昌县国土局局长、副局长、地产股股长林某某等三被告人向屯昌县人民法院提起公诉。李传山律师接受委托

担任代理该案主犯的辩护人。一审屯昌县人民法院判决林某某等三被告人犯玩忽职守罪，判处有期徒刑3年，缓刑4年。宣判后，林某某等三被告人均不服判决，再委托李传山律师向海南省第一中级人民法院提出上诉。2015年7月，海南省第一中级人民法院作出裁定，发回屯昌县人民法院重新审判。2016年7月，屯昌县人民法院重审作出判决，判决三被告人无罪。屯昌县人民检察院提出抗诉。2016年12月，海南省第一中级人民法院公开开庭审理该案，并作出裁定：驳回抗诉，维持原判。该案最终以三被告人无罪告终。

后 记

采访将结束时，李传山律师深有感触地道："刑事无小事，刑事案件涉及人的生命、自由、尊严和财产权益。用现在流行的一句法律言语'我们办的不是案件，而是别人的人生'来总结应该说是十分恰当的，无论是法官、检察官、律师皆是如此。一个案件不只是涉及一个人，尤其是刑事案件，它还涉及这个人背后的家庭、社会等，所以，司法公正是社会稳定与否的根基，作为法律人，更应坚守公平与正义，不能有丝毫松懈和侥幸。在个别案件中，你可能会遭遇各种困难、阻挠，但绝不要失望，更不能绝望，我国的法治之路需要几代人坚持不懈地努力来铺就，我愿做法治道路上的铺路之石，坚定法治信仰、坚守法律底线，将公平正义进行到底。"

是啊！中国的法治之路需要几代人的坚守和努力，正是如李传山一样的每一位法律人前赴后继地付出与坚守，才绘就了中国法治建设的宏伟蓝图。努力让人民群众在每一个司法案件中都能感受到公平正义，将公平正义进行到底已成为我们每一个法律人的奋斗目标和终极理想。

脚踏实地，方能行稳致远

——访上海市锦天城律师事务所高级合伙人、杭州分所党总支书记刘为平律师

▲刘为平律师

编者按

2021 年是中国共产党建党 100 周年和《律师法》实施 25 周年，在中国律师界有着"律界航母"之称的上海市锦天城律师事务所（以下简称"锦天城"或"锦天城律所"）有这样一位从"老三届知青"中走出来的党员律师，他是锦天城目前在执业的律师中年龄最长者，更是锦天城第一家分所的合伙先行者，且还是党龄最长者，他的微信名是"为了公平"。他就是锦天城律所高级合伙人、杭州分所党总支书记刘为平律师。

百度输入"刘为平律师"，除锦天城官网不足千字的个人介绍外，并无太多关于他的信息，或许，这就是他的性格——只问耕耘、不问收获；胸怀法治理想，脚踏实地前行。

所以，关于刘为平律师的人物生平、心路历程以及曾经的峥嵘岁月、光荣与梦想等，还有很多不为我们所知。今天，就让我们走进锦天城杭州分所，走近刘为平律师。

峥嵘岁月，戍卫边防

刘为平出身"红色家庭"，祖籍山东省沂水县。父亲刘伟是老八路、老军人、老共产党员、老革命干部，还是一位"优秀的国际主义战士"。父亲 1922 年出生，17 岁（1939 年 6 月）加入中国共产党，历经抗日战争、解放战争，并多次立下战功。新中国成立后的 1949 年 10 月，父亲还曾担任浙江省金华市磐安县委委员兼第一任公安局局长，负责剿匪重任。1951 年，父亲由金华市军分区调任新中国成立后浙江第一个大型企业航母——浙江麻纺厂，并先后担任浙江麻纺厂保卫科长、副厂长、党委书记等职。1970 年，父亲调任浙江省杭州市交通局担任党委副书记。1975 年 3 月，交通部选派父亲前往赤道几内亚（简称"赤几"）担任公路技术组组长。1977 年 2 月 3 日，父亲在检查公路质量时，被当地汽车撞倒，以身殉职。2 月 5 日，父亲的葬礼在赤道几内亚恩蒙公路的起点 0 公里处隆重举行，赤道几内亚总统马西埃及两国政府代表、中国援赤几人员和当地群众 1000 多人参加了葬礼。1977 年 2 月 12 日，《人民日报》及全国各地报刊载了新华社的报道，文中引用中国大使在葬礼上的悼词，称赞"刘伟是一位优秀的国际主义战士"。浙江省人民政府在省人民大会堂为刘为平父亲举行了隆重的追悼会，并授予他革命烈士光荣称号。当时，《浙江日报》《杭州日报》还纷纷发布悼念消息，深切缅怀刘伟烈士。

"当时给予父亲'优秀的国际主义战士'这个称号，交通部和外经部还专门请示了党中央，这说明党给了父亲很高的荣誉。"刘为平律师道。

刘为平 1952 年 3 月出生于浙江杭州。在父亲的影响下，刘为平对待工作同样坚毅果敢、尽职尽责；兢兢业业、脚踏实地；对党和国家忠诚，对人生豁达开明。

"到农村去，到边疆去，到祖国最需要的地方去。"1968 年，16 岁的刘为平刚从杭州外国语学校毕业，就响应国家号召，从杭州一路颠簸 3000 多公里，来到了祖国的边疆黑龙江省抚远县，成为一名知青。刘为平所在的知青点海青公社滚子里生产队就位于乌苏里江畔，彼时的滚子里村还处在一片亘古荒原上，四周被大片的沼泽、白杨、白桦、柞树及次生林环抱，这个小村庄距离最近的海青公社也有约 25 里，再沿江往上走，便是发生过举世闻名的"珍宝岛自卫反击战"的珍宝岛了。

乌苏里江是中苏界江，滚子里生产队就在江里捕鱼，江边种地，因离边境线太近，所以故事很多，因此，刘为平在知青岁月里也就经历了几次生与死的考验。

1969 年 3 月，珍宝岛事件发生后，为加强边防守卫，刘为平被选入县武装民兵值班分队，负责到边境线巡逻、站岗。有一次轮到刘为平值岗守卫瞭望塔，这天晚上风雨大作、电闪雷鸣，可新建的瞭望塔上还没有安装避雷

▲缅怀先烈

▲走进瑞金干部学院

针，若遭遇雷电，势必造成很大风险。但作为戍卫边境线的战士，不能有丝毫擅离职守的想法，就这样，刘为平一直坚守瞭望塔，并密切关注边境线动向。这一夜有好几个轰雷炸响在瞭望塔上空，但刘为平不为所动，仍坚守岗位。直至第二天换岗时战友们才发现，15米高的瞭望塔栏杆竟然已被雷电击黑，所幸没有造成人员伤亡。当晚一直在塔上坚守岗位的刘为平看后，还真惊出了一身冷汗。

屯垦戍边期间，刘为平亲身经历了"苦、累、饿、渴、寂"等生活境界的种种磨砺，而最让他记忆深刻的当属1970年入冬前的那次割豆子。"淀子里有块80多垧（一垧等于15亩，80垧合计1200亩）的新开荒地，春天用拖拉机翻地起垄播种大豆，到秋天了，豆秆长得还不及腿肚子高，可豆荚倒结了不少，如果不在下雪前割完，埋在雪地里就会全部腐烂。那时我们每天只有二十几个人去割豆子，每个人一次要割四条垄，割一段就把豆秆堆成一个小垛，然后再往前割。早晨天一亮就出工，一直割到晚上天黑收工，一天12个小时，只有中午一个小时能一边吃饭一边休息会儿，当时吃的是小米高粱混合饭加咸菜，是否营养就不用提了，当时能吃饱就是万幸了。由于豆秆长得低矮，我们必须弯下身子，撅起屁股，才能抓住豆秆从根部割下来，割不多远，腰就酸得厉害。抬头一看，一条条的垄紧挨着，笔直地通向天际，何时才能割到尽头啊！还没来得及捶捶腰、舒舒筋骨，看到旁边的人已经割到前面了，这时就只能弯下腰赶紧追。知青们年轻，好胜心强，再苦再累也不甘落后。我们就这样割呀割、追呀追，总算看到垄的尽头，再咬咬牙，坚持最后五分钟，还有十米、五米，终于把四条垄上的大豆全部割完。我筋疲力尽地坐在地头，浑身像散了架似的一动也不想动。不一会儿，领头干活的当地老农，掐灭手中的烟头，一声不吭地转过身，站好位，弯下腰又继续往回割。这就是无声的命令啊！我浑身散架、叫苦不迭，但也不得不站起身，帮助其他没割到头的伙伴。就这样，二十几个人用时26天，终于赶在大雪前将1200多亩大豆全部割完。在那浑浑噩噩的26天里，我早晨不愿起床，中午不愿吃饭，晚上不愿回家，总是在默念一个愿望：躺下，不论躺在什么地方都行，放平身板美美地睡上一觉。那种令人窒息的累，深深地刻在了我的脑海里，受过那样的累，此后我再也没有怕过累。"刘为平律师感叹道。

刘为平还清楚地记得，进入冬季与民兵战友们一起冒着零下40摄氏度的严寒站岗、巡逻、修工事、挖战壕的场景，往事如昨、历历在目，手脚冻裂了，他们坚持"轻伤不下火线"，知青岁月里，他们经受住了"血与火的考验"。

有一次，刘为平与十几个民兵扛着7.62步骑枪登上了乌苏里江主航道中心线中国一侧的一座荒岛，并在荒岛上砍柴、点火，以宣示主权。但没过多久，对岸派出直升机在小岛上空观察一圈后，竟又派出了装甲车在对岸整装待命。为防止造成人员伤亡，上级命令民兵们先撤下来，而直到接到上级的撤离命令，十几个民兵才选择了离岛。"那时确实很危险，我们的武器装备太差了，但为了祖国、民族的尊严，领土的完整，我们坚决寸土不让，哪怕流血牺牲，也要坚守阵地，死有何惧！"提起当年的生死经历，刘为平显得格外平静，或许，这就是历经风雨后的泰然自若、乐观与豁达吧！

▲年轻的刘为平在天安门

1970 年 12 月，刘为平因表现良好，被抚远县选送作为知青代表应征入伍。从知青成为一名真正的戍卫边防的战士，自然是激动不已，刘为平带着自豪走进部队，并于 1972 年加入中国共产党，成为一名光荣的共产党员。黑瞎子岛、珍宝岛、乌苏里江畔的峥嵘岁月也成为他最难以忘怀的记忆。"就是那段时间锻炼了我不怕吃苦、不怕流血牺牲的精神。"

直至 1977 年 2 月 2 日，刘为平在连队接到退伍的命令，按照当时"哪里来，回哪里去"的规定，刘为平应回到黑龙江省抚远县。2 月 10 日夜，刘为平却突然接到浙江省援外办合团政治处发来的电报："刘伟同志因公在赤道几内亚牺牲，请你部派员陪同刘为平同志回杭参加追悼会。"听到这个消息，刘为平震惊不已，他不敢相信这是真的，但电报字字千钧摆在眼前，随后，刘为平在副连长的陪同下乘飞机赶回杭州。

父亲的追悼会开过后，组织上照顾刘为平是烈士子女，遂安排其回杭州并进入浙江省标准计量管理局人事处工作。"当时我真的不能再回抚远，虽然命运天平的这次倾斜，使我的人生有了新的起点，但没想到却是基于如此巨大的代价，我能够做的，就是像父亲那样，认认真真做事，踏踏实实做人。几十年来，我正是以这样的践行，告慰父亲的在天之灵。"刘为平律师道。

努力奋斗，砥砺前行

回到杭州的刘为平先后担任浙江省标准计量管理局人事教育处科员、副处长以及政策法规处处长和机关党总支副书记。工作期间，他于杭州大学（杭州大学在 1998 年与浙江医科大学、浙江农业大学一起并入浙江大学）汉语言文学系读完专科并脱产到浙江省委党校完成了本科学业，且还自学了中华律师函授中心律师专业的全部课程，考取了法律专业证书，此后，他又走进北京大学法学院攻读了经济法研究生。经过一系列刻苦学习，

刘为平这个"老三届知青"总算圆了自己的大学梦。

20 世纪 80 年代，改革开放、依法治国等国策正逐步推进。刘为平在浙江省标准计量管理局工作期间发现，在行政执法部门执

▲缅怀先烈

法过程中总会遇到诸多法律问题，遂向局领导提出在局内设立法律顾问的建议，得到领导肯定和批准后，浙江省标准计量管理局聘请了浙江省司法厅直属的浙江联合律师事务所第五所的律师来担任法律顾问。随着往来的增多和交流的深入，1985 年，一直向往从事律师工作的刘为平也顺利成为浙江联合律师事务所第五所的一名兼职律师工作者。1986 年，经过认真备考，刘为平顺利通过全国第一次律师资格考试。1990 年，国家颁布实施《行政诉讼法》，已经主持省标准计量管理局人事教育处工作多年的刘为平自愿申请到政策法规处当处长。很多人劝刘为平留下，但这时的刘为平已经全心投入了对法治工作的研究中，最终，局领导尊重了他的选择。自此，刘为平也成为全国技术监督系统中第一位具有律师资格的法规处处长。期间，刘为平还多次参加了全国技术监督系统执法部门行业规章的制定，并主要协助浙江省人大常委会参与了《浙江省查处生产和经销假冒伪劣商品行为条例》地方性法规的起草制定工作（该《条例》于 1992 年 11 月 17 日颁布施行）。

1995 年至 1997 年，刘为平还曾在中国农业发展信托投资公司浙江办事处法律事务部短暂工作两年，并实际参与了许多银行金融法律业务。1997 年，已经 45 岁的刘为平本来可以熬到退休去享受生活，但这时他却选择了辞去公职，成为一名专职律师，并应邀担任了浙江信安律师事务所合伙人、副主任。在律师圈内，刘为平一直谦虚地称自己是"半路出家"做律师，并无太多故事，但笔者以为，刘为平律师的人生经历本身就具有深刻的教育意义和示范意义，后面笔者将为大家详细陈述。2001 年，一直与同仁想创办一家律所的刘为平与锦天城

▲与锦天城同仁

的"三建客"（因史建三、林建华、罗建荣三位律师名字中均有"建"字，刘为平戏称他们为"三建客"）偶然结缘，且大家都有相见恨晚之感，之后，在与锦天城第一任主任——史焕章院长（原华东政法学院院长）在上海会晤后，刘为平义无反顾地登上了锦天城这艘大船，并成为锦天城的高级合伙人，而这时他已是近50岁高龄的律师。此后，在锦天城的20年中，刘为平还曾轮值担任锦天城杭州分所执委会主任，总部第六、第七两届监事会监事等职。

"选择加入锦天城这个大家庭，是我律师人生中最正确的选择，在锦天城'服役'是我的荣耀和荣幸，我衷心感谢锦天城！"作为锦天城的"老人"，刘为平对锦天城的爱可以说是发自肺腑、饱含深情。

成为专职律师的刘为平在办案之余还不忘对国家及社会经济关注与研究。2003年，他结合浙江民营经济发展现状，在"2003第三届中国律师论坛"上发表专题研究"私有财产神圣不可侵犯及其法律保护"，获得与会者一致好评和肯定，令他没有想到的是，这篇文章后来竟被《中国当代思想宝库（十）》（2004年12月第1版）全文收录。接着，中央电视台《今日关注》也就"私有财产保护问题"对刘为平进行了专访。更让刘为平欣慰的是，之后，《中华人民共和国宪法修正案（2004年）》也将第13条修改为：公民的合法的私有财产不受侵犯。国家依照法律规定保护公民的私有财产权和继承权。国家为了公共利益的需要，可以依照法律规定对公民的私有财产实行征收或者征用并给予补偿。这也是国家首次将"私有财产保护问题"写入《宪法》。

和者大成，一举多赢

刘为平律师从事律师工作的30多年来，他和他带领的团队，先后办理了各类案件千余件，担任过数十家中外企业或行政事业单位的法律顾问。他秉承维护法律的尊严，维护司法的公正，维护委托人的合法权益"三维护"原则，努力办好每一个受托案件，赢得了多方赞誉。近期，世界知名法律刊物 Who's Who Legal（WWL）2020年度中国领先商业律师榜单公布，锦天城有六位律师入选，刘为平律师名列其中。刘为平律师说，执业多年来，他从未参加过任何荣誉评选，他认为，优秀的律师应该在每个案件中为化解纠纷和社会矛盾做出贡献。在争议解决的专业领域，凡遇有矛盾纠纷案件，刘为平总是主张找到矛盾的共同点，双方先行和解。"能调解的调解，这样既节约了司法资源，又可使对立的双方减少诉累之苦，可谓一举多赢。"刘为平律师道。

《律师与法制》杂志曾报道过这样一起行政纠纷案件：有一家民营电梯生产企业遭遇质量技术监督局行政处罚，罚没款金额达八十余万元。企业不服，起诉至法院，一审法院支持了质量技术监督局的行政处罚，判决该民营企业败诉，企业不服，再次上诉至二审法院。上诉后，企业辗转多处又通过各种关系找到曾在质检系统工作过的刘为平律师，希望得到他的帮助。刘为平在仔细研究案卷后认为，质量技术监督局的行政处罚缺乏法律依据，应予撤销。但是，企业被罚没的产品存在一定问题，需要整改。企业诉讼的目的无非是为了少交罚款，也并非要将质量技术监督局搞得名誉扫地，企业还是愿意在行政监管下合法经营的。于是，刘为平依法据理写了长篇代理意见，并向二审法院行政庭提出建议，建议

▲参加锦天城律师事务所2021年全国监事工作会议

▲弘扬革命精神，传承红色基因

▲弘扬革命精神，传承红色基因

二审法院向质量技术监督局发送司法建议书，应明确指出该行政处罚的错误之处，一审判决不能执行。司法建议书发出后，刘为平再指导民营企业撤回上诉。之后，二审法院又通知一审法院，对一审判决不予执行。最终，该案以行政协调结案，纠正了行政机关的错误处罚决定，企业也愿意接受教育、改正错误。企业未受到实际处罚，行政机关也未败诉，双方对律师的办案结果都非常满意。

还有一起民事案件值得一提：杭州市江干区为建设钱江隧道，强拆了一户人家，房屋被强拆后，拆迁户缪某将市政府告上法院。一审法院裁定驳回，缪某上诉到二审法院，二审法院再次裁定驳回。之后，缪某上访至国家信访局投诉，2008年12月29日，国家信访局作出"不予受理"决定并通知了缪某。此后，缪某又向最高人民法院申请再审，2011年7月，最高人民法院行政庭书面通知缪某不提起再审。2011年11月，浙江省高级人民法院书面通知缪某，其因为拆迁信访到最高人民法院，今特指定由杭州市中级人民法院（简称"杭州中院"）接待并依法处理。但6年都过去了，缪某的案子却一直久拖未决。

2017年4月，缪某辗转来到锦天城杭州分所，找到刘为平律师。缪某称自己与政府发生拆迁纠纷后，其在几个法院打了几场官司全部败诉，法院已把他列入限制高消费和出行人员名单，其行动受到了很大限制，处在行动受限制、住房无着落、生活很窘迫的状态，愿以风险代理支付高额律师费的方式，请求刘为平律师为其代理。

刘为平律师未当场与缪某签订委托协议，而是留下缪某的书面材料进行认真分析。之后刘为平发现，多年来缪某一直是杭州中院、浙江省高院、最高人民法院三级法院的重要上访户。刘为平觉得这个问题必须得到有效解决，不然会成为社会不稳定因素。

这个案件除牵涉拆迁指挥部、街道办、村委会等多个部门机构外，让案件变得更为复杂的是，当事人还有两起民事合同纠纷已在西湖区法院判决，因缪某拒不执行法院判决，其才被西湖区法院列为失信被执行人。缪某认为这是法院联合起来故意整他，也不再相信政府的任何部门，他甚至在杭州中院威胁法官，在劝解无效的情况下法官只得报警。之后，公安民警接警后从法院将缪某带走，并实行了行政拘留措施。缪某的违法言行虽然受到了一定惩罚，但其拆迁纠纷一直没有化解。

刘为平律师经向杭州中院接待处理缪某的法官同志了解，自2012年以来，杭州中院立案二庭派专人一直联系缪某所在社区和街道，以及拆迁单位钱江新城建设指挥部，并积极寻求缪某在信访中提出的安置及补偿落实的方案。但由于缪某固执己见，很难与其达成共识。另外，缪某被列为被执行人的案件也拖了五年一直没有解决。

杭州中院政治部负责信访的领导同志希望刘为平律师能够接受这个案件的委托，一起帮助缪某化解矛盾纠纷。针对以上情况，刘为平律师决定接手缪某的案件，并分别办理了具体委托手续。

一方面作为律师同意帮助缪某参加拆迁安置事宜的协商谈判，为维护缪某的合法权益主动与各方面联系协调。但鉴于该案已属信访案件，不属诉讼行为，便不签定委托合同，不收律师代理费，不收取缪某任何费用，不作为信访案件的代理人，但会参与缪某拆迁纠纷化解工作。

另一方面书面接受缪某委托，针对在西湖区法院已经进入执行程序的两桩加工承揽合同纠纷案，收取少量手续费，正式代理调取新证据，争取重审或再审，尽快解决缪某被限制高消费和行动自由，解决执行矛盾冲突问题。在缪某同意这样的委托代理和无偿援助两种方案解决纠纷之后，刘为平律师和他的团队立即展开了卓有成效的工作。

首先，刘为平律师积极配合杭州中院处理信访案件工作要求，主动与缪某拆迁安置相关单位联系，直面缪某安置中的矛盾，为维护缪某的合法权益多方奔走，取得了缪某的信任，稳定了缪某的情绪，使其逐渐放弃了赴京上访的念头和行动。自 2017 年 5 月以来，刘为平律师在杭州中院经办法官的牵线引导下，多次主动找街道分管领导、社区党委新任书记、副书记和经办干部面谈，参加了江干区信访局领导召开的多方协调会，走访了钱江新城建设指挥部，了解缪某拆迁矛盾的冲突焦点。现在安置方案虽未落实，但缪某到法院上访的行为已经终止。杭州中院政治部领导对刘为平律师的化解工作十分肯定和支持。

其次，刘为平律师团队还积极寻找有利证据，促使西湖区法院对两起案件重新立案审理，终于在 2020 年 7 月实现两案全面"案结事了"。2020 年 7 月 22 日，缪某"老赖"的帽子终于被摘掉。此后，缪某不再上访，并表示会耐心地等待政府的安置。

"律师就是一个化解社会矛盾的'牙科医生'。律师虽然没有权力，但可以运用法律的智慧解决问题，并在个案中化解决纠纷、解矛盾，让案件朝着社会和谐的方向进展，这比挣多少钱更有成就感。"刘为平律师如是说。

弘扬革命精神，传承红色基因

特别值得一提的是，2012 年，已年满 60 岁的刘为平办理了退休手续，但他"退休不退职"，律所同仁一致选举他继续担任锦天城杭州分所党支部书记及党总支委员会书记（2017 年正式成立党总支）。2020 年党总支换届时，分所全体党员一致通过，仍由刘为平律师继续担任党总支委员会书记。

据了解，锦天城杭州分所现有执业律师和员工 140 余人，而党员律师就有 60 多位，由此可见，锦天城律所中党建工作的重要。作为锦天城杭州分所党总支书记，刘为平认为担子不轻，"现在要求'以党建促所建'感觉责任更大了"。2021 年 5 月，在建党百年纪念日来临之际，锦天城党委专门组织全国分所的党支部书记、党员骨干 60 余人来到红色故都、共和国摇篮、中央红军长征出发地——江西瑞金，在瑞金干部学院进行了为期 4 天的学习培训。在此前后，井冈山、嘉兴红船学院、上海党的诞生地、橘子洲头等都留下了锦天城党员律师认

真学习党史、弘扬革命精神、传承红色基因的足迹。

多年来，刘为平律师一直认为，要坚持正确的政治方向，要坚持中国特色社会主义法治道路，而抓好党建工作正是保证律师队伍正确政治方向的关键，这一点任何时候都不能含糊。"一个好的律师不仅仅是自己能办好案件，而且还要能够带好团队和搞好所建，杭州分所党总支下分别设立了 4 个党支部，党员律师应是法治队伍的力量中坚。"刘为平律师说。

"以党建促所建，以所建促发展"，笔者以为，锦天城的党建工作无疑是走在了全国律师行业的前列。

2020 年春节前夕，一场突如其来的新冠病毒疫情迅速在全国蔓延。锦天城武汉分所因缺少医疗用品，请求支援。据悉，早在新型冠状病毒疫情暴发之初，锦天城上海总所即与各地分所建立了信息沟通机制，对身处本次疫情暴发中心的武汉更是尤为关注。当武汉分所发出求助信息后，上海总所第一时间展开行动，向各地分所发出动员令。

2020 年 1 月 26 日上午，在与武汉当地政府多次沟通，确定所需医用手套型号、规格、数量以及价格、运输和接收等多项环节后，锦天城上海总所以刚成立的"锦天城公益基金"名义购买 120 万只医用手套捐赠给武汉，并委托武汉分所转交汉江区人民政府统一调度使用。

作为锦天城的一分子，锦天城杭州分所接到动员令后，立即筹集善款 11.397 万元，其中，8.1088 万元捐赠给杭州市江干区红十字会用于防控疫情，1.9412 万元用于采购 1 万件雨衣捐赠给杭州市慈善总会，部分员工个人捐给社会各慈善机构善款 1.347 万元。除积极捐款捐物外，刘为平律师还带头交了 1 万元特殊党费，用于支援疫情一线。

此外，刘为平还带领党员律师坚持到省政府信访办、杭州中院援助点值班，积极参加律师协会组织的"战疫"活动，以及在办公区域义务执勤，义务发放口罩、消毒水等。2020 年底，浙江省律师协会授予锦天城杭州分所"优秀防疫抗疫基层所"荣誉称号。

"我希望年轻律师不仅要在 GDP 上下功夫，而且更要在自己代理的每一个案件中落实自己的信仰和追求上下功夫，脚踏实地办好每一个案件，在每一个案件中追求公平正义，并努力实现自身的价值。因为，唯有脚踏实地，方能行稳致远！"采访即将结束时，刘为平律师语重心长地说道。

后 记

司法是社会公平正义的最后一道防线。刘为平律师用他 30 多年实践经验告诉我们，无论是法官、检察官抑或是律师，唯有坚持党对律师工作的全面领导，坚定不移走中国特色社会主义法治道路，始终把握正确的政治方向，方能做到"让人民群众在每一个司法案件都感受到公平正义"，让每一个公民信法、守法、用法、敬法。

律师通过自己的努力，让矛盾纠纷在法治轨道内化解，才能使社会更加和谐稳定，人民更加幸福美满，国家方能长治久安，如此，实现中华民族伟大复兴的中国梦不远矣！

凝心强技精业，践行责任担当

——访浙江智仁律师事务所高级合伙人、刑事部首席律师毛丽英

▲毛丽英律师

编者按

我国自 1979 年恢复律师制度以来已经走过了 40 多年的风雨历程，40 多年来，关于涉及人之自由、生命、财产安全的刑事辩护的话题、课题、问题、难题的研究、论辩等就一直未曾间断。在此，笔者无意谈刑事辩护工作中的各种"难题"，而是要记录在这些"难题"面前迎难而上、执着前行的一位刑辩女律师足迹，这位刑辩女律师就是浙江智仁律师事务所高级合伙人、刑事部首席律师毛丽英。

毛丽英律师有着怎样的人生经历和履历？有着怎样的执业心路？又是有着怎样的理想、情怀，让她在荆棘丛生的刑事辩护道路上一直坚守至今呢？且让我们静下来，在她的成长经历中慢慢品读吧。

梦的启航

进入 21 世纪初，当毛丽英刚从学校法律专业毕业后，正遇杭州市司法局开通"12348"法律咨询服务热线，经学校老师的推荐，2001 年，她从事的第一份工作就是担任杭州市司法局"12348"热线的咨询员、调解员，后来她又专门从事了杭州市司法局的社区矫正工作。而正是这一个个法律咨询电话、一件件民事纠纷、一名名受帮教的失足服刑青年，让毛丽英在心里播下了一个律师梦的种子，渴望用更专业的法律知识维护当事人的合法权益。

乘风破浪

经过两次司法考试，毛丽英于 2007 年通过了全国统一的司法考试，并于 2009 正式拿到律师执业证，而这一

年也正是浙江智仁律师事务所（以下简称"智仁律所"或"智仁所"）的成立之年。"智者洞先机，仁者济天下"，这是智仁律师心怀客户第一的根本，毛丽英高度认同智仁律所的理念和文化，遂欣然加入。加入智仁律所的十二年来，毛丽英与智仁所一起成长，智仁所十二年奋斗的创业史，也成为她践行律师梦的执业史，十二年来，她与智仁律师同仁同呼吸、共命运、共发展，对智仁律所已经有了一种"家"的情感和情怀，可以说，智仁律所这个"大家庭"给了每一位同仁成长以及发挥才能的机会和舞台，也给了每一位同仁照顾和温暖。正是在智仁律所的十二年，让毛丽英完成了从实习律师到执业律师到合伙人律师，再到高级合伙人、部门负责人的蜕变。"感激感恩之情，一言两语已无法表达。"毛丽英律师说。

凝心强技精业，做一个专业的刑辩律师

"受人之托，就要忠人之事。我们要对每一位当事人负责，要为当事人提供专业化的法律服务。因为只有专业过硬，才能为客户提供高质量的法律服务，为客户解决问题。智仁所自创立以来就坚定了专业化的发展道路，要求每位律师必须选定一个主专业领域和两个辅专业领域（简称"一主两辅"），并围绕市场做法律服务产品，探索产品标准化、服务标准化和市场营销产品化的专业化发展之路。在律师执业的前两年，我和大多数青年律师一样，充分尝试各种案件，可谓是'万金油'律师。但后来发现这样不但自己做得累，且不能给客户提供更好的专业化法律服务，是责任心促使我尽快选择自己的专业，为此，我选择以刑事为主的专业化，强练内功，静待花开。"毛丽英如是说。

因责任而认真，因认真而执着，因执着而专业。每一个案件，不论大小，无论难易，毛丽英律师都尽力做好案子的每一阶段，从接待当事人开始，尽其所能地客观分析案件的有利面和不利之处，不虚夸，不承诺。其实，这点既是对当事人负责，也是对律师自身执业风险的防范。

"在公安侦查阶段，我都尽可能地前往案发现场观察、走访、绘制犯罪现场示意图等，并不断开拓思维，

▲毛丽英律师

多想一点，多做一点，不放弃寸草权益，不放过任何蛛丝马迹；在审查起诉和审判阶段，与公诉人及法官用事实证据沟通，用法律依据对话，理性平和，获得了司法办案人员的高度评价。走专业化之路，开始虽有舍弃，但只要你脚踏实地，一直用心地坚持，总有一天会成为一名专业律师，并会发现有更多的收获在等着你，也会得到更多的当事人对你专业的肯定和感谢。"言语中可见，毛丽英律师从未后悔自己对刑事辩护专业领域的选择。

应笔者要求，毛丽英律师与我们分享了近年来她办理的部分成功案例，现罗列如下：①福建浦城县陈某污染环境一案（无罪，不予起诉）；②绍兴市中级人民法院某法官受贿案（减轻处罚）；③杭州市下城区黄某侵犯公民个人信息案（无罪，不予起诉）；④杭州市下城区王某赌博案（无罪，撤案）；⑤杭州市西湖区周某医疗保险诈骗案（取保候审，无罪，撤案）；⑥杭州市西湖区王某故意伤害致人死亡案（取保候审，过失致人死亡，缓刑）；⑦杭州市拱墅区齐某敲诈勒索罪（无罪、撤案）；⑧杭州市萧山区王某虚开增值税专用发票案（无罪，撤案）；⑨杭州市萧山区吴某诈骗罪（诈骗数额80万元，主犯变从犯，并适用缓刑）；⑩杭州市萧山区王某为首的集资诈骗案（集资金额500多亿元，减轻处罚）；⑪杭州市萧山区胡某组织卖淫罪（无罪、撤案）；⑫杭州市余杭区张某销售不符合安全标准食品罪（无罪、撤案）；⑬建德市某街道某村书记受贿案（自首辩护，减轻处罚）；⑭建德市某企业刘某虚开增值税专用发票案（减轻处罚）；等。

"当好一名专业化律师，特别是刑辩律师，除了专业的刑辩技能外，还需要有丰富的知识，如医学知识、财税知识等，为此，我们需要不断地学习。经过十二年的凝心、强技、精业和努力，更坚定了我做一个专业的刑辩律师的信心。"毛丽英律师满怀信心地说道。

践行责任担当，做一个有温度的刑辩律师

据了解，多年来，智仁律所一直积极参与对弱势群体的救助并尽力做好法律援助服务和普法工作，积极参与对贫困地区、灾区群众的慈善、捐款活动。在注重经济效益的同时，更加重视社会效益。

受智仁所"智者洞先机，仁者济天下"的文化理念影响，执业初期，毛丽英律师即踊跃加入"律师进社区"公益法律服务，为社区提供法律咨询及普法宣传，这一坚持就是十年，十年来，虽历经各种辛苦与艰辛，但她从未言过后悔。"我觉得律师的价值在服务社会的过程才能得到最大的体现。"毛丽英律师说。

作为一名刑辩律师，除了为当事人做好法律服务外，还要当好当事人的"心理疏导师"，这就需要一颗特别的爱心。犯罪嫌疑人和被告人，一旦被关进看守所，与亲人及外界隔绝，其情绪的波动很大，特别是负面情绪，这需要律师要有特殊的情怀，用爱心疏导他们。对当事人的爱心疏导，已成为毛丽英刑辩工作的一个重要组成部分。"或许，做一个有温度的刑辩律师，同样是在践行一个法律人的使命、责任与担当，每帮助一个当事人，我都会觉得无比满足和骄傲。"说这话时，毛丽英律师的脸庞带着满满的自豪感。

常怀感恩之心——做一个有情怀的刑辩律师

"我非常感恩和感谢律所领导和兄弟姐妹们的帮助与信任，让律师职业成为我的一种执着与热爱。在此，我特别感恩我的指导老师，在我为专业选择迷茫徘徊时，他为我指明了方向——刑事辩护，并悉心指导我的每一步工作。当你懂得对身边的人心怀感恩时，你就会豁然发现，还有更多的人在伴你默默成长，感恩这十一年来的众多当事人，是他们的信任，是他们一个个案件的重托，让我走向了专业化之路。'谁言寸草心，报得三春晖'。感恩使我对律所、当事人不再是简单的回报之情，慢慢滋养出明辨是非，虽仅有一己之力，也要为社会担当正义的情怀。"提起律所的领导、老师、同仁、姐妹以及曾重托于己的当事人，毛丽英律师总是满怀感谢与感恩。

后　记

每一个法律工作者，都应常怀责任心、爱心、感恩之心。在新规划、新起点、新征程的法治国家建设中，迎着命运，接受自我，努力让法治的阳光普照到每个角落，让人民群众生活得更有尊严，更加幸福！

党的十八大以来，党中央进一步肯定了律师队伍的地位和作用。习近平总书记同时指出："律师队伍是依法治国的一支重要力量，要切实加强律师工作和律师队伍建设……"是啊！"律师队伍是依法治国的一支重要力量……"毛丽英律师说："虽仅有一己之力，也要为社会担当正义。"在中国法治大厦的构筑中，毛丽英无疑是那一块最执着、最坚定的"砖瓦"！

执业十多年来，毛丽英用青春、热血和执着的情怀书写着一个刑辩律师的坚守，践行着一个法律人使命、责任与担当，最大限度维护了当事人的合法权益；做一个有温度的、有情怀的、专业的刑辩律师，毛丽英为人辩冤白谤，让人们在每一个案件中感受到了法律的温暖，感受到了法律的公平与正义。

为法治中国建设续写使命担当

——访四川海峡律师事务所主任万刚律师

▲ 万刚律师

编者按

法治兴则国家兴，法治强则国家强。建设"法治中国"与党的历史使命同频共振，与国家命运紧密相连，与人民幸福唇齿相依，是全面推进依法治国、建设社会主义法治国家的目标，也是实现中华民族伟大复兴中国梦的重要内涵和法治保障。

2021年中国共产党建党100周年，同时也是《律师法》颁布25周年，随着"依法治国"战略的不断深入，对于像四川海峡律师事务所主任万刚律师这样有着15年法官经历、25年律师执业经历，在法律界合计贡献40年的老一代法律人而言，可以说，他们既是从我国"法制"到"法治"的亲历者，更是全面推进依法治国、建设社会主义法治国家的参与者和引领者。

近日，万刚律师在接受笔者专访时，谈了谈自己从事法律工作40来的经历、感受，以及对我国改革开放以来社会主义法治建设的感触和感想，并对今后我国法治建设的发展愿景进行了客观的展望。

从法官到执业律师

编者：万律师好！您是新中国恢复法治建设以来的优秀法律工作者，但是您一开始并不是做律师，您之前具有15年的法官生涯，应该说是资历非常丰富了，而且在行业内如鱼得水，是什么原因让您走进律师执业之路？

万刚：我只是中国法治建设进程中一名普通的法律工作者，转行做律师有几个方面的原因：首先，我原先是法官，曾在基层和中级人民法院担任业务庭庭长、研究室、办公室主任及院长助理，从事过民事、经济、行政、刑事案件的审判以及法律研究工作。1980年8月，我国

颁布了《中华人民共和国律师暂行条例》，并于1982年1月1日起开始实施，这标志着我国一度废止的律师制度已经重新恢复。律师的主要人员是来自之前在公检法部门工作的一些老同志，来自相关行政部门的工作人员、转业干部和"落实政策"的原政法学院毕业的学生。全国律师人数寥寥无几，难以应付1983年"严打"开始以后数量激增的案件，因此，很多案件，包括一些刑事案件，开庭时都没有律师，被告人得不到合法的辩护，大多数被告人本身又不懂法，也没有知法懂法的人向他们提供法律帮助，"重实体，轻程序"的现象存在。1996年5月15日，第八届全国人民代表大会常务委员会第十九次会议通过《中华人民共和国律师法》，自1997年1月1日起施行。标志着中国特色社会主义律师制度的形成。《中华人民共和国律师法》完善了律师制度，规范并保障了律师执业行为，能够充分发挥律师在社会主义法制建设中的作用。这一年，我毅然放弃中级人民法院的职位，放弃了优厚待遇，成为四川省自贡市有史以来第一个辞去公职的法官。同年我就获得了律师证，成为一名执业律师。此外，我爱人原先是自贡市十佳教师，作为成都市引进人才，到了成都的一所中学任教，同时孩子也到成都上学。出于对家庭的照顾及收入等因素，加上我对律师行业的热爱，或许这些因素就是影响我辞职成为一名执业律师的原因吧。

如何做一名优秀的执业律师

编者：25年律师执业生涯，您已成为国内法律界的资深大律师。回顾之前走过的路，您对律师行业最深刻的感受是什么？要想成为一名优秀律师，有哪些核心内容和理念需要掌握和坚持？

万刚：我是1996年开始从业，在国内可以算得上执业较长的律师之一了。从业25年来，我经历了很多风雨，我的主要业务是诉讼，这离不开我多年在法院积累的工作经验，我曾先后两次进修，是法院培养了我。1984年，我们作为第一批学员在刚刚恢复不久的四川大学法律系进行脱产学习，有全国著名的法学家、中国刑法学会顾问、《中华人民共和国刑法》制定参与人之一伍柳村教授，

宪法学前辈秦大雕教授，最高人民法院原副院长刘家琛及中国社科院法学研究所所长王叔文等法学家、法律实务家担任兼职教授，有幸受教于法学家、法律界前辈的谆谆教诲。回到法院工作几年后，恰逢四川大学法律系初次招收研究生，我有幸参加了四川大学法律系刑法专业研究生课程的学习，由中国逻辑学会法律逻辑专业委员会副主任陈康扬教授担任我的指导教师，因此我在法律逻辑方面有了一定的研究。通过两次进修，从理论到实践，从实践到理论，这样反复的过程，使我的业务水平得到了极大的提升。学成归来，由于前述原因，我选择了从事律师工作。法律逻辑知识的学习和积累，为我从事律师工作奠定了良好的基础。因为律师工作中的很多的问题，就是包括法院，特别是刑事案件，逻辑学方面稍有不慎，就容易出现冤假错案。作为一名律师，必须为当事人的利益着想，保护当事人的合法权益，协助司法机关更准确地办好案件。由于司法人员都是国家行政人员待遇，付出得很多，可待遇却相对较低。我从事律师工作之后，收入明显提高，时间由自己安排，就有更多的空闲加强学习。通过不断学习，我的业务水平不断提升，同时也更有信心做好本职工作，得心应手地办理各类案件。在现行的法律框架范围内，除我国宪法外，法律会随着时代的发展而变化，我们的法律思想也要与时俱进。我国的法律体系已日趋完善，但法律本身还在不断变化，我每天上班第一件事就是上网查看有什么新的法律法规出台，随时关注国家法律法规的最新动态，这样，在办案的过程中才能做到成竹在胸、胜券在握。

从"法制"到"法治"

编者：2021年是中国共产党建党100周年，也是《律师法》实施25周年，改革开放的40多年来，中国法治建设取得巨大成就，您也是作为改革开放的亲历者、参与者和受益者，您如何看待中国法治建设这些年的发展？

万刚：改革开放以来，在中国共产党的领导及全国人民的共同努力下，结合中国的国情以及世界各国立法经验，各项法律法规相继出台。原先的"法制"是"制度"的"制"，现在的"法治"是"治理"的"治"，在过去的一段历史时期，我们要建立社会主义法律制度，现在我们要运用社会主义法律制度来治理国家，用社会主义法律制度来保障我们依法治国，用依法治国来保障我们社会主义法律制度的完善。

业精于勤，术业专攻

编者：您精通民商事、经济犯罪案件、知识产权、企业投资等众多领域，内容复杂，且有跨界。是什么样的原因使您能够擅长如此多领域的法律服务？对于年轻律师的成长您有何建议？

万刚：四川海峡律师事务所民商、刑事案件都接，因为一家律师事务所有几十名律师，可根据各自的特长来分配任务。律师不是到市场上寻找我们擅长的案子，而是市场需要什么，我们就往哪方面跟进。在我国现行的法律框架下，法律分类比较多，包括民商、行政、刑事以及非诉讼案件。我比较擅长诉讼，但是法律顾问也是我的常业，比如：我是四川师范大学的法律顾问，四川师范大学设有法学院，老师们主要从事教学及法学研究，川师大看中我，是因为我占有理论与实践相结合的优势。目前，国家全面实施普法教育，司法部每年都有普法计划，全民都在接受法律教育。我在从事普法教育的过程中也在学习，即面对不熟悉的案件或法律问题，我也逼着自己学习。律师需要不断学习，不断完善自我。我曾是四川电视台的法律顾问及四川电视台几个专栏的客座嘉宾，面对的是媒体和普通百姓，讲一个案例，评判一个案件的时候，必须要深入了解与该案相关的法律法规，深入浅出地讲评，这涉及很多领域，这就迫使自己要不断学习。我曾经办过很多经济犯罪案件、民商事案件，为当事人挽回了大量的经济损失，充分维护了委托人的合法权益。

关于你提出年轻律师成长的建议问题，我认为：业精于勤，年轻律师有一个漫长的学习实践的过程，不要急于求成，要反复学习多思考，加强技能训练，"打铁还需自身硬"。在我担任事务所主任后，20年来，我给我们所的律师提示"要忠于宪法和法律，忠于事实真相和证据，忠于委托人的最大合法利益"，我想这段话会对年轻律师有所帮助和启迪。

案例是律师最美的语言

编者：执业多年，您办理了很多大案要案，在您经手的案件中，有哪些给您留下了比较深刻的印象，又具有深远的社会意义，或者对推动中国法治社会建设进程产生重大影响的案件？

万刚：在我担任成都大熊猫繁育研究基地的法律顾问期间，有这样一个案例：有个调皮的初中生在游览该基地时逗弄大熊猫，不慎坠入熊猫池内，结果被熊猫咬得遍体鳞伤，造成残废。学生家长状告学校和基地。经调查表明，基地尽到了提示、告知及谨慎义务，在熊猫池栅栏外设立了警示牌，提醒游人严禁逗弄大熊猫，严禁投喂食物。因此，法院判决基地无过错，不承担任何责任。学校由于管理不善，承担相应的责任，学生自行承担主要责任。此案涉及校园内外学生安全、未成年人行为归责及野生动物保护等诸多法律问题，因而受到中外多家媒体的广泛关注，多家报社以"熊猫无罪"为标题予以报道此案，此案还惊动了国际动物保护组织，一时间引起轩然大波，我本人也因此案声名鹊起。

还有一案，成都银河王朝大酒店，系改革开放以来四川省首家外资企业，投资5亿元人民币，属当时四川省外商投资最大项目之一。由于某位时任四川省副省长及其他领导从中作梗，没有真正体现吸收外资企业国家改革开放政策，外资企业的合法权益没有得到很好地保护，银河王朝大酒店长达八年无法开业，造成了重大经济损失。鉴于此事一直悬而未决，投资方银河公司负债累累，时任四川省省长、成都市副市长等领导高度重视。此案涉及国家的法律、法规、政策，出现了很多冲突，我以初生牛犊不怕虎的劲头代理此案。经过多方协调，终于成功地解决了投资方与政府部门之间的纠纷，得到了省委省政府相关部门及社会各界的好评，真正体现了我国改革开放在吸收外资方面政策的落实，挽回了当地政府的声誉，有力地促进了内陆地区吸收外资，以及地方经济的发展。

还有一起是挪用公款、受贿案。一位稽查队长被指控挪用公款4000多万元，受贿2万元，一审判决有期徒刑14年。一审判决后，当事人没有提出上诉。他服刑3年后，在保外就医过程中要求我帮他申诉减刑。我看了卷宗后，感觉这是个无罪案，我代理当事人向四川省高级人民法院提出申诉，申请再审。后来再审宣判当事人无罪，最终纠正了一起错案。

执业25年来，除办理大量的民商事案件外，我还办理了一些刑事案件，其中成功地办结了无罪、免予刑事处罚、不予起诉案件，多达50多件人次。

顺应时代，与时俱进

编者：近年来，随着社会经济不断发展，案件的复杂性也在不断提升，面对错综复杂的情况，您是如何更好地向客户提供法律服务的？

万刚：随着社会的变迁，人们的法律关系日趋复杂，社会矛盾也日趋彰显。首先，我们一方面要健全社会主义法治。其次，有部分国家机关工作人员及行政机关有法不依，执法不严，以权谋私。所以我们要求司法独立，要求制止司法腐败、行政腐败，行政机关要依法行政，要化解其中的矛盾，在化解矛盾的过程离不开律师，因为律师是法律专家，提供法律帮助是我们律师的神圣使命。在这个过程中，会遇到很多问题，一方面，我们要搞清案子，搞清证据；另一方面，我们要不断学习法律，用法律的思想、立法宗旨、立法思维武装自己，因为我们有些法律条款之前是有冲突的，现在国家在不断地调整冲突和矛盾，国务院、最高人民法院、最高人民检察院也废止了一些互相抵触和失效的法律、法规和司法解释。尤其《民法典》自2021年1月1日实施后，给所有法律工作者都提出了更高的要求。作为一名律师，首先要做一个正直的人，更要非常精通法律，要对客观事实和法律事实负责，要竭尽全力维护当事人的合法权益。面对错综复杂的案件，我们更要集思广益，用自己的法律知识，不懂的向同行请教，向专家学习，大家互相交流，互相学习，从而最大限度地维护委托人的合法权益。

积极履职，贡献才智

编者：站在新的历史起点上，您认为律师行业应该从哪些方面入手，积极履职尽责，为法治中国建设贡献力量？

万刚：我曾担任过四川省委省政府民族经济开发领导小组办公室、四川省国资委、四川省国有企业监事会、四川电视台、四川省文联等机关团体和企业的法律顾问，我做了很多法律工作者应该做的事。工作期间，我深深感受到，我们的党政机关越来越重视法律，都建立了法律顾问制度，这对我们律师既是考验，也是期盼。律师得到了广阔的市场，通过我们的不断努力和辛勤付出，得到了人们的普遍尊重，律师所做的工作得到了党和人民的认可，我感到非常欣慰。另外，为了保护律师的合法权益，中共中央、国务院、全国人大及公检法司安等部门都相继公布了保护律师制度、保护律师合法权益、律师依法履职的相应的法规及规章、决定。《律师法》保障律师权益的措施也逐渐得到落实，律师的业务范围也在不断扩大。随着社会经济的不断发展，随着各种法律关系的复杂化，面对错综复杂的案件，要不断地努力学习，从而为广大客户提供更好的法律帮助。这样，我们才能获得社会的认同和回报。站在新的起点上，对律师提出了更高的要求，我们要尊崇法律，敬畏法律，充分运用法律保护当事人的合法权益，为我国的法治建设做出我们应有的贡献，脚踏实地，以"工匠精神"从每一件事做起。

后 记

"老骥伏枥，志在千里，烈士暮年，壮心不已。"如今，年逾花甲的万刚律师依然身体力行奋斗在法律战线的前沿，尽管已经积累了丰富的从业经验，对业务已经驾轻就熟、游刃有余，却仍锲而不舍地钻研法律知识，切切实实地为当事人的合法权益着想，脚踏实地地办好每一件案件。他这种刻苦钻研、爱岗敬业的精神为后辈们做出了表率和榜样，同时也是我们学习的楷模。万刚律师在用他每一天的工作践行一个法律人的初心，那就是为建设法治中国继续贡献自己的光和热，为法治中国建设续写使命和担当。

笔者以为，若我国的司法战线皆是如万刚律师这样精通业务、有责任心的工作人员担纲，那么"科学立法、严格执法、公正司法、全民守法"的"法治中国"不远矣！

注：原文曾刊发于"中国网"，本文做了重大调整和改编，感谢原文作者谢汉红。

让无罪者无罪是律师的天职

——访辽宁江公律师事务所主任姜彩熠律师

编者按

▲姜彩熠律师

姜彩熠是个忙碌的律师，以至于预约了采访，一直未能如愿见面。他的足迹也踏遍了祖国的大江南北，因为，委托他维权或辩护的案件大多来自全国各地。姜彩熠善于为非公企业代理或辩护，由于其执着和出色的业务能力，以及与办案单位良好的沟通，有较多案件从罪重到罪轻，甚至从重罪到无罪。

采访开始时，笔者问姜彩熠"什么样的律师才是好律师"，姜彩熠温和而又不乏庄重地说："除了天分以外，律师水平差别不是很大，最大的区别就是看有没有责任心。接受一个委托，对于律师来说，是一笔业务，但对当事人的事就是天，所以，必须全力以赴，一头扎进案子，才有希望把案件办好，一定要无愧我心！"

非物质文化遗产盛京满绣第四代传承人从"无期"到"无罪"的艰辛之路

突然抓捕

非物质文化遗产盛京满绣第四代传承人杨某桐是一位誉满中外的艺术家，还是北京某公司董事长，其经营和管理的十多家企业遍布多地，在全国是响当当的企业家。然而，她却在看守所度过了四年多的时光，且被判处无期徒刑，后经过姜彩熠的有力辩护，最终改判无罪。

事情还要追溯到2012年，正在某省出差的杨某桐被某市公安机关刑事拘留，罪名为合同诈骗。缘起为杨某桐的北京某公司正与公安部物证鉴定中心合作，其投资8700余万元在该中心建立了数据库，从事电子印章项目开发使用。在东北地区与某省公安厅合作，开展电子印章业务，杨某桐还投资2.5亿元开发了网上办税软件系统。为了与某省国税局合作，在全省企业安装使用网上办税服务系统，杨某桐与某省国税局签订了《网上办税服务厅系统使用协议》，某省国税局还专门召开现场会推广

使用。省国税局专门下发了《关于网上办税服务厅工作的通知》，在全省国税系统全部安装使用网上办税业务。某省公安厅为推广使用杨某桐开发使用的电子印章业务，专门下发了《某省公安厅关于安装电子印章系统的通知》，某省国税局也先后下发多份红头文件，在全省国税系统大力推行网上电子印章业务。

为了加速推广网上办税和电子印章业务，某省某科技公司（实际控制人为杨某桐）与某市某科技公司签订代理销售协议，授权其在某市等地代理销售杨某桐的电子印章产品。2012年2月，杨某桐的北京某公司与其代理商某市某科技公司又签订了一份购销合同，约定购买电子印章10万枚，合同价款650万元。同一天，某省某公司与代理商某市某科技公司也签订了一份购销合同，该公司回购电子印章10万枚，合同价款800万元。合同期满后，某省某公司仅支付了100万元货款，按合同约定尚欠代理商某省某科技公司货款700万元。该代理商多次追款未果后，向某市公安机关报案。

一审无期

2014年9月，某市中级人民法院判决认定，杨某桐向某市某科技公司总经理曹某某谎称某省国税局计划要强制推行20万个~30万个电子印章，杨某桐在无实际履行合同能力的情况下，诱骗某市某科技公司与杨某桐实际控制的北京某公司和某省某公司签订代理和转销合同，骗取被害人650万元货款，案发前仅归还100万元。一审法院判决杨某桐控制的北京某公司犯合同诈骗罪，判处罚金550万元；杨某桐控制的某省某公司犯合同诈骗罪，判处罚金550万元；杨某桐犯合同诈骗罪，判处无期徒刑，并处没收全部财产。

一审判决后，杨某桐的丈夫薛某，慕名找到姜彩熠律师，再三恳请他出任杨某桐的二审辩护律师。

姜彩熠接受委托后，开始复印大量卷宗，夜以继日地阅卷、研究。功夫不负有心人，随着阅卷的深入，姜彩熠的思路也越来越清晰，凭着多年执业经验和法律思维，认定此案确为冤案。

但一审时，辩护人没有将无罪的事实与理由讲清楚。于是，姜彩熠对起诉书指控的事实，由原来的坚决反对变为全部认可。比如，承认省国税局"强制推行"，但

不是虚构。姜彩熠做了大量的案外工作，专门收集了某省及部分地市的税务局文件，证明国税局大力推行杨某桐的电子印章和网上办税系统是事实，省国税局推行的事实是真实存在的，不存在虚构，并承认北京某公司亏损的事实。

为何要这么做呢？姜彩熠认为，正因某省某公司是杨某桐实际控制的企业，一审判决认定买卖合同不成立，本案涉案合同是名为购销合同，实为民间借贷合同。承认企业亏损的事实，但企业亏损与有无履约能力不能画等号。姜彩熠最后得出结论，根据起诉书和一审判决认定的事实，杨某桐就不构成合同诈骗犯罪。

改判无罪

姜彩熠办理刑事案件有个特点，就是主动与公诉机关沟通。姜彩熠认为公诉机关不仅是公诉人，更重要的是具有法律监督的责任。特别是二审出庭的公诉人，有责任和义务指出一审判决存在的错误。杨某桐案件即是如此，公诉机关对姜彩熠的辩护理由予以认可。二审开庭时，控、辩双方对一审判决认定事实，以及证据采信和法律适用等方面存在的错误，认识是一致的。法庭辩论阶段，姜彩熠对公诉人发表的公诉意见，全部予以认可。

开庭后，某省高院撤销一审判决，将杨某桐案发回重审。发回后，某市中院将诈骗数额由550万元改为350万元，再次以合同诈骗罪判处杨某桐有期徒刑15年。案件再上诉后，某省高院经审判委员会讨论决定，再次撤销一审判决，依法宣判杨某桐的两家公司无罪，依法宣判杨某桐无罪。

宣判后，杨某桐坐着轮椅，在女儿和老公的陪伴下走出了看守所。2019年春节前夕，杨某桐拿到了某市中院支付的赔偿款。

从无期到无罪，并且顺利拿到国家赔偿，姜彩熠的美名再次远扬，多家媒体都做了大量报道，对姜彩熠的责任心和高超的办案能力给予了极高的评价。

保障人权与打击犯罪同等重要

在采访中，姜彩熠对笔者说："刑事诉讼法的核心任务是'保障人权'，而且，这是第一位的，其次，才是'打击犯罪'。国家这几年纠正冤假错案的力度特别大，但有的地方还在发生，这就需要公安和司法机关转变观念，保障人权、疑罪从无，从源头杜绝。而且，接受委托的辩护律师也要主动与办案人员联系，通过当面沟通、发律师函、电话等方式方法，维护当事人的合法权益，

这也是维护国家法律的公信力。"

讲完这些，姜彩熠停顿了一下，总结地说："律师在某些方面和医生一样。医生是给病人看病，律师是给涉案人把脉。"

在姜彩熠接电话的间隙，笔者问他的助理，你们姜主任还办理过哪些无罪的案件呢？

他的助理信手拈来。某省某企业老板王某遭合作伙伴举报后，被起诉到检察院。姜彩熠主任先后搜集了十几份证据递交到检察院。经过两次退补后，检察院作出不起诉决定。举报人申诉后，某省检察院维持市检察院的不起诉决定；某市经商的温州商人李某某故意杀人罪被起诉，姜主任到案发现场大量取证，最后被认定为正当防卫。

在某省某市铁矿老板李某林涉嫌诈骗犯罪的案件中，李某林有可能被判无期徒刑，但公诉人采纳了姜主任的辩护意见，最终，检察院作出不起诉决定。

某省某市从事手机批发的老板王某某，因欠多家供货商的货款，在沈阳桃仙国际机场被抓捕，姜主任认为此案不具备非法占有的主观要件，是经济纠纷，该辩护意见被采纳，检察院作出不批捕决定。

沈阳市某区女企业家李某，因涉嫌职务侵占罪和挪用资金罪被起诉到某区法院，姜主任收集了大量证据，证明该企业1985年注册时教育局没有投入资金，羁押一年多的李某恢复了自由。

某省某市某石化公司老板及13名公司高管，因生产销售伪劣产品罪和非法经营罪被批捕羁押，涉案数额特别巨大，姜主任通过收集大量无罪证据，还到北京请马怀德、陈兴良等七位专家出具专家意见，有理有据地提出了无罪的辩护意见被法院采纳，被羁押三年多的老板和13名公司高管，重新回到了企业的岗位上。

山东某医药集团董事长刘某，因涉嫌职务侵占罪和挪用公司资金罪，被山东省某市公安局经侦刑拘，姜主任带领五人律师团队飞赴济南，无罪辩护意见被某市检察院采纳，最终作出不起诉决定。

广东深圳某国际投资集团公司董事长穆某，因涉走私被大连海关在深圳机场抓捕，姜主任经过半年多的调查取证，提出走私犯罪属实，但穆某不应承担法律责任的辩护意见被采纳，检察院最终作出不起诉决定，使穆某避免了牢狱之灾。

大庆某物流公司老板韩某、姜某、吴某三人，因生

产销售伪劣产品被起诉至法院，一审被判处 8 年至 15 年有期徒刑，姜主任介入案件后，最终拿掉此罪名。

某省厅官袁某亮，是原某市常务副市长，自杀后被某市某区法院判决诈骗犯罪，姜主任在省市人大代表的呼吁下，成功为其平反，《南方周末》以整版篇幅报道了此案。

某省房地产开发老板隋某某，因欠薪罪被拘捕，姜主任提出的无罪辩护意见被采纳，某市公安机关立即释放并最终撤销案件，《法制日报》头版报道了此案。

广州某公司老板林某，因涉嫌合同诈骗罪被某市公安局列为网逃后刑拘，姜主任通过调查认为是举报人报假案欺骗公安机关。报捕前后，姜主任带助理先后八次赴某市，并向检察院提供了相关证据和不构成诈骗犯罪的辩护意见。某市检察院采纳了姜彩熠的辩护意见，2019 年 1 月 8 日，林老板走出了看守所大门。

加拿大法学博士，华人辜某华来东北投资，羁押三年多，被以五个罪名起诉，姜主任依法辩护，拿掉四个罪名，最后一个罪名免予刑事处罚。

某省高速公路管理局工作人员，两次被法院判处滥用职权罪，经姜主任辩护后，某市中院改判无罪。

某市市政府局级干部于某某，退休后被以滥用职权罪起诉到检察院，最后检察院采纳姜主任无罪辩护意见，作出不起诉决定。

某市董某两兄弟，因伤害罪被判刑，经姜主任辩护后，案件发回重审后，最终改判无罪。

沈阳市某区老板陈某，因伪造销售公司公章担保，从银行贷款被以诈骗罪起诉。姜主任认为，陈某客观上有提供假担保的欺骗行为，但主观上没有非法占有的主观故意。最终某市检察院采纳姜主任辩护意见，做出不起诉决定，陈某避免了无期徒刑之风险。羁押近三年的陈某走出了看守所。

某省某市某镇党委书记卢某某，因受贿罪被起诉，姜主任认为，新《刑法》对受贿罪增加限制要件，领导干部节日收钱，未给对方办事谋利，应按礼金认定，不是受贿犯罪。最终，姜主任的辩护意见被法院采纳。

沈阳老板张某辉，因诈骗罪被羁押一年多，起诉到法院后，其亲属找到姜主任，姜主任提出张某辉与被害人相互欠款搞不清楚，根本不构成诈骗犯罪。法院采纳姜主任的辩护意见，该案最终由检察院撤诉后，作出不起诉决定……

采访手记

2018 年 11 月 1 日，习近平总书记召开民营企业座谈会并发表重要讲话，数日后，最高人民法院、最高人民检察院、公安部、司法部都做出积极回应，发挥各自职能保护好民营企业。司法部强调，"民企要在律师的参与下对民企进行法治体检"，其意义与目的也是对民企提供法律援助和保护。多年来，姜彩熠带领团队用实际行动为民营企业家维权，同时他们也践行着江公律师事务所的诺言——仁者爱人，人恒敬之！

注：本文部分文字曾载于《法律与生活》。

商人游某康从两次无期到最终无罪的执着坚守

身陷囹圄

2012 年，商人游某康因为经济纠纷，被合作伙伴举报合同诈骗，公安机关将其抓捕关进了看守所。两年后，游某康又领了个无期徒刑的判决书。期待着被某省高级人民法院发回某市中级人民法院重审的案件能"起死回生"，但结果却还是无期徒刑。

游某康再次上诉，把希望寄托在某省高级人民法院，希望二审改判无罪，早日和家人团聚。

经查，让游某康身陷囹圄的是五组钢材购销合同引发的纠纷案，某省高级人民法院终审判决认定为金融借贷纠纷，某省某市中级人民法院却认定为合同诈骗犯罪，而游某康就是实施合同诈骗的那个人。

某市中院：真购销合同诈骗判无期

该案涉及的当事人有：某集团国际经济贸易有限公司（以下简称"经济贸易公司"）、某物流有限公司（以下简称"物流公司"）、游某康、某市钢铁进出口有限公司（以下简称"进出口公司"）、上海某物资有限公司（以下简称"物资公司"）、江苏某建材市场经营管理有限公司（以下简称"建材公司"）。游某康系建材公司法定代表人及进出口公司、物资公司的实际控制人。

2012 年 6 月至 8 月间，上述公司之间签订了五组合同，主要内容为：经济贸易公司与物流公司签订的五份钢材购销合同，约定经济贸易公司向物流公司购买钢材；经济贸易公司与进出口公司、物资公司签订五份销售合同，约定进出口公司、物资公司委托经济贸易公司向物流公司定向采购钢材并销售给进出口公司、物资公司，进出口公司、物资公司应在合同签订当日向经济贸易公司支付货款总值 20% 的履约保证金；以上五组合同约定交货地点均为建材公司仓库。

2012年6月至8月，进出口公司、物资公司共支付给经济贸易公司保证金29 713 800元，经济贸易公司共支付给物流公司122 174 000元。此后，物流公司未向经济贸易公司交付钢材，经济贸易公司未向进出口公司、物资公司交付钢材。

9月18日，是游某康一辈子忘不掉的日子——那天，他突然被抓，被从上海带到某市，监视居住，关进看守所。经济贸易公司向公安机关报案，说游某康骗了他们近亿元货款。

两年后的2014年12月11日，游某康被某市中级人民法院以合同诈骗罪一审判处无期徒刑。2015年4月10日，某省高级人民法院做出刑事裁定，撤销原判，发回重审。

该案发回重审后便石沉大海，在某市中级人民法院一放就是两年半。游某康的哥哥游某春进京为弟弟鸣冤，惊动了最高人民检察院。

在最高人民检察院的监督下，2017年12月26日，某市中级人民法院匆忙作出判决，但判决内容竟与上次相同。

某市中级人民法院查明，合同履行期间，游某康制作虚假进仓单，采用将他人存放在建材公司仓库的钢材插上经济贸易公司牌子的方式骗取经济贸易公司信任，以先支付保证金的方法诱骗经济贸易公司继续签订并履行合同。截至2012年9月4日，游某康骗取经济贸易公司后五组购销合同货款共计88 317 340.5元。

针对公诉机关指控游某康犯虚开增值税专用发票犯罪问题，法院认为该行为是合同诈骗犯罪的手段，属牵连犯，应择一重罪处罚。为此，某市中级人民法院重审后再次以合同诈骗罪判处游某康无期徒刑，并处没收个人全部财产。

游某康还是不服，再次喊冤，上诉至某省高级人民法院。

某省高院：假购销掩盖非法借贷

经济贸易公司与物流公司签订五份钢材购销合同并支付了122 174 000元货款，但物流公司未交货。为此，经济贸易公司将物流公司诉至某市中级人民法院，要求返还货款、利息及损失。该案中，进出口公司、物资公司为第三人。

某市中级人民法院审理认为，国有企业不能做融资业务，经济贸易公司与物流公司签订钢材购销合同，是以虚假的钢材贸易形式掩盖真实的非法融资的借贷行为。

在游某康自愿主动放弃其对经济贸易公司29 713 800元保证金的追索权利后，某市中级人民法院遂作出判决，判令物流公司返还其向经济贸易公司借款的本金92 460 200元。

经济贸易公司不服，提起上诉。某省高级人民法院做出民事裁定，撤销一审判决，发回重审。重判后，经济贸易公司不服，再次上诉。2017年3月30日，某省高级人民法院做出终审判决：驳回上诉，维持原判。

某市中级人民法院两次判决内容一样。

经济贸易公司两次上诉的理由也一样：经济贸易公司与物流公司是买卖合同关系、对融资行为不知情等。

经济贸易公司与进出口公司、物资公司签订其为进出口公司、物资公司供货的五份钢材购销合同后，进出口公司、物资公司向经济贸易公司支付了履约保证金。经济贸易公司依据其与物流公司合同约定，向其钢材供货方物流公司支付了货款。

经济贸易公司与物流公司签订钢材购销合同的同时，物流公司也与进出口公司、物资公司签订了五份钢材购销合同，约定物流公司向进出口公司、物资公司购买钢材。随后，物流公司给进出口公司、物资公司支付了货款。

法庭上，物流公司、进出口公司、物资公司均提出：涉案纠纷实际上是融资纠纷，即经济贸易公司通过签订连环钢材贸易合同的方式将资金借给物流公司，物流公司扣除手续费后再转借给进出口公司、物资公司，最终由进出口公司、物资公司按月利率1%的标准在75天内向经济贸易公司偿还借款本息。

经济贸易公司则称：其对所谓融资借贷并不知情，其与物流公司、进出口公司、物资公司间是钢材贸易而非借贷。

那么，实际情况到底如何呢？

在涉案五笔未履行的钢材交易中，经济贸易公司与物流公司于2012年6月20日签订的合同约定2012年7月31日交货的时间到期后在物流公司未交货的情况下，经济贸易公司于2012年8月7日又与物流公司签订合同，并于次日将货款支付给物流公司。经济贸易公司与物流公司于2012年7月5日签订的合同约定2012年8月15

▲姜彩熠律师在农垦绥化管理局

日交货的时间到期后，在物流公司未交货的情况下，经济贸易公司于2012年8月22日又与物流公司签订合同，并于次日将货款支付给物流公司。这说明经济贸易公司在合同履行中根本不在乎物流公司是否依约交货。

经济贸易公司与物资公司于2012年7月5日签订销售合同，约定物资公司委托经济贸易公司向物流公司定向采购2807万元的钢材。经济贸易公司与物流公司也于2012年7月5日签订钢材购销合同，约定合同价款为2807万元。但是，经济贸易公司提前一天，在2012年7月4日就将2807万元支付给了物流公司，此时，各方尚未签订合同，难道经济贸易公司能提前预知尚未签订的合同价款并非常放心地将货款提前支付给物流公司？经济贸易公司作为国企，在无合同依据的情况下如此付款合乎常理吗？

在涉案五笔未履行的钢材交易中，进出口公司、物资公司未向经济贸易公司提交任何货权凭证，但物流公司却于2012年8月27日通过传真向经济贸易公司发出提货通知单，称将合同项下钢材押解到位，经济贸易公司于同日加盖印章确认收到该笔钢材并注明重量。后经法院核实，该笔钢材根本就没有发出。明明没发货，当时物流公司为何会向经济贸易公司发函交货？经济贸易公司为何会加盖印章确认收到这笔钢材且还将钢材重量精确到小数点后三位数？这种情况正常吗？

2012年9月11日，即游某康被抓前七天，物流公司给经济贸易公司发函称其与物流公司签订了钢材购销合同，"并同时分别与我司上游客户（贵司的需方）签订了相匹配的钢材购销合同，用于替我公司给贵司交

货……"这段内容证实，物流公司的上游客户和经济贸易公司的需方都是进出口公司、物资公司。该说明函如此不避讳，更加印证经济贸易公司对整个交易情况早已知晓。

某省高级人民法院于2017年3月30日作出的终审判决认定，涉案五组合同的买卖交易系各方协商或默认以无实际钢材交付的循环买卖合同形式进行融资，当事人间实质法律关系为借贷。

游某康：骗取经济贸易公司货款8831万余元？

按照某市中级人民法院判决认定，游某康骗了经济贸易公司货款8831万余元。

游某康真骗了经济贸易公司的货款吗？

"按法院认定，双方是真购销，游某康不构成合同诈骗罪。"游某康的辩护律师姜彩熠说："买货的骗卖货的货款？"

依据某市中级人民法院判决，经济贸易公司与进出口公司、物资公司签订的合同性质为：购销（买卖）合同；合同主体为：一个是出卖人，一个是买受人；合同法律关系为：经济贸易公司是供货方、出卖人，游某康是购货方、买受人；合同义务为：经济贸易公司交付货物，游某康支付货款。

姜彩熠介绍，游某康支付20%的定金2971.38万元后，经济贸易公司作为出卖人未交货构成违约，应双倍返还已收定金，何来游某康诈骗货款之说？"应属经济贸易公司诈骗定金才对。"如果经济贸易公司发货，游某康不付款，也只能诈骗货物，"游某康作为买受人，永远不可能诈骗货款"。

某市中级人民法院判决查明的事实中有这样一句话：合同履行期间，游某康为隐瞒无货交易真相……制作虚假进仓单，并在经济贸易公司到建材公司仓库验货时，将他人存放的钢材插上了经济贸易公司的牌子，骗取经济贸易公司信任。

笔者对游某康的上述做法极为不解，根据合同约定，游某康是买受人，经济贸易公司是出卖人，要从经济贸易公司买货的游某康为何自己骗自己？

姜彩熠拿出某市中级人民法院的判决书，翻到第十二页，指着倒数第五行解释道："法院认定游某康伪造入库单，也认定经济贸易公司伪造了出库单。如果是真购销，出卖人与买受人联手造假有何意义呢？包括拍摄经济贸易公司有货的照片，经济贸易公司除了骗取银

行贷款外，别无任何意义。"

从涉案钢材购销合同看，双方对钢材数量、质量、交货时间等似乎不太在意，无论有货无货、货多货少，都不影响付款，且付款期限 30 天内加价 1%、31 天至 40 天内加价 1.35%、41 天至 50 天内加价 1.7%、51 天至 60 天内加价 2%、61 天至 75 天内加价 2.5%。

对于上述这种合同价款结算方式，笔者也是百思不得其解。姜彩熠向笔者解释说，据游某康讲，这是月息一分的约定，根本不是购销，是借贷，且借期不超过 75 天，"这一点也被某省高级人民法院所认定"。

游某康构不构成虚开增值税专用发票罪呢？

"如果本案涉嫌虚开增值税专用发票犯罪的话，那么，也是经济贸易公司虚开增值税专用发票。"姜彩熠说。他表示，游某康收到的涉案发票都是经济贸易公司开具的，因为经济贸易公司是供货方，是发票出票方；游某康是购货方，是发票收票方。某市中级人民法院认定购销合同中"无货"，供货方无货却给购货方出具增值税专用发票，"到底是谁虚开不就一目了然了吗？"

姜彩熠对笔者说："本案事实和法律关系很简单，只不过是人为复杂化了而已，某市中级人民法院把本案中买卖合同的权利义务完全给整颠倒了，造成该被追究的没追究，不该被追究的却追究了！"

辩护律师：游某康不构成诈骗犯罪

笔者还有一个疑虑：在融资借贷关系中，游某康会不会涉嫌诈骗犯罪呢？

"假购销真借贷法律关系中，游某康更不可能涉嫌构成合同诈骗！"姜彩熠用斩钉截铁的语气分析了整个案件的来龙去脉。

首先，经济贸易公司与物流公司之间发生了民事纠纷。经济贸易公司将货款打给物流公司，物流公司未依约发货，经济贸易公司将物流公司诉至法院要求物流公司承担违约责任。2017 年 3 月 30 日，某省高院终审按借贷关系作出判决，判物流公司返还其本金。经济贸易公司与物流公司的民事纠纷已执行回数千万元，"该案和游某康及其公司无关"。

其次，物流公司与游某康公司（进出口公司、物资公司）也发生了民事纠纷。物流公司将货款打给游某康公司，游某康公司未发货。同样，物流公司也是国企，与经济贸易公司一样，也害怕负法律责任。于是，2012 年 9 月 21 日，物流公司起诉游某康公司要求退还货款。

但是，与经济贸易公司不同的是，物流公司不担心国有资金流失。

在双方签合同时，为保证资金安全，物流公司要求游某康提供担保。游某康马上与哥哥游某春商量，将其占股份 49%、游某春占股份 51% 的张家港保税区昊洲物流有限公司（以下简称"昊洲"）资产作担保，双方于 2012 年 8 月 21 日签订了担保合同。之后，北京一家资产评估机构对昊洲资产进行评估，于 2012 年 10 月 16 日提交的评估报告显示，昊洲资产评估价值为 3.2 亿余元。

2014 年 5 月 12 日，经法院调解，物流公司与游某康公司等达成一致意见，某市中级人民法院做出民事调解书予以确认并很快执行完毕，"该案与经济贸易公司无关"。

本案向上游追索，物流公司是买受人，游某康公司是出卖人；物流公司支付货款，游某康公司不交付货物如果构成诈骗，那也是物流公司为被害人，游某康才涉嫌构成犯罪。事实上，游某康为物流公司提供了 3.2 亿元资产担保，且该案已执行完毕。"所以说，假购销真借贷，游某康更不可能构成诈骗犯罪。"姜彩熠说。

采访手记

中共中央、国务院发布《关于营造企业家健康成长环境弘扬优秀企业家精神更好发挥企业家作用的意见》后，最高人民检察院、最高人民法院也分别于 2017 年 12 月 12 日、2018 年 1 月 2 日发出通知，要求全国各级检察机关、审判机关充分发挥职能作用，保护企业家合法权益，为企业家创新创业营造良好法治环境。

最高人民法院特别强调，要严格非法经营罪、合同诈骗罪的构成要件，防止随意扩大适用。对于在合同签订、履行过程中产生的民事争议，如无确实充分的证据证明符合犯罪构成的，不得作为刑事案件处理。

姜彩熠已向某省高级人民法院递交申请书，请求将经济贸易公司涉嫌犯罪问题依法移交某省公安厅侦查。

"游某康案背后掩盖了经济贸易公司涉嫌犯罪问题。经济贸易公司利用虚假钢材购销合同骗取银行巨额贷款，然后再将贷款高利转借给物流公司使用"，姜彩熠说："两省三家法院的判决，都是经济贸易公司涉嫌骗取贷款罪和高利转贷罪的铁证。"

2019 年 5 月 13 日，在姜彩熠多年的艰辛辩护和努力下，某省高级人民法院终于作出判决，判决游某康无罪，并当庭释放。

两次判无期，最终判无罪，7年间，游某康的经历可谓惊心动魄。试问，一个人又有几个7年的青春与奋斗？希望走出囹圄的游某康能重拾信心东山再起，也希望我们所有的法律人能牢记："努力让人民群众在每一个司法案件中感受到公平正义。"让人民群众见得到、摸得着、等得到的正义才是真正义。

注：本文部分文字曾载于《法律与生活》。

生命不息，奋斗不止

——访内蒙古同声律师事务所卢云主任

▲卢云律师

编者按

2021 年是中国共产党建党 100 周年，在内蒙古乌兰察布市有这样一家律师事务所，其所成立于 2001 年，在此需要特别提及的是，该所在创建的同时即同步建立了独立的党支部。回顾往昔，该所已走过了 20 年的风雨历程，而这家律师事务所和它的领头人也同样成为业界的佼佼者和行业的领先者。据悉，这家律师事务所自创立至今始终保持着乌兰察布市律师事务所的最大规模和不断壮大的势头，这家律所的名字就是内蒙古同声律师事务所，它的领头人就是集诸多荣誉于一身的卢云主任。作为内蒙古同声律师事务所的领头人，卢云主任始终牢记初心使命，一直以一个党员律师的标准严格要求自己，严守律师执业纪律，恪守律师执业道德，将维护当事人的合法权益，维护法律的正确实施，维护法律的公平正义当作自己一生的追求。

伴随国家法治化进程的加快，内蒙古同声律师事务所在卢云主任的带领下栉风沐雨、砥砺前行，已发展成为社会公众和委托人值得信赖的律师事务所，且还被业界誉为"内蒙古中部律师行业一颗璀璨的明珠"。

今天就让我们走进内蒙古同声律师事务所，走近卢云主任。

与法结缘，砥砺前行

卢云主任与律师职业结缘，是在人生节点上做出的一种选择，在某种程度上有一定的偶然性。过了 2021 年的生日，卢云主任就要满 67 周岁了。在年轻时，他有过很多的职业理想，有过很多的生活憧憬和梦想，但是没听说过律师这个职业，也从来没想过要从事律师职业。

卢云主任与法律学科的结缘和法律知识的启蒙，开始于 1990 年至 1992 年间，期间，他参加中华律师函授中心的学习，并参加内蒙古大学主考的高等教育自学考试法律专业的考试。当时他通过中央广播电视大学的学习，已经取得了语文类的大专学历，并正在通过高等教育自学考试获得本科学历。学习法律课程的动力是开阔视野、丰富知识，此时他并没有想到要成为一名执业律师。法律学科的学业完成后，卢云主任顺势参加了 1992 年的第四届律师执业资格全国统一考试，顺利通过考试后，取得了律师执业资格。1993 年 4 月，恰逢当时的乌兰察布盟司法处正在筹备乌兰察布盟经济律师事务所，他也就顺势注册成为乌兰察布盟经济律师事务所的一名兼职律师。1997 年的岁末年初，卢云主任处在了人生道路的十字路口，当时，他被任命为一家国有中型企业的厂党委委员、第一副厂长已经接近两年。尽管他对事业无限忠诚，尽管他不计个人得失，全身心地投入工作，尽管他不断地和职工谈心交心，深入困难家庭访贫问苦，很快得到了全厂 1000 多名职工当中的大多数职工和家属的信任，尽管他不忘初心、牢记使命，对企业起死回生、重振雄风有过种种的探索和尝试，但终究未能力挽狂澜，未能扭转企业破产和关门走人的命运。在人生的十字路口，他又一次面临职业和前途的选择。最终，他毅然决然地辞去公职，选择了职业律师的生涯。

身经百战，攻坚克难

编者：我们也了解到您执业以来致力于民商事诉讼、仲裁代理、刑事辩护等领域并积累了大量的成功经验，并且有深入的研究和丰富的实践经验。您认为处理这类案件的难点是什么？当时您是怎么考虑的？是否遇到过帮助您、指点您的贵人？您可以讲一下您想感谢的人。

卢云主任：我们在五线城市执业，作为被法律服务需求群体寄予厚望的综合性律师事务所，我们必须回应服务单位和社会群体多方面的法律服务需求，因此，专业面不能过窄。我们律所业务涵盖面相对较宽，但主要业务是诉讼业务。就我个人而言，早年的业务主要以普

▲走进革命老区——梁家河

▲参加中国律所高质量发展高峰论坛

通民事诉讼案件的代理为主。近年来，主要业务重心在刑事辩护方面，同时也在一些具有挑战性的、较为疑难复杂的商事诉讼案件和建设工程纠纷案件的代理方面下了比较大的功夫。我曾经代理过一些仲裁案件，同时也担任过仲裁员，但是办理的仲裁案件其实并不多。我喜欢富有挑战性的、有一定难度的、法律关系错综复杂的案件，不喜欢千篇一律的、机械操作的类型化案件。疑难复杂案件难就难在所包含的法律关系错综复杂，如果没有深厚的理论功底、丰富的社会生活和法律工作的实践经验，很容易产生误判。我个人认为，律师身经百战，能够攻克一个又一个的难题，不断攀登事业的高峰，一是要有坚定的法治信仰，有敢于坚持真理的勇气；二是需要终身学习，顽强进取，永远不故步自封。尽管年纪已经不小，但我不放弃职业生涯中的任何一次学习提升的机会。从2010年起，我连续10余年参加中国法学会举办的刑辩论坛暨刑事辩护高峰会，并多次参加民商法论坛。2016年以来，还多次参加中国人民大学律师学院的各种专题业务培训和北京大学法学院的刑事辩护高级研修班学习，多次参加刘桂明先生主办的"桂客年会"和北京尚权律师事务所举办的"尚权刑辩论坛"，等等。全国政府法律服务联盟每年举办的政府法律服务研讨会，基本上都没有缺席。通过踊跃参与上述专业培训和业内业务交流活动，我不断地接触到业内新的理念和思想火花的激荡，使自己保持思想观念不陈旧，不断增强自己的业务积淀。我打拼到现在全靠坚强的意志力。

追求卓越，风雨兼程

编者：您执业20多年以来积累了丰富的专业知识和

办案技巧，司法实践经验丰富，优秀事迹被多家杂志报纸发表，获得诸多荣誉。您认为自己有哪些过人之处？回顾之前走过的路，您对律师行业最深刻的感受是什么？

卢云主任：执业28年和建所20年，我和我的律所风雨兼程一路走来，工作业绩在一定程度上得到了司法行政机关和社会各界的认可，也受到媒体的广泛关注，但是距离新时代党和国家对律师行业的要求，距离满足人民群众多元化、分层次、高水准的法律服务的要求还有很大的差距。律师行业人才济济，藏龙卧虎，可以作为我们学习榜样的优秀律所和律师很多，我们说不上有过人之处。我们之所以能够得到委托人的信赖并在社会上建立信誉，是因为我们认真对待委托人的每一次委托，把追求社会公平正义作为我们不懈的追求，在执业活动中不断进取，追求卓越。

弘扬法治，坚守信仰

编者：您和同声律师团队为民争权维权，大爱为公，这种匠人精神受到社会各界的盛赞和肯定，同声律所的管理模式和执业理念是什么？同声律师团队在您的带领下，创造出了辉煌成就。您对这个团队建设有什么目标和愿景？

卢云主任：同声律所在建所时，所确立的奋斗目标就是在为建设法治中国而奋斗的历史进程中，同步实现中国律师自身有尊严的执业和团队成员幸福美好的人生。同声律所的管理主要是用共同的执业理想和律所文化凝聚人心，形成甘于奉献和为捍卫社会公平正义而奋斗的共同价值观，并用共同的价值观和执业理念来指引和规

▲参加第十二届尚权刑事辩护论坛

范全体成员的行为，基本上没有强硬的僵化管理。我们的执业理念就是坚守法治信仰，弘扬法治精神，在新时代中国特色社会主义司法制度的框架下勤勉执业，为委托人提供专业的精细化的法律服务，铁肩担道义，维护社会公平正义；守护法律底线，保障基本人权；以自己的执业活动推进法治中国建设，促进法律在社会生活中的严格执行和在司法程序中的正确适用。我们努力创建的律所文化和律所精神就是坚定的法治信仰、追求卓越的进取精神、顽强坚毅的工作作风、高度凝聚的集体观念、诚信执业的自觉意识、坚持真理的品格与勇气。

良法善治，任重道远

编者：律师是奋战在法律服务前沿的战士，这种角色定位使得律师只能在现成法律的框架下进行执业，这个框架肯定有它一定的局限性，对于这一点您有何感触？

卢云主任：新时代中国特色的律师制度决定了中国律师只能在中国特色社会主义法律制度的框架下从事律师执业。中国律师必须服从共产党的领导，捍卫中国特色的法律制度，而不能冲击和破坏中国特色的法律制度，这是一个必须坚守的原则。但是，社会主义法治的健全和完善是一个长期的历史过程，在律师执业活动中，确实会遇到有时无法可依，有时现行法律规范不够尽善尽美的情形。良法善治是法制健全和完善的航标，也是我们追求的全面依法治国的终极目标。参与各层级的立法，为推进法律制度的健全与完善做出应有的贡献，中国律师同样任重道远。

捍卫正义，推进法治

编者：您曾在国企担任过管理岗位，后从事律师工作并创办律所，经历过不同的职业和工作岗位，您认为岗位职责和思维方式有什么变化？您认为律师在社会中和司法系统中是什么样的角色？律师在与公检法的对比中地位如何？律师职业给您的生活带来了哪些改变或者影响？您是如何看待这些改变的？

卢云主任：我确实有过多种行业的工作经历，在不同的职业岗位上有过摸爬滚打的历练，各个行业的从业人员都有自己不同的思维方式和职业个性。工业企业的员工相对比较单纯朴实，服从性强，容易通过规章制度的约束统一号令实现管理目标。律师群体思想活跃，个性化思维更为突显，更需要用共同的执业理念、职业价值观来凝聚人心、形成合力。我在2017年11月刊行的《中国报道——开局新时代特刊》上曾经发表过一篇题为《律师概念界定、职业属性和律所机构定位之我见——兼论律师法的修改》的文章，对律师概念的定义、职业定位、职业属性与律师事务所的机构定性、职能定位等进行了初步的探讨。按照我的理解，律师的定义和职业定位应该是："依法取得律师执业行政许可，在律师执业或工作机构从事法律实务工作，以专业知识、专业技能和专业经验为中国法治服务，为社会或隶属机构提供专业法律服务的职业人员。"习近平总书记指出："律师队伍是依法治国的一支重要力量。"这是对律师队伍的政治评价和政治定位。关于律师的职业定位和社会定位，按照我的理解，首先，律师是法律职业共同体中不可或缺的成员；其次，律师是在法律职业共同体中专门从事法律服务的职业人员；再次，律师是以实现权利制衡，维护委托人的合法权益，捍卫社会公平正义，推进法治中国建设为使命的职业人员。律师与公检法人员同为职业共同体的理念提出已经多年，但至今仍未落到实处，在公检法人员的内心深处，并未真正得到认同。有时，甚至有渐行渐远的趋势，在理论和实践上都有许多问题需要深入探讨并解决。

肩负责任，奋发有为

编者：中国律师制度恢复重建已有40余年，可否以您的亲身经历谈谈我国律师行业的新变化？在您看来律师尤其是在法治中国建设的环境下是一份怎样的职业？您对律师的职责定位和人生价值是怎样理解和把握的？

卢云主任：中国律师制度恢复重建以来，确实发生了天翻地覆的变化，律师执业机构从纯粹附属于司法行政机关的职能部门，发展为充满生机与活力，蕴藏着无限创造力的律师自主执业机构。律师队伍由当初的几百人发展到如今的近60万人。律师业务也由单纯的刑事辩护和诉讼代理，发展到覆盖社会生活和社会治理、国家管理的各个领域。但是在我看来，律师行业还是一个弱势行业，这主要的不是人数多少的问题，主要表现为：第一，在国家治理、社会治理中的话语权很小，这与"律师队伍是依法治国的重要力量"的政治定位是不相适应的。党的十八届三中全会提出普遍建立法律顾问制度的构想，但很多地方在具体实施中流于形式。第二，律师管理体制的深化改革和律师行业自身的生存与发展，较少受到关注与重视。社会上普遍认为律师行业是高收入阶层，生活无忧，实际上并不尽然，律师的职业保障、社会保险等一系列关系到全行业可持续发展等重要问题，都需要在进行深入调研的基础上，做出合理的制度安排。在很多时候，律师行业甚至置身于社会保障体制之外。近年来，司法行政机关赋予律师行业越来越多的政治责任和社会责任，但对律师行业自身的生存条件和发展环境却往往关注不够。通过深化律师管理体制的改革，应当让广大律师有更多的获得感，让律师行业有更广阔的发展空间。总体而言，律师事业有无限发展的前景，律师职业神圣而光荣。我希望，所有的律师行业从业人员，都应当意识到自己肩负的职业使命任重而道远，都应当增强职业使命感和自豪感，创新发展，在开启全面建设社会主义现代化强国而奋斗的新征程中奋发有为，有所作为。

担当使命，荣誉等身

编者：在您经手的案件中，有哪些给您留下了深刻的印象？或者具有深远的社会意义，对推动中国法治社会建设进程产生重大影响的案件？您作为一名资深律师，在处理这类案件的过程中有什么经验或者心得体会？您一路走来获得了无数赞誉，面对这些荣誉和好评，您有什么感想？

卢云主任：从业28年来，我承办和经历过许许多多光怪陆离、错综复杂或惊心动魄的案件，在执业生涯中经历了一次又一次的挑战，近年来给我印象最深刻，也最有成就感的案件：一是为山西农民周某某被指控犯聚众斗殴罪成功作无罪辩护案；二是成功代理民营企业经营者吴某某与某实业集团公司和某投资发展有限公司损害公司利益股东代表诉讼案。通过对周某某被宣告无罪案的办理，我深切感受到刑辩律师责任的重大与使命的光荣。此案的办理，也突出体现了同声律师铁肩担道义的执业使命感和坚定的法治信仰以及敢于坚持真理的品格、顽强坚毅的工作作风。通过艰辛的努力为当事人洗清了不白之冤，在当事人和广大群众中牢固树立了对社会主义法治的信仰。通过成功代理民营企业经营者吴某某与某实业集团公司和某投资发展有限公司（某地方政府的融资平台公司）损害公司利益股东代表诉讼案，同声律师团队以自己的专业积淀和实力为委托人赢得了诉讼，也为维护市场经济的运行规则做出了应有的贡献。我们以坚持真理的品格与勇气，履行律师的执业责任与担当，不仅赢得了委托人的信任，而且收获了良好的社会声誉。

履职尽责，贡献才智

编者："律师兴则法治兴，法治兴则国家兴"，习近平总书记指出："律师队伍是依法治国的一支重要力量。"法律制度也在不断完善，您是如何看待我国的法治现状的？站在新的历史起点上，您认为律师行业应该从哪些方面入手，积极履职尽责，为法治中国建设贡献力量？对那些正在学习法律和即将从事律师职业的人们有什么建议？

卢云主任：习近平总书记充分肯定和高度重视律师队伍在全面依法治国中的重要作用，并指出：律师队伍是依法治国的一支重要力量。法学泰斗江平先生曾提出"律师兴则法治兴，法治兴则国家兴"，深刻阐述了律师兴衰与国家法治兴衰的关系以及法治兴衰与国家兴衰的关系。江平先生的观点与习近平总书记的论断一脉相承。我们已经全面建成小康社会，并开启了全面建设社会主义现代化国家的新征程。站在新的历史起点上，律师行业任重道远，在宏观方面，要为"十四五"时期实现经济社会发展的主要目标和到2035年基本实现社会主义现代化的远景目标，为基本建成法治国家、法治政府、法治社会发挥律师队伍的独特作用，做出自己应有的贡献。在微观方面，我们要继续铁肩担道义，在具体的律师执业活动中，以社会主义核心价值观为指引，分辨是非曲直，维护社会公平正义，守护法律底线，保障基本人权。我对于正在学习法律专业的莘莘学子和即将从事律师职业的青年朋友的希望是：既然我们与法律职业有缘，我们就要全身心地投入到这一神圣的事业中，终身为法治的完善和社会的公平正义而奋斗。

正确引导，尽职尽责

编者：随着互联网的迅猛发展，一个案件的审理往往会受到来自媒体、社会的关注，有时候对案件本身也会存在一定的反作用，您是如何看待大众媒体对案件的影响的？

卢云主任：媒体和社会对具体案件越来越给予更多的关注，是互联网等传播手段迅猛发展的必然趋势。由于不同的媒体和不同的社会群体对具体案件的关注点不同，信息采集者和发布者对案件事实的了解程度、认识深度和客观性立场有差异，对法律理解的正确与否有所不同，所以媒体对于具体案件的报道和所发表的观点有正确的，也有错误的。所产生的作用有正面的，也有负面的。但整体来说，媒体对具体案件的关注有利于对司法活动形成社会监督，有利于促进司法公正。对于一些产生负面作用的媒体报道，我们应当通过正面的司法评论和舆论发声，来引导舆论，而不应当简单地禁止媒体对具体案件的介入，堵塞舆论监督。我们应当相信，我们的主流媒体是党领导的媒体。

勠力同心，抗击疫情

编者：2020年全球新冠肺炎疫情肆虐，对于这场疫情，您和同声律师团队是如何应对的？您认为疫情对律师行业有哪些影响？律师事务所及律师该如何应对呢？

卢云主任：已经过去的2020年是极不平凡的一年。面对突如其来的新冠疫情，我们律所党支部紧跟党中央的决策部署，快速反应、迅速行动，一腔热血支援武汉前线抗疫斗争，周密安排落实本所的防护措施，积极参与社区的联防联控。我本人带头，在第一时间发起支援前线抗疫的募捐活动，律所合伙人、共产党员和全体同仁热烈响应，慷慨解囊，积极支援武汉前线抗疫，律所全体成员29人，包括兼职人员在内，无一例外参与了捐款活动。在中共中央组织部正式印发通知，要求各级党组织做好党员自愿捐款指导服务工作，支持新冠肺炎疫情防控工作，习近平总书记等党和国家领导人带头捐款之后，我本人再次带头捐款，党支部成员和全体党员再

次解囊，以实际行动表达律师行业对支援武汉前线抗疫的心意，在律师行业发挥了先锋表率作用。在认真落实疫情防控措施的同时，对律师业务活动和履行法律服务职能统筹安排，努力做到疫情防控和业务发展两不误。同声律所先后被内蒙古自治区司法厅和司法部评为司法行政系统疫情防控先进集体。

凝聚共识，德润民心

编者：2021年1月1日我国第一部固根本、稳预期、利长远的基础性法律，被称为社会生活百科全书的《民法典》正式实施，《民法通则》《物权法》《合同法》《担保法》等将被替代，这对我国的司法体系会有什么的影响？对我们的经济生活会有怎样的影响？对我国现有的经济实体又会产生什么样的影响？可否谈谈您的观点？

卢云主任：《民法典》的诞生是我国法治建设的里程碑，《民法典》的颁布施行，是以习近平同志为核心的党中央战略决策的伟大成果，承载着几代中国人的期盼，凝聚着几代法律人的心血，是展示改革成果、昭示法治文明的丰碑；是增进人民福祉、维护人民权益的宣言；是彰显时代精神、弘扬社会主义核心价值观的旗帜；是统一法律适用、强化司法公信的宝典。《民法典》正式实施后，原有的《民法总则》《民法通则》和《物权法》《合同法》《侵权责任法》等单行法律都将被统一的《民法典》所替代。《民法典》是在既有民事法律规范的基础上进行体系化、科学化和系统化的整合与编纂，并非另起炉灶重新立法。因此，《民法典》与原有民法规范存在承接性，同时《民法典》又彰显时代精神，制定了许多新的规则。《民法典》的贯彻施行，将会对社会生活、经济秩序和国家治理产生深远的影响。

生命不息，奋斗不止

编者：工作之余，您还有哪些爱好？是否受职业的影响？您对您个人最近三到五年有什么目标规划？

卢云主任：很不好意思，我个人性格比较刻板，除了工作和学习很难找到什么特殊的爱好。但我热爱生活，我对所有与我相遇，有缘共同谋事的人都抱以真情。说到目标规划，我已经是接近70岁的人了，很难再有个人的宏图大业，但有一点我始终坚守：生命不息，奋斗不止。我唯一的心愿就是通过与律所同仁的共同奋斗，使我亲

手创办的同声律所更有社会影响力，专业化程度和业务水准能够得到更迅速的提升，为法治中国的建设做出更大的贡献。

后　记

生命不息，奋斗不止！卢云主任用如此简短而有力的语言给自己的执业生涯做了最好的定位和诠释，作为他那个年代走过来的老一代法律人，他们为中国的法治建设铺路架桥，为民族的复兴之路添砖加瓦，他们才是这个时代最可爱的人！他们才是新时代的楷模和榜样！

专业彰显律师价值 使命护航经济发展

——访宁夏兴业律师事务所主任柳向阳律师

▲柳向阳律师

编者按

历史和现实都告诉我们，法治兴则国兴，法治强则国强。党的十八大提出和明确了全面依法治国的指导思想、发展道路、工作布局、重点任务，为中国的法治之路指明了方向，确立了目标，那就是建设一个"法治中国"。

近年来，在法治中国的建设中，各个领域涌现出了许多有责任、有担当，敢创新、勇奉献的优秀代表，特别是在法律界更是如此。

2020年1月16日，司法部下发《关于表彰全国优秀法律顾问的决定》，对在法治国家、法治政府、法治社会建设中，为广大党政机关和村（居）提供法律顾问服务以及做出突出贡献的律师、专家、学者和专职工作人员（共99人）进行表彰。

据悉，获得"全国优秀法律顾问"的大多为知名专家和学者，此次表彰旨在激励广大法律顾问进一步增强政治责任感、历史使命感、职业荣誉感，爱岗奉献、履职尽责，更好地发挥职能作用，提高法律顾问工作整体水平和影响力。在获得表彰的名单中，笔者注意到，宁夏地区仅两人获得"全国优秀法律顾问"之殊荣，本文主人公——宁夏兴业律师事务所主任柳向阳律师就是其中之一。

那么，作为西部地区的"区域商事强所""全国优秀律师事务所"——宁夏兴业律所的领头人，柳向阳主任有着怎样的光辉业绩和执业历程呢？接下来我们来为读者一一揭晓。

学海无涯，进无止境

柳向阳于1989年考入宁夏大学，第二年即1990年光荣加入中国共产党，成为一名共产党员，因在读大学期间一直担任学生会主席，1993年毕业时他还被评为全区（宁夏回族自治区）优秀大学毕业生，并被分配到北方民族大学任教，拥有了人人羡慕的"铁饭碗"，参加工作不久，喜欢挑战与思辨，渴望实现自身价值的柳向阳就参加了律师资格考试，并顺利通过。因为喜欢法律，之后他被调至宁夏回族自治区商务厅（以下简称"自治区商务厅"）法规处，开始真正地从事法律工作。自治区商务厅下属企业众多，期间，柳向阳为下属企业提供了全面、全方位的如制度建设、管理运营、并购重组、股改培训等多方面的服务工作以及参与了多部地方立法工作。在自治区商务厅对各大企业在商事活动及案件工作的处置中积累了丰富经验，让他拥有了多维度、多角度、多层次的思辨能力和对各种问题的综合处置能力，让他在办理重大、疑难、复杂、棘手案件或问题时总能找到最佳解决方案。

更为重要的是，在体制内历练多年，让他较其他人有了更强的规则意识、责任感、使命感与担当精神。"无规矩不成方圆，规则意识是对一个法律人的基本要求"，柳向阳律师如是说。

2000年，政府机构改革，人员编制分流，相关政策出台，这时柳向阳选择了到中国政法大学攻读民商法研究生，以不断夯实法律功底和提升法学理论水平。"'开学第一讲'是江平老师给我们讲的，可谓终生难忘、终身受益。"忆起20年前法大的求学经历，柳向阳对各位老师的悉心教导与关怀充满了感恩。

2017年，柳向阳又走进了清华大学，攻读清华大学的EMBA。"人的一生就是一个不断奋斗拼搏、不断学习与前行的人生，学海无涯，进无止境。"柳向阳超强的学习能力在他的执业生涯中得到了完美地体现。

当然，学习新知识、新理念的同时，柳向阳的律师业务并未停摆。亚洲金融危机后，为解决银行体系巨额不良资产问题，1999年，国务院在借鉴国际经验的基础上相继成立了东方、信达、华融、长城四大资产管理公司，

▲柳向阳参加第二届西部律师发展论坛并发言

负责收购、管理、处置相对应的中国银行、中国建设银行和国家开发银行、中国工商银行、中国农业银行所剥离的不良资产。在中国政法大学读研期间，柳向阳就协助律所办理了大量的银行不良资产处置清收以及企业的债转股工作，学习工作两不误。"非常感谢本所终身名誉主任，现担任宁夏律师协会会长的祖贵洲律师和兴业同仁，给予了我极大的信任，并给我提供了发挥专长和优势的平台，让我在律师业务领域实现了快速成长和发展，我所取得的成就，离不开兴业所这个大平台。"

坚守初心、砥砺前行

2004年研究生毕业后，柳向阳回到宁夏兴业律所开始从事专职律师工作至今。从兼职律师到专职律师，再到合伙人、高级合伙人以及兴业律所的第二代领头人，一路走来，柳向阳日夜兼程、风雨无阻，披星戴月、砥砺前行，获得了各政府机构、企业客户、同仁的高度认可，并取得了丰硕的业绩和成果。现柳向阳除担任兴业律所主任外，他还担任了宁夏回族自治区人民政府法律顾问、自治区党委全面依法治区委员会办公室决策咨询专家、自治区党委法律专家库成员、自治区人大法制委员会立法咨询专家、自治区法学会首批30名智库专家等多个社会职务。截至目前，柳向阳还一直为宁夏回族自治区党委办公厅、宁夏回族自治区自然资源厅等40余家党政部门、金融机构、国资平台、上市公司等提供法律顾问服务。

此外，柳向阳还荣获宁夏"自治区首届十大杰出青年律师"称号（2003年）；宁夏回族自治区法律界"为企业做出突出贡献先进个人"（2005年）；银川市司法局、

银川市律师协会授予"优秀律师"称号（2005年）；宁夏回族自治区司法厅授予"自治区优秀律师"称号（2007年）；宁夏回族自治区司法厅授予"千名律师进万家企业"优秀律师称号（2011年）；中共宁夏区委组织部授予"全区社会组织优秀党务工作者"（2016年）；桂客年会授予中国律师"年度律所管理合伙人"（2019年）；以及2020年被司法部评为"全国优秀法律顾问"等诸多荣誉。

以上也只是柳向阳律师的一个侧影，我们从其办理的案件和为各个重大项目提供的法律服务中，更能看到一个品德高尚、业务精湛的柳向阳。

天道酬勤，厚德载物

从事专职律师工作后，柳向阳主要专注于公司治理、资本市场等业务领域，并先后担任宁夏建材、中银绒业、东方钽业等多家上市公司的法律顾问。他为宁夏建材（600449）与赛马实业反向吸收合并、中银绒业（000982）换壳圣雪绒、宁夏国有资本运营集团有限责任公司收购宝塔实业（000595）等提供专项法律服务，其中，宁夏建材与赛马实业"反向吸收合并"项目作为资本市场重大重组典型案例被多个版本的实务教材推广。

在清理僵尸企业、消化过剩产能和调整产业结构领域，柳向阳担任了宁夏丰友化工股份有限公司、宁夏银光钢构件制造有限公司、宁夏华峰化工有限公司、宁夏宁电光伏材料有限公司等多家企业破产清算，以及宁夏金海永和泰冶化、煤化、发电以及宁夏北方精工钢结构有限公司、宁夏林业研究院等多家公司的破产重整项目的负责人。他组建团队、合理分工、规范管理、创新处置，充分履行和发挥了管理人的职责，化解了社会矛盾、稳定了职工队伍，在有效盘活企业资产等方面展现了律师良好的社会价值，并为宁夏兴业律所获得自治区高级人民法院"一级破产管理人"资格立下汗马功劳。在他的积极努力下，宁夏第一家破产管理人协会——银川市破产管理人协会终于在2020年9月成立，并由他担任第一届会长。

他还为宁夏伊斯兰国际信托投资有限公司停业整顿工作提供专项法律服务；为宁夏建材集团国有企业改制、宁夏恒力集团国有企业改制提供专项法律服务；为中国中材集团重组宁夏建材集团（上市公司）提供专项法律服务；为西夏啤酒与丹麦嘉士伯境内并购重组提供专项

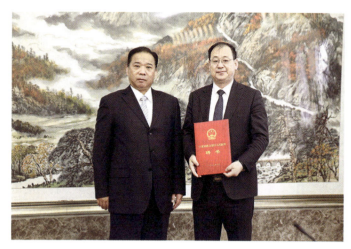

▲宁夏回族自治区人民政府为柳向阳颁发聘书

法律服务；为赛马实业（上市公司）收购内蒙古西水股份公司（上市公司）水泥资产重组项目提供专项法律服务；为赛马实业（上市公司）以新增股份反向吸收合并宁夏建材集团提供专项法律服务等，为地方经济的和谐发展不断贡献着一个法律人智慧和力量。

在基金法律服务领域，柳向阳更是成就卓著。2015年4月15日，宁夏回族自治区人民政府发出《自治区人民政府关于设立政府产业引导基金促进产业加快发展的意见》（宁夏回族自治区产业引导基金为母基金）。至2016年初，经过数月的努力和奋战，宁夏回族自治区产业引导基金终于宣告成立。近一年时间里，柳向阳带领律师团队，为基金的设立和招募提供了全程的法律服务。之后，柳向阳带领团队还为17家子基金的设立、备案登记等做了大量的工作。从初审、评审、设立到提供招募、尽调、谈判、运行监管等提供了全程的专项法律服务，并为兴业律所在基金投资领域的法律服务树立了良好的口碑。

柳向阳带领团队曾为宁夏建材集团（上市公司）在银行间债券市场短融、中期票据、公司债融资，银川通联资本投资运营有限公司在银行间债券市场发行中期票据、短融、伊斯兰债券、私募债发行，宁夏国有资本运营集团有限公司在银行间债券市场发行超短融、短融、中期票据、公司债提供专项法律服务。曾为德泓国际绒业股份有限公司、宁夏杞爱原生黑果枸杞股份有限公司、宁夏中科天际防雷股份有限公司、宁夏多闻网络股份有限公司、宁夏康亚药业股份有限公司等在新三板挂牌融资提供专项法律服务。

据不完全统计，自2012年至2020年，柳向阳已经带领团队完成70多笔债券的发行工作，合计融资金额近465亿元，为众多企业"输血"的同时，加快和促进了实体经济的健康发展。

"我当律师的初衷就是要在法律行业工作，为社会的进步与发展贡献才智，并不断实现自己的价值，如今，兴趣、爱好、事业得以完美契合，我唯一要做的就是不断提升自己的专业水平、处置能力，并综合运用掌握的知识、经验和资源，为社会经济的发展、为法治政府的建设、为西部地区经济的腾飞保驾护航和尽自己的一份绵薄之力。"柳向阳律师道。

创新突破，化危为机

7000万元贷款批准6个月还未到还款日期即产生"不良"记录，这样的重大责任该如何追究？某银行各级领导如热锅上的蚂蚁，不知如何是好。

此案还要从源头说起，原来这是一个招商引资项目，宁夏为扩大发展枸杞产业，以"零元"土地出让金的方式引入了一家青岛公司合作加工枸杞产品，银行在评估企业资产时出现高价评估并贷给该企业7000万元启动资金。然而，让所有人都没有想到的是，青岛合作方在拿到银行贷款后，却未将资金投入到枸杞的生产加工和运营上，而是将资金补在了其在青岛开发的地产项目上。合资公司资金被抽离，企业资金链断裂陷入困境，无法正常运营，利息更无从着落。

柳向阳在银行领导办公会上，耐心听完各个部门的汇报，经过一番思索后，认为此事不宜立刻提起诉讼。"我应该先去一趟青岛。"签订委托协议后，柳向阳带领助理远赴青岛调查取证，经过一番细致的调查取证工作，柳向阳终于摸清了青岛合作方的底细。原来，其在青岛已有三家地产公司，且涉诉众多，但三家地产公司还有在开发中的楼盘未被法院查封，柳向阳如获至宝，随即申请法院对青岛合作方在开发中的楼盘进行全部查封。这时，青岛合作方再也坐不住了，由起初的不管不问、不理不睬、不配合，到开始找银行领导商谈如何处置。掌握了主动权的柳向阳提出谈判条件：要求青岛的三家地产公司为该7000万元贷款提供担保函，以提高增信，青岛合作方只得照办。

其实在柳向阳的计划中，目标并非只是追回贷款，追回贷款只是第一步，而拯救企业才是最终目标。接下来，柳向阳开始联系可以承接该合资公司债权债务的地方有实力的企业。之后，一家地方龙头企业被引入，并组建了一家新公司以收购合资公司的债权债务。

柳向阳再建议银行贷款给新成立的公司5000万元，并免除新公司土地增值税，营业税，契税等合计3000万元，最终，银行7000万元不良资产得以全部收回，该企业经重组后最终得以"涅槃"重生。之后，该案例还被写入了《国家农发行典型案例手册》。

服务中心，凸显价值

2004年4月，"德隆风波"爆发后，迅速波及宁夏伊斯兰国际信托投资公司，并在当地一度引发严重金融风险。令人吃惊的是，当公检法联合专案组介入后，发现这一公司竟然在长达两年多的时间内，以承诺保底和固定收益的诱惑，向社会公众非法"圈钱"30多亿元。

2004年4月20日，宁夏主要领导在获悉"德隆风波"发生后，连夜召集会议，研究对策，并当即成立了自治区金融风险处置工作领导小组，统一领导"德隆系案宁夏版"的金融风险处置工作。刚从法大回到宁夏不久的柳向阳立即成为自治区金融风险处置工作领导小组委托的8人律师团成员。

为防止可能出现的金融风险，当年8月，在风险处置领导小组的指导下，柳向阳带领8人律师团迅速开展了伊斯兰国际信托投资公司个人债权的登记、甄别确认和兑付工作，历时近一年时间，不分昼夜地工作，终于完成登记个人债权2000多笔，对凭证齐全、符合国家收购政策的个人债权，最终完成对90%个人债权的甄别确认收购和兑付工作。可以说，这一举措极大地预防了地方金融风险的发生，又为社会的和谐与稳定做出了积极的贡献。

长期以来，柳向阳律师围绕地方政府经济社会发展中心工作，为银川市自来水公司市场化改革提供专项法律服务（该项目是宁夏地区第一个PPP项目）；担任了宁夏第一条高速铁路吴忠至中卫段项目建设专项法律顾问，为宁夏进入高铁时代贡献了律师的力量。此后，他还担任了银昆高速公路、乌玛高速等多个高速公路PPP项目，以及城市污水处理PPP项目的法律顾问，直接服务于地区重大基础设施建设，彰显了律师价值。

寄语青年，莫负韶华

要想成为一名优秀的律师，首先就是要热爱这个职业，要发自内心地热爱，热爱会带给你无穷的力量和潜力，让你心无旁骛地投入工作，在解决一个个棘手问题后，你的价值就得到了充分的展示和体现，价值得到体现和认可，就是一种幸福。

要想成为一名优秀的律师，必须有深厚的法律功底以及语言书面的表达能力，这是最基本的要求；再就是要不断拓展思维的广度、宽度以及加强融合度思维，对于委托的事项，我们首先是一个"操作者"，但这远远不够，我们还要做一个"操盘者"，要兼顾各方利益，要综合运用各种能力乃至跨界融合，以提供更加适合的、可行性的最佳解决方案。做到合格不难，但要做到优秀，就不是那么容易了。

要想成为一名优秀的律师，就一定要找到自己的核心竞争力，并将核心竞争力发挥到最大化，发挥到极致。每个律师的核心竞争力各有不同，我想，作为一个商事律师，其业务的品质是放在第一位的，事项越复杂，对律师业务品质的要求就越高，尤其对律师综合、融合、跨界资源调配的能力要求就越高。

柳向阳对于青年律师的培养和关怀，向来是无私、忘我和毫不保留的。

后 记

如今的柳向阳已是西部地区在商事业务领域绝对领先综合强所的领头人，可谓踌躇满志，更是载誉满满，但他从未因这些成绩而忘了自己初心和使命。"成绩只属于过去，未来我们还需继续努力，前方还有很长的路要走，西部地区与沿海及中部地区还有很大的差距，作为一个新时代的法律人，作为一名党员律师，我们必须勇于担当，不负时代重托，不负青春韶华，为经济社会保驾护航，为实现中华民族伟大复兴的中国梦奉献智慧和力量。"采访结束时，柳向阳律师掷地有声地道。

PART 3

三、律师事迹篇

北京

董国女 律师

1978 年出生，汉族，中共党员，2002 年执业，北京楹庭律师事务所主任。

最懂企业权益的行政律师

董国女律师从业期间，专注于政企纠纷、行政协议纠纷、企业征迁、关停类维权领域。用她的维权理念及维权实践经验指导无数被拆迁企业依法、正确维权，被企业家们誉为"最懂企业权益的行政律师"。

维权足迹走遍中国大地

在董国女主任的带领下，北京楹庭律师事务所办理的案件已涉及北京、上海、广东、浙江、福建、山东、安徽、河南、山西、四川、云南、贵州等 30 多个省、直辖市、自治区，提供了有效的诉讼或非诉讼法律服务，为全国 1000 多家企业实现合理补偿的"维权梦"。

理论指导实践，切实有效维权

在办案方面，董国女律师以坚持实务为己任，用其深厚的法学理论功底和丰富实践办案经验，在政企纠纷、行政协议纠纷、征地拆迁、环保关停、行政许可、行政处罚等行政类案件中，摸索、建立并完善了一套独有的实践方案。针对公司、企业、工厂、商铺等非住宅拆迁，城中村、棚户区改造，违法强拆偷拆，违章建筑认定，停产停业损失补偿问题，拆迁评估报告、环保验收报告问题，一刀切式环保关停问题等形成了一系列行之有效的维权策略。

力挽狂澜于既倒

董国女律师在近 20 年的办案过程中汲取了丰富的办案经验和诉讼技巧。通过对事实证据的准确把握，熟练地运用非诉和诉讼巧妙结合的方式，多次将案件从"错得不可收拾的地步"挽回，驳回案件发回重审或直接改判，为诸多企业解决了法律适用难的问题。在诉讼之外，董国女律师更是深谙并把握征收方的心理，能在企业诉讼过程中，通过多种方式巧妙结合，能灵活运用和应对、缓解、反转征拆方施加给企业的压力，切实有效地维护了当事人的合法权益。

依法行政发展的见证者

董国女律师可以说是我国依法行政发展的一个见证者。自从事法律工作开始至今 20 年，董国女律师见证了政府依法行政的发展，见证了以开发商为征收主体到县市级以上人民政府才有权征收的法治化进程。"从最初冒着生命危险去为被拆迁人调查取证、开庭辩护维权，到现在可以不再顾虑人身安全，只需要让自己的知识更专业、经验更丰富、责任心更强就可以为当事人争取更大的合法权益，帮助当事人满意解决。从 20 世纪 90 年代，政府、社会、企业都不太接纳行政诉讼的概念，当时说到某人、某企业要告政府，政府如何打击报复，拆迁律师介入拆迁案件后被开发商威胁的事。而现在行政机关的法制逐渐完善、法治观念也进一步加强，越来越多的行政机关领导也希望通过法律途径来解决行政纠纷，这是非常明显的进步。"董国女律师如是说。

急企业之所急，想企业之所想，7 天解决政企纠纷

董国女律师在专业从事行政诉讼工作的这些年，尤其是近几年，接触的大型企业越来越多，越来越多的企业出现政企纠纷后纷纷求助于律师，从最初的找合同律

师、民事律师到现在意识到这是行政案件要找行政诉讼类专业律师。在刚刚过去的2019年，董国女律师带领团队就办理多起此类案件，有造船厂海域权纠纷的，有因环保问题关停企业的，也有以土地闲置为由要收回开发商拍得土地的。其中一家位于河北某4A旅游景区企业即是因水源地保护问题被责令拆除，而该企业是因当地旅发大会需要刚建成不久，企业投资上亿元资金眼见就面临巨额亏损，无奈之下及时赶到北京找到董国女律师寻求帮助。当天已近下班时间，董律师带领团队律师还是耐心地听企业讲述、分析企业提供的证据资料、为企业详细解答法律疑问并提出初步的解决方案，企业主在全面了解如何办案之后将案件委托给了董律师。接受委托之后的第二天，董律师就带领团队赶赴当地，团队律师

兵分多路到各行政部门调查取证，随后出具了初步的法律意见书寄送给相关负责领导，动之以情、晓之以"法"，当地"一把手"收到法律意见书之后及时约见企业主沟通了解情况，并拍板为企业解决承诺建造又拆除的损失赔偿问题，企业主得到了满意解决，这个案件从接受委托到案件满意解决仅用了7天时间，堪称董律师及团队的又一次创举。

后 记

"路漫漫其修远兮，吾将上下而求索"，我们祝愿董国女律师和她带领的楹庭律师团队，能够在行政诉讼专业领域，为我国政府依法行政的发展做出更多更大的贡献。

北京

刘志民 律师

北京市京师律师事务所总部投资合伙人；京师上海国际总部创始合伙人；京师（全国）刑事专业委员会副主任；京师刑事合规法律事务部主任。

社会职务

国家司法文明协同创新中心实务导师；中国政法大学法律硕士学院兼职导师；中国人民大学虚假诉讼治理研究中心执行主任；中国政法大学证据科学研究院实务导师；北京师范大学全校公共选修课导师；国际关系学院硕士研究生实践导师；最高人民法院国家责任研究基地研究员；中共中央党校行政财务部法律顾问；环宇中国东盟法律合作（北京）中心主任；《人民日报（海外版）》"中国画强元课题"法律顾问；中国再生能源产业技术创新战略联盟法律顾问中心主任。

所获荣誉

2017—2020年连续四年被中共朝阳区律协委员会评选为"优秀共产党员"。

2019年入选新中国七十华诞暨中国律师制度恢复重建四十周年《中国法律年鉴》年鉴人物、优秀专业律师。

2018年评选获得北京市朝阳律协（2015—2018）年度律师"行业贡献奖"。

2018年入选中国改革开放四十周年《中国法律年鉴》年鉴人物、优秀专业律师。

2017年入选教育部全国万名优秀创新创业导师人才库。

2016年经评选获得法制晚报法律大讲堂魅力律师奖。

近年部分经典案例

1. 最高人民法院指令再审，2020年改判无罪的张志超强奸、王广超包庇案辩护律师；2020年5月25日在十三届全国人大三次会议上，张志超、王广超案在最高人民检察院和最高人民法院的工作报告中同时被提及。该案被中央广播电视总台、地方电视台、新华社、法制网、人民网、澎湃新闻、新京报等媒体广泛关注。

2. "张嘉伟故意伤害案"，该案被社会多家媒体广泛关注，2016年11月5日在第十二届全国人民代表大会常务委员会第二十四次会议上，曹建明所做的《最高人民检察院关于加强侦查监督、维护司法公正情况的报告》中，专门提到了"张嘉伟故意伤害案"。2016年11月7日最高人民检察院发布了"加强侦查监督典型案例"，该案例为13起典型案例之一。

3. 代理"袁诚家、谢艳敏申请37亿国家赔偿案"，社会影响较大，公众关注度高，该案被CCTV法治在线节目播报，2017年被中律评杯评为"十大国家赔偿优秀案例"。

4. 央视2016年标志性事件即CCTV法治在线报道的"七旬老人十九年讨债路"——辽宁周胜喜执行案，该案引起社会广泛关注并由此开创了法院将基层政府机关列入失信被执行人名单的先河。2017中被中律评杯评为"十大民商执行案件"。

5. 代理内蒙古某公司申请抗诉案，被中央电视台选为充分发挥检察院抗诉职能的典型案例并由CCTV法治在线编辑成专题节目播报。

主要著作

2020 年《企业合规实战案例解析》由中国经济出版社出版（主编）。

2019 年《说上就上》由中国经济出版社出版（主编）。

2018 年《说成就成》由西南师范大学出版社出版（主编）。

2018 年《网络安全合规指引》由中国人民公安大学出版社出版（副主编）。

2018 年《仲裁裁决被撤案例精析》由法律出版社出版（执行主编）。

2018 年《说过就过》由中国政法大学出版社出版（主编）。

2017 年《说赢就赢》由中国经济出版社出版（主编）。

2017 年《说过就过》由中国经济出版社出版（主编）。

2017 年《掘金之旅》由法律出版社出版（副主编）。

2016 年《保卫资本》由中国经济出版社出版（副主编）。

2016 年文学专著《心灵漫步》由九州出版社出版，该书被誉为"中国律师界首部心灵哲学散文集"（主编）。

北京

王朝勇 律师

律师，仲裁员。北京市京师律师事务所北京总部投资合伙人，京师上海国际总部创始合伙人，京师战略规划与案件指导部（战略部）主任，京师虚假诉讼法律事务部主任，京师律师学院执行院长，京师青少年法治教育研究中心主任，京师中国企业重大法律事务解决中心副主任，京师疑难案件中心秘书长。

在校兼任职务

北京大学法学院法律硕士研究生兼职导师，清华大学法学院法律硕士专业学位研究生联合导师，中国政法大学法律硕士学院研究生兼职导师，中国政法大学证据科学研究院硕士研究生实务导师，中国人民大学法学院法律硕士实务导师，中国人民大学法治与社会治理研究中心战略发展部主任，中国人民大学虚假诉讼治理研究中心执行主任、高级研究员，国际关系学院硕士研究生实践导师，北京航空航天大学法学院基地实践导师，北京师范大学经济与工商管理学院 MBA 校外导师，华东政法大学刑事法学院学生导师，燕京理工学院特聘教授，

北京师范大学中国企业家刑事风险防控（北京）中心核心成员，成都理工大学"一带一路与青年发展研究院"专家委员会委员，中国青年政治学院"一带一路"倡议研究院高级顾问、专家委员会委员，梁山县第一中学法治副校长等。

律师行业职务

北京市律师协会刑民交叉法律事务专业委员会委员，北京市朝阳区律师协会刑事业务研究会副主任，北京市朝阳区律师协会教培委副主任，北京市京师（南京）律师事务所高级顾问，北京市京师（威海）律师事务所名誉主任等。

其他社会职务

最高人民法院国家责任研究基地研究员，国家司法文明协同创新中心实务导师，中国东盟法律合作（北京）中心第一届理事会理事，中国东盟法律合作（北京）中心企业投资与经济犯罪研究院执行院长，点睛网络律师学院高级培训师，北京市公安局强制隔离戒毒所戒毒宣传员，海南仲裁委员会仲裁员，第五届乌海仲裁委员会仲裁员，大同仲裁委员会专家（顾问）、咨询委员会专家（顾问），大同仲裁委员会仲裁员，贵州省台江县公安局法律顾问，内蒙古自治区乌兰浩特市公安局高级法律顾问，内蒙古自治区科尔沁右翼前旗公安局高级法律顾问，内蒙古自治区翁牛特旗公安局高级法律顾问，内蒙古自治区赤峰市人民政府驻北京联络处法律顾问等。

业务范围

民商事法律诉讼、仲裁法律服务、公司法律服务、刑民交叉案件、学校法律顾问、政府法律顾问。

主要著作

《企业合规实战案例解析》《民间借贷——新型疑难复杂案例精选》《"扫黑除恶"司法观点与辩护要点》《说过就过——司法考试通关大全》《说成就成——律师点评大要案》《说赢就赢——虚假诉讼案例指导》《说过就过——2018 客观题主观题一本通》《说上就上——151 个案例实证解析新三板挂牌审核要点》《说上就上——公

司创业板上市法律事务和案例解析》《保卫资本——中国企业资本化成长的实战路径》《掘金之旅——金融不良资产处置十八般武艺》《仲裁裁决被撤案例精析》《国有资产交易操作与法律实务》《中学生法治教育读本》《2008年国家司法考试重点考题命题预测》《2009年国家司法考试历年试题汇编及答案解析》《2009年国家司法考试卷四高分突破》《2009年国家司法考试重点考题命题预测——社会主义法治理念考前20题》《2009年国家司法考试重点考题特AB卷》《2010年国家司法考试应试指南——社会主义法治理念考前29题、论述题考前40题》《2011年国家司法考试重点考题特AB卷》《2012年国家司法考试卷四高分绝密内参》等。

发表文章

1.《深度解读中小企业法律风险控制》发表于《祖国（半月刊）法制专刊》2014年5月。

2.《法治中国下的政府法律顾问制度》发表于两岸经贸发展与司法互助第一届学术论文集。

3.《证据视角下的虚假诉讼》发表于"中国律师网"。

4.《非法证据排除程序研究》发表于《祖国（半月刊）法制专刊》2015年6月。

社会活动

2002年至2017年受邀讲授国家司法考试辅导课程；2006年至2017年受邀讲授司法考试卷四预测；2016年、2017年在中国政法大学司法考试学院、华旭司考、京师律师学院、点睛网、律智司考等培训机构讲授司法考试卷四考前预测。2018年在华旭法考、滴慧法考、东北财经大学讲授法律职业资格考试主观题考前预测。2019年在中国政法大学法律硕士学院、山东大学法学院、京师律师学院、华旭法考讲授法律职业资格考试主观题考前预测。2020年为最高人民检察院业务专题培训讲授"民间借贷、套路贷、虚假诉讼"。

社会荣誉

1. 荣获2015—2018年度北京市朝阳区"社会公益奖"。

2. 获评"全国学雷锋先进个人"。

3. 荣获2019年新中国七十华诞暨中国律师制度恢复重建四十周年《中国法律年鉴》年鉴人物优秀专业律师。

天津

李晓东 律师

天津张盈律师事务所合伙人、公司法律事务部部长，中共党员。

教育背景

法学和经济管理双本科学历。

社会职务

天津市第七届、第八届律师代表大会代表。

天津市河西区律师行业党委委员。

天津市律师协会河西区律师工作委员会副主任。

天津市律师协会行政法专业委员会委员。

天津人民广播电台《生活与法律》栏目特约嘉宾。

天津广播电视台公共频道《家和万事兴》栏目特约律师。

天津保税区、空港经济区消费维权法律专家。

天津市河西区律师行业《民法典》宣讲团成员。

获得荣誉

李晓东律师曾获"三五普法先进个人""天津市律

师行业优秀党务工作者""优秀共产党员""十佳团干部""业务精英"等荣誉，担任天津人民广播电台生活广播"赢在梦想·法律与生活"青年辩论赛第二届至第四届评委。

李晓东律师在服务第十三届全国运动会期间尽职尽责，获得主办单位特别表彰。担任事务所党支部书记期间，他创新开展党建工作和公益法援服务，取得丰硕成果。为此，2018年7月，天津张盈律师事务所党支部被中国共产党全国律师行业委员会评为"全国律师行业先进党组织"，并授予"全国律师行业党建工作示范点"，这是对天津张盈律师事务所党支部工作最大的肯定和鼓舞。

实务经验

李晓东在从事专职律师工作前，具有五年土地管理行政事业单位和十年国家大型企业法务工作经历，在企业担任过清欠办主任、法制办主任、法务经理等职，积累了丰富的公司法律实务经验。

李晓东律师在担任多家政府机关、大型公司企业法律顾问期间，办理了大量的民商事法律案件、行政诉讼案件和非诉讼业务，在公司股权、合同房产、公司治理、婚姻继承、行政诉讼等领域积累了丰富的实践经验。

理论研究

李晓东律师不仅注重法律实务经验的积累，还注重理论研究，其参与编著《合同案件办案策略与技巧》（中国法制出版社2016年版）；他还是天津市律师协会中小企业委员会《中小企业法律服务执业宝典——公司登记法律服务篇》主编之一；其撰写的《青年律师的心态、定位、内功修炼与成才》被"八方律师联盟"评为"首届八方青年律师发展论坛"优秀论文。

李晓东律师结合法律与企业经营管理进行专项研究，对企业法律风险防控有其独到的见解和方法，并系统地整理出《公司股权管理运营法律风险防控》《企业合同管理法律风险防控》《公司高管刑事法律风险防控》《企业债权债务管理法律风险防控》《企业劳动用工法律风险防控》等实操手册，有效地帮助顾问企业实现了良性运营。

客户评价

李晓东律师具有高度的敬业精神，不仅注重办案技巧，更注重理论功底的积累，深厚思维缜密、细腻准确、情法兼容，受到相关领导以及委托人的一致好评，有许多当事人案后赠送锦旗以示感谢。

执业理念

"真诚守信，仁义有爱；受人之托，忠人之事；遵法敬业，追求高效"是李晓东律师始终秉承的执业理念。

天津张盈律师事务所

天津张盈律师事务所成立于1994年，是天津市第一家以个人名字命名的律师事务所。经过二十多年的发展，已成为在天津乃至全国都具有较高知名度的合伙制综合性律师事务所。张盈律师事务所始终恪守"规范建所、建规范所"的宗旨和"尊法、敬业、诚信、高效"的所训，致力于为客户提供专业、高效和团队式的法律服务。

二十多年来，张盈律师事务所及其律师先后荣获国家级、市级奖励和荣誉百余项，其中连续两次被中华全国律师协会授予"全国优秀律师事务所"荣誉称号。

张盈律师事务所的业务范围涵盖公司证券、房地产、投资与贸易、金融保险、劳动人事、IT与知识产权、海事海商、刑事、会展法律事务、政府法律事务、涉侨及涉港澳台、传统民事法律事务等众多法律服务领域。

天津张盈律师事务所总部设在天津金融街友谊北路广银大厦，在武清区设有分所，在河北区设立了事务所研发中心和培训中心，作为发起成员在中国深圳前海成立了高端法律研究机构——深圳前海国合法律研究院。

张盈律师事务所是中国律师旗舰联盟——"八方律师联盟"的发起成员，在北京、上海、重庆、深圳、南京、郑州、包头、太原、青岛、沈阳、长沙、杭州、扬州等十余个大中城市建立了联盟所。该事务所还与美国、英国、澳大利亚、韩国、日本等国家和我国香港地区的法律机构保持着深入友好的合作关系。

内蒙古

曹克斌 律师

曹克斌，1966 年出生，研究生学历，中共党员，中国执业律师，现为内蒙古科斌律师事务所主任，内蒙古自治区律师协会副会长。

曹克斌律师从事政法工作三十余年，是一位法理知识扎实，专业技能卓越的法律人才，多年来参与各级政府重大项目谈判，为大型国企、央企重大项目提供全程法律服务。

专业领域

曹克斌律师擅长刑事辩护，重大复杂民商事纠纷，房地产、建筑工程领域全程法律服务。曹克斌律师执业经验丰富，善于处理疑、难、繁、复的民商事纠纷，并担任各级人民政府、人大常委会机关咨询专家等。

从人民警察到中国律师

曹克斌律师于 1984 年参加公安机关工作，从事公安侦查工作十余年，后来出任基层司法局副局长职务，管理公证、律师、基层社区矫正、两劳人员安置、帮教工作。

曹克斌律师于 1995 年开始从事专业化法律服务工作，并先后担任内蒙古自治区律师协会监事会副主席、内蒙古自治区律师协会副会长、通辽市律师协会领导等工作。还曾多次赴美国、澳大利亚、新加坡、中国香港、中国台湾等地进行司法领域交流学习。参加中美、中加、中俄等国际刑事辩护、合同咨询、制作高级研修班，参加世界律师大会，受聘担任"最高人民检察院民事、行政咨询专家"，被收录入"国家青年律师领军人才"。多年担任通辽市人民政府、科尔沁区人民政府、开发区管委会、监狱、中国人民武装警察部队、政府科、局、委、办、央企、国企、大型房地产企业咨询专家或法律顾问。

谏真言，献良策，促法治

曹克斌律师是中国政治协商会议通辽市第四届、第五届委员，为地方经济建设谏真言、献良策，并提出多项有关城市建设发展的提案，得到政府采纳并实施。

曹克斌律师担任人大法律顾问期间，为地方立法调研，并提出立法方案、立法论证，为人大纠正人民法院错误判决提出执法监督建议，并提出纠正错误审判的方案，亲自为蒙冤的受害人辩护，使错误案件得到纠正，含冤服刑人员得以昭雪。

曹克斌律师担任各级人民政府咨询专家，为政府重大项目建设的合法性进行论证，为人民政府依法决策提供法律支持，为政府处理信访人诉求、处理信访矛盾、主持召开信访听证、化解信访纠纷提供了科学、合理、合法的程序和处理依据。提出解决问题的措施、方案和具体实施的法律建议。为社会的稳定，为经济建设可持续发展，为促进和谐、法治社会做出了突出贡献。

主要业绩

代理全国具有重大影响的案件：①柴某某持枪杀害某中级人民法院庭长钱某某，柴某某故意杀人案。②冯某涉黑、涉恶势力集团犯罪案。③王某某涉嫌贪污、受贿、滥用职权、巨额财产来源不明、销毁会计凭证、账册案。④薛某某著作权、署名权侵权纠纷案。⑤刘某某隐私权、名誉权侵权纠纷案。⑥郎某某涉嫌贪污，改变案件定性为一般侵占，无罪案。⑦于某涉嫌贪污，不予起诉案。⑧某监狱改扩建项目全程非诉讼法律服务案。⑨某地方政府与美国温德克飞机制造公司合作项目，尽职调查案。

专业著述

《物权法理论与操作实务》《律师在构建和谐法治社会建设中的作用》《中西方法律援助制度的建立与发展》。

获得荣誉

曹克斌律师被授予"全国优秀律师"称号；获得首届"全国法律援助先进个人"；被评为"内蒙古自治区十佳青年律师"；被评为"全区优秀党务工作者"；被评为"全区优秀共产党员"；入围第四届、第五届"全国维护职工权益杰出律师"。

内蒙古科斌律师事务所

内蒙古科斌律师事务所是经内蒙古自治区司法厅批准成立的律师事务所，目前位于通辽市经济技术开发区青龙山大街与长胜路交汇处金都国际大厦C座7层。

"实实在在做人，认认真真做事，致力于维护委托人的合法权益。诚信、合作、务实、创新"已经成为内蒙古科斌律师团队一致信守的服务承诺。

上海

曹 放 律师

曹放律师毕业于上海海事大学，获海商法学士学位及高级工商管理硕士学位（EMBA），现为上海市锦天城律师事务所高级合伙人。

专业领域

海商海事、保险、国际贸易、诉讼与仲裁。

获得荣誉

《ALB 亚洲法律杂志》2020 年"中国十五佳诉讼律师"。

《钱伯斯亚太 2020》海商海事：中国东部地区"重点推荐的律师"。

入选司法部全国千名涉外律师人才名单。

入选上海市涉外法律人才库。

社会职务

曹放律师现为上海市律师协会海商海事业务研究委员会副主任、上海市人民检察院民事行政案件咨询专家、上海海事大学研究生导师、锦天城海事海商专业委员会召集人。

主要业绩

曹放律师及其团队代理过多家船东保赔协会、国内外著名的航运公司、保险公司、融资租赁公司、船厂、码头和其他各类航运机构，提供包括海上货物运输、提单、租船合同、海上保险、船舶碰撞、火灾、海上救助、货运代理、国际货物买卖、海上保险纠纷等在内的法律服务。代表性客户及案例包括：

担任全球最大的航运集团丹麦马士基集团（MAERSK A/S）在中国的总法律顾问，处理该集团在中国的所有法律事务；担任全球第二大航运集团 MSC 在中国的法律顾问；为中国最大的航运集团中远海运集团长期提供诉讼及非诉法律服务；担任 MCC 航运在中国的总法律顾问，处理该集团在中国的所有法律事务；担任中华人民共和国成立以来首家中外合资公司中波轮船股份公司的法律顾问，曾为其价值人民币 20 亿的船舶建造及后期与船厂的建造合同纠纷提供法律服务；代表中石油集团下属企业全权处理某船舶触碰事故后续保险及索赔等法律事务，该项目标的额达到人民币 5 亿元；代表上海中波企业管理发展有限公司拟收购澳新银行（ANZ）所持有的上海农商银行 10% 的股份，提供全程法律服务；为中波发展与上海泛亚及中远发展设立小额贷公司、与佛罗伦国际有限公司及河北港口集团共同设立远海金融租赁公司提供专项法律服务提供法律服务；为银海万向投资集团采购飞机、采购 cape size 超大型船舶提供法律服务；为中集融资租赁有限公司价值人民币 10 亿元的集装箱融资租赁业务提供法律服务；为中国首家船舶基金，中船产业投资基金在境内外船舶投融资、船舶管理、船舶管理及航运管理等事项提供法律服务；常年代理中外各家船东互保协会的诉讼及境内外仲裁，包括中船保，Britannia Club，Standard Club，UK Club，West England Club，North England，Japan Club 等。

网址：http://www.allbrightlaw.com

详情请登录中国当代律师网：http://www.yearbooklawyer.com 法和家网：http://www.fahejia.com

曹放律师代理的案例多次入选最高人民法院及各地高院海事海商典型案例，例如代表马士基航运有限公司于最高院再审翻案并完全胜诉的马士基与浙江隆达不锈钢有限公司一案，于 2019 年入选最高人民法院第 108 号指导性案例，成为相关纠纷的审判依据和裁判标准；代理的 MSC 与温州佰利兰德橡胶轮胎有限公司海上货物运输合同纠纷案，成功使承运人免于赔偿责任，该案入选 2018 年浙江海事审判八大典型案例。

上海

李鹏飞 律师

李鹏飞律师先后毕业于华东政法大学、德国波鸿鲁尔大学、北京大学，获经济法硕士学位，目前为上海市锦天城律师事务所高级合伙人、家族办公室高级顾问、锦天城房地产与建设工程专业委员会总召集人，拥有中国律师执业资格、中国证券从业资格和上市公司独立董事资格。

李鹏飞律师从事法律工作近 14 年，擅长的业务领域涵盖：房地产与建设工程，包括房地产的一、二级开发建设，商住地产、工业仓储地产、文化旅游地产、养老地产的投融资、收购及出售，不良资产处置，农村集体用地流转，旧城改造与城市更新；境内外融资工具发行，包括公司债、中期票据、短期融资券、私募债、资产支持证券；房地产投资信托基金的发行、上市及并购；基金（公募及私募）的募、投、管、退；企业合规及风控管理等。

在执业生涯中，李律师积累了丰富的实务经验和行业资源，并培养了一支优秀且专业的律师团队，多年来已为近百家企业（包括但不限于上市公司、国有企业、世界 500 强公司、成长型公司、初创企业）及多个地方政府及其平台公司提供了优质的法律服务。

除为境内企业提供法律服务外，李律师亦协助多家跨国企业在中国完成投融资及并购交易，提供的法律服务包括：交易架构设计、法律尽职调查、项目谈判、起草交易文件、出具法律意见书、协助交割、交易后整合等，其专业、高效的法律服务赢得了客户的高度肯定和一致好评。

办理项目的同时，李律师组织团队律师撰写并发表了多篇专题文章，包括：《乡村旅游项目开发中集体土地利用的法律研究》《新型肺炎疫情防控情势下，房企能否延期交付预售商品房？》《新三板精选层合规性问询汇总及分析关注小议》《浅议公司设立失败时发起人的民事责任》《采矿权出资的实务困境和法律解读》《医疗行业经销商模式之反垄断思考及合规建议》《律师视角看文化旅游 REITs 项目的未来》等。

社会兼职

李律师目前担任上海市浦东新区法律服务业协会理事、第八届浦东新区青联常委、第十二届上海市青联法律界别秘书长、全国律协公司法专业委员会委员、上海市律协房地产业务研究委员会副主任、上海市律协突发事件应对委员会委员、华东政法大学律师学院特聘教授、青岛律师学院授课专家、江西省发展升级引导基金答辩会专家、中国保险资管协会第一届资产证券化委员会委员、首届张江集团战略与发展委员会委员等社会兼职。

荣誉奖项

近年来，李律师曾荣获浦东新区"十大杰出青年律师"、上海市优秀青年律师 20 佳、陆家嘴金融城"十大金融之星"、《商法》中国业务青年律师精英 TOP 30、全国青年律师领军人才、上海市青年律师领军人才、上海市青联履职优秀委员、钱伯斯亚太指南中国区房地产领域推荐律师、LEGALBAND 中国顶级律师榜房地产领域推荐律师、The Legal 500 亚太区房地产与建筑工程领域推荐律师、ALB China 15 佳新星律师、LEGALBAND

风云榜创新律师 15 强、上海市五四青年奖章等。

执业感想

"律师是一个充满挑战和压力的职业，除法律专业能力必须过硬外，还必须拥有综合性的业务知识背景及让客户满意和信服的个人魅力。作为一名专业且优秀的律师，需要持续学习和永葆激情。"执业以来，李律师一直以这样的标准严格要求自己和团队律师。李律师认为，律师要想走得更远，还需拥有大的气度和格局，既要耐得住寂寞，又要受得了清苦；心怀感恩，勇于担当，这些也正是他一直思考、探索和践行的执业理念。

"路漫漫其修远兮"，李鹏飞律师表示，在未来的执业生涯中，他将继续带领团队深耕法律业务，抱着"工匠"与"商业"并行的精神践行一个中国律师的使命、责任和担当，以梦为马，不负韶华！

上海

傅利彬 律师

上海市泾锐律师事务所高级合伙人；香港家族办公室协会监事长；产业与金融结合法律项目管理专家。

二十年深耕于商事法律领域

学生时代的傅律师酷爱西方文学，尤崇拜德国文学家歌德，并效仿青年歌德而选择法律，于浙江大学法学院毕业后便投身律师职业。执业初期，傅律师就将其职业生涯分为"律师自身完善"和"律所事业成功"两个阶段，并旗帜鲜明地确立了其商事律师的个人定位和执业领域。

没有家族司法背景，没有社会资源，更没有执业经历的情况下，哪来的底气让他在执业初期就敢挑拣案件类型？"专注的人会失去周围很多东西，但是他会得到生命中最重要的一点"，傅律师如是说。执业第二年他就独立承办了银泰股份（现更名为京投发展600683.SH）上市公司近两亿元的房产收购项目。

随着执业年限增长，很多律师面临发展瓶颈和专业转型困境，傅律师却在商事领域越走越宽，推出的细分

法律服务产品也更加多样化和专业化。法律、金融、经济、财税知识的交叉与融合优势给了其在商事领域更大的发挥空间，资本市场并购、互联网风险投资、私募基金募投管退、房地产产融结合以及复杂疑难商事诉讼仲裁等是其长期从事并擅长的业务。

多年在商事金融领域项目的深度参与，让傅律师有了"法律＋行业＋科技"的思考，开始探索、开拓和发展产业与金融结合的法律服务。

低调做人，骄傲而谨慎地服务

"严肃"是很多人初识傅律师时的印象，在接触交流过后的认识则是"严谨又不失风趣"，而"有效"和"专业"通常是在体验其服务后给予的评价。面对案件走完一审、二审、再审均无果、客户放弃努力的情况，历时5年、7年之久持续跟踪挖掘、多面布局、发动数起诉讼终于实现完美翻盘，类似复杂难啃的案件是傅律师日常受托的案件常态。

专业能力以外，是其沉稳不张扬的性格、明确的目标、果敢的做事风格获得了客户足够的信任。"好的律师，不仅仅要实现客户的需求，更要给客户超心理预期的体验度"，这是傅律师经常告诫团队律师的话。其服务的诸多客户，如银泰集团、万科地产、德信地产、荣安地产等都对其充分认可；也不乏持续服务至今达5年、10年，甚至15年之久的客户，一路陪伴、见证相互的成长和发展。对此，傅律师非常动容地称，"我们骄傲而谨慎地服务。"

大到案件的每一个服务流程、小到律师执行的每一个动作，傅律师对其团队成员都有明确的标准。即使作为一个老律师，傅律师仍坚持每一个案及项目的及时复盘，他总说："绝招是那些像学生做家庭作业一般细心的律师，那些十分冷静地走进法院出庭辩护的人。自始至终，始终如一，不会上当。"凭借扎实的专业技能，加之坚韧的钻研精神和一丝不苟的做事态度，在为客户赢得权益的同时，傅律师及其团队也在行业中赢得了口碑，在其深耕领域获得了关注度和讨论度。

锐意进取，志存高远

在过去20年的律师生涯中，除去办案，傅律师更多的时间是背靠四面书墙做知识管理，利用项目管理流程

与方法对各项法律业务进行工作结构分解，以达到管理所需的流程化、清单化和文本标准化。一项流程反复推敲、一份文件再三斟酌，最终细化和标准，有人开玩笑说他喜欢绣花，但他却说这是中国律师从"游击战"向"阵地战"发展的必经之路，是中国企业竞争国际化对中国律师行业和律师的必然要求。

作为律所管理合伙人，傅律师认为，"律所，对外服务客户，对内服务律师"，故在业务专业化和类型化建设同时，围绕"两个体验度"（客户体验度和律师体验度），组织自主研发出法律项目管理系统 iPlan。一款好的工具、一个好的管理系统不仅利于思维的快速整理、成果的高效产出，更能够将无形的服务进行可视化呈现、确保团队律师服务的质量标准和效率，提升律所、团队和律师的核心竞争力。

对傅律师而言，律师不仅是一份工作，更是一项事业，是其愿为之付出毕生精力的一种"革命工作"。坚信播种一种思想，收获一种行为；播种一种行为，收获一种习性；播种一种习性，收获一种品格；播种一种品格，收获一种命运。

准备，就是一切；胜诉，只是日程。

——傅利彬律师

上海

马永健 律师

上海企业厂房征收领域的资深专业律师；2021年度优秀不动产征收专业律师（上海）；上海市联合律师事务所高级合伙人、管委会副主任；华东政法大学民商法硕士；民建会员。

专业领域

擅长不动产征收（含动迁）、房地产、公司与商事领域的诉讼和非诉业务，代理过沪、苏、浙、皖等大量企业厂房动迁项目。

职业经历

马永健律师，现任十一届上海市律协不动产征收业务研究委员会主任，上海市委市政府信访和法律事项顾问律师，上海市科协法律咨询委员会顾问律师，民建上海市委法律专委会副主任，上海市律协宣传委委员、社会责任促进委委员。曾任上海市黄浦区政府法律顾问、黄浦区政协委员、十届上海市律协社会公共服务业务研究委员会主任。

主要业绩

马永健律师曾代表上海市委市政府核查64件重大动迁信访积案；代表上海市黄浦区委核查37件重大动迁信访积案；为江苏兴化80万平方米旧区改造项目、上海市董家渡地块动迁项目、上海轨交十三号线淮海中路站点转移过渡项目、杨浦区河间南路动迁项目、南汇发展集团有限公司新华路旧改项目、良友集团杨思路粮库动迁项目、南京雨花区城中村改造动迁项目提供专项法律服务；为上海双菱风能电力设备有限公司、上海创奇特种塑料有限公司、上海自杰金属材料有限公司、上海健音食品科技有限公司、上海沪南机动车驾驶员培训有限公司等企业厂房动迁提供专项法律服务。大量的企业厂房动迁、征收执业经验，让马永健律师成为上海企业厂房动迁领域的领军人物。

马永健律师曾代表上海市委参与处理闵行区"楼倒倒"事件、参与处理"12.31外滩踩踏事件"等，曾代理上海物权法第一案、上海二十家企业厂房土地使用权确权案件、上海"木材系"杭州银行贷款纠纷、内蒙古圣牧高科合资牧场股权纠纷等一大批复杂、疑难案件。还处理过中远两湾城亲水平台人身侵权、德国洁水商标侵权、《血战钢锯岭》署名权纠纷等热点案件。中央电视台、东方卫视、上海电视台、东方广播电台以及几十家报刊

▲参与上海大型企业厂房动迁项目

▲参加动迁信访核查个案分析研讨会

▲参与上海董家渡动迁项目

网址：http://www.unitedlawfirm.com

详情请登录中国当代律师网：http://www.yearbooklawyer.com　　法和家网：http://www.fahejia.com

对他代理的案件进行过上千篇报道，网络转载两万余次。

马永健律师擅长摄影，喜欢旅游、探险，完成了"人生三极"（南极、北极、西藏）之旅。曾应"南极低碳之旅"主办方上海中旅国际旅行社有限公司、海达路德邮轮等邀请，在南纬66度前进号游轮上开设了主题为"专业的人做专业的事"的"南极低碳之旅"法律讲堂，成为第一个在南极开设法律讲堂的律师。

著作和奖项

马永健律师是房地产买卖实务书籍《买房114》（上海科学普及出版社）、《非公有制企业常用法律法规选编》（上海三联书店）的主编之一。

马永健律师曾就国有土地上房屋征收领域的立法向有关部门提出修改意见，参加上海市政府主要领导就旧区改造组织的座谈并提出建议，多次为上海律师开设《城市房屋征收律师实务》《企业厂房征收律师实务》《企业厂房征收评估律师实务》《政府法律顾问律师实务》讲座，并多次就城市房屋征收、企业厂房征收业务领域与其他省市的动迁专业律师进行交流。2020年3月，马永健律师与上海市律师协会不动产征收业务研究的委员们一起创设和维护不动产征收专业微信公众号"征收实务研究"。

另马永健律师就房屋征收、企业厂房动迁、房地产开发、房地产交易、建筑工程、项目融资、企业并购等作了几十万字的研究论述，论文在华东律师论坛、上海市律师学术大赛中多次获奖。

曾获上海市司法行政系统先进个人、上海市司法行政系统岗位标兵等荣誉称号。

律师的价值在于为当事人创造价值，维护当事人的权利和隐私是律师的第一要著。

——马永健律师

上海

沈国权 律师

沈国权律师 1965 年出生，分别于 1986 年及 1993 年获华东政法大学法学学士、经济法学硕士学位，中国执业律师，拥有 20 多年大中华地区资本市场法律服务执业经验，现为锦天城律师事务所高级合伙人，主要在上海办公。

专业领域

证券、金融、投资、公司法务。

社会职务

沈国权律师现兼任上海证券交易所第五届上市委员会委员、上海仲裁委员会仲裁员、上海股权托管交易中心科创板注册委员会委员、中国银行间市场交易商协会第三届银行间债券市场交易自律处分会议专家、中国银行间市场交易商协会第四届非金融企业债务融资工具注册专家、中国保险资产管理业协会法律专家库专家、中

华全国律协金融证券业务委员会委员、上海市法学会商法研究会理事、上海银行股份有限公司独立董事、中泰证券外聘专家内核委员、银河证券外聘专家内核委员等。

工作经历

沈国权律师曾于上海市人民检察院政策研究室工作，期间参与上海市政府有关地方性法律、规章等立法讨论、修改。2005 年 1 月至 2007 年 4 月，沈国权律师担任中国证监会第七届、第八届股票发行审核委员会专职委员。沈国权律师还曾担任上市公司哈药集团股份有限公司、浙江水晶光电科技股份公司、上海东方财富信息股份有限公司、新华传媒股份有限公司、北京华录百纳影视股份有限公司、苏州天华超净科技股份有限公司、江西联创光电科技股份有限公司、淄博齐翔腾达化工股份有限公司独立董事。历任上海证券交易所第三届、第四届上市委员会委员。

在证券业务方面，曾经办上海陆家嘴股份有限公司、郑州华晶金刚石股份有限公司、汕头东风印刷股份有限公司、扬州晨化新材料股份有限公司、恒锋信息科技股份有限公司、厦门艾德生物医药科技股份有限公司、上海鸣志电器股份有限公司、杭州雷迪克节能科技股份有限公司、合盛硅业股份有限公司、江苏省农垦农业发展股份有限公司、无锡隆盛科技股份有限公司、浙江东尼电子股份有限公司、大博医疗科技股份有限公司、上海水星家用纺织品股份有限公司、上海汇得科技股份有限公司、博通集成电路（上海）股份有限公司、安集微电子科技（上海）股份有限公司、同庆楼餐饮股份有限公司、浙江锦盛新材料股份有限公司、华丰动力股份有限公司等五十多家公司 A 股、B 股的发行或配股项目，行业涉及大型电厂、高速公路、大型钢铁厂等。在证券基金项目方面，客户包括金鑫证券投资基金、金鼎证券投资基金及国联分红增利混合型基金。在资产重组方面，曾经办上海新梅置业股份公司、福建中福实业股份公司、中国纺织机械股份公司等十多家上市公司的资产重组、定向增发、借壳上市等项目。曾经办上海中能物业管理有限公司混合所有制改制等项目，拥有丰富的国有企业混

合所有制改革经验。曾于 2005 年至 2008 年担任安信农业保险股份有限公司法律责任人，并自 2012 年起一直担任太平洋资产管理有限公司另类投资管理中心外聘专家。

获得荣誉

沈国权律师曾获得 2008—2010 年全国优秀律师、2008—2010 年上海市优秀律师、华东政法大学杰出校友等荣誉称号。

专业著述

沈国权律师近年来曾主编或参与编写多部学术著作，其中包括：《证券法律知识 200 问》《中国经济法律百科全书》《证券法通论》《中国证券法教程》等。

重庆

马 全 律师

重庆瑾帆律师事务所主任，民革党员。

教育背景

南京大学法学学士，美国索菲亚大学金融硕士，北京师范大学管理哲学博士。

社会职务

重庆市渝中区新专联副会长。

重庆市律协惩戒委委员。

重庆市律协南岸区律工委惩戒维权委主任。

检察机关民事行政案件专家咨询网专家。

重庆市儿童工作资源中心项目法律专家。

重庆市南岸区政府法律顾问库专家。

重庆市经济技术开发区法律顾问库专家。

中国人民大学汉青经济与金融高级研究院"金融纠纷争议解决"高级研究员。

中国人民大学汉青经济与金融高级研究院"并购重组课题"研究员。

获得荣誉

2020年度南岸区优秀律师；2019年度重庆市儿童工作资源中心项目优秀法律专家。

专业资格

并购交易师、一级社会工作者、婚姻家庭咨询师、心理咨询师、心理治疗师、项目管理师、装配式建筑工程师、全过程项目总咨询师、BIM项目总监、融资经理。

专业擅长

房产建设工程、刑事、政府顾问。

▲马全律师参加《重庆市儿童发展规划（2021—2030年）》专家研讨会

▲马全律师取得清华大学法学院金融犯罪法律实务高级研修班结业证书

承办案件（部分）

1. 承办的赵某某与成都巴国布衣酒店管理有限公司追偿权纠纷一案被评为"2020重庆市十大优秀案例"。

2. 承办的胡某与何某离婚纠纷案例入选人民法院出版社出版、中华全国律师协会女律师协会编《婚姻家庭案件继承案件热点问题评析》。

如果透过自己办理的每一个案件，能逐渐推动中国法治的进步，为中国的法治建设进程贡献自己微薄的力量，此生足矣。

——马全律师

广东

何培华 博士

广东环宇京茂律师事务所的创办人和首席合伙人、一级律师。

曾经就职中国国际贸易促进委员会广东省分会、广东省对外经济贸易委员的经历，让他进入并爱上涉外律师领域。三十多年的律师生涯，何培华博士精诚所至、脱颖而出，办理了许多有影响的涉外案件，以自己的智慧、辩才和法律知识补足和扶正司法天平的缺陷和倾斜，成为律师界的佼佼者。他办理的案件涉及民商事法、公司法、国际贸易法、海商法、知识产权法、房地产法、反倾销与反补贴、资产重组与并购、国际贸易仲裁和涉外诉讼等业务领域。

其中影响巨大的包括但不限于：1993年，何培华博士代理香港昆利发展有限公司起诉湛江海关的行政处罚纠纷诉讼案，作为当时鲜有的"民告官"案件产生了重大影响，被最高人民法院列为典型案例；1997年，美国公民诉中国政府及广东省土产进出口集团公司"中国马牌"烟花爆炸索赔案，何培华博士以扎实的证据据理力争，使原告5000万美元的诉讼请求被驳回，维护了中国政府的主权和尊严，挽回了中国政府的巨大损失，被中央电视台、《人民日报》、《美国侨报》等数十家海内外媒体加以报道；2004年，湛江国联水产输美对虾遭美国反倾销调查，何培华博士作为湛江国联水产的法律顾问为此提供了大量积极、具有建设性的法律意见，使得在同时被诉的大部分中国企业都承担127%重关税的时候，湛江国联水产完全胜诉获得0关税；2008年，美国

埃索拉公司向美国国际贸易委员会提请了对广东生益科技股份有限公司侵犯其知识产权的337调查，何培华博士联合美国知名律所合作，力挽狂澜，使美国原告方撤诉，获得了中国企业应对美国337调查史上从未有过的胜利；2013年，艺人甄某某因名誉被侵权委托何培华博士作为代理人向法院提起诉讼，经过多次开庭审理，法院于2015年最终认定被告侵害甄某某名誉成立，判决被告向甄某某公开道歉并赔偿精神损失，此案被中国法院网、新华网、腾讯网、凤凰网等众多媒体争相报道。

何培华博士以精湛的专业技能、娴熟的外语和丰富的诉讼经验赢得了国内外同行的赞誉和尊重。何培华博士在做好律师本职工作外，还担任了广东省人大常委会立法顾问、中国国际经济法学会常务理事、广东省律师协会第七届和第八届WTO法律专业委员会主任、中国法学会成员、中国政法大学兼职教授、中山大学法学院硕士生兼职导师、厦门大学国际经济法研究所兼职研究员和讲座教授、暨南大学法律研究生导师、《民商法律评论》执行主编、中国国际贸易促进委员会调解中心调解员、广东省法学会理事、广州仲裁委员会仲裁员、惠州仲裁委员会仲裁员、第十六届亚运会组委会律师顾问团成员、广东省国有资产管理委员会第一批入库法律专家等。2010年，何培华博士还在律师界的金像奖——年度十大精英律师颁奖大会上被评为年度国际贸易精英律师。

何培华博士无疑是一个勇于挑战、善于思考的人。作为广东环宇京茂律师事务所的领军人物，他把律师作为终身事业。他认为，一名成功的律师要有扎实的法律基础，做到既"精"又"博"，不但要精通自己专长的领域，还要对其他领域的法律部门也有所研究。正因如此，何培华博士坚持不断学习。何培华博士曾做过下乡知青，1978年恢复高考后考上大学，而后成为一名英语老师，1985年考上中国政法大学法律系，1987年毕业后又考入该校研究生院，师从中国法学泰斗江平教授，并于1988年通过律师资格考试、1989年取得民商法硕士学位。2000年至2002年期间，何培华博士先到美国哥伦比亚大学做访问学者，主要从事国际商法、国际贸易法、外资并购等方面的法律制度研究；后到美国戴维斯加州大学攻读国际商法硕士学位课程。2002年，何培华博士回国考入中国政法大学民商经济法学院，仍然师从江平

教授，于 2005 年获得民商法学博士学位。在执业实践的同时，何培华律师不忘丰富理论知识，经常参加研讨会研究探讨法律问题，笔耕不辍，多年来参与编写了《中国涉外经济法》《新合同法原理与适用全书》，主编了《房地产》《民商法律评论》等书，并在《中国国际经济法论丛》等刊物发表论文多篇。

何培华博士认为，一名成功的律师还要有良知和信仰，遵守律师职业操守和道德底线，同时还必须敬业、乐业，认真负责，做一个问题的终结者而非麻烦的制造者。

持正义之利剑，做合格法律人。在何培华律师的带领下，广东环宇京茂律师事务所推崇法律以人为本，秉承刚正不阿的精神，立足广东，面向全球，竭诚提供一流的法律服务。正因如此，广东环宇京茂律师事务所连续三年被权威法律杂志 The Asia Pacific Legal 500 评为亚太地区法律服务企业 500 强之一。广东环宇京茂律师事务所将一如既往，以涉外法律业务为特色，在专业化的前提下做强做大，为社会各界提供优质的法律服务。

PART 4

四、经典案例篇

历时四载、几经周折，终为委托人实现19亿元债权

——上海市君和律师事务所潘雄

▲潘雄律师

按 语

进入 21 世纪以来，随着社会的不断进步、我国经济的蓬勃发展以及中国经济逐渐融入世界，企业与企业之间的合作关系、合作方式上也越来越紧密并呈现多元化、多层次、多形式等合作模式。而当合作双方出现纠纷时，其纠纷的争议点也越来越显得复杂和疑难，且很多案件涉案标的额巨大，动辄上亿元乃至数十亿上百亿元。这些都为主审法官、律师等广大法律人提出了极大的挑战和考验。

笔者以为，在这些重大、复杂、疑难纠纷案件的处理中，唯有专业的律师、专业的团队，运用专业的知识和技能以及多方配合，方能厘清其中复杂的法律关系，拨开层层云雾还原案件真相，使案件得到圆满的解决。

以下案例即是"海派律师"潘雄和他的团队历经近四年艰辛奋战，为委托人及时挽回 19 亿元损失的经典之作。

诉争开端

2002 年至 2005 年期间，A 公司与 B 公司在哈尔滨合作开发房地产项目，占地面积高达 100 万平方米。2005 年 9 月 30 日，A 公司、B 公司双方商定终止房地产合作开发关系，并就终止后的权利义务签署了《最终处置协议》。《最终处置协议》确认：在房地产开发过程中，B 公司投入全部现金资产及其他资产合计 21.87 亿元。

2011 年 6 月 7 日，A 公司及其法定代表人与 B 公司签订了《整体框架协议》及附件一《股权转让协议》、附件二《债权债务确认书》，约定：双方经平等协商，已初步达成债权债务处置方案，A 公司确认应付 B 公司 19 亿元人民币债务，A 公司法定代表人对此承担无限连带保证责任。19 亿元债务拆分为 11.6 亿元债务及 7.4 亿元债务，并分别约定这两部分债务的处置方式：① 11.6 亿元 A 公司通过关联企业的股东同意将其持有关联企业的股权转让给 B 公司及其指定的第三方名下子公司的方式抵偿（即"以股抵债"）；② 7.4 亿元分两期以现金方式支付。

但在债务履行期间，A 公司因逾期支付相关债务，A 公司及其法定代表人与 B 公司又签订《资产抵偿协议》一份，并约定了相关债务履行方式。2015 年，B 公司将其中 8000 万元本息全部转让给了其全资子公司 C 公司。

C 公司受让债权后，多次向 A 公司催讨未果，遂向上海市中级人民法院提起诉讼，要求 A 公司及其法定代表人向 C 公司支付 8000 万本金及利息。案件审理过程中，A 公司为逃避给付义务，向黑龙江省高级人民法院提起诉讼，要求撤销此前签订的《股权转让协议》《债权债务确认书》并返还高达 18.126 亿元资产。

自此，涉及两地、五院、长达四年的系列诉讼正式拉开了帷幕。

艰辛抗辩

关于黑龙江高院审理的《股权转让协议》《整体框架协议》撤销案：A 公司及其关联公司作为原告以受胁迫签署《股权转让协议》《整体框架协议》及后续文件为由向黑龙江省高级人民法院提起诉讼，要求撤销《股权转让协议》《整体框架协议》并将已履行部分恢复原状。

该案最核心的争议焦点为原告主张的撤销权能否成立。

潘雄律师及其团队代理该案被告即 B 公司及其关联公司后，详细了解案件信息后，经认真分析案件的事实争议点和法律争议点，提出了以下七点抗辩意见：

（1）原告提起本案构成重复诉讼。《整体框架协议》已被上海市高级人民法院作出的判决确认合法有效，故本案针对《整体框架协议》是否无效的诉讼属于重复诉讼，应予撤销。

（2）原告的起诉违反一案一诉原则以及原告应当与本案有直接利害关系等起诉条件。

（3）原告以被告胁迫签署相关协议为由主张撤销《整体框架协议》，没有事实和法律依据。

（4）原告行使撤销权已经超过除斥期间。

（5）原告所谓的"胁迫"与事实不符。

（6）原告起诉主张与事实不符。

（7）原告主张履行《最终处置协议》没有事实及法律依据。

最终该案经过五次庭审，原被告双方各提交了数次累计多达数百页的证据，并进行了激烈的举证、质证及法庭辩论。此外，潘雄律师还提交了长达18页的代理意见。

经审理，法院最终认可了潘雄律师提出的大部分代理意见并驳回了原告的全部诉请。黑龙江省高级人民法院认为：首先，原告主张被告在原告法定代表人刑事案件审理期间给其及其家人施压迫使其签订相关协议，并未举示相应证据证明；其次，《整体框架协议》确定最终债权为19亿元并不显失公平，故原告并未充分证明胁迫事实存在；最后，原告在《整体框架协议》签订之日起五年后方提出撤销协议，已超过撤销权的除斥期间，撤销权已丧失。

实现债权

经过艰辛抗辩，潘雄律师和团队代理B公司及其关联公司，经过多地、数次诉讼，终使B公司实现19亿元债权，现将案件日志，简列如下：

（1）2016年1月25日，上海市第一中级人民法院受理C公司起诉A公司及其法定代表人的案件。C公司要求A公司归还8000万元债务并支付相应利息，经过审理，上海市第一中级人民法院于2016年10月28日作出判决，判决A公司支付C公司8000万元欠款及利息，A公司法定代表人承担连带担保责任，即支持C公司全部诉请。

（2）2016年12月15日，因A公司不服上海市第一中级人民法院作出的一审判决，故向上海市高级人民法院提起上诉，上海市高级人民法院经审理后于2017年2月28日作出二审判决，驳回上诉，维持了上海市第一中级人民法院的判决。

（3）随后，A公司针对上述案件向最高人民法院申请再审，最高人民法院依法组成合议庭对案件进行审查后，于2018年6月6日作出民事裁定书，驳回A公司及其法定代表人的再审申请。

（4）在8000万元债权清偿案件审理过程中，为逃避支付债务，A公司及其关联公司在黑龙江省高级人民法院提起诉讼，请求撤销《股权转让协议》《整体框架协议》及相关附件，继续履行《最终处置协议》等8项诉请，黑龙江省高级人民法院对此案进行了审理，对证据进行充分分析、质证，在潘雄律师及其团队的据理力争下，最终，黑龙江省高级人民法院一审判决仍然驳回了A公司的诉请。

（5）除8000万元已转让债权外，A公司尚欠付B公司6.5亿元，出于对当事人利益最大化角度考虑，潘雄律师依法巧妙拆分将6.5亿债权拆分为三个诉讼，分别向上海市第一中级人民法院提起诉讼。经过数次开庭及调解，最终A公司同意向B公司履行全部债务，债务及利息总额高达8.3亿元。

（6）黑龙江高级人民法院撤销权案一审判决后，原告不服遂向最高人民法院提起上诉，二审审理过程中因在上海市第一中级人民法院审理的三起诉讼中双方达成调解，《协议书》及《资产抵偿协议》均已履行完毕，故最终由A公司向最高人民法院申请撤诉并获得准许。

自此，双方之间高达19亿元债权债务纠纷得以妥善解决。

特别值得一提的是，在此系列纠纷案件的审理过程中，潘雄律师代理的B公司无一败诉，为委托人减损人民币高达19亿元。案件耗时也长达近四年之久，案件一度诉至最高人民法院，历经上海市、黑龙江省两地法院的数十次的诉讼和审理，最终通过判决及调解的形式实现当事人19亿元的债权。

律师解析

从代理该案到无一败诉和最终实现当事人19亿元债权，可以说这些都与潘雄律师精深的专业知识和采用正确的诉讼策略以及仔细分析案情、抓准案件争议点等是分不开的。

潘雄律师说："无论是管辖权异议的提出、案涉标的额的拆分诉讼以及最终以调解形式实现部分债权，都需要在正确分析案情，准确抓住争议点，理解当事人的真正诉求的基础上作出正确判断和选用正确的诉讼策略。"

为此，潘雄律师对此次系列诉讼最终能够得以胜诉整理了相关要点及心得，以飨同仁和广大读者。

（1）精准认定案件本质。C公司所提起的8000万元诉讼为债权转让纠纷，虽然案涉标的额本身是以信托计划的形式出资给A公司，但是信托合同在债权转让之前已经终止且分配结束，因此，本案应当适用《中华人民共和国合同法》而非《中华人民共和国信托法》。C公司为B公司的全资子公司，其无对价受让母公司的债权不违背法律的规定。

2011年签订的《整体框架协议》《债权债务确认书》等为双方真实意思表示，而且在之后的两三年A公司及其法定代表人与B公司又签订了多份协议并履行了部分债务，上述协议具有真实性。A公司法定代表人所称其受胁迫，不符合事实，亦无相关证据证明。

（2）扎实的法律基础知识是成功分析案件的关键。当事人是很难判断案件所涉法律关系的本质的，需要专业律师在办理案件过程中设身处地去了解当事人的真正诉求，分清其中的事实逻辑和法律关系，充分利用自身的法律知识，为当事人止损。律师行业亟需能时刻保持学习能力，不断更新法律知识和夯实基础的专业人才，只有这样才能做到举一反三。

（3）保持谨慎、细致的态度。本案涉及承债式股权转让、以股抵债、以房产抵债等，并且案涉标的额为19亿元，经历了上海市、黑龙江省两地法院的诉讼，诉讼材料堆积如山。因此，在各个环节都要仔细，保持谨慎、细致的态度，这既是对当事人负责，也是对自己负责。

（4）多与同行交流。在黑龙江的系列诉讼中，潘雄律师团队与红圈所优秀同行共同代理，双方以互相拿出一套方案、再相互讨论、与客户交流的形式进行合作。在思想碰撞的过程中，同行之间彼此总能发现对方的亮点以及自身的疏漏，这样不断优化，方能取长补短，并确定最终方案。

做一个有温度的法律人

好修为常，怀瑾握瑜。执业近十年，潘雄律师始终保持对法律的敬畏之心，以细致、谨慎的态度对待每一个案件，服务每一个客户，做一个有温度的法律人。

人物介绍

潘雄律师系英国赫特福德大学（University of Hertfordshire）商法及海商法硕士（市司法局公派），民革党员，上海市律师代表，上海市青联委员，全国青训营二期学员。

现任市律协青年律师工作委员会副主任，侵权责任业务研究委副主任，黄浦区律工委委员，上海银行业纠纷调解中心调解员，市检信访接待律师，市科协法咨委律师团成员，黄浦区知识分子联谊会成员，市青年律师志愿者大队黄浦分队干事长，上海政法学院法律硕士研究生导师等。

潘雄律师专长领域为公司治理服务、重大商事争议解决、公司及私人法律顾问。潘雄律师具有丰富的争议解决经验，尤其在重大商事纠纷中，具备优秀的诉讼、仲裁、谈判能力，近年来代理的涉案标的高达几十亿元。同时，潘雄律师还具备杰出的非诉讼法律实务经验，业务涵盖并购重组、公司治理、股权设计、风险防控等各方面。潘雄律师目前为多家国有企业及民营企业提供常年法律顾问服务。

潘雄律师曾作为上海青年代表与李强书记座谈并参加首届上海创新创业青年50人论坛。于2018年作为发起人之一创设了上海政法学院法律学院卓越律师奖学奖教金。

推翻"专家鉴定"，还公民以清白

——左增信律师办理一起非法占用农用地案的辩护始末

▲左增信律师

案情简介

在 20 世纪 90 年代，由于农业种植农作物成本高收入低，农村大量土地闲置撂荒，一些原来集体的鱼塘也因收益不高而被荒废。在这种情况下，村民赵某某承包了三个废弃鱼塘，当时村集体只是丈量了鱼塘水面的面积，而对鱼塘四周附属的土地没有丈量，按照当时的习惯性做法，鱼塘四周附属的土地皆在承包范围之内。

2002 年，农村开始规范承包合同，彼时土地开发利用也处于一个较为宽松的阶段，政府提倡搞设施农业、观光农业。在这种情况下，村委会在 2002 年与村民补签承包合同。2002 年 1 月 1 日，村委会与赵某某签订了三份《经济承包合同》，除去面积之外，其他合同内容基本相同，在合同中均约定："四、甲方权利义务……由于该标的属于废弃荒地，乙方开挖成鱼池的费用甲方概不负担，故甲方同意免收乙方三年的承包费……五、乙方权利义务：……乙方可以在承包地内修建临时房，以便看护鱼池之用……乙方不得破坏土地结构，改变使用用途……七、违约责任：如若甲方违约，除退还乙方已缴纳的承包费外，还需赔偿乙方开挖鱼池的费用及鱼苗损失费……八、其他……合同期满，如若乙方不继续承包，其开挖的鱼池无偿归甲方所有……"

后赵某某为了搞观光农业，将鱼塘进行修整，将鱼塘的四边用水泥板做了护坡，对外搞起了垂钓活动。

2017 年，国土部门在划定基本农田时，未到现场勘查核实，便将赵某某承包鱼塘的一部分划入基本农田，但却未钉桩划线，只是在村子里立了两块水泥的基本农田保护碑，在碑上有基本农田示意图。但不久，水泥碑却不知被何人搬走了。

2018 年 12 月 12 日，地方规划和国土资源委员会突然对赵某某以非法占用农用地立案，并在一天之内做出所有程序性文件。包括：①《违法线索登记表》（编号：卫 001），立案理由是：2018 年 12 月根据卫片 A 线，赵某某占用 JC 村土地进行施工建设……涉嫌占地建设的行为涉嫌非法占地。②《违法案件核查报告》，其中的处理建议：根据《土地管理法》第 36 条、第 43 条、第 44 条的规定，建议对赵某某占地建设行为立案调查。③《立案呈批表》（规划国土分局立字〔2018〕第 2 号），国土资源主管部门负责人同意立案。④《责令改正国土资源违法行为通知书》（规划国土〔2018〕第 3 号），内容是：赵某某，你未经批准，擅自在 TH 镇村 JC 村东南占地建设……自收到本通知 15 日内改正。⑤《责令停止国土资源违法行为通知书》（规划国土〔2018〕第 3 号）。并在同日进行了现场勘测、测绘机构出具测绘报告。

2018 年 12 月 14 日，规划国土分局出具了一份委托三名"专家"组成的专家组出具的《关于北京市通州区台湖镇 JC 村赵某某违法占地造成耕地破坏程度的鉴定意见》，在这份《意见》中表述：

分局组织有关专家组成专家组，对赵某某在 TH 镇村 JC 村土地内的挖塘养鱼、进行建设对耕地进行破坏进行了论证。专家组听取了分局有关情况汇报，查阅了相关资料、图件和实地勘察后，进行了认真讨论，形成如下论证意见：根据 2018 年 12 月 12 日 ZCXT 遥感技术有限公司的占地测量成果资料，两宗地共占地总面积为 46 291.62 平方米（69.44 亩）。

依据 2017 年 TH 镇村 JC 村土地利用现状图，该违法行为共占用耕地 16 226.21 平方米（24.33 亩），林地 418.05 平方米（0.63 亩）、农村道路 2433.36 平方米（3.65 亩），坑塘水面 27 139.43 平方米（40.71 亩），城镇和工矿用地 74.16 平方米（0.11 亩）。

依据分局提供的 TH 镇土地利用总体规划图（2006—2020 年），该违法行为占用基本农田面积 8955.59 平方（13.43 亩），一般农地区 37 324.57 平方米（55.99 亩），城建设用地 11.45 平方米（0.02 亩）。其中水泥硬化塘底鱼塘、筑物、硬化与碎石路面道路占用 3999.75 平方米（6 亩）。其中水泥硬化塘底鱼塘、建筑物、硬化与碎石路面道路导致基本农田 3999.75 平方米（6 亩）耕作层严重破坏，种植条件难以恢复。

但是在这份鉴定意见上，只有专家组组长吴某某个人的一个签字。

2019 年 2 月 1 日规划国土分局做出《涉嫌犯罪案件移送书》内容为：调查发现赵某某建设鱼塘对鱼塘塘底进行硬化，建设建筑物、硬化地面、铺设碎石道路等占用基本农田，造成土地耕作层严重破坏的行为触犯《刑法》第 342 条的规定。根据中办发〔2011〕8 号、国办发〔2012〕51 号的规定，现将该案移送你单位处理。将案件移交公安机关追究赵某某刑事责任。

2019 年 2 月 28 日，赵某某被采取强制措施，羁押在看守所。在公安机关从立案、破案、到案所有手续中，其理由都是"经鉴定"，赵某某涉嫌犯有非法占用农用地罪。后续的《提请批准逮捕书》《适用逮捕理由意见书》同样以"鉴定"为依据。但检察院在批准逮捕的同时，做出《逮捕案件继续侦查取证意见书》，指出"核实涉案土地中塘底硬化"问题。

后检察院以赵某某犯有非法占用农用地罪提起公诉。因疫情原因，案件到 2020 年 8 月下旬法院开庭审理。

作为赵某某的辩护人，左增信律师认为，该案的关键是对赵某某的行为构成破坏基本农田的鉴定是否成立，由此引申案件程序不合法、事实不清、证据不足几个方面。为此，左增信律师为赵某某做了无罪辩护，现将无罪辩护意见摘录如下。

辩护意见

（一）本案缺乏最关键的证据，就是对赵某某是否造成耕地破坏没有合法有效的鉴定结论

本案从行政机关立案开始，均以一份《关于北京市通州区台湖镇 JC 村赵某某违法占地造成耕地破坏程度的鉴定意见》中表述赵某某非法占用农用地导致基本农田 3999.75 平方米（6 亩）土地耕作层严重破坏，种植条件难以恢复的内容为依据，但是后来所谓三名专家又在 2020 年 1 月 9 日出具了一份《关于对赵某某非法占用农用地案鉴定的补充说明》，将原来专家认定的鱼塘底硬化造成土地耕作层严重破坏，改变成"发现坑塘底部未进行硬化，但基本农田上取土挖塘的行为已构成对耕作层破坏"，这个所谓的《鉴定意见》及《补充说明》并非法律意义上的"鉴定结论"，不具有任何法律效力。

1. 根据国土资源部、最高人民检察院、公安部《关于国土资源行政主管部门移送涉嫌国土资源犯罪案件的若干意见》"二、关于移送证据"中的相关规定，移送涉嫌国土资源犯罪案件，需要对造成矿产资源破坏的价值进行鉴定的，由省级国土资源行政主管部门按照国土资源部《非法采矿、破坏性采矿造成矿产资源破坏价值鉴定程序的规定》出具鉴定结论；需要对耕地破坏程度进行鉴定的，由市（地）级或者省级国土资源行政主管部门出具鉴定结论。故对耕地破坏程度进行的鉴定必须是由"市（地）级或者省级国土资源行政主管部门出具"。《国土资源违法行为查处工作规程》第 8.2.3.1 条之"（9）破坏耕地等农用地涉嫌犯罪的相关鉴定材料"；第 28.2.4.7 条："鉴定结论、鉴定意见或者检验报告：需要对案件涉及的耕地等农用地破坏程度和违法采矿、破坏性采矿造成的矿产资源破坏价值等进行鉴定或者检验的，应当按照有关规定，由市（地）级或者省级人民政府国土资源主管部门组织实施；也可以委托有资质的机构进行，出具相应的鉴定结论、鉴定意见或者检验报告。"《国土资源部立案查处国土资源违法行为工作规范（试行）》中规定："办案人员按照《国土资源行政处罚办法》《国土资源违法行为查处工作规程》中的证据收集要求，收集与案件相关的书证、物证、视听资料、证人证言、当事人陈述、询问笔录、现场勘测笔录、鉴定结论等证据。其中，需要耕地破坏程度和矿产资源破坏价值等鉴定的，不可以委托省级国土资源主管部门进行鉴定并出具鉴定结论或者鉴定意见。"根据以上规定，这份 2018 年 12 月 14 日出具的由所谓专家组组长吴某某个人签字的《关于北京市通州区台湖镇 JC 村赵某某违法占地造成耕地破坏程度的鉴定意见》，显然不属于法定的耕地破坏程度"鉴定结论"范畴。能以一个来历不明的个人出具的、没有任何依据的"鉴定意见"替代法定的"鉴定结论"吗？

2. 根据最高人民法院《关于适用〈中华人民共和国刑事诉讼法〉的解释》第 84 条对鉴定的形式要件审查规定为：鉴定意见的形式要件是否完备，是否注明提起鉴定的事由、鉴定委托人、鉴定机构、鉴定要求、鉴定过程、鉴定方法、鉴定日期等相关内容，是否由鉴定机构加盖司法鉴定专用章并由鉴定人签名、盖章。但是本案的所谓"鉴定意见"，在形成的基础材料、委托程序、鉴定单位、形式和内容上，都风马牛不相及，显然不能作为指控赵某某犯有非法占用农用罪的证据。

而且，本案中《鉴定意见》和《补充说明》的结论大相径庭，基本上是所谓的专家随口而来，毫无依据。特别是在 2018 年 12 月 14 日出具的《鉴定意见》中，明确陈述"专家组听取了规划国土分局有关情况汇报，查阅了相关资料、图纸和实地勘察后，进行了认真讨论，形成如下论证意见"，但是在《补充说明》中却表示"之前由于现场未来得及对已注水养殖的坑塘进行鉴定，依据赵某某本人现场的调查问话笔录介绍，该坑塘底已经进行硬化，目前该坑塘已抽干水，发现坑塘底部未进行硬化"，这些所谓的专家，在关系到公民身家性命的鉴定中，毫无责任感，抛弃司法鉴定应遵循的"合法、独立、客观、科学、准确"的原则，妄下结论，使公民遭受不法之冤。还需要提请法庭关注的是，在 2019 年 3 月 13 日被批准逮捕时，检察院的《逮捕案件继续侦查取证意见书》就指出"核实涉案土地中塘底硬化"的问题，可拖延到 2020 年 1 月 9 日，才由所谓专家进行补充说明，其中经历了什么，令人不得不深思。而且，《鉴定意见》专家补签字、《补充说明》都没有告知被告人赵某某，违反了《刑事诉讼法》第 148 条的规定。

如果没有合法有效的"鉴定结论"，对赵某某犯罪的指控就无法成立。

（二）本案程序自始违法，先入为主，有罪推定，违反了刑事诉讼法的基本原则

无罪推定，保障无罪的人不受刑事追究，是我国刑事诉讼法的基本原则之一，但是本案从立案侦查到起诉，明显违背刑事诉讼法的这一基本立法原则，在没有被告人赵某某非法占用农用地罪的基本事实证据的情况下，就对赵某某采取强制措施，直至今天提起公诉。

本案是规划国土分局自称通过卫星图片发现赵某某非法占用农用地线索，经过行政程序处罚后，移送到公安机关，公安机关从立案，到采取拘留、逮捕强制措施，均以一份《关于北京市通州区台湖镇 JC 村赵某某违法占地造成耕地破坏程度的鉴定意见》中表述赵某某非法占用农用地导致基本农田 3999.75 平方米（6 亩）土地耕作层严重破坏，种植条件难以恢复的内容为依据。但是，这份所谓的"鉴定意见"，并非法律意义上的"鉴定结论"，不具有任何法律效力，依据在前面已经论述，此处不再赘述。

本案的基础是规划国土分局的移交材料，但在行政程序下所制作的相关文书材料却未能如实取证，现场勘查流于形式，特别是对赵某某自 20 世纪 90 年代就开始合法承包鱼塘的历史事实于不顾，将鱼塘列入非法占用农用地范围，且凭空认定鱼塘底部被水泥硬化，人为多种名目拼凑至足以追究非法占用农用地承担刑事责任的面积标准。而侦查机关和检察机关在办理本案过程中，都未能按照《刑事诉讼法》第 52 条"审判人员、检察人员、侦查人员必须依照法定程序，收集能够证实犯罪嫌疑人、被告人有罪或者无罪、犯罪情节轻重的各种证据"的规定尽职尽责，导致赵某某受到不当的法律追究。

在 2019 年 2 月 1 日，规划国土分局给公安局的《涉嫌犯罪案件移送书》和《关于北京市通州区台湖镇 JC 村赵某某违法占地造成基本农田破坏的函》，通州区人民检察院给规划国土分局的《建议移送涉嫌犯罪案件函》，以及此后在 2019 年 2 月 28 日公安机关的《破案经过》《破案报告》《到案经过》等事实依据，均以《关于北京市通州区台湖镇 JC 村赵某某违法占地造成耕地破坏程度的鉴定意见》为依据。

特别是 2019 年 3 月 7 日公安局《提请批准逮捕书》中提请批准逮捕的理由中经依法侦查查明部分，仍然是照抄了所谓"鉴定意见"的表述，人民检察院就据此批准了对赵某某采取逮捕措施。但是检察院在批准逮捕的同时，也向公安机关做出《逮捕案件继续侦查取证意见书》，其中提出五个问题，内容大致如下：①市规土委联系专家进一步论证，核实涉案土地中塘底硬化、硬化与碎石道路、建设建筑物情况，附相关图片及问题具体说明致使基本农田耕地耕作层破坏情况。②向村主任核实赵某某占用土地进行建设情况和是否制止过。③土地来源。④向规划国土工作人员询问核实基本农田范围的确定标准，并提供相关文件。⑤国土部门执法录像证实赵某某明知仍继续违法建设。这可以说明，在检察机关明知被告人赵某某犯罪事实基本证据并不充足的情况下，仍然批准逮捕，也就是说本案对赵某某进行立案、拘留、逮捕这个过程，均是依据规划国土分局所谓鉴定意见中描述的"经鉴定造成 3999.75 平方米（6 亩）土地耕作层严重破坏，种植条件难以恢复"这一不存在的法定条件，而《刑事诉讼法》第 81 条中最基础的批准逮捕的法定条件"有证据证明有犯罪事实，可能判处徒刑以上刑罚的"，本案显然并不具备。

所以对赵某某采取刑事立案侦查、拘留逮捕，直至今天的提起公诉，并没有犯罪事实的基本证据材料，本

案从开始就处于程序违法状态，先入为主，有罪推定，违反了刑事诉讼法的基本原则

（三）起诉书对被告人赵某某犯有非法占用农用地罪的指控事实不清，证据不足，该项指控不能成立

最高人民法院《关于审理破坏土地资源刑事案件具体应用法律若干问题的解释》第3条规定，违反土地管理法规，非法占用耕地改作他用，数量较大，造成耕地大量毁坏的，依照《刑法》第342条的规定，以非法占用耕地罪定罪处罚：①非法占用耕地"数量较大"，是指非法占用基本农田5亩以上或者非法占用基本农田以外的耕地10亩以上。②非法占用耕地"造成耕地大量毁坏"，是指行为人非法占用耕地建窑、建坟、建房、挖沙、采石、采矿、取土、堆放固体废弃物或者进行其他非农业建设，造成基本农田5亩以上或者基本农田以外的耕地10亩以上种植条件严重毁坏或者严重污染。

根据这个规定可以得知，非法占用农用地罪的构成要件是"非法占用＋改变被占用土地用途＋数量较大＋造成农用地严重毁坏或污染"，但是本案显然不具备这几个要件，现从以下几个方面进行论述：

第一，本案所涉土地是赵某某自2002年就开始合法承包的鱼塘及附属的、合法使用土地，并不存在非法占用的情形。在本案卷宗中，所有证据材料和证人证言，都能确认赵某某合法承包鱼塘的事实，三份合同承包期均为30年，承包费每年每亩64元，于2018年将承包期内的承包费全部缴齐。至于赵某某承包鱼塘涉及的土地面积，其他鱼塘承包户等都可以证实，承包合同所载面积是鱼塘坑口的面积，鱼塘附属场地并未明确标出。且在当时农村土地大量抛荒，被告人赵某某能够长期利用相关土地，历届村委会、村民都没有提出过异议，可以说被告人与村委会之间形成事实的承包关系，与非法占用具有截然不同的性质。

第二，赵某某并未改变土地用途。现有认定赵某某属于犯罪行为涉及非法占用的农用地中，含有赵某某合法承包的鱼塘的面积，这些鱼塘是20世纪90年代就存在的集体鱼塘，赵某某不过是按照承包合同约定的用途，为了发展政府曾经提倡和鼓励的设施农业和观光农业，对鱼坑进行了部分改造。这从赵某某与JC村委会签订的相关《经济承包合同》以及几任村党支部书记、村主任、相关村民的证言中都能确认，不存在异议。《农村土地承包法》第8条规定："国家保护集体土地所有者的合法权益，保护承包方的土地承包经营权，任何组织和个人不得侵犯。"根据合同约定，赵某某如果不养鱼，反而是违反合同的行为。现在故意回避赵某某原有合法承包鱼塘，将鱼塘面积计算在赵某某改变土地用途的面积之内，依据何在？

第三，赵某某承包鱼塘合同是在2002年补签的，而且确认TH镇JC村的基本农田范围是在2017年才由国土部门在图纸上划定的，赵某某承包鱼塘在先，基本农田划定在后，二者相差15年的时间。但是将赵某某承包鱼塘所在地块确定成基本农出，只是土地管理部门在编制的土地利用现状图上的标注，现实中并无人能精准确定具体的边界。案卷中所有相关证据都可以说明这一点。对于村里土地确立为基本农田一事，赵某某及村民根本不可能知晓，这从其他村民的证言中可以得到证实，在侦查机关对国土主管机关干部询问笔录中，问：这些土地的性质？答：大多数为农业用地，具体以土地利用现状图为准。问：非法占的基本农田多少？答：6亩。问：这些土地的归属？答：这些土地的归属为村民集体土地，具体是那些个人村民的村委会应该掌握。从这里看来，就是国土管理机构的专业工作人员，也需要看图才能知道每块土地的性质；而村干部同样是不知道基本农田的位置和界限。可见基本农田在图纸上划定之后，不但专业人员看图说话，村干部更是不明底细，在没有明确告知、承包合同也未进行变更标注的情况下，赵某某作为一个承包土地近20年的承包农户，对此如何知情？

第四，根据司法解释的规定，非法占用基本农田5亩以上即构成犯罪，但是本案指控赵某某涉及的6亩基本农田的面积认定没有依据。

我们从卷宗材料中可以看出，2018年12月12日，规划国土分局立案，并做出所有程序性文件，并在同日进行了现场勘测、测绘机构出具测绘报告。2018年12月14日，出具一份由所谓专家组组长个人签字的《关于北京市通州区台湖镇JC村赵某某违法占地造成耕地破坏程度的鉴定意见》，在这份鉴定意见中，首次出现"其中水泥硬化塘底鱼塘、建筑物、硬化与碎石路面道路导致基本农田3999.75平方米（6亩）耕作层严重破坏，种植条件难以恢复"，这一面积数字如果确定，6亩基本农田面积耕作层被严重破坏，显然超过了追究刑事责任5亩的起点，但是本案这6亩的面积从何而来，却没有合法有效的证据。

首先，测绘单位出具的《土地面积报告书》认定的赵某某整体占地面积64.99亩，没有经过合法的指界程序，而是随意定点划线，在《国土资源违法案件现场勘测笔录》中表述为：现场勘测是"经当事人赵某某现场指界，镇政府工作人员在场的情况下进行勘测"的；但是在ZCXT遥感技术有限公司当日做出《土地面积报告书》的作业说明中却表述为"……七、本项目测绘范围，由执法监察科执法人员及用地单位负责人共同指界认可"，并附有村主任的身份证复印件。两份文件中显示的现场指界主体矛盾，由此看来，现场指界主体的真实性无法确认，指界程序不合法。

其次，涉案六亩基本农田的面积未经测绘，如何而来不得而知，我们只能从规划国土分局的相关材料中见到"经测算"，但是根据《测绘法》第27条"国家对从事测绘活动的单位实行测绘资质管理制度"、第22条第2款"测量土地、建筑物、构筑物和地面其他附着物的权属界址线，应当按照县级以上人民政府确定的权属界线的界址点、界址线或者提供的有关登记资料和附图进行。权属界址线发生变化的，有关当事人应当及时进行变更测绘"的规定，规划国土分局不具有测绘机构的职责和资质，其自行测算显属无效。

最后，在涉案的6亩基本农田范围中，包括鱼塘塘底水泥硬化部分，但是事实并不存在鱼塘塘底水泥硬化。具体情形已在前面论述过，在此不再赘述。

综上所述，辩护人认为本案程序违法、事实不清、证据不足，检察机关指控赵某某犯有非法占用农用地罪的指控不能成立。

法院裁决

人民法院经过审理，判决表述：经查，综合全案证据情况，公诉机关指控被告人赵某某非法占用农用地造成基本农田6亩耕作层严重破坏的证据不足，不能排除合理怀疑，无法形成完整的证据链。被告人赵某某重新挖建鱼池的时间为2016年至2018年间，鱼池挖建的具体时间是在基本农田划定之前还是之后存疑，另在案无证据证明被告人赵某某铺设渣石路的具体时间，且认定

被告人赵某某主观上明知涉案土地性质为基本农田的证据不足。故根据证据裁判原则，本院对该部分事实不予认定。公诉机关关于被告人赵某某犯非法占用农用地罪的指控尚未达到刑事诉讼证明标准，本院不予支持。对于被告人赵某某及其辩护人所提非法占用农用地罪的相关辩解、辩护意见，本院予以采纳。

一审判决后，检察院不服一审判决，向中级人民法院提出抗诉。

二审人民法院经过审理，作出二审裁定认为：一审法院认定赵某某的行为不构成非法占用农用地罪正确。特别释明，在案鉴定意见系专家论证意见，并不能直接证明涉案基本农田耕作层受到严重破坏的事实。据此，驳回抗诉，维持一审判决。

律师评析

刑事案件中，鉴定结论是对犯罪嫌疑人或被告人定罪量刑的关键证据，虽然大多鉴定结论都是鉴定机构本着"合法、独立、客观、科学、准确"的原则进行鉴定并出具鉴定结论，但作为辩护人，应该对鉴定结论大胆怀疑、精心求证。特别是新类型案件，其鉴定人员的组成、鉴定的程序、鉴定的方法都还不成熟，必然会存在许多疏漏。律师的作用就是要在充分掌握法律规定、涉及程序的基础上，抽丝剥茧、探寻真相，为维护当事人的合法权益和捍卫法律的公平与公正而全力以赴、殚精竭虑！

人物介绍

左增信律师，北京市致宏律师事务所合伙人。历任北京市律师协会理事、监事；第一届、第二届北京市通州区律师协会会长。现任北京市通州区人大常委会法制工作委员会副主任，北京市通州区法学会副会长，北京物资学院法学院兼职教授。

左增信律师曾被评为北京市优秀律师、全国优秀律师、全国维护职工权益杰出律师、全国律师行业优秀党员、北京市百名优秀刑辩律师、北京市劳动模范等。

左增信律师的法律服务领域涉及刑事、行政、商事仲裁、国家机关及企事业单位法律顾问等。

蒙冤六载终无罪

——彭绍群律师为北京女企业家霍某的六年冤案辩护侧记

▲彭绍群律师

编者按

这是一起离奇的冤案，以至于辩护律师与当事人家属用 11 个"离奇"坚持六年来向最高人民法院、最高人民检察院、某省高级人民法院等上级司法机关反映案件情况。该案中当事人霍某也被限制人身自由六年零四个月之久，财产被查封、查扣甚至被转移，人被超期羁押，案件被超期审理（先后六次申请上级法院延长审理期限），罪名不断被违法变更，从合同诈骗罪到诈骗罪再到职务侵占罪，从无期徒刑到有期徒刑，此案梳理起来可谓千头万绪！

作为此案的辩护人——北京市德渊律师事务所主任彭绍群律师，从 2013 年 7 月接受委托时起就指出这是一起经济纠纷案件。六年多来，女企业家霍某数度提出管辖异议，数度提出解除强制措施取保候审未果，且两次一审，三变罪名，两次发回重审，久拖六年零四个月，多个诉讼程序严重超审限。2019 年 4 月 22 日最高人民法院指定某市中级人民法院按第一审程序审理此案，2019 年 8 月 22 日某市人民检察院以职务侵占罪名起诉到某市中级人民法院，某市中级人民法院 2019 年 10 月 17 日开庭审理，2019 年 11 月 18 日作出霍某无罪的判决。

据了解，在办理该案的六年中，彭绍群律师同样承受了来自各方的压力，但他一直坚信霍某无罪，并持续向上级司法机关和有关部门反映案件情况，经过艰辛努力，终于还了霍某以无罪之身，还了其公道和正义，但六年多霍某的损失谁来为她弥补？内心的创伤又有谁来为她治疗呢？失去自由的六年多来，其名下数家企业被吊销营业执照，诸多正在履行的重大合作项目一个个搁浅……

因篇幅所限，我们只能将此案的关键时间点和最高人民法院指定某市中级人民法院管辖重审一审后律师辩护意见编入本书，以飨广大读者，而从彭绍群律师的辩护意见中我们对该案亦可见一斑。

案件关键时间表

2013 年 7 月 5 日凌晨，JZ 市公安局跨省将霍某涉嫌犯有合同诈骗罪为由自北京某大厦抓捕带至 JZ 市。

2013 年 7 月 6 日，对霍某采取监视居住强制措施。

2013 年 7 月 15 日，霍某被刑事拘留。

2013 年 8 月 7 日，霍某被执行逮捕。

2014 年 7 月 17 日，JZ 市人民检察院以诈骗罪向 JZ 市中级人民法院提起公诉。

2015 年 6 月 3 日，JZ 市中级人民法院认定霍某犯诈骗罪，判处其无期徒刑，剥夺政治权利终身，并处没收个人全部财产。该判决书第三项是这样写的"对 JZ 市公安局经济犯罪案件侦查支队查封、扣押、冻结的涉案财物，由该支队处理"，该支队怎么处理？没有写依法处理，就是可以私分。被告人霍某不服，上诉至 LN 省高级人民法院。

案件在 LN 省人民检察院待了近一年才转到 LN 省高级人民法院，2016 年 8 月 26 日，LN 省高级人民法院以"原判认定霍某犯诈骗罪事实不清、证据不足"为由，裁定撤销原判，将此案发回 JZ 市中级人民法院重新审判。

案件在 JZ 市中级人民法院经过三次延期审理，多次开庭，2017 年 11 月 24 日，JZ 市中级人民法院作出刑事判决，认定被告人霍某不构成诈骗罪，构成职务侵占罪，判处有期徒刑十三年，并处没收个人财产人民币四百万元。被告人霍某仍不服提出上诉。

2018 年 5 月 3 日，LN 省高级人民法院以"JZ 市中级人民法院审理程序违反法律规定"为由，再次裁定撤销原判，将此案发回 JZ 市中级人民法院重新审判。

2018年7月，JZ市中级人民法院向上级法院报告，要求取得案件管辖权，LN省高级人民法院就管辖等问题报请最高人民法院决定。

2019年4月22日，最高人民法院指定霍某诈骗一案由LN省某市中级人民法院依照刑事第一审程序进行审判。

2019年6月25日，LN省人民检察院将霍某诈骗一案指定某市人民检察院管辖。

2019年8月22日，某市人民检察院以职务侵占罪向某市中级人民法院提起公诉。

2019年10月17日，某市中级人民法院开庭审理此案。

2019年11月18日，某市中级人民法院作出判决：被告人霍某无罪。

霍某职务侵占案
指定管辖一审律师辩护意见

尊敬的审判长：

尊敬的审判员：

由最高人民法院（2019）最高法刑辖18号指定管辖决定书指定某市中级人民法院管辖重审一审审理霍某诈骗罪（职务侵占罪）案件，我们作为霍某的辩护律师，经过本次庭审调查质证及六年多的多次开庭审理，对案件情况有了全面了解，我们认为霍某是无罪的。现仅就某市人民检察院重审起诉书指控霍某职务侵占罪案件几个实体问题及法律适用问题作系统全面的辩护，供案件合议时参考采纳。

第一部分　实体问题的无罪辩护意见

1. 起诉书查明的事实部分与认定结论部分相互矛盾，错误明显，起诉书将北京某新能源投资有限公司（以下简称"新能源公司"）实际控制所有的款项认定是北京某矿业投资有限公司（以下简称"矿业公司"）的款项，我们从起诉书查明部分和审计鉴定报告中看到的是所有款项收入支出均发生在新能源公司，时间长达三年，刘某某三次借款2亿元、1亿元和8200万元（此款至今未还）都是从新能源公司账面和霍某个人账户进出，所有权属于霍某，属于新能源公司，根本没有发生在矿业公司，根本不属于矿业公司，起诉书认定是矿业公司和刘某某的投资，是最基本的事实认定错误。6000万元和1.6亿元从JZ中油燃料油公司对公账户转到矿业公司账户，

都是当天转到新能源公司账户，离开了矿业公司账户，钱款就不是矿业公司的了，就和离开了JZ中油燃料油公司账户，钱款就不是JZ中油燃料油公司的了一样道理。我们不能说从矿业公司转出的资金还属于矿业公司。钱是没有属性的，钱到谁那里就属于谁，至于是否侵犯了其他人合法权益，需要靠相应的法律关系进行调整，是被骗了，还是违约了，还是其他原因，是刑事犯罪，还是民事纠纷。

2. 矿业公司注册资本1000万元，成立日期2009年11月20日，刘某某持股51%，霍某持股49%，法定代表人是刘某某，双方约定霍某与刘某某各按50%分配利润。新能源公司注册资本10 000万元，成立日期2010年6月25日，矿业公司持股100%，注册初期法定代表人是刘某某，2012年4月6日至8月26日新能源公司三次变更，包括法定代表人变更，股权变更等，上面有刘某某的亲笔签名，变更后，霍某投资9500万元，占股权95%，矿业公司投资500万元，占股权5%，矿业公司中霍某拥有49%股权，霍某合计拥有新能源公司97.5%股权，新能源公司的所有权人是霍某。2013年4月16日刘某某在公安机关询问笔录中的陈述（公安侦查卷四第36页第十一至十四行）："问？北京某矿业投资有限公司法人是谁？答：是我，股东是霍某。问？北京某能源投资有限公司法人是谁？答：是霍某，股东是我。"这份笔录中刘某某清清楚楚、明明白白地叙述了矿业公司与新能源公司的股东是谁，法定代表人是谁，证明刘某某后来所说的他不知道成立新能源公司及不知道股权变更，法定代表人变更是谎言。

3. 公诉机关指控霍某职务侵占罪毫无根据。起诉书事实部分明明叙述钱款转到新能源公司账上，从2010年到2013年三年多时间都是在新能源公司账上，矿业公司注册资本1000万元，新能源公司注册资本10 000万元，亿元以上款项当然要落到注册资本大的新能源公司才符合他们设计两个公司股权结构的初衷，加之款项的来源是霍某运作40万吨原油所得，由霍某所有并支配理所应当。如果按照客观事实认定新能源公司和霍某是钱款所有权人，那么这个案子被害人就是霍某自己了，自己支配（侵占）自己的财产构成犯罪是不可能的，JZ市法院和某市检察院不想无罪放了霍某，就硬着头皮，不顾自己已经叙述清楚的事实，硬说钱款是矿业公司的。

4. 6000万元和1.6亿元是霍某运作某煤化工项目，引入央企中某油公司，将煤化工项目51%股权无偿转让给

▲彭绍群律师

中某油公司，中某油公司作为回报和重大贡献奖励，上报国家能源局和经国务院办公会批准，销售给霍某指定的田某某经营的JZ沥青厂40万吨原油，JZ沥青厂田某某违反国家规定，在自己没有进行原油加工提炼情况下，将原油经过刘某某承包经营的某燃料油有限公司倒卖给山东某公司，田某某获利情况不详，但是获得地方政府退税约二三亿元，刘某某获利三亿多元，霍某收取从刘某某承包经营的某燃料油有限公司转来的2010年7月19日6000万元定金和2010年9月26日1.6亿元佣金。两笔款项先是打到矿业公司账户，当天就转到新能源公司账户，霍某是从新能源公司账户转到个人名下账户，刘某某的收益已经由他自己在JZ中油燃料油公司作了处理。2.2亿元属于霍某所有，刘某某是清楚的，所以才有2011年三四月份刘某某向霍某两次借款2亿元、1亿元借了就还及2011年9月16日借款8200万元至今未还，他自己在询问笔录中承认是借款。刘某某深知这2.2亿元是霍某的，否则他借走了留下就是了，还用还吗？后来刘某某由于受债务所困及田某某的胁迫，不顾事实说2.2亿元是他的投资款，并且否认40万吨原油购销之事，

辩护律师庭上提供的证据4至证据9，中某油新能源投资有限责任公司与内蒙古某新能源有限公司关于《16亿方煤制合成气及深加工项目之合作框架协议》；中国海洋石油总公司中国海洋大厦霍某工作出入证，内部单位：办公厅，有效期至2011年3月；2010年8月24日中海石油（中国）有限公司与JZ市沥青厂《海洋原油单船购销合同》原件；2012年1月11日JZ市沥青厂文件《申请续购原油购销合同的报告》原件在霍某手中；2011年6月27日JZ市发展和改革委员会文件[J发改发（2011）201号，签发人陆某某]《关于呈报JZ沥青厂购油求援的请示》，此文呈报国家发改委，原件在霍某手中；2011年6月27日JZ市发展和改革委员会文件[J发改发（2011）200号，签发人陆某某]《关于JZ沥青厂购油求援的函》，此文发给中国海洋石油总公司，原件在霍某手中。这些证据还不能够证明40万吨原油与火霍某有关吗？请问公诉人手里有什么证据可以反驳推翻这些原始书证？刘某某在2015年5月18日公安机关询问笔录陈述的此笔40万吨原油购销合同是在认识霍某之前由他自己独立完成的是谎言（2009年11月两人合伙成立公司，2010年8月24日购原油）；发回重审后的2016年12月26日刘某某询问笔录又说根本就没有40万吨原油购销业务这件事更是谎言。刘某某为什么说谎？只有想掩盖真相才去说谎！霍某是促成购买2010年8月24日40万吨原油合同的中介人，2012年3月霍某带着田某某、王某某副市长第二次去中某油公司求援购油更是证明了霍某的地位作用无可替代，毋庸否认。

5.2010年8月24日40万吨原油购销合同与霍某是否有关及1.6亿元究竟是什么性质的款，是LN高院第一次发回重审要求必须查明的事实，在这个事实没有查明（JZ公检法是完全可以查清的，调取一下中某油公司与JZ沥青厂购油合同和银行账目，调取田某某与刘某某的合同与银行账目，调取刘某某与山东某公司的合同和银行账目就清楚了。但是他们不敢去查明，一查明就证明他们办错案了），就是事实不清，证据不足，不能适用《最高人民法院关于适用〈中华人民共和国刑事诉讼法〉的解释》第241条第2款，只能适用第241条第3款或第4款，结论是霍某（霍某）无罪。

6000万元和1.6亿元不是刘某某的自有资金和投资款，这个事实很清楚。同时6000万元和1.6亿元既不是JZ中油燃料油公司投资款，也不是出借款（应收款），而是往来款（应付款），JZ中油燃料油公司2011年7月出售80%国有股权时评估作价970万元卖给了刘某某，账上没有对外投资款或者应收账款2.2亿元，6000万元和1.6亿元是企业间正常往来应付款，由JZ中油燃料油公司转给矿业公司，矿业公司当天就转给新能源公司，此后三年时间里一直由新能源公司和霍某所有，用于新

能源公司的经营活动中，霍某占有使用支配这些资金，合理合法，不存在侵占矿业公司和刘某某个人财产问题。

6.起诉书把被害单位强行认定为矿业公司，不顾客观事实和证据，是错误的。我们就是针对矿业公司来说，该公司只有刘某某和霍某两个股东，各占50%，而已经查清的事实是刘某某借走了8200万元，至今未还，审计鉴定报告认定霍某个人拿走8150万元，按照对待霍某的标准，定刘某某侵占罪也是一点问题没有。

7.《审计鉴定报告》除严重违反法定程序以外，漏列大量信息资料和财务数据，没有真实反映矿业公司和新能源公司实际控制人状况，故意隐瞒新能源公司的97.5%股权属于霍某（霍某）本人的真实情况，叙述审计企业自然状况，工商登记信息，确定企业所有权人是审计机构的法定职责，我们看到的是审计鉴定报告把被告人和被害人搞成同一人。

8.刘某某因诈骗罪2015年8月27日LN省TL市中级人民法院刑事判决书（2014）T刑二初字第00003号，认定刘某某利用虚假合同诈骗TL市郭某某11 840万元，构成合同诈骗罪，判处有期徒刑三年，缓刑五年，并处罚金20万元。判决认定刘某某（某燃料油有限公司实际经营者）因欠他人巨额债务，在2011年9月29日某燃料油有限公司通过JZ某集团担保，在JZ银行办理2亿元的承兑汇票，并支付给某集团下属公司JZ沥青厂，刘某某为偿还银行到期承兑汇票，在2012年公司已无任何大额业务，无实际经营业务能力，从未在辽河油田购买任何燃料油情况下，虚构在辽河油田可以购进燃料油的事实，骗取TL市某集团石油产品销售有限公司郭某某的信任，要将辽河油田2万吨燃料油卖给郭某某，双方于2012年3月26日签订购销合同，规定于2012年4月30日付货，郭某某按合同约定两次汇款11 840万元给刘某某，刘将货款中的8000万元偿还某燃料油有限公司在JZ银行GBZ办事处办理的到期银行承兑汇票，将1100万元汇入某国际贸易天津有限公司购买俄罗斯燃料油，将其余款项用于偿还债务及公司经营。

此判决证明刘某某没有在中某油公司购买原油或燃料油的能力，如果有，他不会谎称能提供辽河油田的燃料油，也不会去购买俄罗斯的燃料油，刘某某才是真正的诈骗犯罪分子。

第二部分　程序违法问题的辩护意见

1.2012年9月24日王某某对案件的批示，JZ市人大常委会主任王某某在2012年8月1日田某某举报刘某某合同诈骗材料上的批示"请公安局立专案处理，并给田某某同志一个满意的答复。"田某某与霍某没有任何经济往来关系，王某某的批示本来与霍某的案子没有关系，不能也不应该出现在霍某的案卷中，这个批示出现在霍某案件卷宗中，违反公安机关依法办案，任何机关个人不得干涉，违反人大不得干涉司法机关承办的个案的规定。

2.案件来源，到案经过公安侦查卷宗第四卷第一页至第四页，刘某某所称投入其与霍某合伙开办的北京两个公司的6000万元和1.6亿元汇入时间为2010年7月19日和9月26日，均由某燃料油有限公司汇入刘某某与霍某共同发起投资设立的北京某矿业投资有限公司，再由矿业公司汇到新能源公司账户，时间上比田某某举报刘某某欠货款时间2011年3月至12月早了近一年。比较田某某举报控告的刘某某欠货款时间和刘某某向北京两个公司转款时间，两者其实一点关联关系都没有。

3.LN高院以事实不清、证据不足发回重审后，JZ中院不经JZ市检察院同意和转卷。按照《最高法院关于适用〈中华人民共和国刑事诉讼法〉的解释》241条第2款规定，只有事实清楚、证据确实充分，只是起诉的罪名错误的，法院可以直接改变罪名判决，对于事实不清、证据不足的，应该适用《最高法院关于适用〈中华人民共和国刑事诉讼法〉的解释》第241条第3、4款规定，作出无罪判决。

4.某市人民检察院以职务侵占罪名起诉违反法律规定，违反程序，最高法院的指定管辖决定书、LN省人民检察院管辖决定书所列罪名均是诈骗罪，LN高院发回重审的理由是事实不清证据不足，要求重审查清案件基本事实。我们认为在两次发回重审程序中改变罪名是违反程序的，是错误的。

5.关于审计鉴定报告．根据《刑事诉讼法》第56、58、61条规定，2017年11月15日LN某某某司法鉴定所受JZ市公安局委托所作出的《司法审计鉴定报告》是非法证据，请求依法予以排除。

（1）2017年11月2日JZ市公安局委托LN某某某司法鉴定事务所作霍某职务侵占罪司法鉴定是在其指控诈骗罪案件被LN省高级人民法院二审以事实不清，证据不足发回重审程序中变更罪名、新增侦查证据。

法院直接改变罪名只在一种情况下可以进行，即起诉书指控的事实清楚，证据确实充分，只是罪名错了，法律依据是上述司法解释第241条第2款第2项。根据这一规定，法院改变罪名的案件不能再进行任何补充侦查才能适用解释第241条第2款第2项。补充侦查就说明原来指控的罪名事实不清、证据不足，就应适用上述司法解释第241条第2款第3项或第4项，均是无罪条款。JZ中院让JZ市公安局再次委托鉴定，再次补充证据，就是画蛇添足，就是自知案件事实不清，证据不确实充分，依此作出的判决违反程序，违反规定，明显适用法律错误。

（2）委托审计的程序违反公检法三机关分工协作，互相配合，互相制约的刑事司法原则。

按照刑事诉讼法规定，事实不清、证据不足案件应当由JZ市中院退回JZ市检察院，JZ市检察院再退回JZ市公安局，由JZ市公安局进行补充侦查，补充侦查范围限定于二审法院指出其事实不清、证据不足部分。后案件没有经过公诉机关同意，就由法院直接退卷到公安机关，公安机关再行补充侦查违反诉讼程序。公安机关在法院审判阶段必须也只能经过检察机关退卷程序才可以补充侦查，从法院直接获取补充侦查权违反公检法法定分工原则和互相制约原则规定。

此案JZ市人民检察院和LN省人民检察院都没有同意改变罪名，直到最高人民法院裁定指定某市中级人民法院管辖之前仍然坚持诈骗罪指控，JZ法院越过公诉机关直接让公安机关侦查职务侵占罪，并以公安机关委托的职务侵占罪司法鉴定报告作为判决依据，超越职权，违反职责分工，违反法律规定。

（3）同一案件委托由同一鉴定机构作出两次司法审计，违反法律规定。

诈骗罪的审计和职务侵占罪的审计有何区别？肯定有区别，不然不会再审计一遍，JZ公安既然是再次就新的罪名委托审计，就应该知道不能再用原来审计机构进行审计，这是基本规定和常识，所以说2017年11月2日JZ公安局的委托审计违反委托程序，违反法律规定，违反公平公正原则和回避原则，符合司法审计的机构很多，抽签摇号选择审计机构，而且必须排除已经做过一次审计的LN某某某司法鉴定事务所。

鉴于某市公诉机关起诉书中将存在严重违反法定程序和法律规定的《审计鉴定报告》作为指控霍某职务侵占罪的主要证据，我们请求依法确认为非法取得的证据，予以排除在本案证据之外。

6.霍某在JZ市看守所羁押六年三个多月，从侦查、起诉到审理程序中多个机关违反刑诉法规定的侦查、起诉、审理期限，严重超期羁押，超期审判，把所有的程序都加起来，也办不了六年三个月，霍某家属和辩护律师在每一程序中均申请变更强制措施、取保候审，开始还有回应，到后来就不理不睬了，严重侵犯被告人合法权益，违反法律规定。

7.2013年10月29日刘某某与田某某《财产转让协议书》（侦查补充卷二第26页），证明刘某某与田某某已经不是控告与被控告关系，而是成为联手陷害霍某的伙伴关系，他们财产转移标的是霍某被公安机关查封扣押的，未经法院判决的财产，此协议将田某某从幕后推到了前台，暴露了本案从一开始就是田某某、刘某某精心设计的陷害霍某的苦肉计。

……

综上，在事实证据面前，诈骗罪定不上，职务侵占罪同样定不上，霍某的行为不构成《刑法》第271条规定职务侵占罪，根据《刑事诉讼法》第200条第2款"（二）依据法律认定被告人无罪的，应当作出无罪判决；（三）证据不足，不能认定被告人有罪的，应当作出证据不足、指控的犯罪不能成立的无罪判决。"根据《最高人民法院关于适用〈中华人民共和国刑事诉讼法〉的解释》第241条第3款、第4款规定，请求法庭依法判决霍某无罪。

霍某辩护律师

彭绍群

王 凡

2019年10月17日

判 决

2019年11月18日，霍某和彭绍群律师终于收到某市中级人民法院（2019）L11刑初14号刑事判决书：被告人霍某无罪。

后 记

人们经常说："正义会迟到，但一定不会缺席。"我们相信，北京女企业家霍某在以无罪之身走出看守所后一定还能相信法律，相信法治，相信社会存有公平与正义。司法公正是现代社会政治民主、进步的重要标志，更是国家法治建设、长治久安的重要保障。彭绍群律师辩护的这起霍某合同诈骗、诈骗到职务侵占罪案件由无期到无罪的跌宕起伏过程，令人深思，令人敬佩，中国法治大有希望。

人物介绍

彭绍群律师，北京市德渊律师事务所主任，高级律师。

教育背景：北京航空航天大学毕业，工学学士。北京大学法学院毕业，法律硕士。英国温布尔大学毕业，工商管理博士。

业务专长：证券、金融、资产重组、各类项目招标投标、房地产、建设工程项目、知识产权、经济、民事、刑事诉讼、法律顾问。

获得荣誉：1999年被评为辽宁省十佳律师，2001年被评为人民满意的政法干警，2003年、2007年被评为文明律师。

工作经历：彭绍群出生于1958年9月12日，1978年参加高等院校全国统一招生考试进入北京航空航天大学金属材料与热处理专业学习，1982年毕业分配到沈阳飞机制造公司从事技术工作，1985年起从事企业法律顾问工作，1986年取得律师资格，1993年取得证券律师从业资格，1998年取得国家基本建设大中型项目招标投标律师从业资格，1999年考入北京大学法学院在职法律硕士，2001年受司法部选派在美国加州大学圣迭哥分校WTO争端解决机制高级培训班学习。

法律就是我们最大的后盾

——杨波律师拆迁维权纪实

案例（一）坚持、坚持、再坚持！

——种兔养殖场拆迁维权纪实

▲杨波律师

天下事唯有坚持到底才有无坚不摧之力量，拆迁维权的道路更是需要当事人与律师的坚持、坚持、再坚持……否则将前功尽弃，一败涂地！某市某种兔养殖场的拆迁维权足以印证了这一真理！

某村村民罗某会，利用自己的宅基地房屋及土地经营一养殖场（某种兔养殖场），用于种兔、肉兔的养殖，经营多年。涉案区域要修路，养殖场被认定为违法建筑，只补偿32万元。2012年12月27日，某市某区政府下辖的七个机关单位以罗某会的养殖场系违法建筑为由，共同向其作出《限期拆除违法建筑的通知》，责令其在七日内自行拆除，否则强拆。2013年1月9日，七个机关单位在未履行任何法律手续，当事人又不在场的情况下对罗某会的养兔场进行了拆除，罗某会苦心经营了若干年的养兔场毁于一旦（住宅房屋及看护房、营业房未拆）。一纸拆违通知书盖了七个机关单位的公章。无奈，罗某会及其家人于2013年2月5日聘请北京专业拆迁律师杨波介入维权。杨波律师认为：本案不管养殖场是否违建，拆迁行为肯定违法。本案中委托人的养殖场处于道路的中心位置，是必经之路。为了赶施工进度，七个机关单位首先强拆了处于道路中间位置的养殖场建筑，位于附近的宅基地房屋、营业房未拆，是因为他们也知道这样做是有问题的，准备根据情况相时而动。事已如此，维权律师断然不能有任何闪失，律师的专业性、敬业精神就显得尤为重要。

杨波律师第一时间帮助罗某会提起了针对养殖场强拆的行政复议程序，及征地批文的政府信息公开申请。2013年3月7日某市国土局向罗某会作出政府信息公开回复并邮寄了《某市人民政府关于某区实施城市规划建设农用地转用和土地征收的批复》（以下简称"征地批文"），意思是说涉案地块已经被征收为国有及建设用地。而关于强拆养殖场的复议申请，复议机关某区政府也在要求罗某会两次连续补正材料后，于2013年3月20日向罗某会作出了受理行政复议申请通知书。对于征地批文不服，按照我国行政复议法的规定应当先向原作出机关省级政府提出复议，复议机关维持的，再向国务院申请行政裁决。全国各级政府都在遵循着这个法则，直至国务院裁决，甚至国务院也往往会在作出行政裁决前搞个听证会，以正视听。2013年3月9日某市政府向罗某会作出《行政复议告知书》称："针对征地批文的行政复议不属于行政复议的受理范围，不予受理。"

针对某市政府的《行政复议告知书》，杨波律师一纸诉状指导委托人罗某会将某市政府告上法庭，要求："依法确认被告不履行行政复议法定职责——原告提起的行政复议申请不予受理之不作为违法。"法院很快作出了一审判决称：征地批文系政府内部行政行为，不属于行政复议的受理范围，驳回原告的诉讼请求。委托人罗某会上诉至某市高级人民法院，该院维持原判。后于2013年12月10日向最高人民法院提起了再审申请。在杨波律师的不懈坚持下，2014年9月1日最高人民法院下发《受理通知书》[（2014）行提字第31号]，决定提审本案。

经过不懈追求与努力，2017年8月18日最高人民法院终于作出行政判决：撤销了某市五中院及高级法院的判决；撤销了某市政府向罗某会作出的《行政复议告知书》；判令某市政府受理罗某会针对征地批文的行政复议申请。

本案中杨波律师及委托人在遇到挫折及耗费时久的情况下，之所以还能够做到坚持不懈，是因为深深地知道：在最高人民法院受理的案件，不管输赢总得出个结果！不能这么无限期地拖延搁置！不管等多少年我们都得坚持下去！最高人民法院行政判决的意义非凡！这是最高人民法院的司法监督！终于，2018年某市传来捷报：地方政府及其拆迁办暨当初强拆委托人养殖场，反复做委托人思想工作的人，自己推翻了原审法院确定的补偿额，委托人获得满意赔偿。

此种兔养殖场拆迁维权历时5年，最终以地方政府与被拆迁人坐下来再谈并推翻了原补偿标准，给其提高

▲当事人送来锦旗

赔偿若干倍结束。时间成本如此之高，谈不上成功案例，但是本案告诉我们一个真理，任何事情只要是正确的、正义的、有价值、有意义的，就要朝着这一目标坚定不移地走下去。坚持、坚持、再坚持，坚持到底就是最大的胜利！在坚持走下去的道路上当事人的坚持固然重要，有个愿意为你付出，愿意帮你一直坚持下去，永不放弃的律师更重要！法律维权没有一帆风顺的，委托人与律师之间相处及配合很重要。他们之间其实是一个维权团队，遇到挫折与困难时应当互相鼓气，互相理解与支持，而不是互相指责、埋怨，否则这个维权团队不可能长久，更谈不上将维权进行到底。本案中罗某会的家人许先生就是这样一个人，他总在案件遇到挫折时给大家鼓气，给罗某会鼓劲，当事人的理解与支持是律师最大的动力，从此在维权的道路上肝胆相照，勇往直前了！

案例（二）他山之石，可以攻玉
——谭某立农村住宅房屋拆迁维权案纪实

拆迁案件法律维权程序其实是有捷径可循的，殊不知利用他山之石可以攻玉，借力打力可起四两拨千斤之功效。某市谭某立农村住宅房屋拆迁维权案就是如此。

谭某立系某市街道某村人，因为本村及政府未给予宅基地用于建设住宅房屋，迫于生活需要在自家的承包地上修建了一几十平方米的小平房，与丈夫及六岁的儿子一家三口居住使用。2013年地方政府要在该村区域进行开发建设，大规模拆迁占地，全村被划入拆迁范围。具体的拆迁动员、宣传、入户协商，签订协议等工作，

由村委会或者拆迁公司出面做。经过谈判，谭某立不得已同意了补偿条件，很快房屋即被拆除。但是谭某立要求村委会履行补偿条件时，村委会却推翻协议，称其房屋属于违法建筑，不再按照原协商条件补偿。谭某立欲哭无泪！投诉、上访，甚至拦截上级领导视察都尝试过了，就这样一直等到了2016年6月份……迫于无奈谭某立决定请北京本录律师事务所杨波介入维权。听着电话一端谭某立撕心裂肺地哭喊，杨波律师心情无比沉重，出差刚回北京又马不停蹄赶到了某市与谭某立见面。翌日，谭某立带着儿子来见杨波律师，他盯着杨波律师目不转睛地看，好奇的眼眸中仿佛要说什么但是又说不出来。谭某立说："我儿子一定要来见见你，他说之前没在现实生活中见过律师，要见见律师到底长什么样，他说你肯为我们维权，帮助我们，他将来也要当律师！"谭某立重复着从八岁的小孩嘴里说出的话，杨波律师的眼睛湿润了，感到律师的价值不仅仅是为当事人打官司那么简单。杨波律师帮被拆迁户打了这么多年的官司第一次遇到年龄这么小的委托人。

杨波律师介入本案后对此案高度重视，誓将此案办成经典案例！立即召集杜柏飞律师组成二人专案组负责此案，确保防万无一失。通过政府信息公开申请很快得到了涉案征地批文，按照既定程序立即将其复议至某省人民政府，令杨波、杜柏飞律师惊讶的是，复议机关某省政府的处理结果竟然是："申请人在该征地批复内没有'地'，与该征地批复没有关系，不具备申请复议的资格，驳回了谭某立的复议申请，申请人若对此不服可于15日内诉至法院。"两位律师立即指导委托人将该省政府的《驳回行政复议申请决定书》诉至某市中级人民法院，接下来更令大家都惊讶的是，某市中院作出的一审裁定结果竟然是："针对某省政府的征收土地决定及相关的复议决定，是最终裁决，不是法院的受理范围，驳回起诉。"再上诉至某省高院，高院也是这种观点，维持一审的裁定。

针对当前形势，结合之前承办过的某市罗某会养兔场案例以及养鸡场案例，杨波律师认为征地批文在某市不能复议，最终申诉到最高人民法院胜诉。而今在某省能复议征地批文但是法院认为该复议决定即是最终裁决，不能再继续向国务院申请行政裁决显然也是错误的。借用之前某市罗某会的征地批文行政复议不履行法定职责案在最高人民法院胜诉的判例，足以能再次在

▲当事人送来锦旗

最高人民法院胜诉本案！终于，2018 年 7 月 20 日，最高人民法院作出（2018）最高法行再 8 号《行政裁定书》判令："撤销某省高院行政裁定书及某市中级人民法院（2017）行政裁定。"至此，谭某立农村房屋拆迁维权案历时两年，终得圆满解决。

拆迁维权案得到圆满解决的途径纷杂繁多，有的通过多层次多部门的政府信息公开得到解决；有的通过行政复议强拆违法得到解决；有的通过行政诉讼规划许可证得到解决；有的通过征地批文国务院行政裁决得到解决……本案与某市罗某会养兔场拆迁维权案一样，是通过征地批文案在最高人民法院胜诉得到圆满解决。拆迁专业律师通过自己亲办的若干案例往往能从中找到个案共同点及借用巧力起到事半功倍之能效。

案例（三）主动式诉讼、步步为先

——孙某华等七人养殖场及房屋拆迁纠纷案维权实录

总有被拆迁户问："为什么别人的拆迁维权法律程序很成功，到了我这里为啥效果不理想呢？是你们律师没给我尽心尽力，区别对待？还是所谓的他人的成功案例是虚构的？"其实拆迁维权有一个很重要的秘诀——凡事主动，步步为先！律师主动固然重要，但更强调当事人凡事主动，积极作为，积极主动配合律师依法启动的法律程序奋而为之。当事人若没有做到这一点，往往导致很多拆迁维权法律程序事倍功半，维权效果很不理想。"法治"与"法制"二者的重要区别是：前者是"动态、主动的过程"，而后者是"静态的、被动的"。

本文所讲的"主动式诉讼"是针对当事人向法院递交行政起诉状后被动地等待法院的立案通知，被动地等待开庭，等待法院下判决书而言的。行政诉讼的法律规定及特点必然要求作为原告的当事人要有主动式诉讼思维，否则行政诉讼维权必然流于形式，毫无效果。举个很简单的例子：行政诉讼法明确规定法院给被告（行政机关）送达原告的起诉状副本及有关法律文书后，被告应当在法定期间内向法院提交当初作出行政行为的证据及依据，原告有去法院要求查阅复印的权利。被告庭前向法院提交的证据及依据对于行政诉讼的开庭及结果具有至关重要的作用。但是作为普通老百姓的原告一般都不知道这个规定，更不会去法院主动要求查阅复印，法院一般也不会主动通知原告来法院查阅复印被告提交的证据材料。更有甚者，原告主动去法院要求查阅复印被告提交的证据材料，法院却迟迟不予提供。

本文的主人公是孙某华等七个女人（以下简称"委托人"），均系某省某市经济开发区居民，拥有养殖场及住宅房屋。2013 年，委托人的房屋被地方政府划入征收拆迁范围。委托人及时聘请北京专业拆迁律师杨波、谢茂亮介入维权。自 2013 年 12 月 19 日至 2014 年 1 月 5 日，地方政府在没有任何合法手续的情况下，强拆了他们的房屋。杨波律师、谢茂亮律师接连帮其启动了若干政府信息公开程序，行政复议及行政诉讼等法律程序。在一审中应律师的要求"非法强拆已经涉嫌刑事犯罪，法院应当将案件移交刑事侦查机关侦查以追究犯罪"，随后，某市中院及时将案件移交给了公安机关侦查，侦查机关帮律师查明了非法强拆人，但却没有启动追究相关人员刑事犯罪的法律程序。

我们要求继续追究地方政府非法强拆的法律责任，再审法院不予立案。再启动其他法律程序也未走通。我国《行政诉讼法》第 52 条规定："人民法院既不立案，又不作出不予立案裁定的，当事人可以向上一级人民法院起诉。上一级人民法院认为符合起诉条件的，应当立案、审理，也可以指定其他下级人民法院立案、审理。"据此，杨波律师、谢茂亮律师及时指导委托人按照相关法律程序向上一级部门反映、递交材料，上一级部门不作为就继续往上走……

一般情况下，很多人根本坚持不下来，跑儿次法院、政府机关，跑几次省城、最高法院就跑不动了，坚持不下去了。但是本案中的委托人不同，凭借一股子韧劲，一遍一遍地往上跑。地方上不作为，就往省里跑，省里

▲ 当事人送来锦旗

不作为就往北京跑。这更加坚定了委托人的维权决心，方向很明确："我们是在走法律程序，不是非法乱来！"生命不息，就不会停下维权的脚步！这就是"主动式诉讼"。孙某华女士是委托人中的主心骨、带头人，长时间的跑立案，跑各机关、各级法院。拆迁公司有关社会人员开始天天上门，不分白天黑夜，但她始终不曾妥协。

孙某华等七人的主动式维权诉讼最终感动、震撼了有关部门，送其绰号"七玄女"，每次去有关部门都会迎来一句"七玄女又来了"！2015年末某市传来佳音，孙某华等七人的养殖场及住宅房屋拆迁维权案得到了解决，七人均获得满意补偿。很快"七玄女"给杨波、谢茂亮律师送来锦旗以示感谢。杨波律师说："你们的成功取决于你们自己，是你们自己坚持不懈的成果。"孙某华说："没有你们律师，我们坚持不到现在！"

人物介绍

杨波，北京本录律师事务所主任律师，北京专业拆迁维权律师。十余年的法律实践造就了坚实的法律基础，特别是对拆迁征地行政维权逐渐摸索出了一整套独特的维权方案与办案思路。多年的律师执业生涯对律师在我国法治建设中的作用具有深刻体会，律师参与拆迁征地行政诉讼，更体现了其深刻的法治内涵，办理拆迁征地行政维权案件成为其最擅长、最积极的领域。

杨波律师具备深厚的法学基础理论功底，先后在《中国律师网》《法邦网》《华律网》等多家新闻媒体发表论文多篇，主要有《依法行政的道路还有多远》《新律师法给我们带来了什么》《拆迁血案频发背后的法律问题深省》《新拆迁条例之血拆导火线》《新拆迁条例之司法权理性回归》等。

台州市路桥中船阳光投资发展有限公司、山东省中船阳光投资发展有限公司与江苏南通二建集团有限公司建设工程施工合同纠纷案

主办律师：胡佩民

基本案情

▲ 胡佩民律师

2016 年 3 月 4 日，原告江苏南通二建集团有限公司与被告二（曾用名潍坊中船阳光投资发展有限公司）签署《飞龙湖 7 号小区项目工程合同文件》（以下又称"施工合同"），由原告承接飞龙湖 7 号小区项目总承包项目，合同约定总价 74 000 万元。

合同对工程款支付做了约定，在室外道路、雨污水等配套工程完成时付款比例要达到合同金额的 70%，竣工验收合格后应支付到总价的 95%，余款 5% 作为质量保修金。另外，原告向被告支付了 15 000 万元保证金，截至起诉之日，被告仅退还 6500 万元，尚有 8500 万保证金未退还，根据招标文件规定，原告无需支付保证金，被告应当退还。

2016 年 3 月 10 日，原告、被告二共同签订补充协议书，约定将施工合同的发包人主体由被告二变更为被告一，被告二作为施工合同的实际出资担保人，提供连带担保责任。

2017 年 8 月 17 日，原告与被告一就施工合同履行相关事宜签订协议书，被告一同意补偿原告 1500 万元。

本工程已经于 2019 年 7 月 30 日通过政府相关部门验收合格。然被告一却长期拖延支付工程款，至今尚还存在拖欠工程进度款情况。现工程总价为 767 028 783.9 元（其中：合同固定总价 74 000 万，另有被告同意支付的补偿款 1500 万元以及工程变更增加费用 12 028 783.89 元），被告仅支付工程进度款 49 116.37 万元，仅占工程总价 65%，被告应按规定支付工程总价 95% 的工程款，余款作为保修金。

原告认为，原告已经履行了合同约定的施工义务，有权按合同约定向被告一主张工程款及要求其承担工程款利息支付及赔偿经济损失，被告二作为被告一的连带责任担保方，应对被告一的款项支付承担连带责任。同时，原告作为案涉工程的总包单位，应对案涉工程享有建设工程优先受偿权。

2019 年 8 月 13 日，原告提起诉讼，诉讼请求：

1. 请求判令路桥中船阳光公司（被告一）向原告支付工程款 237 513 644.70 元，并赔偿原告经济损失（其中 2383.6 万元以年息 10% 标准，从 2019 年 3 月 10 日起计算至判决给付之日，暂计算至 2019 年 8 月 12 日金额为 1 006 408.89 元；1000 万元以年息 10% 标准，从 2019 年 5 月 23 日起计算至判决给付之日，暂计算至 2019 年 8 月 12 日金额为 222 222.22 元；其余款项从约定付款期限届满之日起算，按同期银行贷款利率标准计算，计算至判决给付之日）。

2. 请求判令被告退还保证金 8500 万元。

3. 请求判令山东中船阳光公司（被告二）对被告一所应承担的工程款支付、保证金退还及经济损失赔偿责任承担连带责任。

4. 请求判决确认原告对飞龙湖 7 号小区项目在已完工程总价金额范围享有建设工程优先受偿权。

5. 请求判令被告一承担诉讼费用。

同时，原告与被告一在 2016 年 8 月 15 日在上海市普陀区签订了《台州飞龙湖 7 号小区联合开发协议》，原告向被告支付了 5300 万元。之后，双方解除联合开发协议。原告主张：联合开发协议已经解除，双方已按施工合同履行各自的权利义务，被告收取的 5300 万元，应当退还。

答辩与反诉

本律师是建设工程施工合同纠纷一案 [（2019）浙 10 民初 364 号] 被告一台州市路桥中船阳光投资发展有限公司、被告二山东省中船阳光投资发展有限公司的共同委托代理人。答辩与反诉如下：

一、涉案合同应当依法确认为无效合同，导致合同无效的责任应由原告承担。原告与被告一在 2016 年 8 月

15 日签订《备案合同》之前，原告与被告二已签订了《台州飞龙湖 7 号小区联合开发协议》，原告与被告二是合作开发的法律关系，不是外部承包的法律关系。涉案工程项目是政府安置房项目，依法应进行招投标。但涉案工程形式上通过招投标，实际上是虚假招投标，故涉案合同是无效的。

1. 新证据《台州飞龙湖 7 号小区联合开发协议》的主要条款与实际履行情况：被告二委托原告为本项目施工总承包单位，原告向被告二支付税后人民币 5000 万元（税收由原告承担）。原告已将 5000 万元通过转账给被告二指定账户为台州飞龙湖 7 号小区项目前期费用。原告相应得到开发项目总承包。

2. 新证据《关于解除联合开发协议的函件》的主要内容与实际履行情况：原告在 2016 年 12 月 16 日向被告二的发函，原告要求解除原告与被告二之间的《台州飞龙湖 7 号小区联合开发协议》。原告在函中所称，5000 万元至今用途不明。被告二不同意解除《台州飞龙湖 7 号小区联合开发协议》。5000 万元是台州飞龙湖 7 号小区项目前期费用，原告是明知的。

3. 新证据《关于施工合同履行及要求支付工程款等相关事项的律师函》。该函是原告委托律师向被告一、被告二发的。原告的委托律师也认为："原告与被告一签订的《备案合同》属于涉嫌虚假招投标，违反《中华人民共和国招投标法》第 43 条规定的情形；结合该法第 55 条的规定，应确认中标无效，双方所签订 3 月 4 日合同以及备案合同的法律效力严重存疑。"同时，备案合同工程价为 7.4 亿元，当时当地同样工程价为 5.9 亿元。这么大的差距也证明了涉案合同是无效的。

综上所述，恳请合议庭予以审查核实，并认定涉案合同自始无效，并判决由原告承担导致合同无效的全部责任。

二、即使合议庭认定涉案合同有效，那么从被告所提交的证据中也可得知，原告并未实际履行合同所约定的主要义务，导致被告不能按照合同约定支付工程款项。

1. 原告未按合同约定日期完成施工，即使扣除经政府同意顺延工期，原告仍延误工期。原告应承担违约责任。

2. 工程进度款 11 100 万元及工程履约保证金 8000 万元的支付期限尚未届满，根据《台州市飞龙湖 7 号小区——进度款支付计划表》《协议书》，2020 年 1 月 31 日才届满。原告无权要求被告一提前支付。

3. 原告主张的 1500 万元补偿款的支付期限未届满。根据《协议书》，在支付工程尾款时支付，原告无权要求被告一提前支付。

4. 工程变更增加费用 12 028 783 元，根据《施工合同》工程变更增减费用需政府审核确认，现尚未经政府审核确认，付款条件尚未成就。原告无权要求被告一提前支付。

5. 被告一为原告垫付的高可靠性供电费、白蚁防治费、水土保持补偿费、施工变更材料等，应从工程款支付前扣除。

综上所述，原告在未履行上述义务之时，要求被告承担剩余工程款的要求是于法无据的。

同时，被告提起反诉，请求法院判令：

1. 被反诉人立即向反诉人支付工期延误 37 天违约金 547.6 万元。

2. 被反诉人立即向反诉人赔偿质量损失，鉴定后提出赔偿金额。

3. 本案诉讼费与鉴定费由被反诉人承担。

民事判决

法官对本案通过庭前证据交换、庭审调查并质证，对以下争议焦点进行分析：

一、本案涉及的纠纷性质是建设工程合同纠纷法律关系还是合作法律关系。南通二建公司以建设施工合同纠纷起诉，中船阳光公司认为本案双方签订联合开发协议，双方的法律关系属于合作开发的法律关系，不是外部承包的法律关系。针对双方对该联合开发协议予以解除的情况，中船阳光公司认为该协议虽然由双方主要负责人签字，但未加盖公司印章。因此，解除开发协议未生效。本院认为，各方当事人签订合作开发协议、解除协议均系各方当事人真实意思的表示。原被告双方对联合开发协议签订后又予以解除。因此，本案仍然属于建设工程施工合同纠纷。

二、本案备案合同的效力及结算条款问题。从原被告双方签订合同、进行招投标等环节来看，山东中船阳光公司、路桥中船阳光公司在进行涉案工程招投标之前，即已与南通二建公司就工程承包事宜达成了一致意见，并签订了施工合同、补充协议，这说明招标人与投标人在招投标之前即已就建设工程的实质性内容达成了一致，明显违反《中华人民共和国招标投标法》第 43 条"在确定中标人前，招标人不得与投标人就投标价格、投标方案等实质性内容进行谈判"、第55条"依法必须进行招标的项目，招标人违反本法规定，与投标人就投标价格、投标方案等实质性内容进行谈判的，给予警告，对单位直接负责的主管人员和其他直接责任人员依法给予处分。前款所列行为影响中标结果的，中标无效"等规定。同时，根据《最高人民法院关于审理建设工程施工合同纠纷案件适用法律问题的解释》第1条第3项的规定，双方签订的建设工程施工备案合同无效，该合同不能作为双方工程价款的结算依据。《最高人民法院关于审理建设工程施工合同纠纷案件适用法律问题的解释》第2条同时规定："建设工程施工合同无效，但建设工程经竣工验收合格，承包人请求参照合同约定支付工程价款的，应予支持。"

三、山东中船阳光公司在本案中对相关款项是否承担连带责任。山东中船阳光公司在协议中提出对相关工程款项承担连带责任，同时收取工程保证金15 000万元。现已经返还6500万元，尚欠8500万元。因此，其对案涉的建设工程款及未归还的工程保证金承担连带责任。对路桥中船阳光公司与南通二建公司双方签订的补充协议中，确认的有关增加工程款利息、材料差价等补偿款1500万元。因为未经山东中船阳光公司表态同意，因此，该补偿款山东中船阳光公司无需承担连带责任。

四、关于质量保证金返还条件是否成就的问题。对于房屋建筑工程质量，我国法律、法规对于通常项目的最低保修期限进行了明确规定，发包方与承包方对于保修期限的约定不得违反上述规定，但双方可根据项目实际及双方协商情况约定适当延长上述期限的保修期，并就通常项目之外的项目确定合理的保修期。质量保证金是指发包人与承包人在建设工程承包合同中约定，从应付的工程款中预留，用以保证承包人在缺陷责任期内对建设工程出现的缺陷进行维修的资金。缺陷责任期是指承包人按照合同约定承担缺陷修复义务，且发包人预留质量保证金的期限，自工程通过竣工验收之日起计算。由于发包人原因导致工程无法按规定期限进行竣工验收的，在承包人提交竣工验收报告90天后，工程自动进入缺陷期。缺陷责任期内，承包人认真履行合同约定的责任，到期后，承包人向发包人申请返还保证金。从上述规定可以看出，保修期是指承包人对工程承担保修责任的一个期限，而缺陷责任期是预留质量保证金的期限。本案当事人之间约定的返还质量保证金的最后届期未满，

时间条件未成就，因为原告请求支付工程款中包含质量保证金，就原告要求现在支付该部分质量保证金数额，本院不予支持。

五、本案现应当支付的工程款数量。经查证，本案工程总包价74 000万元，已付工程进度款49 116.4万元，尚欠24 883.6万元（不包含双方协议增加的工程款项）。双方合同约定，工程款中预扣除质量保证金为工程总包价74 000万元中扣除5%，计算应扣除质量保证金3700万元。因合同约定质量保证金归还时间为竣工验收一年之后，该部分款项支付时间届期未满。因此，南通二建公司要求支付的工程款中，支付该3700万元质量保证金期限未至，现应当支付的工程款数量为24 883.6万元减去3700万元，实际数量为21 183.6万元。

六、关于工程价款优先受偿权的问题。根据《中华人民共和国合同法》第286条的规定，承包人的建设工程价款应就该工程折价或者拍卖价款享有优先受偿权，同时根据《最高人民法院关于建设工程价款优先受偿权问题的批复》第4条的规定，建设工程承包人行使优先权的期限为6个月，自建设工程竣工之日或者建设工程合同约定的竣工之日起计算。现南通二建公司主张就台州飞龙湖7号小区工程折价或者拍卖价款享有优先受偿权符合上述规定，本院予以支持。

七、关于中船阳光公司认为要求支付工期违约金的诉讼主张。因为中船阳光公司以合作开发抗辩，同时双方均认可有进度款支付延迟、增加工程量等情况，被告方也未提供因工期违约而造成的实际损失的相关主要证据。因此，其要求支付工期违约金的主张，因存在抗辩理由和证据不够充分等原因，本院未予支持。

判决如下：

一、限被告（反诉原告）路桥中船阳光公司在本判决生效后15日内支付原告（反诉被告）南通二建公司拖欠的工程款21 183.6万元，返还欠付原告（反诉被告）南通二建公司的工程保证金8500万元。被告（反诉原告）山东中船阳光公司对上述款项承担还款连带责任。

二、限被告（反诉原告）路桥中船阳光公司在本判决生效15日内支付原告（反诉被告）南通二建公司因材料价格上涨等原因产生的补偿款1500万元。

三、原告（反诉被告）南通二建公司在上述第一项案涉欠付的21 183.6万元工程款范围内就台州飞龙湖7号小区工程折价或者拍卖价款享有优先受偿权。

四、驳回原告（反诉被告）南通二建公司其他诉讼请求。

五、驳回被告（反诉原告）路桥中船阳光公司、山东中船阳光公司的反诉诉讼请求。

点 评

一、本案建设工程项目招投标是合法有效的，还是违法无效？原告坚持建设工程项目招投标是合法有效的，主张按《备案合同》结算工程款及逾期付款的利息损失。

被告律师寻找了堆积如山的资料，提供了原被告之间签订的《台州飞龙湖7号小区联合开发协议》等新证据。证明：此协议的签订时间在建设工程项目招投标之前，施工合同、补充协议签订时间也在建设工程项目招投标之前。联合开发协议、施工合同、补充协议已就建设工程的实质性内容达成了一致，明显违反《中华人民共和国招标投标法》。

被告律师抗辩意见是：本案建设工程项目招投标是违法无效的。法官采纳被告律师抗辩意见。为此，原告在诉讼中变更放弃对被告几百万元的利息主张。

二、本案联合开发协议与施工合同、补充协议、备案合同是关联合同，还是非关联合同？原告坚持联合开发协议与施工合同、补充协议、备案合同是非关联合同，主张联合开发协议已解除，被告应退回已收取的5300万元。

被告律师反复研究各合同约定的内容与履约的情况，提出了联合开发协议约定的被告委托原告为本项目施工总承包单位，履约结果原告已得到该项目总承包；联合开发协议约定的被告就本项目开发融资不低于人民币5.8亿元，履约结果原告已得到被告融资7亿元。

被告律师抗辩意见是：联合开发协议与施工合同、补充协议、备案合同是关联合同。按照联合开发协议的约定，被告得到了原告支付的5300万元前期费用，原告得到了被告项目的总承包。联合开发协议解除，原告要求被告退回5300万元于法无据。法官采纳被告律师抗辩意见，被告5300万元未退回。

挖掘一切可以挖掘的事实，搜集一切可以搜集的法律，抗辩一切可以抗辩的理由，体现了被告律师的职业责任与操作技巧。

人物介绍

胡佩民律师，毕业于复旦大学。现在上海市公民律师事务所执业，是事务所的合伙人。胡佩民律师精通建筑、房地产以及与其相关的资产重组、海外上市的国内国外的法律法规，成功代理了许多诉讼和非诉讼的法律事务。

胡佩民律师曾经提供法律服务与正在提供法律服务的主要客户包括：美国史坦福国际基金集团、美国旺达投资服务、美国华纳国际集团公司、招商银行、上海银行、交通银行、上海长兴房地产开发有限公司、萧弋房地产开发有限公司、河南省岩土工程公司、华恒高速公路有限公司、台州市路桥中船阳光投资发展有限公司、山东省中船阳光投资发展有限公司、上海泽盛投资发展有限公司、成成财务（上海）有限公司等。

胡佩民律师在亚洲金融危机、美国次贷危机、国内房地产调控等三个困难时期，为顾问单位提供了全方位、全过程、高水准的法律服务。代理的多件案件被中央电视台、上海电视台《庭审纪实》栏目录播。在2006年、2007年、2008年连续三年被区司法局授予"诚信律师"。

股东在何种情形下须对未正常清算企业的债务负连带清偿责任？

——从一宗二审改判案看股东如何避免清算义务陷阱

主办律师：刘兴桂

▲刘兴桂律师

引 言

本人曾在高校任教多年，出版过《商事法学》《证券法学》等民商法教材。从事律师工作以后，深感理论之树离不开实践之水的浇灌。当事人找到我的案件，往往都是疑难杂症，要么是正常二审已结束要求申诉再审，要么是一审结果不利后寻求二审改判。对于这类案件，本人历来审慎，坚持从事实证据、法律规定和法学理论出发，进行全面分析，寻找改判的突破口，绝不会轻信部分败诉当事人所说的是因为关系不够、法官不公正之类的说辞。在本人的执业生涯中，通过二审或再审改判的案例数量不少，但有一件涉及公司股东清算责任的改判案例，印象比较深，在广东省内一度成为改判类案审判思路的起点。现在分享出来，求教于各位方家。

临危受命

2017年秋天的一个下午，本人接到山东某股份公司（以下简称"A公司"）董事长吕某的电话，要求我马上飞一趟山东，有要事相商。吕总与我之前打过交道，A公司在深圳的一件案子就是委托本人处理，效果不错，所以双方一直比较信任。我不敢怠慢，次日即赶往A公

司所在地，司机接到我直接赶赴公司会议现场，公司高层、法律顾问均悉数出席，还邀请了当地法律界有一定知名度的几位专家。公司法务首先作了案情介绍：A公司与一香港地区企业（诉讼时已无法联系）合作发起成立了深圳B公司，A公司占股75%。1998年时，赵某作为董事的境外C公司入股了A公司并持股30%。赵某亦曾成为另一家深圳D公司的董事会成员。D公司自成立以来一直与深圳B公司长期存在股东关联的情况，赵某和另一名张某均同时在两家公司任职，且D、B两家公司原在同一地址办公、人员互相流动，并在业务上一直保持着产品生产和销售的上下游协作关系，也因此导致了两家公司之间财务账目管理上的混乱。2012年，深圳B公司经营期限届满，依法应当进行清算而始终未完成清算。到了2013年，由于B公司累计拖欠深圳D公司货款和其他来往款项数千万元，被D公司起诉后被判支付上述款项，判决生效后深圳B公司逾期未付，被申请强制执行后也未发现有可供执行的财产。为此深圳D公司把目光转向B公司的股东A公司，于2014年将A公司诉至深圳市福田区人民法院，要求A公司对B公司的债务承担连带清偿责任，理由是A公司作为B公司股东怠于履行清算义务，法律依据是《最高人民法院关于适用〈中华人民共和国公司法〉若干问题的规定（二）》[以下简称《公司法司法解释（二）》]第18条第2款。由此拉开了一场"股东损害公司债权人利益责任纠纷"的序幕。

之后公司法律顾问把一审判决进行了传阅，我很快看到了一审结果：一审法院认为A公司在深圳B公司营业期限届满后，未在法定的期限内成立清算组开始清算，并对会计账簿灭失有一定责任，认定其怠于履行清算义务，故依据《公司法司法解释（二）》第18条第2款，判决A公司对B公司债务承担连带清偿责任。

吕总铁青着脸说："经了解，深圳B公司外债应超亿元，如该案二审不能改变且形成判例，B公司的其他债权人都来深圳起诉要求A公司承担清偿责任，则A公司危矣！"恳请本人代理二审，争取改判，救公司于水火。说完，起身抱拳向本人致礼。

力挽狂澜

本人曾多年负责广州地区的律师上岗培训，对年轻律师讲得最多的一句话是"准备乃成功之王"。任何案件在代理前都必须进行事实、法理和法律适用上的分析。我很快就明白了这件案子的严重性。此类案件近年来颇具共性，只要存在对外投资的企业或个人均可能有此遭遇。而司法处理上确实存在巨大的变数。随着我国市场经济的快速发展，各类市场主体如雨后春笋般遍布21世纪的中国，企业与企业间的合作与发展愈加密切，为整个社会带来了巨大的就业潜力和发展空间。而在经济发展汹涌澎湃的同时，也意味着竞争与淘汰，当市场主体由于管理不善、经营不当、资金短缺等更仆难数的原因而不得不退出市场舞台时，市场的清出机制和规则却显得较为稚嫩——大量企业徘徊在将死不死的边缘，明明已不再创造价值，却迟迟不进行清算，如同行尸走肉。为了更好地规制企业的市场出清制度，保护相关债权人与经济关联主体的利益，稳定市场经济秩序，国家出台了各类法律法规，从激励"僵尸企业"破产、增加怠于退出行为的负担等方式完善整个市场退出机制，其中便包括最高人民法院的《公司法司法解释（二）》。根据该解释的第18条第2款："有限责任公司的股东、股份有限公司的董事和控股股东因怠于履行义务，导致公司主要财产、账册、重要文件等灭失，无法进行清算，债权人主张其对公司债务承担连带清偿责任的，人民法院应依法予以支持。"显然，该条文的立法初衷便是以加重公司股东责任的方式督促、引导相关清算义务人忠实、高效、积极地履行清算义务，及时完成市场退出。然而随着时间的积累，该条文在司法实践中也暴露出了一个不太合理的争议点，即如何判断"公司股东怠于履行义务"与"公司无法清算"的因果关系？当一家公司迟迟无法进行清算的原因变得复杂时，公司股东做到如何程度才能避免陷入"怠于履行清算义务"而被迫承担连带责任的窘境？当非善意的债务人利用这一规定给股东制造连带责任陷阱时，股东应当如何应对？这些问题在司法实践中无论对于专业律师还是审判法官而言都是巨大的挑战。

本人担任二审代理人后，立即进行了证据梳理和法律论证，在一丝不苟地分析案情并海量搜集大量类案判例、司法观点、学界观点的基础上，提出了A公司依法不应承担连带责任的意见：

1. 深圳B公司此前所涉的诉讼中相关证据表明，B公司的财务账册在2006年之前一直由时任B公司财务经理的姚某持有，后深圳D公司的财务经理张某、董事赵某均是从姚某处获得了B公司的部分财务账册。而无论张某、姚某还是赵某持有B公司的会计账簿，都证明了A公司早已丧失了对B公司财务账册的控制，产生这一局面非A公司的过错，主要原因是B公司与深圳D公司之间管理混乱、人员混同。一审判决由山东A公司承担责任明显不当，有失公平。

2. A公司一直在努力解决B公司的清算问题，比如：找姚某或其他经手人拿财务材料未果后，A公司前往公安部门报案；在公安局不立案后，又向法院民事立案；2014年向深圳市场监管局申请清算，指定了清算团队，只是客观上受碍于财务账册缺失或灭失，清算程序迟迟无法推进。一审没有查明和认定A公司为了对B公司的清算所作出的各种努力，就认定作为股东的A公司怠于清算，属认定偏颇，理据明显不足。

3. 种种证据表明，深圳D公司作为与B公司高度关联的公司，一直控制B公司的经营和会计账目。最明显的两个证据：一是关联案件判决书中认定深圳D公司取得了深圳B公司的财产和债权，并在其停止营业后曾代管过一段时间的公司事务；二是D、B公司于2006年联名向B公司的客户发出《公函》，以便于客户管理为由要求客户将货款直接付至D公司账户，并承诺由D公司负责相关合同的售后服务。因此足以证明深圳D公司作为债权人并非善意也并非毫无过错，其要求A公司作为深圳B公司的股东承担连带清偿责任的主张不具备正当性。

幸运的是，该案二审的经办法官十分认真，为查明事实及给予双方充分阐述法律依据的机会，二审居然开庭三次，之后在充分结合双方意见和提交的各类证据后作出了判决，基本认同了本人的代理意见，认定A公司在本案中不构成怠于履行清算义务，撤销了一审判决，改判驳回深圳D公司的诉讼请求，一二审诉讼费悉由D公司负担。案件实现了大逆转！A公司吕总亲来广州与本人团队相聚，以示庆贺。案件上网后，本人接到了多宗类似案件代理律师的合作请求。

改判理据

该案的二审判决颇具说理性。法官对二审改判的理据阐述可以归纳为三点：

1. 从法理分析，公司作为独立的民事主体，应对自己的行为独立承担责任，公司股东对公司承担有限责任，这是现代公司制度的基石，而法律之所以另外规定了股东承担连带责任，是基于市场经济整体利益的考量，通过事后救济的方式加重非善意股东的民事责任，即通过设立法人人格否认制度作为有限责任制的例外和补充，本案所涉及的《公司法司法解释（二）》第18条第2款便是其中的一个体现。但例外终究是例外，对于"例外"，必须要遵守其严格的适用要件，对于本案而言，便是应当结合具体案件的事实，综合考虑公司股东的主观过错的性质、影响公司债权人及公司的程度、导致公司未能依法清算的情形、公司财产损失的范围等因素加以认定，而非一刀切地机械适用。

2. 从案件事实上分析，2006年前，B、D两家公司之间，公司股东之间，公司与公司股东之间，公司与高级管理人员之间，两公司曾经共同购买相关房产并在一起办公。特别是同时任职两家公司的赵某与张某，在两家公司混同管理层的影响下，出现了D公司代B公司收取货款、B公司向D公司出具债务确认函等情况。而当2006年下半年后，山东A公司在重新掌握深圳B公司的控制权之后，更多的精力在处理B公司各类诉讼纠纷上，B公司的经营活动基本处于停滞，故本案的债务全部发生在D、B公司高度关联密切合作时期，并无证据充分证明山东A公司之前或其后转移了深圳B公司的主要财产或获取了不当利益。且根据已查明的事实，深圳B公司的绝大多数财务账册及凭证之前均由董事赵某和公司财务人员姚某等保管，后在处理一案纠纷而提交给会计师事务所审计过程中被不法分子盗抢走近七成，而该会计账册的遗失发生在公司营业期届满之前，即发生清算事由之前，

▲刘兴桂律师

与A公司是否怠于履行义务没有因果关系。

3. 虽然B公司经营期限届满后，A公司作为控股股东没有及时在法定期限内成立清算组启动清算，但A公司在重新控制B公司之后通过向公安机关报案、提起诉讼等方式，一直在向实际保管掌握深圳B公司财务账册的赵某某等人追讨，在清算组成立之后，履行了公告债权申报、备案等法定程序，继续采用报警等方式追讨深圳B公司财务账册，足以表明山东A公司股东在积极履行义务以解决因会计账簿灭失的客观原因导致无法清算的问题。

二审判决所阐述改判理据，与本人代理意见十分契合，足可证实法官和律师同为法律人，对事实证据和法律适用问题的意见，是具备专业认同基础的。

经验提点

本案充分反映了民商案件的主要特点和风险点，那就是法官自由裁量权。民商案件换一个角度考虑还真有可能结果迥异。因此，律师的重要作用之一就是通过举证质证和专业的法律意见说服法官，争取更加依法公正的判决。本案中一、二审法官审视股东义务的角度不同直接导致了判决处理的大相径庭。一审法官在分析争议焦点时，过多地把重点关注在了股东身份与清算结果之间的关系上，其判决思路便是从"公司无法进行清算／公司迟迟没有清算"这一结果出发，并结合"公司股东应当及时履行清算义务"的立法要求，来简单推论"企业没有及时清算"和"公司股东没尽清算义务"存在必然联系——这一观点虽然确实揭露了大部分企业退出市场受阻的案件中股东因素占比极大的客观现象，但不可否认的是除了股东怠于履行清算义务之外，也可能存在其他超出股东控制范围的因素阻碍公司清算的情况。因此，当一审法官面对如本案这般错综复杂的案件时，长期积累起来的司法经验主义容易让其先入为主地将公司股东视为公司不及时启动清算的关键性因素，进而增大了错判的风险，不利于维护公司股东的合法权益。

相比而言，二审法官的判决思路更为合理、科学，亦更符合逻辑，其认为判断"公司不及时进行清算"是否应当归结于"公司股东怠于履行清算义务"时，需要综合各种因素进行考量。这正与本人二审意见不谋而合。从客观角度分析，本案已查明的事实都指向D、B公司存在高度关联混同的关系，亦不能排除D公司部分管理人

员借控制 B 公司之机恶意或非善意加重 B 公司债务、增加 D 公司债权的可能，此种情况下只有从多方证据入手，合理地分析公司股东的主观过错性、对公司的控制影响程度、债权人的善意程度，才能综合判断是否真的是因为"股东不履行义务"导致的"公司无法清算"。

通过本案可以发现，由于立法技术存在一定的缺陷以及司法实践中专业人士法律素质的参差不齐，对最高法院《公司法司法解释（二）》第 18 条第 2 款条文的理解与适用存在一定的差异，导致在复杂的股东损害公司债权人利益责任纠纷案中往往难以区分判断企业股东是否尽职尽责。以至于大量案件陷入教条化和经验主义处理窠臼，造成股东责任被无限放大，一些专门靠收乱账讨债的资产公司，拿到资产包后的第一件事就是研究如何把股东拉进来承担连带清偿义务。好在本案后不久，最高法院九民会议精神［即《全国法院民商审判工作会议纪要》法（2019）254 号文］发布，对《公司法司法解释（二）》第 18 条的适用进行了新的解读，之后的类案直接认定股东"怠于"履行清算义务的案件大幅减少，除非股东确实疏于承担义务，或经催促仍怠于行使的，则法院也有判决其对公司债务承担连带清偿义务的。因此，本文最后给身为股东的企业或个人一些建议，各类股东对自己投资的企业，必须予以充分重视和注意，要学法守法，避免入坑：

1. 深刻理解法人人格否认制度是通过越过有限责任制度，对不遵守市场规则、故意或过错损害债权人权益、损害社会经济秩序的行为进行打击惩罚的例外性制度。

2. 除了避免被作为清算义务人入坑，还要防止被认定为股东与公司人格混同，从而须对公司债务负连带责任。厘清公司人格混同的判断要件，根据《全国法院民商事审判工作会议纪要》第 10 条的规定，避免股东自身行为触及下列情况：①无偿使用公司资金或财产而不作财务记载；②用公司资金偿还股东债务或将公司资金供关联公司无偿使用而不作财务记载；③公司账簿与股东账簿不分，致使公司财产与股东财产无法区分；④公司盈利与股东自身收益不加区分，双方利益不清；⑤公司财产记载于股东名下，由股东占有、使用。

3. 最后，避免陷入此类纠纷最关键的一点还是严格依法及时组成清算组对所投资的公司（企业）进行清算，如因客观原因无法正常启动清算程序的，股东也应当尽到相关调查、追责义务，通过报案、诉讼等方式积极排除清算障碍，同时也是为了保障自身权益保留有利的证据，确保有足够的证据证明"股东已穷尽方式履行义务"，并获得法院采信，这样才能避免落入陷阱，进而维护自身合法权益！

注：本文参照的真实案例为（2017）粤 03 民终 14490 号。

人物介绍

刘兴桂律师，本科就读于华中师范大学，研究生就读于武汉大学，1988—1993 年在中南财经政法大学任教，1993—2012 年在广州大学任教，先后任法学院副院长、律师学院副院长，民商法硕士研究生导师；1996 年任兼职律师，2012 年任专职律师；现为广东法制盛邦律师事务所高级合伙人，广州、佛山、肇庆、湛江等地仲裁委员会的仲裁员。专长于民商法的理论与实务，经办过大量房地产、合同、金融、公司股权等各类案件；并曾参与多家公司改制、金融资产包处置等法律服务；为多家企业或银行的债权回收项目（诉讼执行等）提供法律服务；代理多起向高级法院或最高法院申诉再审的民商案件，并取得较好效果，为当事人挽回或减少损失总额达十数亿元。此外，刘兴桂律师还擅长办理经济犯罪类刑事案件，曾经办理多宗涉及合同诈骗、诈骗、侵占、走私、非法吸收公众存款、集资诈骗等类案件，善于从民商法角度寻找刑事案件的出罪途径，并有数宗案件获得无罪判决。

拨云驱雾终见日，反败为胜真功夫

——温兴斌律师在第三人撤销之诉案中的胜诉智慧与辩驳力量

▲温兴斌律师

编者按

第三人撤销之诉，是指因不能归责于本人的事由未参加诉讼，而对他人之间已经生效的判决或裁定提起撤销其错误的诉讼。作为一种新类型案由，其以原案中的双方当事人为共同被告，要求撤销原判决或原裁定，其制衡的张力不仅有直接的原案当事人，而且还可能有原案的承办法官。此类案件的原告方胜诉难度可想而知，如巧遇疑难，真乃不次于蜀道之难。

2016年元月，作为被告的楼某带着一份被诉案件的材料从杭州而来。温律师审阅后，当即献议，如欲有效应诉，必须以攻为守，先得以原告身份另行提起第三人撤销之诉，将被诉案件中作为证据使用的两份错误判决先行撤销，否则，被诉案件必败，因为其中已生效的该两份判决对前提事实已经错误认定并判决。

于是，在当事人的请求下，温律师迎难而上，毅然代理原告启动了第三人撤销之诉，同时申请被诉案件中止审理。

然而，该第三人撤销之诉旅途的曲折坎坷却令人难以想象。基于疑难或其他原因，该案一审就被金华中院以主体不合格为由裁定驳回起诉，二审被浙江省高院以相同理由裁定驳回上诉。遭遇如此挫折时，温律师没有失去对法律与自我认知的坚定信念。他以更加昂扬的斗志，立即向最高人民法院提起申诉。通过充分举证与有效说理，他的正确代理意见终获认可，最高法以（2017）民申3857号民事裁定书"指令浙江省高级人民法院再审本案"。

于是，案件又回到省高院，另行组成合议庭再审后，结果撤销其上述两个驳回起诉的裁定，指令金华中院继续审理。2018年9月3日，金华中院重新立案，再经过两年多的诉讼激战，2020年12月法院终于下发了判决书，判决撤销被诉案件中作为证据使用的原两份判决，纠正

了原生效判决的错误。对此，被告1提起上诉，2021年5月份，省高院审理后依法驳回上诉，维持原判。至此，温律师代理的该第三人撤销之诉才落下胜诉帷幕。

温兴斌律师，是一位享誉浙江大地的著名律师。执业二十多年来，他"仗义执言为民解难，知行雄辩彰显赤胆"，曾留下许多富有价值的办案材料与经验。本第三人撤销之诉即为其一。本案历经五年，迷雾重重，其能拨云驱雾，反败为胜，维护了法律的正确实施，维护了社会的公平正义，其中的胆识、坚毅、智慧与方略，值得肯定与探究。为此，特摘片段资料如下，以供读者鉴赏。

第三人撤销之诉起诉状

原告：朱某某，张某某，楼某。

被告1：义乌市某某经济合作社，被告2：义乌市某某有限公司。

诉讼请求

一、撤销错误的（2014）金义民初字第2630号与（2015）浙金民终字第1195号民事判决（以下简称"2630号判决与1195号判决"）；二、本案诉讼费用由被告承担。

事实和理由

一、原告在2016年元旦前后才知悉有"2630与1195号"诉讼案

2016年元旦前后，原告分别收到义乌市人民法院邮寄的（2015）金义民初字第3261号案诉状副本、证据与开庭传票。阅后才惊讶地发现，曾几何时，竟有过"2630号判决与1195号判决"！并且该判决不仅与原告有直接利害关系，而且错误严重，直接损害到原告的民事权益。

二、原告是"2630号与1195号判决"案的直接利害关系人

被告1是"2630号判决"中的原告，被告2在其中当被告。在该案件中，被告1诉被告2返还多付的工程款123万元及其孳息184万元。由于其所涉的工程与工程款，当初因原告方承包被告2下属的施工三处，都是

由原告方直接与被告1发生关系的，工程由原告方施工，工程款也由原告方与被告1结算，并直接抵付原告方。若该工程款果真多付了，那最终还是要原告方退还的，因而原告方是该案的直接利害关系人，依法应列为第三人参与诉讼。

三、原告非因自身事由而未获程序机会即未参与"2630与1195案"诉讼

被告1与原告方就所涉工程款事宜在2004至2005年间早已有过诉讼；其明知所涉工程款是以房屋折抵方式直接抵付原告方的，而根本就不是支付于被告2，如确实存在多付，要主张返还的，则可直接起诉原告方；可是在"2630号判决案"中，却故意起诉被告2，同时也不列原告方为第三人。被告2也是明知所涉工程与工程款均为原告方承包与收取，具体数额与来龙去脉只有原告方知其详情，依法与按理都应告知原告方或申请法院通知原告方参与诉讼的；可是其故意隐瞒此事，对原告方一个电话都不给，致使原告方完全不知有"2630与1195案"发生，所以未能参加诉讼。

四、已生效的"2630与1195号判决"，存在明显而严重的错误

1."2630与1195号案"审理中，法院没有依法通知第三人即本原告方参加诉讼，程序错误。从相关证据中，法院应当知道：被告2施工三处是原告方清水承包的，工程款的结算只有原告方才知悉详情并能提供更多证据，原告方属于具有直接利害关系的第三人。根据《民事诉讼法》第56条第1款，法院宜应告知或通知第三人参加诉讼。可是，一、二审均没有告知第三人，致使第三人未能参与诉讼，程序错误。

2.更为严重的是，认证明显错误。在涉及应付工程款数额这一焦点问题上，可看出该案中至少有五份相关证据：一是扮演原告角色的被告1提供的证据A调查报告（认为工程造价4 291 158元），证据B义乌市审计局的审计报告（认为工程造价4 291 158元），证据C义乌市建设银行审核报告（涵括在证据B中确认工程造价5 521 653元）；二是扮演被告角色的被告2提供的证据D建设单位与施工方的决算书《契约》（确认工程造价5 521 653元），证据E [2005]浙民一终字第74号、75号民事判决书。这几份证据中，证据A与B一致，可证造价4 291 158元，而证据C、D、E也一致，均可证造价5 521 653元；这两组证据，证明内容不一，相互对立，

逻辑上不能同真。根据认证规则，是要去伪存真、去芜存精的，可是，2630案中在认证部分对该五份证据的三性即真实性、合法性与关联性都予以了认定，可在论证分析部分却仅采纳了证据B，从而否定了证明力强大的证据链C、D、E。这一认证舍本逐末，自相矛盾，犯了致命错误。

3.该认证失误直接导致了关键事实的认定错误。"2630与1195号案"仅依据证据B即义乌市审计局的报告，就武断认定应付工程款为4 291 158元，这是明显错误的。

证据D《契约》、证据E [2005]浙民一终字第74号、75号民事判决书可以证明，建设单位与施工方对所涉工程价款已经决算，达成合意，双方已一致确认工程造价为5 521 653元，而且不久即履行完毕。因而，以错误的审计报告为依据，认定工程款为4 291 158元，这是该错案发生的致命点。

五、"2630与1195号判决"，已成了损害原告方合法权益的证据

基于"2630号与1195号判决"的生效与执行，被告2现在已经在义乌法院起诉原告方（案号为 [2015]金义民初字第3261号），其要求原告方返还该判决中的多付工程款及孳息307万多元。被告2起诉的唯一依据是生效的"2630号与1195号判决"，其起诉的逻辑范式是，既然法院判决其向被告1返还多付的工程款及孳息，那么，由于原告方是其施工三处的清水承包者，所以其就转而起诉原告方返还多付的工程款及孳息。该逻辑思路十分清晰。因此，该错误的"2630号与1195号判决"，已威胁或将损害到原告方的合法权益。如果不将其依法撤销，则 [2015]金义民初字第3261号案的判决又将成为一个冤案。

因此，依据我国《民事诉讼法》第56条第2款规定，原告特依法提起诉讼，敬请贵院以法为尊，实事求是，依法审理，并判如所请！

此致

金华市中级人民法院

原告：朱某某，张某某，楼某

2016年元月10日

编者点评

优秀起诉状往往规范严密，内容完整，重点突出，合法合理；温律师执笔的该份诉状除了具备这些特质外，同时还采用了或露或藏的策略性技巧，语言精简准确。为让法官明晰案情，在事实陈述上重点突出，详尽清晰。

但为使对方模糊视线，在理由援引与关键细节上又灵活地能简就简，有意隐藏。根据案情，尽可能在法律许可的范围内保留自己的杀手锏，在庭审质证与辩论中占据主动，这也许就是法律大伽的智慧吧！

诉讼代理词

审判长、审判员：

作为原告的诉讼代理人，我曾多次参加过与本案相关的多起诉讼，对本案事实十分清楚，当然也感慨颇多。根据事实与法律，本代理人现就争议的焦点问题，发表如下代理意见，敬供参考，诚望采纳。

一、关于证据效力的判定问题

证据是事实认定的基石。当几份证据的证明内容不一致或存在矛盾时，就要依法判定相关证据的效力有无或强弱，从而去伪存真、去弱留强，这是法定的认证规则。

本案在所涉工程款数额的认定这一焦点事实上，相关证据至少有八份：一是调查报告（认为工程造价4 291 158元），二是义乌市审计局的审计报告（认为工程造价4 291 158元），三是义乌市建设银行审核报告（确认工程造价5 521 653元），四是建设单位与施工方的决算书《契约》（确认工程造价5 521 653元），五是［2004］金中民一初字第90号、89号两份民事判决书（确认工程造价5 521 653元），六是［2005］浙民一终字第74号、75号两份民事判决书（确认工程造价5 521 653元），七是［2005］金中民一初字第214号、229号两份民事判决书（确认工程造价5 521 653元），八是［2008］浙民一终字第100号、101号两份民事判决书（确认［2005］金中民一初字第214号、229号两份民事判决中认定的事实）。这八份证据中，证据一与证据二一致，孤立地看可证明造价4 291 158元，而证据三、四、五、六、七、八也一致，其相互补充相互印证，强有力地证明工程造价为5 521 653元；这两组证据，所证明的结果数额不一样，逻辑上不能同真。根据认证规则，依法开释应采纳证据三、四、五、六、七与证据八的；可是，［2014］金义民初字第2630号与［2015］浙金民终字第1195号民事判决（以下简称"2630与1195号判决"）却恰恰相反地采纳了不具证据效力的证据一与证据二，从而否定了证明力强大、依法无法推翻的已形成证据链的证据三、四、五、六、七与八。将无效证据当作有效证据予以采信，

这是"2630与1195号判决"致命的前提性错误。

为何《调查报告》与《审计报告》不具证据效力？其理由具体有五：

其一，该《调查报告》没有任何人签字或盖章，更没有经过有关组织机构的确认，其中所述有些与事实不符，不具真实性。从性质上看，其属于证人证言，按证据规则，应当有证人出庭接受庭审质询，但不仅没有任何证人出庭接受质询，而且根本就不知道证人何许人也，所以不具证据品格，不具合法性，不具证据效力。其实，证据一与证据二早已被生效的［2005］金中民一初字第214号、229号两份民事判决书所否定。同一法院不应对同一证据作出相互矛盾的认证。

其二，该审计报告所依据的审计资料不齐全，而且有些不真实。比如竣工时间，《契约》中明确写着工程竣工时间是1993年2月1日，可审计报告中却毫无依据地将其定为1992年6月30日。审计结论的正确与否有赖于送审资料。该审计报告中的资料来源于新世纪会计师事务所，而新世纪会计师事务所曾坦诚地在其自己的审计报告中特别注明"提供的资料中没有施工承包合同，没有工程竣工验收资料，没有竣工图纸""资料不全"。同时，该审计报告于2002年7月制作，距离1993年工程竣工，已时隔9年，经过如此长久的岁月风霜，不仅资料遗缺无法弥补，而且连工程负责人楼某某都已离世，无法提供、陈述相关事实，因而在资料、人员欠缺情况下按特定意图仓促作出的，其结论无法达到真实可靠性，势所必然。

其三，该审计报告不是建设方与施工方共同委托的工程审价，不具合法性。审价和审计有性质上的区别。根据《审计法》与最高人民法院对审计问题的两个司法解释，审计结论是行政监督结论，不是鉴定结论，不能改变当事人合同约定的计价方式和结算结论。义乌市审计局是国家行政机关，不是社会审计组织，根据2000年《工程造价咨询单位管理办法》第3条，对建设工程造价的审定提供专业服务的中介组织，必须取得《工程造价咨询单位资质证书》，并在资质证书核定的范围内从事工程造价咨询业务。而义乌市审计局不具有此资质。根据2000年《造价工程师注册管理办法》规定，只有经全国造价工程师执业资格统一考试合格，并注册取得《造价工程师注册证》的人，才有资格对工程结算、竣工决算、工程造价等进行审核与鉴定，否则，均不具合法性。义乌市审计局的该审计报告没有任何造价工程师与经办

人的签字，因而不具合法性。

其四，该审计报告是当时在特定氛围中制作的，明显受到不当因素的干扰。不明真相的看客被无中生有的造谣召集到了一起，以维护正义的口号营造出了一种有罪推定的氛围，在此情形下，特别是在公安局要求审计局配合的情况下，审计局才心知肚明地匆忙搞了这个审计报告，其本身就带着明显的目的性与倾向性，因而操作上就失之客观与合理，比如有些项目应列入计价的而故意遗漏，该报告第4页第9行就写着这样的文字："附属工程中的电梯款，由于质量原因，现已不能正常运转，经专案组讨论，决定扣除工程款35 000元。"此即故意遗漏之一。电梯即便存在质量问题，那也仅涉及维修费用，怎么可以不计入附属设施工程款呢？运转九年了，偶尔不能正常运行就不用付钱，那现实生活中所有使用电梯的人都可以向施工企业或电梯制造商索回已付款项了？因为保修期内都可能存在不正常现象。据了解，该电梯现在还在正常运行。这里写着是"专案组讨论"决定，不知整个报告是否均为专案组决定？由此可见，该审计报告明显不是由具备资质的审价工程师审定的，而是非专业人员根据特定需要决定的，足见其结论的非客观性。

其五，该审计报告在证据三义乌市建设银行审核报告、证据四双方决算书《契约》、证据五[2004]金中民一初字第90号民事判决书、证据六[2005]浙民一终字第74号、75号民事判决书以及证据七、证据八面前，毫无效力。证据三义乌市建设银行审核报告是被告1提供资料，由中介机构审核的，而且双方对审核结论都签字确认了的；证据四《契约》是建设单位与施工方在工程竣工、决算后签订的工程价款结算书，是表达了双方真实意思的合法有效的协议。其中双方一致确认工程造价为5 521 653元，而且不久即履行完毕。该《契约》的法律效力与证明力依法大大超越于审计局的审计报告。因为司法解释（2001年4月2日，最高人民法院《关于建设工程承包合同案件中双方当事人已确认的工程决算价款与审计部门审计的工程决算价款与审计部门审计的工程决算价款不一致时如何适用法律问题的电话答复意见》）规定："审计是国家对建设单位的一种行政监督，不影响建设单位与承建单位的合同效力。建设工程承包合同案件应以当事人的约定作为法院判决的依据。只有在合同明确约定以审计结论作为结算依据或者合同约定不明确、合同约定无效的情况下，才能将审计结论作为

判决的依据。"据此，已经有双方合法有效的结算协议了，还能将具有明显的真实性瑕疵合法性缺陷的审计报告作为定案依据吗？根据司法解释，显然不能。可见，"2630与1195号案"舍弃了《契约》，而采用了审计报告是违法错误的。同时，关于工程造价5 521 653元这一事实，也早已为生效的[2004]金中民一初字第90号、第89号民事判决书与[2005]浙民一终字第74号、75号民事判决书等所确认。该74号、75号判决书就所涉工程价款曾专门作为一个问题进行专项分析，最后在其第11页第12行作出了明确的确认："至此，房款与工程款已全部结清。因此，可确认工程造价为5 521 653元。"[2004]金中民一初字第90号民事判决书在P5倒1行事实认定部分也确认：工程"于1993年2月1日竣工并交付使用，经工程决算人民币5 521 653元"。《关于民事诉讼证据若干规定》第9条第4项规定"已为人民法院发生法律效力的裁判所确认的事实""当事人无需举证证明"。据此，为两级法院于2004年与2005年生效的法律文书所确认过的应付工程款数额，其现在还需要提供证据证明吗？其审计报告还有什么证明力？与双方确认的决算书《契约》和两级法院于2004年与2005年生效的判决书相碰撞，该审计报告犹如鸟卵击石，早已粉碎了，还有证据效力吗？因而，错误地采纳了审计报告，进而错误地认定了事实，这是"2630与1195号案"错误发生的致命点。

二、关于工程价款的认定问题

应付的工程价款，是本案的关键事实。如上所述，由于"2630与1195号判决"错误地进行了认证，错误地采纳了证据，由此导致了错误认定应付工程价款为4 291 158元，而没有正确认定应付工程价款为人民币5 521 653元。此外，在事实认定上，还故意遗漏了几个关键的事实内容：

一是，1994年4月，东风经济服务社委托义乌市建设银行对东风综合楼造价进行审核，送审造价为5 605 447元，经建设银行审定工程造价为4 997 950元，净核减工程款604 797元，附属设施523 685元，合计应付工程价款为人民币5 521 653元。双方签字确认。而后以东苑宾馆折价抵付该工程款，1994年9月，施工三处支付东风经济社375 515元，至此，工程款全部结清。这一事实是审计报告中载明的，其对审计报告的其他内容均采纳，而对这一重要内容为什么不认定呢？遗漏了法院承办人员的偏袒与错误。这一内容是不应该遗漏的，因为根据诚信原则，工程价款都已经决算支付完毕了，事后又反悔，

又无事生非，出尔反尔，表明被告1极不诚信。

二是，2004年原告在起诉被告1的［2004］金中民一初字第89号与90号民事案件中，被告1就所涉工程价款问题已经提出证据要求法院审理，经审理后，判决书确认：该工程"于1993年2月1日竣工并交付使用，经工程决算人民币5 521 653元"。对此判决上诉后，［2005］浙民一终字第74号、75号民事判决书就所涉工程价款问题在其第11页第12行再次做出了明确的确认："至此，房款与工程款已全部结清。因此，可确认工程造价为5 521 653元。"这一证据与事实至关重要，可"2630与1195号判决"却有意无意地将之遗漏。如果不是态度问题，那就是意识问题。

三是，"2630与1195号判决"还混淆了工程造价与工程决算的界限，一定程度上搞混了事实。工程造价的真意就是工程的建造价格即建造成本，其所包含的要素有直接费（人工、材料及设备、施工机具使用）、企业管理费、措施费、规费及税金，其中不一定有利润。而工程决算是指竣工后建设方与施工方所进行的工程价款结算，其依据一般是施工合同，其中往往包含施工企业利润的。本案所涉的不是自建项目，而是托建项目，施工企业当然需要一定利润的。因而，根据民事行为应当尊重当事人意思自治的原则，应当以双方确认的决算书即《契约》中的约定作为结算依据。认定应付工程价款为人民币5 521 653元才是正确的。

三、关于诉讼时效的中断问题

关于诉讼时效的中断，我国《民法通则》第10条有规定："诉讼时效因提起诉讼、当事人一方提出要求或者同意履行义务而中断。"而关于"当事人一方提出要求"的具体内涵，最高院在《关于审理民事案件适用诉讼时效制度若干问题的规定》第10条中有更具体而明确的解释，当事人一方直接向对方当事人送交主张权利文书，对方当事人在文书上签字、盖章或者虽未签字、盖章但能够以其他方式证明该文书到达对方当事人的；当事人一方以发送信件或者数据电文方式主张权利，信件或者数据电文到达或者应当到达对方当事人的，才产生诉讼

时效中断的效力。这也就是说，一方主张诉讼时效中断的，需提供其主张权利的文书"到达对方当事人"。"2630与1195号判决"中，作为原告的被告1提供了信访事项答复书等，认为其曾向信访部门主张过权利，但没有任何证据证明，这些信访函件曾"到达对方当事人"。在长达二十多年的时间里，被告1仅有信访与一次起诉又撤诉，而没有直接向被告2或本原告方主张过权利。因而，依法早已超过诉讼时效。"2630与1195号判决"认定其未过诉讼时效，也明显而完全错误。

总之，［2014］金义民初字第2630号与［2015］浙金民终字第1195号民事判决不仅认证上有致命错误，而且关键事实故意遗漏并认定错误，同时曲解法律，逻辑混乱，程序违法，进而导致了判决结果的严重失误。据此，敬请合议庭以法为尊，坚持有错必纠的社会主义法治原则，以浩然之正气，依法撤销完全错误的"2630与1195号判决"，从而还法律至上与实事求是于人间！

深以为谢！

浙江思大律师事务所
温兴斌 律师
2018年11月26日

编者点评

民事诉讼犹如两军交战，代理律师无疑是疆场上的主将。要在法庭上驳倒对方，说服法官，不仅要有事实与法律依据，而且还需要有法律智慧与论辩技巧，将法理、道理与情理富于艺术地析说透彻，严密生动，凝成无法抵御的言词征服力。法庭视频是双方庭上交战的形象再现，而诉讼代理词则是律师法律智慧与论辩艺术的集中体现。读毕上述代理词，编者的直接感觉是：头头是道，井井有条，抓住要害，精准重击，条分缕析，层层递进，驳立并举，排山倒海，犹如黄河之水奔腾而来，势不可挡！大律师往往首先是法律专家，然后是演说家、分析师与策划能手等；从本代理词中不难窥见这是法律专家与分析师的有机融合，是难得一见的范文。有道是"狭路相逢勇者胜"，但"勇者相逢智者胜"。温律师曾谦逊说，本案胜诉是法治的胜诉，是正义的胜诉。但笔者认为，这也是思辨能力与从业智慧的胜诉！

追求正义之路

——一起虚开增值税专用发票案的艰难辩护

主办律师：王正郭、王端木

编者按

此案是一起曾某因"虚开增值税专用发票"一审判死刑，二审发回重审，重审后判处死刑，二审改判无期，服刑 20 年 3 个月零 8 天刑满释放后再审改判 10 年有期徒刑经典案例。现在，我们来回顾一下此案的始末。

案　情

1994 年 10 月，张某平经别人介绍，找到时任某省某县外贸总公司办公室总务曾某，要求与外贸总公司做联营生意。在曾某引荐下，张某自称是某省某市某公司业务员，与外贸总公司副总经理符某年及该公司属下的粮油食品公司经理谢某民面谈。双方初步商定由粮油食品公司负责提供证件，即营业执照、税务登记证、银行账户和销售用的增值税专用发票，某公司负责提供资金购入货物及销售，联营利润双方对半分，粮油食品公司另可收取销售总额千分之一的附加利润。1994 年 11 月 2 日，经符某年和谢某民同意，曾某和粮油食品公司业务员符某干二人领取万字头和百万字头增值税专用发票各一本跟随张某平一起到某市。在某市近一个月时间，因无生意可做，谢某民即电告曾某与符某干回某县。符某干回某县前，将其携带的两本专用发票交给曾某保管。符某干回某县后，将有某公司签字并盖章的一份协议书交给谢某民，谢某民看后认为条款不合理，拒绝签名。在此期间，曾某与张某平二人在某市刻制"某县外贸粮油食品公司合同专用章"和"某县外贸粮油食品公司财务专用章"各一枚，开出增值税专用发票 35 套，销售额 60 171 762.62 元，税额 9 929 703.59 元。1995 年 1 月 2 日，曾某从某市回某县，带回 30 000 元交给粮油食品公司出纳员黄某环。几天后，曾某对该公司会计郭某花称符某年叫再领发票做生意，郭某花便将购票底册交给曾某，由曾某到国税局购领百万字头的增值税专用发票一本，并于当月上旬重返某市。此间，曾某与张某平又开出增值税专用发票 20 套，销售额 4 7392 125.83 元，税额 8 056 661.40 元。1995 年 1 月 27 日，曾某又从某市回某县过春节，带回 61 000 元交给黄某环，符某年和谢某明

担心有问题，谢某民要求税务机关对曾某带回的进项发票进行审查，经检验是真的发票。后符某年又指派外贸总公司下属的土畜产公司人员王某森随曾某一起到某市继续与某公司联营并追回欠款。谢某民叫郭某花将购票底册交给曾某去购领，曾某到国税局购领百万字头的增值税专用发票 2 本，之后与王某森一起去某市。此间，曾某与张某平又开出增值税专用发票 22 套，销售额 75 425 185.48 元，税额 12 822 281.58 元。至 3 月份，曾某与王某森才回到某县，曾某带回 50 000 元交给黄某环。曾某、张某平从 1994 年 11 月至 1995 年 2 月，在无实物交易的情况下，共开出销项增值税专用发票 77 套，发票销售总额 182 989 073.93 元，总税额 30 808 646.57 元。在此期间，张某平把已填好的 25 张进项增值税专用发票交给曾某带回粮油食品公司用于申报抵扣税款，此 25 张进项发票的进货总额为 182 760 411.18 元，总税额为 30 770 100.79 元。粮油食品公司已从违法所得的 141 000 元中缴纳税款 22 066.42 元，余款已被追缴。经某县税务局于 1997 年 3 月 28 日进行审核，曾某与张某平的行为已给国家造成无法追回的被抵扣的税款总计 16 074 236.64 元。

公诉意见

公诉机关认为，曾某虚开增值税专用发票构成投机倒把罪，不是单位犯罪，应适用《刑法》第 118 条和 1982 年全国人民代表大会常务委员会《关于严惩严重破坏经济的罪犯的决定》第 1 条第 1 项之规定处罚。

辩护意见

一、关于定罪方面的辩护意见

曾某到某市虚开增值税专用发票，为执行单位职务，系单位行为，为单位犯罪。下列事实足以证明。① 1994 年 11 月至 1995 年 2 月，曾某到某市虚开增值税专用发票之前，关于粮油食品公司虚开增值税专用发票事宜，是外贸总公司副总经理符某年与下属公司粮油食品公司经理谢某民跟张某平商定的。② 1994 年 11 月 2 日曾某与符某干跟随张某平前往某市虚开增值税专用发票，是

外贸总公司与粮油食品公司派去的。该事实，有粮油食品公司谢某民经理的陈述证实（见本案《检察卷》第90页1995年3月14日9时10分谢某民的《访问笔录》第4页14~16行）。③符某干带去某市，与曾某虚开的两本"增值税专用发票"，是粮油食品公司经理谢某民叫该公司会计郭某花到某县税务局领回并交给符某干，由符某干带去的。④曾某与符某干虚开增值税专用发票所得利润均交给粮油食品公司，为单位谋取利益。第一次是1994年11月23日符某干从某市返回单位粮油食品公司时，将虚开增值税专用发票所得利润3000元带回交给粮油食品公司。第二次是符某干返回单位不久，曾某也从某市返回某县，并把30 000元虚开增值税专用发票所得利润交给粮油食品公司出纳黄某环。随后，粮油食品公司谢某民经理又叫该公司会计郭某花将《领票册》给曾某到某县税务局领取一本百万字头的"增值税专用发票"再次带去某市与张某平继续联营虚开增值税专用发票业务。到1995年春节前，曾某又从某市返回某县，并带回58 000元虚开增值税专用发票所得利润交给粮油食品公司，20 000元联营虚开增值税专用发票所得利润交给外贸总公司副总经理吴某江。⑤曾某此次回到某县后，外贸总公司副总经理符某年及粮油食品公司谢某民经理到某县税务局汇报曾某在某市联营虚开增值税专用发票业务工作情况。某县税务局的同志说：这样的生意利润虽少一些，但可以做（见检察卷第96页谢某民1995年5月8日10时的《调查笔录》第4页）。⑥1995年春节过后，即1995年2月的某天粮油食品公司经理谢某民又交代该公司会计郭某花将《领票册》给曾某到某县税务局领取百万字头两本"增值税专用发票"又次带去某市继续联营虚开增值税专用发票业务，并派其公司员工王某森跟曾某一起去。⑦曾某虚开增值税专用发票犯罪被刑拘后，外贸总公司和粮油食品公司给曾某补发7月至11月份工资，还在银行存放35 000元另外给曾某作补偿。以上事实证明，曾某三次到某市虚开增值税专用发票，是外贸总公司副总经理符某年与下属公司粮油食品公司经理谢某民跟张某平商定后，由外贸总公司与下属公司粮油食品公司指派前往的，且还派公司员工符某干、王某森跟随曾某去，还为曾某提供增值税专用发票。同时，曾某到虚开增值税专用发票所得利润均交给粮油食品公司。因而，曾某到某市虚开增值税专用发票，是外贸总公司与该公司下属粮油食品公司派去的，是执行单位职务，是单位行为，为单位犯罪。

二、关于本案的定性和法律适用问题

1. 曾某虚开增值税专用发票的行为发生在1994年11月至1995年2月，根据我国当时《刑法》无"虚开增值税专用发票罪"这一罪名，而本案终审判决是2000年11月23日，涉及的刑事法律条文有：①1994年6月3日最高人民法院、最高人民检察院《关于办理伪造、倒卖、盗窃发票刑事案件适用法律的规定》第2条：以营利为目的，非法为他人代开，虚开发票金额累计在50000元以上的，或者非法为他人代开、虚开增值税专用发票抵扣税额累计在10 000元以上的，以投机倒把罪追究刑事责任。②1979年《刑法》第118条：以走私、投机倒把为常业的，走私、投机倒把数额巨大的或者走私、投机倒把集团的首要分子，处3年以上10年以下有期徒刑，可以并处没收财产。③1989年3月15日最高两院《关于当前处理企事业单位、机关、团体投机倒把犯罪案件的规定》第3条：企业事业单位、机关、团体进行投机倒把犯罪，符合本规定第1条标准的，对其直接负责的主管人员和其他直接责任人员，依照《刑法》第117条的规定处罚；对于少数情节特别严重的，依照刑法第118条规定处罚。④1995年10月30日全国人大常委会《关于惩治虚开、伪造和非法出售增值税专用发票犯罪的决定》第1条：犯虚开增值税专用发票罪，骗取国家税款，数额特别巨大、情节特别严重、给国家利益造成特别重大损失的，处无期徒刑或死刑，并处没收财产。⑤1997年《刑法》第205条第2款：犯虚开增值税专用发票罪，除对单位判处罚金外，其直接负责的主管人员和其他直接责任人员，虚开的税款数额巨大或者有其他特别严重情节的，处无期徒刑或者死刑，并处没收财产。

2. 根据上述刑事法律条文规定，曾某虚开增值税专用发票应适用1979年《刑法》第118条规定，以投机倒把罪给曾某定罪量刑。因为，曾某虚开增值税专用发票是单位犯罪，且发生在1994年11月至1995年2月期间，在1994年6月3日最高人民法院、最高人民检察院《关于办理伪造、倒卖、盗窃发票刑事案件适用法律的规定》施行之后，在1995年10月30日全国人大常委会《关于惩治虚开、伪造和非法出售增值税专用发票犯罪的决定》和1997年《刑法》施行之前。1997年《刑法》第12条第1款规定，中华人民共和国成立以后本法施行以前的行为，如果当时的法律不认为是犯罪的，适用当时的法律；

如果当时的法律认为是犯罪的，依照本法总则第四章第八节的规定应当追诉的，按照当时的法律追究刑事责任，但是如果本法不认为是犯罪或者处刑较轻的，适用本法。根据刑法规定的"从旧兼从轻"原则，曾某适用1979年《刑法》第118条规定处罚较轻。据此，辩护人认为，曾某虚开增值税专用发票属单位犯罪，应适用1979年《刑法》第118条规定，以投机倒把罪给曾某定罪量刑，二审判决适用1997年《刑法》第205条第2款规定，认定曾某犯"虚开增值税发票罪"判处曾某无期徒刑，剥夺政治权利终身，并处没收个人全部财产，定性不准，适用法律错误。

三、关于量刑方面的意见

辩护人认为，曾某是单位犯罪的直接责任人，且其是在单位领导指使下实施虚开增值税专用发票犯罪，可酌情从轻处罚，建议以投机倒把罪在6至7年有期徒刑范围内确认曾某的宣告刑。

法院判决：某省高级人民法院判决认为，曾某无视国家法律，虚开增值税专用发票，且数额特别巨大，情节特别严重，给国家造成的损失特别巨大，应依法予以惩处。原判认定曾某虚开增值税专用发票的犯罪事实清楚，但认定曾某是个人行为错误，且适用法律错误，应予纠正。原判因认定事实及适用法律错误，导致对曾某的量刑不当，亦应予以纠正。曾某及其辩护人关于曾某虚开增值税专用发票的行为是单位行为以及曾某及其辩护人、出庭检察员关于原判适用法律错误的意见有理，予以支持。经本院审判委员会讨论决定，依照1979年《刑法》第118条，最高人民法院、最高人民检察院《关于当前处理企业事业单位、机关、团体投机倒把犯罪案件的规定》第3条，最高人民法院、最高人民检察院《关于办理伪造、倒卖、盗窃发票刑事案件适用法律的规定》第1条、第2条、第5条，《刑事诉讼法》第245条、第202条，《最高人民法院关于执行〈中华人民共和国刑事诉讼法〉的解释》第389条之规定，判决如下：撤销本院（2000）琼刑终字第23号刑事判决第3项，即曾某犯虚开增值税发票罪，判处无期徒刑，剥夺政治权利终身，并处没收个人全部财产。改判曾某犯投机倒把罪，判处有期徒刑10年。

结束语

本案从1997年4月一审起至2000年11月终审判

▲王正郭律师

决，历经原某省中级人民法院（1997）判决曾某犯虚开增值税专用发票罪，判处死刑，剥夺政治权利终身，并处没收其个人财产；二审某省高级人民法院以曾某犯虚开增值税专用发票罪，事实不清，证据不足为由，裁定发回重审。重审后原某省中级人民法院（1999）判决曾某犯虚开增值税专用发票罪，判处死刑，剥夺政治权利终身，并处没收其个人财产；二审某省高级人民法院（2000）判决撤销原中级人民法院（1999）判决，改判曾某犯虚开增值税专用发票罪，判处无期徒刑，剥夺政治权利终身，并处没收个人全部财产；再到2017年12月某省高级人民法院（2017）改判撤销本院（2000）刑事判决第3项，即曾某犯虚开增值税专用发票罪，判处无期徒刑，剥夺政治权利终身，并处没收个人全部财产，改判曾某犯投机倒把罪，判处有期徒刑10年；足见本案的重大与复杂。

关于曾某虚开增值税专用发票犯罪事实，控、辩以及法官三方均无争议，分歧意见较大为：一是曾某虚开增值税专用发票是单位行为，还是个人行为；二是曾某构成投机倒把罪，还是构成虚开增值税专用发票；三是应适用1979年《刑法》第118条规定以投机倒把罪处罚，还是适用1982年全国人民代表大会常务委员会《关于严惩严重破坏经济的罪犯的决定》第1条第1项规定处罚以及适用1997年《刑法》第205条规定以虚开增值税专用发票罪处罚。辩方认为，曾某虚开增值税专用发票是单位犯罪，并发生在1979年《刑法》施行之后，在1995年10月30日全国人大常委会《关于惩治虚开、伪造和非法出售增值税专用发票犯罪的决定》和1997年《刑法》施行之前，且适用1979年《刑法》第118条规定较轻，根据"从旧兼从轻"原则，应适用1979年《刑法》第118条规定处罚。原判决认为，曾某虚开增值税专用发票构成"虚开增值税专用发票罪"，应适用1997年《刑法》

▲王端木律师

第205条规定以虚开增值税专用发票罪处罚。但再审判决认为，曾某虚开增值税专用发票构成"投机倒把罪"，且是单位犯罪，应适用1979年《刑法》第118条规定处罚，采纳辩方的辩护意见。20年后某省高级人民法院再审改判本案，因为正义从不缺席。

值得一提的是，辩方的辩护意见自1997年一审开始提出，直至重审以及到两次二审，但是仍未得到控方和一、二审法庭的支持。曾某两次被一审判处死刑，二审改判无期徒刑，服刑20余年释放后再审再采纳辩护人原审的辩护意见，改判曾某10年有期徒刑的案例是罕见的。本案警示我们每一个法律人，都必须有高度的责任感，认真研判案情并精准把握法律适用，公正司法，谨防冤案发生。

人物介绍

王正郭，男，汉族，1959年12月28日出生，法律本科，法学学士，现为海南大华园律师事务所专职律师。1981年起在某县公安局任职民警。1991年开始从事律师职业至今，律师职业生涯现已长达28年之久，有丰富的阅历和办案经验，最大的乐趣是喜爱出庭应诉，为维护法律尊严和当事人的合法权益唇枪舌战。热爱律师职业，有强烈的责任感和正义感，擅长刑事辩护，民事、行政诉讼代理。经典案例如：庞某师"故意杀人"案，从死缓到无罪释放；曾某"虚开增值税专用发票"案从两次一审死刑到二审改判无期徒刑，再到20年刑满释放后再审改判10年有期徒刑等。

王端木，男，汉族，1990年8月11日出生，法律（法学）硕士研究生。2017年5月起在海南大华园律师事务所从事律师职业，擅长民商纠纷、行政纠纷、刑事辩护等。

"严禁以刑事手段插手经济纠纷"

——韩丹英律师办理莫某云无罪辩护案始末

▲韩丹英律师

引　言

一起经济合同纠纷变成了合同诈骗，当事人身陷囹圄，失去人身自由，只得求助律师。危急关头，韩丹英律师迎难而上，运用其多年司法实践和辩护经验，向司法机关提交数百页证据材料，并敢于质疑有罪的《专家意见书》，历时四余载，历经八次补侦，七次开庭，依法维护了当事人的合法权益，当事人最终获得无罪判决。

案情简介

被告人莫某云，某省某房地产交易有限公司法定代表人，因涉嫌合同诈骗罪于 2015 年 8 月 26 日被某省某市公安局某分局刑事拘留，2015 年 9 月 10 日执行逮捕，2017 年 12 月 26 日被某市某区人民检察院取保候审，2018 年 12 月 5 日被某市某区人民法院取保候审，2019 年 12 月 5 日，被某市中级人民法院取保候审，2020 年 1 月 6 日，被某市某人民法院解除取保候审强制措施。

莫某云涉嫌合同诈骗罪一案，涉案金额 1383 万元人民币，2015 年 11 月 23 日，某市人民检察院审查起诉，某市人民检察院两次退回补充侦查后移送某市某区人民检察院，某市某人民检察院审查起诉后又两次退回补充侦查，且于 2016 年 6 月 12 日，以并检公诉［2016］387 号向某市某区人民法院提起公诉，某市某区人民法院受理后，依法组成合议庭，适用普通程序，公开审理了本案。审理过程中，因地域管辖的问题，于 2017 年 5 月 5 日至 2017 年 6 月 30 日中止审理。因案情重大、疑难、复杂，经某市中级人民法院批准，延长审理期限三个月。经最

高人民法院批准，延长审理期限三个月。某市某区人民法院于 2017 年 12 月 26 日，作出（2016）晋 0106 刑初 400 号刑事判决，宣告被告人莫某云无罪。宣判后，某市某区人民检察院以原审判决认定事实有误，现有证据足以证明被告人莫某云构成合同诈骗罪为提出抗诉，后经某市中级人民法院审理，某市中级人民法院于 2018 年 7 月 20 日作出（2018）晋 01 刑终 254 号刑事裁定，撤销原判，发回重审。发回重审后，某市某区人民法院依法另行组成合议庭，于 2019 年 9 月 26 日作出（2018）晋 0106 刑初 736 号刑事判决，依然判决莫某云无罪。宣判后，某市某区人民检察院认为原审判决以证据不足为由判决被告人无罪错误，再次提起抗诉。某市中级人民法院受理后，依法组成合议庭，公开开庭审理了本案，于 2019 年 12 月 26 日作出（2019）晋 01 刑终 1230 号刑事裁定书，裁定驳回抗诉，维持原判，并于 2020 年 1 月 6 日宣判。

案件结果

（2019）晋 01 刑终 1230 号终审裁定书，维持一审无罪判决。

韩丹英辩护律师工作

2015 年 11 月 14 日，韩丹英律师接受委托时，该案处于某市检察院审查起诉阶段，接受委托后其认真查阅案卷材料，多次会见，并到案涉项目所在地了解情况，发现了该案其实是典型的合作建房经济纠纷，不构成犯罪，并对相关事实进行了详细地调查，且将不构成犯罪的证据线索申请提交办案单位，通过两次退回补充侦查，再加上辩护律师向检察机关提出无罪辩护及相关法律意见，且两次提出申请羁押必要性申请，最终，某市人民检察院将本案移交批捕检察院某市某区人民检察院，至此，该案改变审级。之后，辩护人韩丹英律师继续向某市某区人民检察院提供无罪证据线索，某区人民检察院又两次退回补充侦查后，起诉至某市某区人民法院，某市某区人民法院又两次退回补充侦查。同时，辩护人韩丹英律师质疑对受害人提供的构成合同诈骗罪的专家意见书的真实性并申请签字专家出庭解释。最终公诉人放弃专家意见书证据举证，某区人民法院一审判决莫某云

无罪。后某区人民检察院提起抗诉，某市中级人民法院发回重审，某区人民法院又补侦两次，依然判决莫某云无罪。这时，某区人民检察院再次提起抗诉，某市中级人民法院审理后维持一审无罪判决。至此，该案历时四年之久，八次补侦，七次开庭审理，无罪辩护意见及相关法律意见书厚度论尺有余，充分阐述辩护的观点和依据，据理力争，终于取得了法院采纳辩护人的全部辩护意见，宣判莫某云无罪的辩护效果。

辩护律师辩护观点概述

该案实质为经济合同纠纷，是典型的公安、检察机关插手经济纠纷。事前，莫某云没有故意隐瞒事实、虚构真相，被害人对案件情况也都明知。被害人看了土地使用证且留复印件后才签订《投资建房合作协议》。事中，莫某云积极施工，工程建设超出了约定的施工进度，而且，有双方的监理在场并有监理记录日志在案，莫某云积极履行建设项目义务，没有诈骗的故意及行为。且被害人继续投资也是明知有风险。事后，莫某云并未离开海口，更没有将手机关机，与被害人代理人联系发短信均有在案证据以佐证。且控方也没有证据证明莫某云关手机，公诉人的指控属于典型的客观归罪，缺乏证据支持。依法判决莫某云无罪，既维护了法律的尊严，也维护了莫某云的合法权益，此案的公正裁判对推动法治的进步、增强人民对司法公平正义的信心具有深远且重要的意义。

该案创新点

1. 避免律师直接取证之风险，辩护人进行全面细致的调查，掌握了全部案件事实及证据资料出处，充分为办案单位提供当事人无罪证据线索，申请办案单位补充侦查，为案件当事人无罪辩护提供充分的证据保障。

2. 认真甄别被害人提供的证据材料，敢于质疑《专家意见书》本身及其中种种疑点，并依法申请专家出庭解释，排除涉嫌虚假的有罪证据。

3. 该案对正确区分民事纠纷与刑事犯罪具有重要的参考价值，有助于保障市场主体正常的交易活动。

后 记

据调研，2017年11月24日，为了深入贯彻全面推进依法治国的基本方略，认真落实中央司法体制改革和以审判为中心的刑事诉讼制度改革的有关部署要求，进一步规范公安机关办理经济犯罪案件，加强人民检察院的法律监督，最高人民检察院和公安部依据《中华人民共和国刑事诉讼法》等有关法律、法规和规章，经征求最高人民法院等有关部门意见，结合打击经济犯罪工作实际，研究修订了《公安机关办理经济犯罪案件的若干规定》，发布了《最高人民检察院公安部关于公安机关办理经济犯罪案件的若干规定》。

公安部、最高检等已三令五申，严禁以刑事手段插手经济纠纷，但地方保护主义仍然在某些地方上演，这些行为严重损害了地方的投资环境和经济环境。当然，在全面依法治国的大背景下，我们也可喜地看到，很多司法机关做到了严格执法、公正司法，做到了让人民群众在每一个司法案件中感受到公平与正义。

党的十八大以来，党中央进一步肯定了律师队伍的地位和作用。习近平总书记同时指出："律师队伍是依法治国的一支重要力量，要切实加强律师工作和律师队伍建设……"作为有着多年司法实践经验的韩丹英律师即是这支"重要力量"的一名成员。

韩丹英律师

韩丹英律师，北京市炜衡律师事务所管委会成员，北京市炜衡（太原）律师事务所主任。

教育背景：澳门科技大学法学硕士，欧洲大学DBA博士

社会职务：山西省经济法研究会常务理事；山西省律协财税专业委员会委员；太原市政府入库专家；山西省商务厅入库专家；境外上市国际律师联盟山西会长；太原仲裁委员会仲裁员。

业务擅长：知识产权、公司、刑事辩护、涉外、税务业务等。韩丹英律师致力于律师事业，法律从业经验丰富。曾为上海华珠生物科技有限公司、华润煤业、太原华润、华润联盛投资公司、太原市邮政局、山西富顿气力输送公司等多家大中型企业和政府担任过法律顾问。现任华庭集团、山海能源有限公司、山西乐群医药公司、山西绿城房地产公司、太原普天光电缆有限公司等多家企业法律顾问；办理了涉虚开增值税专用发票罪、涉合同诈骗罪等数起无罪辩护的成功案例。在多家杂志报纸发表论三十余篇。参编出版了《企业知识产权痛点法律问题解决之道》《驾驭风险》等普法书籍，英语口语熟练，能熟练办理涉外案件，并能诚信、严谨、敬业、高效地

为每一位客户服务。

团队追求目标：平时不但注重法学理论知识的学习与研究，不断提高自身修养，而且注重法律实务经验的积累，不断提高操作技巧，更注重的是服务品质。

团队服务宗旨：信守"以诚信为本、尽职尽责、为客户争取最大合法权益、让客户感到放心"为服务宗旨。

团队服务特色：专业诚信、团队服务、双语服务、批量处理业务费用优惠。

刑辩路上的信仰与坚持

——金帅律师办理范某某律师涉嫌黑恶势力犯罪案件辩护有感

▲金帅律师

引　言

2020年春节刚刚过去，一则律师涉嫌黑恶案件的消息在我们律师界悄然传开，迅速引起了律师同仁的广泛关注，一个有着二十余年法律服务经验的执业律师，应该说已经具备了非常丰富的法律实务经验，同时满怀对律师工作的热爱，何以会走上犯罪的道路呢？而且还是涉及黑恶案件？据说这也是我们国家扫黑除恶专项斗争开展以来我区第一例律师涉嫌黑恶犯罪的案件。作为一名专业刑辩律师，此案的特殊性引起了我的高度关注。正好这位范律师慕名通过其家属找到了我，请求我代理此案，我带着深深地疑惑和同情接受了范律师及其家属的委托。

坚定信仰，秉持职业良知

带着疑问我前往会见范律师。看守所里范律师声泪俱下，"金律师，请你相信我，我是冤枉的"，"你是自治区律协刑委会秘书长，我也请求组织能出面救救我！"随着范律师对案件的描述，案情在我的脑海里形成了一个初步的印象，但是案情真的像范律师描述的那样吗？一个为了自己、为了家人、为了朋友向他人索要合法债务、提供法律服务的执业律师何以成为委托人、当事人的同案犯，还竟然沦为阶下囚？检察机关据以批准逮捕范律师的证据是否确凿呢？是依据什么事实和证据逮捕范律师的呢？同时我意识到：该案在立案之初就被确定为黑恶案件，此案证据的证明力度可能会降低，政治的敏感度会相应提高，律师意见的采信度会减小，案件办理的难度肯定会增大。从我多年的办案经验看，这样的案件很难要求司法机关严格按照两高的证据规则

办理，而证据标准的降低很有可能导致刑事辩护的努力大打折扣，我感到作为一名刑辩律师身上的巨大压力，因为如果经审理范律师确实无罪，那么公诉机关对范律师的指控不仅事关其个人命运，而且会破坏律师的执业权利，侵害律师执业制度，以此案为例可能会危及全国四十多万执业律师的执业安全。看着范律师渴望的眼神和不断的求助，我决定迎难而上，我将尊重法律和事实，坚持公平与正义，最大限度地维护委托人的合法权益，同时为维护律师执业安全尽一份绵薄之力。

认真阅卷，确定辩护思路

刑辩律师的基本功就是在厚厚的案卷中发现蛛丝马迹，从中找到并形成自己独立的辩护思路。面对近百本案卷我一本一本地研读，对于与案件有密切关联的证据一段一段地摘抄，形成了一份长达223页的阅卷笔录，结合历次与范律师的会见笔录，对照公安机关《移送审查起诉意见书》及检察机关《起诉书》抽丝剥茧、认真研究。虽然案卷材料证据不可能去还原案件事实的原貌，但是本案存在的诸多疑点公诉机关并未解决，侦查机关收集的无罪证据亦未排除，根据"疑点利益归于被告"的原则，我认为公诉机关对范律师的四个罪名的指控均不成立！

死磕细节，寻找"矛盾"突破

为了更加清晰地了解案件中的细节问题，我与其他同案辩护人进行了深入沟通，对案件中存在的难点、疑点问题进行了交流。通过一系列的调查和对案卷材料的研究，我对本案有了一个清晰认识：起诉书指控的第一起涉嫌犯罪案件中范律师的弟弟范某因被刑事拘留而委托其代为向债务人收账。本案的焦点是该账目是否合法？经查阅案卷材料，发现范某已向原房主缴纳了十万元定金，双方约定房租归范某所有，因此导致范某被刑拘后委托其哥哥范律师代为收账的结果。范律师向债务人收回其弟弟的合法债权理所当然，根本不存在明知是违法行为而共同参与实施的犯罪行为。第二起是范律师为了阻止其弟弟放高利贷，主动借款给本案的受害人，当范律师得知其弟弟带受害人到房产局过户房产给其弟弟还

款时，范律师赶到现场再次阻止，并提出自己还有十万元的债权没有实现，之后其弟弟答应受害人的债务由其代偿时范律师离开。整个事件除范律师在现场（这也是公诉机关认定范律师有罪的依据）外，根本没有证据证实范律师与其弟弟有共同犯罪之意，而且受害人在其2007年到2011年的举报材料和侦查机关的询问笔录中均未提到范律师参与，为何到2018年出现了范律师参与其中的说法了呢？难道随着时间的推移，时间越长记忆越清楚了吗？这岂不违背自然规律？第三起是范律师以律师身份陪同其弟弟等人以三家小额信贷公司的名义到平罗某水泥厂要账。范律师虽然未要求该三家委托人履行委托手续，但其以律师身份起草、修改并协助签订合同的行为双方当事人均有目共睹并予以证实，卷宗中收集的受害人父子三人的笔录均证实范律师等人存在非法拘禁的行为，但多份同源证据视为一份证据，并且对方律师及出警记录均证实范律师没有参与非法拘禁行为。作为一名律师在现场提供法律帮助，双方占用较长时间进行谈判的行为何以构成非法拘禁了呢？面对上述无罪证据不去排除却硬说构成犯罪，这完全是不顾及事实和法律的主观臆断。《律师法》对于律师执业人身权的保护岂不成为空谈，律师在维护他人合法权益的同时何以能自保呢？这三个罪名如果都不存在了，那么公诉机关关于涉恶的指控则不攻自破，正所谓"皮之不存，毛将焉附"。找到了诸多疑点，分析了《起诉书》中的矛盾点，作为辩护人我有了清晰的辩护思路，很快辩护提纲以及厚厚的辩护词终于出来了！

唇枪舌剑，诉说是非曲直

有人说，刑辩律师就是"刀尖上的舞者"，既要维护当事人的合法权益，又要掌握辩护的艺术。法庭上面对四名公诉人的步步紧逼，我沉着应战，通过渐进式的发问，引起法庭对本案的焦点问题的重视，运用法律专业知识正确分析案件性质，抛出案件疑点问题，同时论证本案的无罪证据，力求法庭能够暂时抛开政治因素，回归到案件证据本身，对被告人做出公正的判决。同时面对被告人激动的情绪，我也不时地用眼神对其制止和安慰，希望其能够以事实为依据，平静地回答法庭提出的问题。在法庭上，我作为辩护人有理有据地论述了三大辩护观点：一是围绕我国法律对执业律师的特殊保护；二是我认为本案的事实和证据不能支持公诉机关指控的

罪名；三是本案达不到黑恶案件的程度。虽然法庭最终并没有采纳我的无罪意见，但从被告人及其旁听家属对我的庭风、辩点频频点赞，当地律协领导对我的肯定中也得到稍许安慰。

伸张正义，追求法治精神

本案审理中，固原市司法局、宁夏律协、固原市律协主要领导均参加庭审，以示对律师合法权益的重视，经过近一周的激烈论辩，庭审终于结束了，带着一身的疲惫我回到银川。本案由公诉机关指控四项罪名量刑建议数罪并罚近二十年刑期，经一审审理认定范律师四项罪名成立，判处有期徒刑十年，后经上诉至二审，二审法院改判为六年六个月。虽然我的无罪辩护意见最终没有被采纳，但是从两级法院量刑时对范律师一再大幅减刑，也足见我的无罪辩护意见对法院量刑的影响，我认识到在目前扫黑除恶的专项斗争中已属不易，两级法院虽然对范律师的刑期进行了大幅调整，但我感到本案还存在着许多差强人意的地方，比如一、二审法院均未对卷中收集的无罪证据进行分析，未对律师提出的无罪理由进行反驳，也未对执业律师在执业过程中有无共同犯意等进行论证。律师是法律的守护者之一，如果连法律守护者自身的合法权利也无法保护，这个社会还有谁是安全的？生活在时代的漫天灰尘中，每一个人头上，都可能掉下来一粒灰尘，如泰山压顶，无人能救，自由全靠幸运。如是，非国家社会之福。痛定思痛，范律师在其多年的执业生涯中虽然业务日见精进，但由于其作为律师应有的风险防范意识缺乏，既没有要求当事人与其签订委托书，也没有相应的委托记录，当事情发生时"口头委托"就变成了"查无实据"，不但自己的财物受损，人身也失去自由。鉴往知来，律师执业道路无坦途可行，更无捷径可走，开拓荆棘的道路上，执业律师必须始终保持如履薄冰的心态，要"临事而惧"，建立风险意识，既要恪守职责、又要掌握分寸，深记律师执业规则、拿捏有度，始终以理智统帅自己的言行，百炼成钢，最终成为一名自由、稳定、开拓、守诚的法律人。面对终审判决，心中不免有些悲凉，我感到自己弱小和无奈，但我一想到范律师本人及其家属、当地司法局、律协领导对我工作的肯定和赞许，我又重拾信心，我也看到了国家通过《律师法》给予我们的保护，虽然我国的法治道路任重而道远，但律师是依法治国不可或缺的一部分。有人说：律师是正义之

剑，是民主之犁，是令人感到无上光荣和无比自豪的职业。我将为了公平正义的信仰，加强职业素养的自我锤炼，为当事人提供更加完善的法律服务，为律师队伍的发展壮大，为我国律师事业的发展做出应有的贡献。

人物介绍

金帅律师现为宁夏兴业律师事务所高级合伙人，担任宁夏回族自治区律协刑事业务委员会秘书长、宁夏回族自治区人民检察院人民监督员、宁夏回族自治区法学会诉讼法学研究会常务理事、银川市公安局法律顾问、银川市看守所特邀监督员、银川市关工委预防青少年犯罪特聘讲师等社会职务。

金帅律师曾受邀在宁夏司法厅、宁夏律协、吴忠市律协以及公安、检察机关多次举办刑法、刑诉法的法制讲座，并在《宁夏法学》《宁夏律师》等省级专业杂志上发表多篇学术论文。金帅律师从事专职律师二十余年，专注研究办理刑事业务。曾成功办理轰动全国的吴忠市国家安全局原局长出卖国家机密案；宋某故意杀人焚尸无罪案；自治区卫生厅原副厅长、自治区人民医院原院长特大受贿案；固原市执业律师范某某涉恶案；银川市交通局原局长受贿案；银川市水务局原局长受贿案；银川市代建局原局长受贿案；中卫市招商局原副局长受贿案等一批大案要案。

PART 5

五、优秀论文篇

预重整程序与重整程序衔接的实践困境与纾困探索

胡良刚、胡向腊

摘要： 困境企业依托预重整程序进行自救是实现司法之内重整程序高效运行的基础。由于预重整在我国尚未形成法定的、系统统一的司法制度，仅活跃于地方司法实践中，其在司法程序中的作用地位以及价值等尚未明朗化。如何实现预重整程序与司法内重整程序的有效衔接，还有待司法实践经验的进一步积累和探索。

关键词： 预重整程序；重整程序；程序衔接；实践；探索

根据我国《公司法》《合伙企业法》《个人独资企业法》等，企业如欲退出市场，必须进行清算，但在我国《企业破产法》中，明确将不能清偿到期债务、资不抵债的市场主体退出市场的清算程序确定为破产程序；考虑到破产清算程序后市场主体以"死亡"形式退出市场，极有可能影响市场经济的稳定发展，甚至某一产业的发展。《企业破产法》"第八章重整"立法意图，鼓励具有经营条件且有偿债可能的市场主体进行重整，但实践中，重整程序的门槛还是比较高且特别是没有比较统一的、可行的考量标准。"法律的生命在于实践，而不是逻辑。"为降低重整的成本，特别是提高重整成功率，一些企业在进入重整程序之前，会有目的地委托具有破产管理人资质的律所或会计师事务所，以企业名义自发对其债权债务进行清理并与债权人自行协商沟通，以实现自救。这种自救方式，实践中可以操作为预重整程序。预重整程序是指企业在向法院提出破产重整申请之前，由债权人与债务人、意向投资人等利害关系人通过庭外商业谈判并达成重整计划草案的一种困境企业拯救机制。破产重整程序启动后，在预重整过程中达成的重整方案可以提交人民法院依法审查批准，这将大大提高后续对困境企业成功实现破产重整的效率，让困境企业重获新生。预重整程序，逐渐受到各地方法院在司法实践以及地方政府在经济管理与引导中的重视。比如，2019 年 6 月 27 日苏州市吴中区人民法院公布并施行了《关于审理预重整案件的实施意见（试行）》，是我国地方司法部门探索预重整程序实施最早的司法文件，其后，苏州市吴江区、四川天府新区成都片区人民法院、四川自由贸易试验区人民法院、成都中院、南阳市中级人民法院、重庆市第五中级人民法院等印发了建立预重整程序实施的相关工作指引文件。可见，作为庭外重组的预重整程序在地方司法实践中已经开始探索与庭内重整程序之间的衔接，以更好地服务新时代经济发展下营商环境优化以及提高资源利用效率的目标。本文将以贵州馨源堂生物制药集团股份有限公司（下称"馨源堂公司"）在重整程序前展开预重整工作以及预重整与重整程序成功衔接后，成功化解了债务危机、企业得以持续经营的经验展开。馨源堂公司因建设黔北地道中药材暨红豆杉产业化开发建设项目等原因，资金链断裂无法清偿到期债务而陷入经营及债务危机，但该公司是贵州省遵义市人民政府重点培育打造的龙头制药企业及 10 亿级企业，如该公司进入破产清算，依附于该公司主体上的特许经营资质（6 个国药准字药品批准文号）、专利技术及商标价值将无法继续实现。经债务人申请，遵义中院考量馨源堂公司的实际情况后，依法决定于 2021 年 2 月 23 日对馨源堂公司启动预重整程序。在预重整期间，法院指导临时管理人与出资人协商，达成的《投资协议书》约定由出资人"贵州天源堂生物医药控股集团股份有限公司"让渡公司 80% 股权引进投资人进入后，投资不少于 3800 万元的资金或等额资产（机器、设备）用于馨源堂公司清偿债务，而馨源堂公司在重整计划执行期间继续生产经营。鉴于此，遵义市中院于 4 月 30 日正式受理了馨源堂公司的重整申请。管理人在此基础上制定了《预重整计划（草案）》［注：本文中"预重整计划（草案）"，系指在预重整程序中，债务人与债权人、出资人、重整投资人等利害关系人通过自愿平等商业谈判拟定的有关债权分类、债权调整和清偿、出资人权益调整、债务人治理和经营以及其他有利于债务人重整内容的协议］，后经债权人会议决议通过，遵义中院审查认定重整程序表决程序合法、经营方案可行，批准了本案的重整计划，依法终止重整程序。本案的典型意义在于：让渡出资人股权的方式引入投资人，化解了债务危机，保障企业持续经营，实现多方共赢的典型案例。可见，法院一旦用好重整程序并引导好预重整程序的开展，既营造了一流的法治化营商环境，实现了资源优化配置，又拯救债务人的经济和社会价值，促成各利益相关方特别是增加了就业岗位解决了民生，债权人与债务人等均能从企业再生中获益，为当地经济发展做出了贡献。2021年10月22日，贵州省高级人民法院在其官微发布2021年度优化营商环境"破产审判"十大典型案例，其中排序2号即贵州子尹律师事务所承办的馨源堂公司破产重整案、系遵义市中院推选的唯一典型案例入选。探索成功的预重整程序可以成为困境企业快速通过重整程序实现社会价值和债权人利益最大化。本文基于成功案例实践的经验拟探讨预重整程序与重整程序衔接之困以及纾困思路。

一、预重整程序建立的可行性、必要性

（一）引导并规范困境企业进行自行清算

困境企业要突出市场或者盘活自己，必须要先进行清算以梳理企业的债权债务情况，才能准确找到其经营陷入困境的具体问题。但实践中，企业自行清算是靠债务企业自己或者债务企业的股东进行清算，由于没有第三方的有效监督，可能会存在债务清理不彻底、债权债务关系把握不准确、甚至无法完成清算等情况。若困境企业要以化债脱困的方式恢复正常经营，必然选择申请破产重整方式；法院在受理后将根据债务人自己提供的财务等资料进行初步审查。法院经过审查，如果根据资料显示债务人明显丧失清偿能力可能的，具有重整价值的，可以依法受理重整申请；反之，则驳回重整申请。现实情况是企业申请破产重整消息公布后，债权人与债务人之间的矛盾加剧，特别是重整申请一旦被法院驳回，债务人又无药可救的情况下，将面临破产清算的困境，这不利于尚存在经营能力以及依托债务人存续的某些无形资产的价值变现。在遵义市中院承办的馨源堂公司重整一案中，为保护依附于馨源堂公司主体的特许经营资质、专利技术及商标价值的重现或更大化，临时管理人通过对馨源堂公司报送的债权债务、资产等相关资料进行梳理并及时提出让渡股权方式引进投资人，以提高债务人对各债权人的偿债率，切实维护了每一个债权人的权益。

（二）有效降低司法资源的占用成本

由临时管理人对债务人的债权债务进行清理，并由临时管理人发挥调停、协调等作用促成债权人与债务人、出资人之间达成协议，期间企业正常经营未停业，降低

了债务人申请重整的风险，将部分债务人与债权人之间的矛盾化解在了重整程序之前。馨源堂公司重整一案中，在预重整阶段已知债权人、债务人及出资人在临时管理人的调停下达成了投资协议、形成了预重整计划草案，为后续成功进入重整程序、快速推进重整程序和最终通过重整计划草案的奠定了坚实基础。在遵义中院承办的馨源堂重整案中，法院根据对馨源堂公司的现实情况考虑，充分掌握企业的困难点后为实现企业价值最大化，将预重整程序作为重整程序的前置程序，使债务人企业能够在预重整程序中总结化债解困的难点、痛点、矛盾点，将部分矛盾化解在预重整程序中，也在该过程中让债权人对企业破产重整程序有一个接受的缓冲期，让各方都能坐下来商谈，尤其是企业重组和偿债方案进行磋商，为后来进入重整程序围绕在预重整已达成的预重整计划草案进行讨论，尤其可简化矛盾，在重整程序中针对性地讨论、解决在预重整计划草案中没有解决的问题，实现债权人企业快速完成重整程序进入重整阶段，高效运用司法资源完成自救的准备工作，降低重整程序中司法资源的成本。

（三）营造良好的营商环境，助力地方经济健康发展

建立预重整制度，是为困境企业找寻更多出路的一条新思路，为困境企业提供更多的可能。首先，规范预重整制度能够为困境企业梳理自己的债权债务问题以及经营陷入困境的问题提供合理参考，也减少了社会环境对困境企业重整、破产清算等正常退出社会经济的程序及模式的偏见。其次，规范的预重整制度能够倒逼困境企业在有能力的范围内自主优化自己的经营管理模式，通过对经营情况的梳理和经营陷入困境的难点、痛点、卡点进行分析，找准企业发展的壁垒和问题所在，及时扭转经营思路，寻找新的经营发展方向或者在没有能力继续扭亏为盈或正常经营的情况下及时进入正常的退出市场经济秩序的程序。再次，通过梳理困境企业内外存在的债权债务关系，达到清理债权、债务情况、及时止损、积极主张合法权益等效果，实现社会资源和利益的最大化。建立规范化的预重整制度，对于地方经济中的企业发展来说，不仅是普及企业正常进入、退出经济市场的途径，也是规范市场发展、引导更多的资源合理利用的途径，通过预重整制度的普及，能够使破产程序更加多元化地参与到地方经济管理和发展中，减少企业退出市场的成本，避免社会中"谈破色变"的舆论影响企

业在经营困顿后依然不敢、不愿通过企业破产等正常程序退出经济市场等问题继续影响地方正常司法制度完善、社会经济健康发展。

二、预重整程序与重整程序衔接时的痛点

(一)临时管理人的工作开展难点

预重整程序即自行清算环节，有资质的律所或会计师事务所（实践中称为临时管理人或辅助清算人角色）往往基于债务人企业的授权，开展对债务人债权、债务情况的梳理和掌握的工作，均是有局限范围的，并且，由于预重整程序并非司法程序，临时管理人的职权范围不能依据《企业破产法》中破产管理人的职权范围进行确定，临时管理人的身份在债务企业进入作为法内司法程序的重整程序后，更是尴尬。不论进入重整程序后法院是否指定临时管理人为破产管理人，其在预重整阶段的报酬性质没有明确，这就导致临时管理人的工作报酬没有明确的保障，使得临时管理人在进行相关清算工作时往往力不从心。而在与债务人企业的相关行政主管部门对接工作时，临时管理人在债务人企业的清算过程中只能作为债务人企业的代理人参与对接，没有能够参与"府院联动"机制的法律依据，也无法站在对所有债权人、债务人公平公正的角度对债务人的债权债务进行清算，这是临时管理人清算工作开展中的难点和局限。

(二)临时管理人与管理人之间沟通与工作衔接难点

临时管理人是因债务人企业需要由债务人企业自行聘请的，对债务人企业的债权债务清算相当于是债务人企业根据需要进行的自行清算，临时管理人的工作开展，主要是基于债务人企业的授权委托，有特定的委托事项和范围，其最终目的是要达到债务人企业顺利进入重整程序。而重整程序是司法程序，要先由法院对债务人企业的申请或债务人企业的债权人的申请进行审查，其进入的标准和门槛都比预重整程序高，法院要根据债务人提交的资料对债务人企业的重整可能和价值进行论证，达到标准才能进入程序。因为预重整程序和重整程序的进入程序和标准不一样，目的也不同，故两个阶段临时管理人与破产管理人的工作范围大多不同，所以如果要进行程序与程序之间的衔接，可能会存在无法对接的问题，即使临时管理人将工作成果直接移交破产管理人，也可能存在无法直接使用的问题。

目前困境企业要进入预重整程序一般都以企业自身

的名义聘请专业机构进行，一般聘请的是有破产管理人资质的律所或会计师事务所。但是由于预重整制度并未归结于司法内的程序，所以，实践中可能也会存在债务人聘请无破产管理人资质的律所或会计师事务所开展预重整阶段的债权债务清理、资产管理及与债权人进行协商等工作的情况，这种预重整工作的开展就有可能存在进入重整程序后需要重头梳理法律关系、程序等相关问题的情况，除影响重整的效率之外还增加了重整的成本。即使债务人企业在进行预重整程序时聘请的是由破产管理人资质的律所或会计师事务所，也会存在进入重整程序后法院指定的管理人为其他具有资质的机构的情况，会存在不同破产管理工作团队工作成果及工程内容进行沟通和交接的问题，因各管理人团队工作习惯、要求等均不同，在进行工作交接、衔接时也会出现预重整阶段工作成果无法延续至重整阶段使用的情况，部分需要与债务人企业相关的行政主管部门的工作对接也需要变更联系人。

三、预重整程序与重整程序衔接经验探索

预重整程序启动的前提与重整程序启动的前提应当一致，不论是债务人企业本身还是债权人，只要认为债务人企业有重整的可能且决定进行重整化债解困，那么就可以申请预重整。实际上，预重整程序与重整程序之间的衔接，应当处理的是程序上的衔接而不包括实体问题讨论的衔接。预重整程序要达成的效果应当是已经对债务企业的重整可能性进行了充分论证并已经提出对已知债权人的债权清偿计划并达成了预重整计划草案。重整程序应以预重整程序中形成的成果为基础，在确认债务人有重整可能的基础上，解决预重整程序中的未尽事宜并通过司法程序对债务人企业重整完成程序上的确认，可以实现最低程度影响债务人企业正常经营并最大程度实现债务人企业偿债能力的提升。

(一)债务人运营情况评价

在预重整程序阶段，应当首先启动的是对债务人企业运营情况的评价，这是考量债务人是否有能力实现债务清偿、是否具有重整价值的重要指标，也是直接决定其是否能够进入重整程序的因素。在预重整程序阶段对债务人运营情况的评价是阶段性和总结性的，所以预重整程序中对债务人运营情况进行评价要综合考虑企业运营的现状和持续发展的各方面因素，并且应当可以作为

后续进入重整程序考量是否具有重整可能性的关键。预重整程序对债务人运营情况的评价与重整程序进行衔接，核定稳定时期内债务人企业的运营效果，有利于进入重整程序后对企业重整价值的考量。

（二）债务人财产管理

在预重整程序下企业经营保持正常开展状态，不意味着不对债务人企业财产进行清理和收回。债务人财产管理的内容主要包括应收未收款以及有形资产、无形资产的管理、评估与变现等。这些财产管理中存在的法律关系梳理、权利主张与义务履行等均可以从预重整程序开始时在不影响企业正常经营的情况下进行，需要评估的资产需参照重整程序中的公开招聘评估机构方式进行，以客观地实现财产价值的变现，保证后续进入重整程序时财产评估价值的客观公正，避免财产价值流失。

（三）债权申报与审核

预重整程序启动下，债务清理主要以债务人企业的已知债权清理为主，但也可以考虑通过公告方式向社会公告债权申报的通知并一次性要求债权人申报债权时提交债权依据。预重整阶段接受的债权申报资料要整理出债权申报表并将债权申报资料妥善保存，并对债权进行审核，保留预重整阶段对债权审核的依据和意见，留待重整程序启动后成为债权复核的参考。如果预重整中没有进行申报债权的公告，那么重整程序时要公告债权申报的通知并接受债权人的申报，如果预重整阶段已经参照重整程序发布了债权申报的公告，那么重整程序作为与重整程序的延续，不再进行公告债权申报但接受补充申报是可行的，因为已经保护了债权人的债权申报权利。

（四）对《重整计划（草案）》的修缮

《重整计划（草案）》是债务人与债权人之间关于如何偿债、清偿多少等事宜进行协商后相互妥协的产物。重整程序作为预重整程序的延续。实践中《预重整计划（草案）》的产生是具有局限性，比如，如果表决组未发生改变且没有债权人补充申报，债权结构就不会发生改变，那么，进入重整程序后，当然可以延续在与重整程序中通过的《预重整计划（草案）》；又如，如果预重整程序中存在没有完善的问题致使预重整计划没有完善，那么在预重整程序中可以先通过部分预重整计划中已经达成共识的内容，对于未通过的内容或未尽事宜，在进入重整程序后便可以在预重整程序中债权人、债务人之间进行针对性地协商和讨论。如果在重整程序启动后还有

补充申报的债权人，也可以直接将已在预重整程序中通过的草案内容由其补充表决，并根据其债权性质归入表决组，重新计算该表决组的表决结果，可以大大降低重整程序中的工作量，提高重整成功率。

（五）债权人会议的决议

预重整程序与重整程序中均应召开债权人会议，无论重整程序中是否存在补充申报债权的情况、债权结构是否发生变化，重整阶段的债权人会议依然要召开，至少召开一次债权人会议，该债权人会议的召开应当以预重整阶段召开的债权人会议决议内容为基础。如果债权人会议参会的债权人未发生变化、债权结构未发生变化且债权人均未对预重整阶段形成的草案或重整阶段对预重整草案的修缮部分提出异议，那么重整程序中的债权人会议主要就是通过对预重整程序中债权人会议作出的决议内容进行程序上的完善，以达到对预重整程序中形成的债权人会议决议或重整程序中对预重整通过草案的修缮的认可。

胡良刚

男，汉族，1968年3月出生，贵州子尹律师事务所党支部书记，高级合伙人，国家二级律师，西南政法大学本科。

研究方向

民商法、破产法。

工作经历

1990年7月毕业于西南政法大学；1990年9月至2001年12月先后在原遵义市劳动局、中共遵义市红花岗区委办及政研室、红花岗区体改局、信访办等部门工作，担任过科员、科长、副局长等职务。1995年至2000年在心海律师事务所遵义分所担任兼职律师。2002年1月至2004年6月担任心海律师事务所遵义分所、贵州子尹律师事务所专职律师。

专业资质

二级律师，国家二级心理咨询师，第二、三届遵义仲裁委员会仲裁员。

律协职务

贵州省律师协会劳动专业委员会主任，遵义市律师协会监事会副主席。

社会职务

遵义市委咨询专家，遵义市人民政府立法咨询专家，遵义市人民政府法律顾问；西南政法大学贵州校友会副会长兼遵义分会会长；遵义市破产管理人协会监事长。

律所荣誉

2013年司法部表彰的"全国维稳先进集体"，2013年省律协表彰的20个"省级优秀律师事务所"之一，2011年6月中共贵州省司法厅委员会授予的5个"全省律师行业先进党支部"之一。2008年起，连续被遵义市司法局、市律师协会评选为"市级文明律师事务所"。2016年3月获得中华全国律师协会授予的"全国优秀律师事务所"称号。

个人荣誉

2011年司法部表彰的创先争优标兵，2013年省律协表彰的"省级优秀律师"，2011年6月省司法厅表彰的"省级优秀共产党员"。2016年5月荣立个人三等功一次。2018年1月被司法部、新华社、中央电视台表彰"守望初心——新时代最美法律服务人"（全国仅10名律师）；2019年12月被遵义市司法局、遵义市律师协会表彰"纪念律师制度、恢复重建40周年"律师业发展特别贡献奖（全市5人之一）。

主要业务专长

民商事（劳动、合同、公司、破产）；行政。

主要业绩

已办结的全国民办学校破产第一案——遵义中山中学破产清算案、全国体量非常大的个人独资企业——遵义双龙水泥厂破产清算案。这两个案件，获得最高人民法院的两个司法解释，在全国范围内有一定的影响。

胡向腊

女，汉族，中共党员，大连海事大学本科，贵州师范大学法学硕士，贵州子尹（清镇）律师事务所执业律师，研究方向：民商法、市场规制法。

声　明　　　1. 版权所有，侵权必究。

2. 如有缺页、倒装问题，由出版社负责退换。

图书在版编目（ＣＩＰ）数据

中国当代律师/赵伟，廖卫华主编. —北京：中国政法大学出版社，2022.8
ISBN 978-7-5764-0637-5

Ⅰ.①中⋯　Ⅱ.①赵⋯ ②廖⋯　Ⅲ.①律师业务－中国　Ⅳ.①D926.5

中国版本图书馆CIP数据核字(2022)第158469号

出 版 者　　　中国政法大学出版社

地　　址　　　北京市海淀区西土城路 25 号

邮寄地址　　　北京 100088 信箱 8034 分箱　邮编 100088

网　　址　　　http://www.cuplpress.com (网络实名：中国政法大学出版社)

电　　话　　　010-58908289(编辑部) 58908334(邮购部)

承　　印　　　北京中科印刷有限公司

开　　本　　　889mm×1194mm　1/16

印　　张　　　20

字　　数　　　620 千字

版　　次　　　2022 年 8 月第 1 版

印　　次　　　2022 年 8 月第 1 次印刷

定　　价　　　160.00 元